글로벌 시대 이슈중심의 경제교육

안현효 지음

한울
아카데미

『이 연구는 2003학년도 이화여자대학교 교내연구비 지원에 의한 연구임』

국립중앙도서관 출판시도서목록(CIP)

글로벌 시대 이슈중심의 경제교육 = Issue-based Economic Education
in the global era / 안현효 지음. -- 파주 : 한울, 2004
    p. ;   cm. -- (한울아카데미 ; 702)

ISBN 89-460-3320-7 93320

320.7-KDC4

330.07-DDC21   CIP2004001911

책을 펴내며

이 책은 대학에서 경제교육 과목을 가르치면서 체험한 결과 및 필자의 연구를 토대로 만들어졌다. 이 과정을 통해 경제교육은 경제학의 이론을 가르치는 문제와 현실의 경제현상을 보다 잘 이해하도록 돕는 문제를 모두 포괄하는 어려운 영역임을 깨닫게 되었다. 따라서 한정된 시간과 노력이라는 제한 속에서 선택과 집중을 해야 하는 영역이기도 하다.

그러면 어떤 방식으로 선택하고 집중해야 할 것인가? 경제교육은 목적과 방법론을 가져야 할 것이다. 이 책에서는 사회과 교육의 목적과 방법을 차용하여 경제 교육의 상황에 맞게 재구성하여 경제 교육 방법론으로 원용하였다.

따라서 이 책은 경제학 원론을 그대로 재현하는 것이 아니라, 이슈와 쟁점을 중심으로 경제학을 재구성하는 형식을 취하고 있다. 우리가 주목해야 하는 현실에서 시작하여 현실을 이론적으로 재구성하는 형식을 취하고 있는 것이다.

대부분의 학생들은 경제학을 어려운 과목으로 인식하고 있다. 하지만 경제현상은 우리의 일상생활에서 너무도 중요한 공간을 차지하고 있기 때문에 경제학적 사고를 익히기만 한다면 연구하고 의견을 개진할 부분은 참으로 많다. 따라서 필자는 경제학의 이론이 현실에 적용되는 과정을 살펴봄으로써 학생들이 경제학의 현실적 함의를 보다 직접적으로 이해할 수 있지 않을까라는 생각에서 이 책을 쓰게 된 것이다.

이 책은 세 파트로 구성된다. 첫째는 경제교육의 방법론에 해당하는 것으로 경제교육의 목적과 내용은 어떠해야 하는가를 검토하여 적극적 사회화와 참여의 경제교육이라는 경제교육의 목표를 제시하고 이를 구현하기 위한 이슈중심 경제교육이라는 문제를 제기하고 있다. 또한 경제학에 대한 전통적인 인식, 즉 실증과학으로서의 인식의 한계를 극복하기 위해 윤리학으로서의 경제학의 가능성을 찾아보고 있으며, 마지막으로 사례연구로서 우리나라의 주요 교육학적 논쟁을 대상으로 하여 경제학적 접근방법의 사례를 제시해보았다. 두 번째 파트에서는 현대 경제가 글로벌·정보화 시대로 접어듦에 따라 발생한 새로운 경제학 이론들을 살펴본다. 그 중에서도 케인즈경제학, 발전경제학, 복잡계경제학, 네트워크경제학, 규제경제학의 5가지 주제를 다루었다. 이 5가지 주제들은 경제학이 변화하는 현실에 어떻게 적응하는가를 보여준다. 당연히 이 책은 이러한 주제들을 모두 포괄하려는 것은 아니다. 부분적으로는 필자의 관심사를 반영하여 해당 영역의 주제를 선정한 후 이를 구체적으로 살펴보는 형식을 취하고 있다. 세 번째 파트는 산업의 사례연구다. 우선 주요 경제현상으로 생각되는 점을 선정하고 이 문제의 논쟁점들을 심층적으로 분석하였다. 경제현상 및 경제 논쟁은 많으나 주로 산업정책과 관련된 쟁점을 선정하였다. 경제발전에서 국가의 역할에 대한 논쟁, WTO 체제에서의 통상 쟁점, 금융산업과 주택금융의 쟁점, 중소기업 문제와 첨단산업의 사례인 정보통신산업에 대한 것이 그것이다.

이 책에서 서술되는 내용과 주장은 현재의 시점에서 최선을 다해 논증되고 있지만, 그것이 모두 옳다고 말할 수 있는 것은 아니다. 사회과학에서의 비판적 이해는 여기에도 적용되어야 할 것이다. 충분한 주와 인용을 통해 독자들은 주장의 진위를 비판적으로 검토해볼 수 있도록 돕고 있으며 또 마땅히 재검토와 심화학습을 권고한다.

지금 우리나라는 상당히 어려운 상황에 처해있다. 역사상 언제 그렇지 않은 때가 없었느냐는 반박도 가능하겠지만, 새로운 기회와 새로운 불확실성이라는 점에서 전환기라는 특성을 가지고 있으면서도 과거와 같이 단순히 벤치마킹할 새로운 발전모델도 없다. 이는 우리나라가 처해있는 특수성을 반영한다. 지난 3~40년간의 산업화 과정은 우리나라를 연 50달러의 일인당 국민소득 수준의 극빈국에서 중위의 자본주의 산업 국가로 변모시켰다. 산업화가 진전됨에 따라 더 이상 단순한 모방을 통한 습득이 발전을 자동적으로 가능하게 하지는 않았다. 하지만 우리는 그러한 변화를 국가적으로 인식하지 못했고 이는 1990년대 후반 큰 경제적 시련으로 이어졌다. 그러한 경제적 시련은 현재에도 결코 끝나지 않았다. 경제와 고용의 이중구조, 고용 없는 성장, 자본의 비효율적인 순환과 이로 인한 비생산적 투기 등은 1990년대 말의 경제적 시련조차도 새로운 혁신의 기회로 엄중하게 받아들이지 못했음을 반증한다. 지금 우리는 이제부터는 우리 나름의 길을 개척해야 함을 인식하고 있다. 그럼에도 불구하고 아직 우리는 한국 경제의 미래 방향에 대해 확고한 비전을 가지고 있는 것은 아니다. 이러한 전환기에는 경제 주체들의 우연한 선택과 행동이 장기적인 발전 경로를 결정짓는 수가 있다. 문제에 대증요법으로 대응하는 정책만으로는 충분하지 않다. 이제 문제는 적당 적당히 해결되지 않을 것이다. 그러므로 지금 우리는 올바른 윤리로 무장하면서도, 진정한 실력을 가진 인재들이 필요하다. 이 책은 이러한 인재를 육성하는데 미력이나마 도움이 되었으면 하는 바람이다. 이 책은 이론의 추상성과 현실의 복잡성의 가운데 쯤 있는 중위 영역의 연구결과를 담고 있다. 따라서 현실 경제문제에 매몰되지 않으면서도, 경제이론의 적용가능성을 탐색하고 있다. 따라서 현실 경제 문제에 대한 직접적 해명 보다는, 경제 문제를 이해할 수 있는 이론적 단서를 제공하고자 하였다. 현실을 항상 염두에 두는 경제학, 이러한 경제학이야말로 사람들이 배우려고 하는 이론일 것이라고 생각한다.

이 연구는 「2003년 이화여자대학교의 신임교원연구프로젝트」의 지원을 받아 이루어졌다. 이 책은 필자가 지난 몇 년간 심혈을 기울였던 경제교육에 관한 연구의 결과이자 영국 캠브리지에서 열린 CAPORDE(Cambridge Advanced Program Rethinking Development Economics: 2002년 7월 4일~17일) 워크샵과 ACDC(Annual Conference for Development Countries) 컨퍼런스 (2003년 6월 29일~7월 3일), Fullbright Summer Institute(2004년 6월 26일~8월 8일) 워크샵 등의 결과이기도 하다. 마지막으로 이 책이 나오기까지 여러 면에서 도움을 주신 사회생활학과의 여러 선생님들께 감사의 말씀을 전하고 싶다.

2004년 10월
안현효

경제교육의 방법론

제1장

경제학과 경제교육
적극적 사회화 및 참여의 경제교육

경제학은 어떻게 교육되어야 하는가? 특히 중등교육(secondary education)에서 경제학은 그 학문의 내용을 교육해야 하는가, 아니면 경제적 경험을 이해하도록 교육해야 하는가? 경제학 교육의 목표는 무엇인가? 이 장은 경제교육의 목표, 경제학의 주요 개념, 경제교육의 방법 등을 사회과교육의 맥락에서 논의한다. 사회과교육 목표의 맥락 속에서 본 경제교육의 목표는 경제학 구조 중심의 경제교육, 합리적 의사결정자 양성을 위한 경제교육, 경제적 시민성과 소극적 사회화를 위한 경제교육 등이 있으나, 이 글에서는 적극적 사회화를 위한 경제교육이라는 목표를 제시하고, 경제교육의 과정에서도 학문중심 교육과정의 진화형태로서 문제중심 교육과정이라는 방법론을 제시한다. 경제학의 개념을 설명하면서, 경제교육의 방법론으로 탐구수업과 논쟁수업을 경제학에서 고급사고력 향상에 적합한 방법으로 제시한다.

1. 문제제기

초등, 중·고등학생을 막론하고 경제교육을 실시할 때 현장의 교사들은 이론 위주 교육의 난점, 교육자료의 부족 등 상당한 애로를 호소한다(최병모 외, 2004: 96). 실제로 대다수의 고등학생의 경우 체험하는 실생활의 경제현상이 경제학에서 설명하는 경제현상과 달라 경제학의 설명을 받아들이는데 어려움이 많다. 예를 들어 희소성(scarcity)의 개념을 들으면 부모로부터 용돈을 얻는 어려움을 생각하며, 상충관계(trade-offs)의 개념을 들으면 식품, 주택, 교통, 의료 등과 같은 주요한 소비재간의 선택의 문제가 아니라 놀이와 의복과 같은 사소한 선택의 상충문제를 떠올리기가 쉽다. 또한 숙련(building skills)의 경우에도 수년간 종사해야 하는 직업이 아닌 방학 때만 경험하는 단순하고, 임시적인 일만 체험하기 때문에 그 필요성을 느끼기 어렵고, 복리(compound interest)의 위력 역시 수년간 지나야만 분명히 드러나는 것이므로 몇 개월의 짧은 기간만 저축활동을 하는 고등학생으로서는 현실적으로 느끼기 어렵다(NCEE, 2003: ix). 따라서 경제학을 교육할 때 어떤 방식으로 적용·접근할 것인가는 중요한 문제라고 할 수 있다. 이 장에서는 경제교육을 사회과교육(education of social studies)의 맥락 속에서 위치 지워 경제교육의 목표(2절), 경제교육의 주요 개념 및 경제학의 개념(3절), 경제교육의 방법 (4절) 등의 문제를 다룸으로써 기존에 주로 진행된 경제학의 구조 중심의 교육의 문제점을 극복할 수 있는, 현장과 쟁점을 이해하고 해결할 수 있는 경제교육의 방법론에 대해 검토하고자 한다.

2. 경제교육의 목표

경제교육의 목표를 설정하는 것은 경제교육의 방법을 논의하기 위해 매우 중요한 출발점이다. 그러나 경제교육의 목표 자체에 대한 논의는 많지 않다. 따라서 사회과교육의 목표에 대한 논의를 준거로 하여 경제교육의 목표를 추론할 수 있다.

사회과교육의 교육목표에 대한 연구에 의하면, 사회과교육의 목표는 시기에 따라 반성적 사고력을 키우는 것, 사회과 교과의 구조를 이해하는 것, 탐구기술을 키우는 것 등 여러 가지로 정의되었다. 반성적 사고력이란, 주어진 문제를 정확히 파악하고 억측과 추측이 아니라 논리적이든, 경험적이든 근거에 입각해 결론을 내리는 사고 방법이다.[1] 이는 존 듀이(J. Dewey)의 반성적 사고 (reflective thinking)에 관한 논의에 의존하고 있다. 인간의 사고는 백주몽, 상상, 개인의 신념 등과 같은 근거 없는 자기주장을 이루는 낮은 차원의 사고와 반성

---

1) 이에 대한 대표적 논의로는 차경수(1996) 참조

적 사고의 높은 차원의 사고로 나눌 수 있는데 이 후자를 증진시키는 것이
사회과교과의 목표라는 것이다(Hunt & Metcalf, 1955; 1968). 반성적 사고에 대한
논의는 이후 문제제기 — 가설설정 — 자료수집 — 가설검증 — 결론이라는
단계를 거쳐 수업이 구성되는 이른바 탐구수업 논의의 기초가 되었다.

이러한 추상적인 목표를 보다 구체화하면, 지식·이해·적용·분석·종합·평가
를 내용을 중심으로 하는 인지(認知)적 목표 (cognitive objective)와 감수·반응·가
치화·조직화·인격화로 구성되는 정의(情意)적 목표 (affective objective) 등으로
나뉜다(Bloom, Englehard, Furst, Hill, & Krathwohl, (eds.), 1956).

브루너(Bruner, 1960)는 교육목표는 지식의 구조에 대한 이해와 탐구기술의
증진이라고 하여, 교육내용과 교수방법을 모두 지적하고 있다. 우선 교육내용
으로는 구조화된 지식을 가르친다. 지식의 구조화란 단순한 지식을 가르치는
것이 아니라, 지식을 습득하는 방법을 가르치는 것이다. 교육과정이나 교과의
내용을 구성할 때 그 교과의 가장 기본이 되는 사실, 개념, 일반화, 가치를
중심으로 내용을 조직하는 것으로서, 결과적으로 이는 제한된 분량과 시간(자
원)을 고려할 때, 사실의 양을 되도록 줄이고, 개념과 법칙을 중심으로 교과의
내용을 조직하는 것을 의미하게 된다. 그리하여 지식의 구조는 교과 면에서는
개념과 법칙의 체계지만, 학습자의 면에서는 사물과 현상의 관련성을 이해하
는 것으로 전화될 것이다.[2] 한편 이에 대응하는 학습 및 교수 방법으로는 탐구
학습(discovery learning, inquiry learning)이 제시되었다. 탐구학습이란 문제를 제

---

2) 이는 「학문중심 교육과정」의 기초이론이다. 학문중심교육과정의 구성요소는 사실,
개념, 일반화, 사고체계로 이루어진다. 「사실」은 한국의 일인당 GDP는 약 1만 달러다.
대만의 일인당 GDP는 얼마인가? 선진국의 GDP 중 국가지출의 비중은 얼마인가?
라는 것과 같이 실제의 계산에서는 다소간 이견이 있을 수 있더라도 간단히 확증이
가능한 명제들이며, 「개념」이란 정부지출, 투자, 소비와 같이 수많은 사실의 특성을
비슷하게 분류하여 특징을 추상화시킨 것으로 학문의 뼈대를 이룬다. 「일반화」란
개념과 개념간의 관계를 서술한 것으로 경제법칙과 같은 것이다. 예를 들면 소득이
늘어날수록 소비성향은 줄어든다, 실업과 인플레이션은 반비례관계에 있다, 등이다.
마지막으로 「사고체계」란 생각하는 방법, 문제제기와 문제를 해결하기 위해 탐구하
고 논리적 절차를 따르는 능력을 의미하며 경제학에서 사고체계란 결국 매 시기마다
제기되는 경제문제를 이해하고, 자신의 관점을 가지며, 그 해결책을 합리적으로 제시
할 수 있는 능력을 의미한다(Banks, 1999, Chap 3).

기하고, 가설을 세우며 이를 경험적, 논리적 과정으로 검증하여 결론을 도출하는 과학적이고 객관적인 학습방법이다.

브루노에 의해 확립된 교육의 목적과 방법을 경제학에 적용하면, 결국 경제교육의 목적은 경제학의 기본 개념과 연구방법 혹은 그 절차를 이해하고 적용할 수 있는 능력을 기르는 것이라고 요약될 수 있다. 이것은 실제로 경제교육에도 적용되었다. 학문중심 교육과정이 강조되기 시작한 제3차 교육과정 이후 (1960년대 ~) 경제학 구조 중심의 경제교육이 강조되었다. 이는 작은 경제학자(small economists)의 양성을 목표로 하는 것이다. 피교육자는 경제문제를 이해하는 경제개념을 알고, 경제학자의 연구방법을 적용할 것을 요구받게 된다. 경제학의 기본개념을 배우는 경제교육의 목표는 경제학의 구조를 개념적으로 이해함으로써 경제학 이론에 대한 이해는 심화시킬 수 있지만 현실적으로 이를 가르칠 교사의 수와 능력, 교수·학습자료의 부족문제, 실제 경제생활과의 괴리문제를 야기한 바 있다. 과연 중등학교 사회과 교사가 그 역할을 완전히 수행할 수 있는가? 또한 이러한 경제교육의 목적은 민주시민 교육이라는 사회과교육의 일반적 목적을 어떻게 충족시킬 수 있는가? 라는 의문이 제기되었던 것이다.

구조화된 경제학의 개념교육이라는 목적 외에 경제교육의 목적으로 제기되는 것은 보다 현실적이고 기능적인 목적이다. 그것은 합리적 의사결정자로서의 피교육자를 양성하는 것이다. 이는 시민으로서 가져야 할 경제문제의 해결능력을 강조하는 것이지만, 경제의 기본원리에 대한 교육을 부정하는 것은 아니나 보편적 지식보다는 국지적 지식(local knowlege)를 강조하며 가치판단과 가치문제탐구를 포함한다(조영달, 1991: 40; 최병모·박형준·김경모·황상주, 2004: 140).

경제교육의 목적으로 언급되는 세 번째 사항은 경제윤리와 관련된 것이다. 그것은 시민으로서의 경제인을 강조한다. 물론 이 경우 단순한 경제윤리만을 다루는 것이 아니라 사회화를 목적으로 한다. 이는 Engle and Ochoa(1988)가 구분한 소극적 사회화(socialization)와 적극적 사회화(counter-socialization)의 개념을 따를 때 소극적 사회화를 목적으로 하는 것을 의미한다. 여기서 소극적 사회화란 현재의 사회상에 대한 이해, 사회적으로 바람직한 가치의 전수, 직업에 필요한 기능을 교육시킴으로써 사회 속의 구성원이 될 수 있도록 교육하는 것을 의미한다. 이에 반해 엥글과 오초아가 말하는 적극적 사회화는 단순히 사회에 적응하는 것을 목적으로 하는 것이 아니라 사회에 대한 비판적 이해를 기초로 이를 개선시키려는 능력과 의지를 키우는 것을 의미한다.

소극적 사회화의 경제교육 내용으로는 지식, 기능, 태도의 여러 측면에 따라 다음과 같은 것을 열거할 수 있다. 먼저 지식으로는 경제제도, 법, 기본 경제생활의 원리, 화폐제도, 금융제도, 경제법, 계약의 원리 등을 들 수 있으며, 기능면에서는 금융기관의 이용방법, 경제관련 문헌 작성 등을 들 수 있고, 태도 면에서는 절약, 저축, 노동의 의미, 조세 납부자 의무 등을 들 수 있다. 이러한 교육목적의 장점은 경제학 중심의 경제교육에서 간과된 가치태도, 실용적 지식 등을 습득할 수 있다는 점이다. 그러나 단점은 경제와 관련된 기본 가치를 소극적으로만 내재화한다는 문제를 가진다(김경모, 2004: 114-115). <표 1-1>은 앞에서 제시한 기존 경제교육의 세 가지 목적을 유형화 한 것이다.

<표 1-1> 경제교육의 목표와 내용의 유형화

	유형1	유형2	유형3
목표	경제학적 지식 경제적 이해력	경제문제에 대한 합리적 의사결정력(decisionmaking)	경제적 시민성 사회화(소극적)
내용	경제학적 사실, 개념, 일반화 및 법칙	개인·사회적인 경제 문제	경제윤리 및 시민의 역할, 경제제도와 조직
방법	추론적 사고 및 지식의 구조화	사회과학탐구와 가치탐구	교화와 전달

* 출전: 최병모·박형준·김경모·황상주, 2004: p.141

하지만 위에서 제기된 세 유형의 경제교육의 목적은 모두 나름대로의 문제점을 가지고 있다. 우선, 경제학 지식 위주의 교육은 교육 내용의 추상화로 인하여 교육내용이 어려워지고 교사 양성이 힘들며 피학습자의 경험과 괴리됨으로써 의욕이 감퇴되는 문제를 안고 있다. 또한 두 번째의 목적인 합리적 의사결정력을 증진시키는 것은 피교육자의 경험적 차원에서 쟁점이 되는 경제적 이슈에 대한 올바른 가치판단을 의미하므로 이 역시 상당한 고도의 지식을 전제로 한다는 문제가 있다. 이 경우 제시되는 합리적 의사결정 모형 역시 구체화하기에는 여전히 추상적이라는 문제를 안고 있다. 마지막으로 소극적 사회화를 목적으로 하는 경제교육은 현재 사회의 기본 규범과 가치를 일방적으로 전달함으로써 급변하는 정보화 글로벌화 사회에 피교육자가 능동적으로 대응하지 못하게 하는 약점을 가지고 있다.

이에 따라 새로이 제시되는 '지향'으로서의 경제교육의 목적은 소극적 사회화로부터 적극적 사회화로, 또한 피동적인 학습자에서 능동적 학습자로 전환시키는 교육이다(김경모, 2004: 109-136). 이는 기존에 제시된 경제교육 목적의 두 번째 항목을 보다 구체화할 수 있으면서, 세 번째 목적이 가지는 적용위주의 단점도 극복할 수 있게 된다.

적극적 경제 사회화 중심의 경제교육이란 글로벌·정보화된 우리 사회가 가지고 있는 급변하는 경제 환경을 보다 잘 이해하고, 이에 창조적, 비판적으로 대응할 수 있는 있는 소위 '지적인 의사결정자(informed decision-maker: Woolver and Scott, 1988)'를 양성하는 것을 목적으로 한다. 그러나 이러한 적극적 사회화라는 교육목적을 달성하기 위해서는 단순히 학교수업이 토론, 토의 수업이라는 형식을 취하는 것만으로는 충분하지 않다. 이를 위해서는 쟁점 지향적인 교과 내용이 보다 충실히 개발될 필요가 있으며 이는 곧 우리 사회가 직면한 경제적 쟁점에 대한 보다 심도 깊은 이해를 전제하는 것이다. 이러한 전제가 충분히 이해될 때 피학습자는 보다 생산성 있는 토론, 토의과정을 거쳐 합리적 결론에 도달할 수 있을 것이다.

3. 경제학의 교육과정

교육과정(curriculum)이란 당해 학년의 학생이 공부해야 하는 교육의 내용을 말한다. 이 말은 그리스 어인 쿠레레(Currere)에서 왔는데, 이 단어는 100m 달리기 경주와 같이 사전에 예정된 경주로(a course of race)를 의미하며, 동사적인 의미로서는 경주로를 달리는 말을 조정하는 행위라는 의미가 있다. 따라서 교육 과정은 학습의 정해진 내용이라는 의미도 되면서, 이 정해진 내용의 조정이라는 행위적 의미도 있다. 이 단어는 지식, 인간, 사회, 자연, 환경, 문화 등을 보는 시각과 관점에 따라 다양하게 해석되고 있다. 그러나 의도적이고 계획적인 학교 교육에 적용되는 교육 과정에서 특히 제7차 교육과정에서 말하는 교육과정은 **"학습자에게 학습 경험을 선정하고 조직하여 교육 경험의 질을 구체적으로 관리하는 교육의 기본 설계도"**라고 할 수 있다. 따라서 교육 과정은 의도된

학교 교육에서 '왜, 무엇을, 어떻게, 어느 수준과 범위로 가르치고 평가하느냐'를 문서로 계획한 교육 설계도이기 때문에, 교육 과정을 단순한 교육 내용으로만 볼 것이 아니라 교육 목표, 내용, 방법이나 운영 방식, 평가를 포괄하는 폭넓은 개념으로 보아야 할 것이다.

이와 같은 관점으로 본다면 교육과정의 성격은 과거처럼 국가에서 일방적으로 만들어서 '주어지는 교육 과정'의 틀에서 벗어나, 교육을 실천하는 학교에서 다양하게 '만들어 가는 교육 과정'으로의 전환을 요구하는 것이다. 이러한 사고의 전환은, 학생은 어른이 만들어 놓은 교육 과정의 틀 속에서 그들이 기대한 대로 '변화'하는 것보다는, 그들이 스스로 교육 과정을 만들어 가며 '변혁'하는 것이라고 보는 입장이다.

이러한 교육과정은 크게 내용중심 교육과정과 경험중심 교육과정으로 나눌 수 있다.[3] 내용중심 교육과정은 브루너(Bruner, 1960)의 『교육의 과정』에서 제시한 구조화된 지식을 가르쳐야 한다는 명제에 기초하고 있고, 경험중심 교육과정은 타일러(Tyler, 1949)의 『교육과정과 수업지도의 기본 원리』에 기초하고 있다. 타일러의 경험중심 교육과정은 아동의 경험과 흥미를 중시하는 듀이(Dewey)의 진보주의 교육철학을 바탕으로 하여, 교육목표를 분명히 하고 이에 해당하는 피학습자의 경험 수준을 검토하여 경험을 선정하며, 이 경험을 조직함으로써 학습 성과를 평가하는 과정을 거치게 된다.

한편 내용중심 교육과정은 브루너(Bruner, 1960)의 논의를 따라 교육내용의 면에서는 사실, 개념, 법칙 등 지식의 구조에 따라 교육과정을 구조화하고, 교수방법 면에서는 발견학습(discovery learning), 탐구학습(inquiry learning)을 강조한다. 지식교육과 관련한 문제점으로 흔히 지적되는 것은 실생활에 소용되지 않는 쓸모없는 지식을 너무 많이 배운다는 것과 지식중심 교육으로 인성교육이 안된다는 것이다. 그러나 이는 내용중심적 입장에서는 지식교육이 잘못된 것이 아니라, 지식교육의 방식이 잘못된 것으로 올바른 지식교육의 필요성을 요구하는 것에 불과하다(진영은, 2002: 138-139). 이에 대한 대답, 즉 '지식을 정직한 형태로 가르치는 것'은 바로 지식의 구조를 가르치는 것을 의미한다. 브루너에 의하면 프랭클린(Benjamin Flankin) 이래 미국의 교육목표는 유용한 것(usefulness, skills)을 가르치는 것과 일반적 이해(general understanding)를 통한

---

3) 이에 대한 자세한 설명은 진영은(2002) Chap 5, 6 참조하라.

사고의 규칙을 배우는 것으로 나뉘어져 왔다(Bruner, 1960: 4). 그러나 시간이 갈수록 일반적 이해를 통해서 구체적인 것을 배울 수 있다는 문제의식이 무시되었다. 즉 프랭클린의 두 가지 목표 모두를 달성할 수 있다는 문제의식이 사라졌다. 지식의 구조를 가르친다는 것은 사물들이 어떻게 상호 관련되는가를 가르치는 것(to learn how things are related)을 의미한다. 단순화한 지식의 구조와 개념을 가르침으로써 피학습자는 직관적, 분석적 사고 능력을 기를 수 있게 된다. 이 과정은 곧 지식을 실세 생활에 응용할 수 있는 능력을 키우는 과정이기도 한 것이다.

구조화된 지식의 전수가 교육의 목표라는 학문중심교육과정은 다음과 같은 장·단점을 가지고 있는 것으로 주장된다(차경수, 1996: 81). 학문중심교육과정의 장점으로는,

첫째, 교과를 구성하고 있는 사실, 개념, 법칙 등의 기본적 내용을 구조적으로 파악하므로 교과의 전체 내용을 이해하기 쉽다.

둘째, 학습 내용을 개념중심으로 조직적으로 이해하므로 단편적 기식 중심 학습 보다 기억이 오래간다.

셋째, 어려운 개념, 이론을 학습자의 발달단계에 따라 교육이 가능하다.

넷째, 추상적 사고력 신장이 용이하다는 등이 있다.

반면 학문중심교육과정의 단점으로는,

첫째, 교육내용으로 선택해야 할 개념, 법칙에 대해 학자간 이견이 많다.

둘째, 교사가 수업 준비에 큰 어려움이 있다. 또한 가르치는 이론과 실제의 현실 사이의 괴리가 발생할 가능성이 높다.

셋째, 높은 학습의욕을 전제하고 있으며 풍부한 학습자료를 필요로 하는데 현실의 교단에서는 이러한 전제조건이 충족되기 어렵다는 등의 단점이 있는 것이다.

학문으로서의 사회과학 특히 경제학이 교과서의 형태로 나타날 때, 교육을 위해 성공적으로 단순화하기는 어렵다는 현실적 문제가 있는 것이다. 즉 단순화한다는 것은 중요한 부분을 빼놓는 것이며, 이러한 단순화 과정은 사회과학을 왜곡시키기가 쉽다. 이는 사회에 대한 균형 있는 관점을 얻을 가능성을 없애는 것이다. 또한 브루너의 이상에 힘입은 '새사회과'운동은 정통적인 교과서의 문제점을 이해하고 있었음에도 불구하고, 교사들이 이러한 계획을 수용하는 데는 한계가 있었다. 따라서 새로운 관점은 사회과를 사회문제의 조사,

연구로서 위치 지운다(Oliver and Newman, 1967; Engle and Ochoa, 1988).

따라서 이러한 학문중심 교육과정의 단점을 보완하고, 적극적 사회화와 참여의 경제교육 목적을 달성하기 위해서는 문제 중심 교육과정4)이 추가될 필요가 있다. 문제 중심 교육과정을 경제교육과정에 적용한다는 것은 경제학의 기본 내용을 차례로 설명, 서술하는 것이 아니라 그러한 기본 내용이 이미 구체화된 쟁점적 문제를 잡아서 이를 통합적으로 고찰하는 것이다. 이러한 문제 중심 교육과정은 학문 중심 교육과정의 대체물이 아니라 보완물로서 기능할 것을 의미한다.

마지막으로 경제학의 개념지도(conceptual map)를 통하여 학문중심 교육과정의 입장에서 살펴본 경제학의 구조는 어떠해야 하는가를 논의하기로 한다. <그림 1-1>은 학문중심 교육과정 입장에서 중등학교 학생에게 교수되는 경제학(주류경제학)의 개념지도를 구체화해 본 것이다.

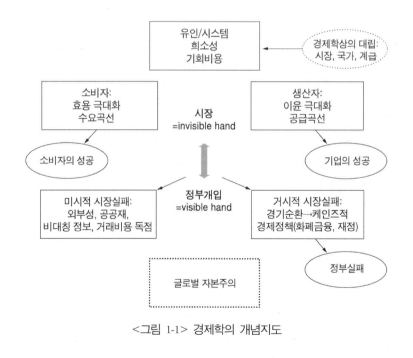

<그림 1-1> 경제학의 개념지도

---

4) 탐구학습 1)을 참조하라.

<그림 1-1>은 현대 경제사회(자본주의)에서의 시장과 국가라는 큰 두 가지 경제적 영역을 중심으로 미시경제학 및 거시경제학적 주제를 배치하고 있다. 시장과 국가라는 두 가지 경제 영역을 둘러싸고 있는 네 가지 원환은 미시경제학에서의 생산자, 소비자라는 경제주체의 합리적 의사결정 모형과 미시적 시장실패의 사례를 제시하고 있고, 마지막으로 거시적 국가개입의 경제모형인 거시경제학의 모형을 제시하고 있다. 주지하듯이 미시경제학과 거시경제학은 수요·공급곡선을 사용한다는 외관상 유사성에도 불구하고 접근법에서 결정적 차이를 보인다. 미시경제학은 경제주체의 미시적 의사결정과정을 보는 반면, 거시경제학은 이 과정을 생략하고 그 결과인 집계변수만을 포착하기 때문이다. 그러한 이유는 미시적 의사결정의 결과로서 거시경제 현상을 설명하는 것이 불가능하기 때문이다.[5]

한편 미시경제학과 거시경제학이라는 경제원론(Principles of economics)의 내용은 유인, 희소성, 기회비용이라는 세 가지 개념을 전제한다.[6] 이제 이러한 경제학의 개념구조는 실제의 경제현상과 어떤 관련을 맺게 될 것인가?

우선 외부의 원환들은 실제 우리가 접하게 되는 경제현상을 지칭하고 있다. 맨 위에서부터 보면 경제학에서 매우 쟁점이 되어 온 주제들로서 시장, 국가, 계급의 요소가 있다.[7] 미시경제학의 기본 내용은 소비자와 생산자의 '합리적 행위'를 설명하는 것으로 보다 구체적인 경제행위를 지칭하지 않는 것처럼 보이지만, 사실상 성공적 소비자와 생산자의 행동원리에 대해 서술하고 있는 것이므로 개념상 소비자의 성공과 기업의 성공으로 이어진다고 볼 수 있다. 이를테면 소비자로서의 금융자산 관리 및 채무 관리 기술은 미시경제학의 소비자 선택이론으로부터 유추 발전시킬 수 있을 것이기 때문이다.[8] 그러나 미시경제학에서도 실제 내용이 반 이상은 기본이론의 범위를 넘어서는 영역이다.

---

5) 1970년대 이후 이러한 난점에 도전하는 거시경제학의 미시적 기초에 대한 연구가 활발히 진행되었다. 그러나 이 역시 새고전파 입장에서의 연구와 새케인즈파 입장에서의 연구로 대별된다.

6) 이에 대해서는 Stiglitz(1997) 제2장 참조.

7) 이 쟁점은 사실상 사회과(social studies)의 주제이기도 하다. 이러한 주제는 나라마다, 시대마다 조금씩 다양한 양상을 띠게 될 것이다. 예컨대 현대 미국의 경우 이는 인종, 계급(소득), 젠더(성)의 문제로 요약된다.

8) 이에 대해서는 Stiglitz(1997) 제8장 참조

즉 완전경쟁, 규모의 불경제, 외부성의 부재를 가정하는 완전경쟁모델은 현대 경제에서는 너무나 제한적인 가정이므로 이러한 가정을 완화함으로써 완전경쟁모델이 어떻게 변용·적용되어야 하는가를 논의하고 있다. 예를 들어 산업조직에서 독점 등 불완전경쟁이 발생하는 경우, 생산기술이 규모의 경제 속성을 가지게 되는 경우, 불완전 정보로 인한 완전경쟁모델의 가정이 성립하지 않을 때, 외부효과와 공공재의 경우, 거래비용이 존재할 때 등에 대해 각각의 경제학 모델이 발전하게 되었던 것이다.[9]

한편 거시경제학은 1930년대 현대자본주의의 대불황을 기점으로 나타난 케인즈경제학을 기반으로 한다. 케인즈경제학은 마샬(A. Marshall)과 한계이론에 기반을 둔 (신)고전파 이론의 자유방임주의적 입장이 현대의 경제적 현상을 설명, 해결할 수 없다는 문제의식 위에 기반하고 있다. 따라서 개별 경제주체의 의사결정이라는 미시적 출발점이 아닌 국민경제 단위의 집계변수를 기반으로 하여 실업, 인플레이션과 경제성장·경기순환을 해명하는 것을 거시경제학의 목표로 설정하고 있다. 실업, 인플레이션, 경제성장·경기순환의 문제는 케인즈경제학 이전의 경제학에서는 가급적 국가가 개입하지 않아야 하며, 국가가 개입할 필요가 없는 영역으로 간주되어 왔다.

예를 들어 실업은 과잉노동공급에 의해 발생한 것이므로 정부가 개입하지 않아도 임금의 하락으로 인해 노동공급은 줄고, 노동수요는 증가하여 수요공급이 일치하여 시장을 청산하는 균형임금 수준으로 조정된다는 것이다. 하지만 케인즈는 실업으로 인해 노동자의 지출이 줄어들고 이는 다시 사회적 유효수요를 줄임으로써 노동수요가 줄어들어 실업이 더욱 악화되는 악순환의 메커니즘을 중시하여 경제가 자동 회복되지 않는다는 점을 강조하였다. 1930년대를 지나면서 자본주의 경제는 케인즈적 논리를 주류로 받아들여, 미시경제학 이론과 거시경제학이론을 통합한 신고전파종합(NeoClassical Synthesis) 체계를 구성하게 된다.[10]

최종적으로 경제학은 현대 사회의 중심 쟁점인 글로벌 현상을 규명해야 한다. 전통적으로 국제경제학이라는 과목영역에서 다루어져 온 글로벌 현상은

---

9) 이에 대해서는 Stiglitz(1997) 제11장~15장까지를 참조하라.

10) 이 체계를 대표하는 경제학 교과서가 사무엘슨(P.A. Samuelson)의 경제학(Economics)이다.

경제학이 최종적으로 해명하고자 하는 현재적 쟁점이다.

이렇게 볼 때 경제학의 이론구조는 추상적 논리로부터 실제의 현실에까지 이어질 수 있으며 이를 구체화하는 것이 문제중심 교육(issue-centered curriculum)의 내용이라고 생각된다.[11]

4. 경제 교육의 방법

앞에서 논의한 경제 교육의 목표 및 교육 내용은 "사회과 교육에서 사고에 대한 학습은 매우 중요한 목표이며 따라서 전통적이고 설명적인 수업전략은 이와 같은 목표를 달성하는데 도움이 되지 않는다. ······ 설명식 수업은 사고능력을 육성하지 못하며 단지 학생들에게 '무엇을' 생각할 것인가 또는 '무엇에 대해' 생각할 것인가 만을 가르친다."(Beyer, 1979: 4)는 전통적 사회과 교육에 대한 비판과 일맥상통한다. "우리는 젊은이들이 변화하는 세계 속에서 만족스런 삶을 영위할 수 있도록 준비시켜야 한다. 이것은 학생들이 변화를 극복하는 동안 그들이 이미 알려진 것으로부터 새로운 지식을 개발할 수 있도록 도와주는 것을 포함하는 것이며, 사회과학 프로그램들은 다른 사람들이 생각하거나 믿거나 알고 있는 것에 대해서가 아니라 '아는 방법'을 가르쳐야 한다."는 정신과 일치한다. 그렇다면 그러한 교육목적을 어떻게 구체적으로 달성할 것인가를 살펴보자. 우리는 여기에서 탐구수업과 논쟁수업이라는 수업방법론으로 이 문제를 검토하기로 한다.

1) 고급사고력 교수법으로서의 탐구 수업(social science inquiry)

앞에서 경제교육의 목적으로 제시한 적극적 경제사회화의 교육은 비판적 접근,[12] 창조적 사고와 같은 고급사고력을 육성하는 사회과교육의 일반적 목표를 경제교육에 응용한 것이라고 할 수 있다. Woolver & Scott (1988)에 의하면 고급사고력(higher level thinking)은 수동적이고 반응적인 태도와는 달리 질문,

---

11) 이에 대해서는 전숙자(2002) 제7장 참조.

12) 탐구학습 2)를 보라.

설명, 조직, 해석과 같이 학습자의 주도적이고 능동적인 참여를 필수로 하며, 문제해결, 창조적 사고, 비판적 사고, 의사결정 등을 포함한다. 고급사고력은 도전적이고 확장적인 정신의 사고를 의미하는데 반해 저급사고력은 일상적, 기계적, 제한적 정신의 사용을 의미한다. 고급사고력은 글로벌·정보화한 현대 자본주의에서 더욱 필요하다. 왜냐하면 과거에 학습한 지식의 통상적인 응용으로는 문제가 해결되지 않을 경우, 새로운 해석, 분석, 정보의 조정이 필요하기 때문이다. 즉 새로운 상황에 직면했을 때 문제를 해결하기 위해 진행하는 과거의 행위 방식을 넘어선 독창적 사고, 비판적 사고가 필요해진다(Newman, 1991: 324-340).

이와 같은 고급사고력을 육성하기 위해서는 교육방법 역시 기존의 주입식 교육이 아니라 새로운 방법을 개발할 필요가 있다. 그러한 방법의 하나가 탐구수업이다. 탐구수업은 브루너(1960)의 학문중심 교육과정 이래 개발된 학습방법으로 그 전개방식은 <그림 1-2>와 같다.

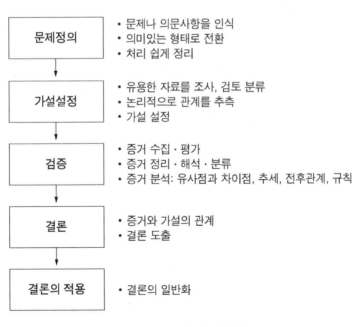

<그림 1-2> 탐구수업방법

단순한 주입식 교육과 달리 탐구수업은 주제를 선정하고 주제 관련한 문제와 쟁점을 확인하며 이를 구체화시켜, 문제를 해결하기 위한 가설을 설정하고 객관적 자료와 논리적 사유에 의해 결론을 도출하는 과학적 인식방법(scientific method)을 실제 수업에 적용한 것이라고 할 수 있다.

이러한 탐구수업에서 교사와 학생은 다음과 같은 역할을 수행하게 된다. 즉 교사는 학습자들이 보다 적극적으로 수업에 참여하도록 개방적인 태도로 임해야 한다. 또한 다양한 시각의 교육자료를 풍부하게 제공하여야 한다. 다른 한편 학생들 역시 질문, 해답추구 과정에서 적극적으로 수업에 임하여야 하며 가능성과 대안에 대해 합리적으로 접근하고, 다른 의견에 대해 관용적 태도를 취해야 한다(차경수, 1996: 206). 이와 같은 과정을 거쳐서 학생들은 실제 사회에서 벌어지고 있는 다양한 쟁점 내용에 대해 보다 합리적이고, 과학적으로 접근하는 방법을 익히게 되는 것이다.

반면 원래의 탐구학습모형은 인지적 학습모형으로서 사회현상에 대한 과학적 탐구능력 또는 사회과학의 체계적인 이해력을 육성하는 것을 목적으로 하기 때문에 가치판단의 문제를 다루고 있는 것은 아니다. 따라서 윤리적, 정의적 차원을 인지적 차원과 통합시켜 경제교육의 탐구학습모형을 추구하는 시도도 있다. 예를 들어 반성적 탐구모형(김경모, 1999)이라고 불리는 탐구학습모형의 시도는 경제윤리와 같은 가치지향적인 수업내용을 탐구학습의 형식으로 포괄하는 시도이다. 다만 반성적 탐구모형은 현재 윤리적 차원을 사회과학적 인지적 탐구모형의 틀 내에서 종합적으로 접근한다는 지향성 외에는 구체화하지 못하는 문제를 가지고 있어 앞으로 이 분야의 연구가 더 필요하다고 보여진다.

2) 고급사고력 교수법으로서의 논쟁수업(controversial issues teaching model)

탐구수업이 고급사고력 교수법으로서 사회과학적 방법에 한정되어 인지적 차원이 아닌 가치나 윤리적 차원을 고려할 수 없다는 문제를 극복할 수 있는 교수방법론으로서 주목되는 것은 논쟁수업이라는 방법론이다. 사회과교육론에서 바라보는 논쟁수업은 사회 내 가치를 둘러싼 논쟁을 대상으로 가치적 차원 뿐 아니라 인지적 차원을 통합하여 진행한다. 우리 사회는 정치, 경제, 사회문화, 법질서 등의 주요 주제에서 갈등적 상황에 빠져있다. 이 문제는 비단 우리나라의 문제만은 아니다. 예를 들어 미국에서도 경제에의 국가개입, 사회

보장제도, 대외 관계 등에 대해 정당별, 세대별, 지역별, 인종별로 다양한 의견
이 제시되고 있으며 이를 둘러싼 논쟁 및 대립이 격화되어 있다. 따라서 사회과
교육은 주어진 답을 일방적으로 제시하는 것으로 그 목적을 완전히 수행할
수 없으며 갈등하는 사회 내 쟁점들을 올바로 판단하는 훈련을 통해서만 사회
적 합의에 도달하는 능력을 키울 수 있을 것이다. 이러한 논쟁 수업의 내용을
어떻게 선정, 조직화할 수 있을까? 이에는 다양한 접근법이 있을 수 있다. 예를
들어 주제접근법은 민주주의, 종교와 정치, 자유와 평등 등과 같은 주제를 먼저
정하여 이 중에서 쟁점이 되는 부분을 정의하고 토론하는 것이며, 문제중심
접근법은 평준화, 농업개방, 과외 등과 같이 직접적인 문제를 먼저 드러내어
이 문제해결을 위한 논점을 찾아 연구, 토론하는 것이고, 역사적 위기 접근법은
조선 건국, 8.15, 군사쿠데타와 같은 역사적 주요 상황을 주제로 하여 토론하는
것이다.

논쟁수업의 절차 및 방법은 <그림 1-3>과 같다.

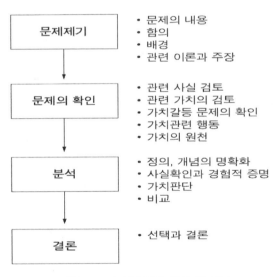

<그림 1-3> 논쟁수업의 절차 및 방법

즉 문제의 내용을 파악하여 문제 내의 쟁점을 도출하는 과정을 거쳐, 이를
분석, 논증, 증명, 가치 판단하여 가능한 대안을 제시하고 이 중에서 선택하여

결론을 내리는 것이다. 이러한 논쟁 수업에 대해서는 상반된 비판이 존재한다. 논쟁 수업은 사회과의 여러 주제들이 기성의 답을 가지고 있지 않다는 것을 전제하므로 사실상 상당한 형태의 상대주의를 인정하는 것이 된다. 또한 주제 자체의 속성상 정확한 답을 구하기 어렵고 쟁점을 이해 인식하는 수준에서 수업이 종료되기 쉽다. 따라서 이러한 수업방식은 학생들에게 사회에 대한 부정적 인식을 심어줄 수 있다는 비판이 있을 수 있다. 또한 반대로 논쟁 수업을 통해 사회직으로 갈등히는 주제에 대해 합의를 도출하는 과정은 결국 사회 내 기성의 가치를 주입하는 것으로 결론나기 쉽다는 점에서 매우 보수적인 결과를 초래할 것이라는 비판도 있을 수 있다. 그럼에도 불구하고 쟁점을 둘러 싼 사회적 갈등이 심화되는 현실에서 이 문제를 이해하고 배경을 분석하며 스스로 판단할 수 있는 능력을 기르는 것은 사회와 개인의 발전을 위해 필요한 것은 확실하다.

경제교육에서 논쟁수업이 중요한 것은 경제적 문제 대부분이 논쟁적 요소를 가지고 있기 때문이기도 하다. 물론 경제적 사실판단(judgment of economic facts)의 경우에도 단순한 것은 아니다. 예를 들어 우리나라의 국부(wealth of nation)는 얼마나 되는가라는 사실관계에 입각한 질문을 하는 경우에도 국부를 어떻게 정의하느냐에 따라 다양한 견해가 있을 수 있다. 현재 표준적 거시경제학에서 는 국부를 국민총생산으로 보고, 이를 계측하는 다양한 방법을 개발하여 국가 간 비교를 행한다. 그러나 국민총생산 자체도 GDP, GNP, NI 등 정의에 따라 다양한 지수를 가지고 있다. 게다가 최근에는 기본적으로 그 나라, 또는 그 나라 국민이 생산한 부가가치 합계로 정의되는 위의 지수들이 한 나라의 복지 를 정확히 표시하는 것은 아니라는 비판에 따라 Green GDP, HDI(Human Development Index) 등이 제시되고 있다.13) 여기에 경제적 가치판단(judgment of economic value)에 관련된 문제가 제기된다면 쟁점의 논쟁성은 강화된다. 이와 같이 가치판단의 문제가 포함된 경제적 논쟁문제(controversial economic issues)를 경제교육에 어떻게 포섭할 것인가의 문제는 다음과 같은 고려를 필요로 한다 고 주장된다(조영달, 1991b: 206-308).

첫째, 일방적인 주입식 교육과는 달리 충분하고 활발한 토론에 입각하여 진행되어야 한다.

---

13) 탐구학습 3)을 보라.

둘째, 의견 제시에 있어 근거 없는 자신의 입장이 아니라 근거와 증거를 통한 논리전개가 필요하다.

셋째, 사회자 및 교육자의 적절한 중립성이 필요하다. 논쟁하는 쟁점의 어느 한편에 서서 편중된 사회를 맡는 것이 아니라 대립하는 주장을 적절히 설명하고 이를 토론당사자들이 이해·판단할 수 있도록 해야 한다.

넷째, 논쟁과정이 감정적으로 격화되어 비이성적인 결과를 야기하지 않기 위해서는 절차적인 규범을 지켜야 한다. 상대방의 논리를 이해하고 주장의 논리성, 증거, 결론의 의미 등을 중심으로 논의가 진행되도록 하며 이 과정에서 합의 또는 새로운 제안 등이 도출되는 것이 바람직하다. 그러나 이러한 규범은 단순히 규범을 주입식으로 가르쳐서 되는 것이 아니라, 토론의 과정 속에서 훈련되고 체화되는 것이다.

다섯째, 합리적 이익추구의 원리를 적용한다.[14]

이러한 고려들은 논쟁수업의 진행에서 매우 중요한 요소임에 틀림없다. 하지만 이러한 고려들은 경제교육의 목적 일반, 즉 적극적 사회화(counter-socialization)에 봉사하여야 할 것이다. 즉 경제적 쟁점에 대한 학습자들의 비판적 사고, 창의적 사고 등의 고차원적 정신기능을 경제교육과정을 통해 육성하는 것이 그 목적이 되어야 한다. 다가오는 미래 세대가 우리 사회가 닥친 경제사회적 문제들을 슬기롭게 해결하기 위해서는 단순히 현실의 제약만을 고려하는 단기적 시각을 넘어서는 사회학적 상상력이 필요하다.

5. 탐구학습

1) 사회과교육에서 문제중심 교육과정(issue-based curriculum)에 관한 연구를 조사하여 그 의미를 파악하라.

2) 본문에서 언급한 비판적 사고·접근은 무조건 현실을 삐딱하게 본다는 것을 의미하는 것이 아니라 주어진 것을 무조건 진실로 받아들이지 않고 이를 자신의 이성적 사유로서 파악한다는 것이다. 따라서 비판적 사유는 이성적

---

14) 합리적 이익추구의 개념에 대해서도 조영달(1991b)을 참조하라.

사유이다. 데카르트, 칸트 등 철학적 논의를 참조하여 비판적 사고를 정의하라.

3) 우리나라의 경제 수준과 복지 수준을 표시하는 지표들을 제시하고, 이에 따라 세계경제에서 차지하는 우리나라의 수준이 어디쯤인지를 알아보자.

- GDP, Green GDP, HDI 등의 지수를 찾아보라.
- 우리나라의 위치를 등수로 매겨보라.
- 총 부와 일인당 소득의 기준으로도 살펴보자.
- 유사한 나라들 (대만, 브라질, 중국, 일본, 싱가폴)과 비교하고 그 이유를 생각해보자.

제2장

경제윤리와 경제교육
우리는 어떠한 경제학을 가르쳐야 하는가

경제윤리는 경제학에서 어떤 자리를 차지하고 있는가? 우리가 배우는 경제학은 더 이상 윤리적 문제를 다룰 수 없으며, 다룰 필요조차 없는가? 만약 윤리문제가 있다면 그것은 무엇이며, 어떻게 가르쳐야 하는가? 이 장은 서구의 경제윤리를 구성하는 근로윤리와 기업윤리를 경제학설사의 맥락에서 검토하여 근로윤리는 오래된 역사적 배경을 갖는 반면, 기업윤리는 자본주의의 형성과 같이 나타난 것이라는 점을 보여준다. 따라서 자본주의 체제에서의 경제윤리는 근로윤리와 기업윤리의 결합물이다. 서구의 경제윤리를 검토함으로써 우리는 우리사회에 적합한 경제윤리를 파악할 수 있는 단서를 마련한다.

1. 문제제기

최근 우리나라에는 경제윤리 교육에 대한 논의가 많이 제기되고 있다. 대한상공회의소(2003)는 현행 중·고교에서 채택된 교과서를 분석하여, 현행 교과서에는 우리나라가 채택하고 있는 자유시장경제체제의 우월성에 대한 교육내용이 매우 미흡하며, 기업에 대한 왜곡된 인식을 유발할 수 있는 내용도 포함하고 있다고 비판한다. 보다 구체적인 분석에 의하면 최근 경제윤리교육에서의 교수·학습 모형의 설정 필요성을 제시하고 구체적인 모형의 설계를 타진하는 논의들이 있지만 아직까지 내용적으로 학교 경제수업에서 활용할 수 있는 수준의 논의로 발전하지는 못하고 있는 것으로 파악한다. 즉 "경제윤리관련 수업 모형을 종합해보면 ……절대적인 경제윤리나 덕목을 상정하고 이를 전달하는 데 초점을 두고 있다. 교사 중심의 윤리 덕목에 대한 강조의 수준에서 크게 벗어나지 못하고 있다."(최병모, 박형준, 김경모, 황상주. 2004: 157)는 것이다. 김경모(1999)는 경제윤리에 대한 기존의 연구의 계기를 다음과 같이 정리하고 있다.

- 우리 사회의 급속한 변화에 따른 바람직한 경제윤리 구축 필요성
- 신고전파경제학의 실증주의 및 환원주의의 한계를 극복하기 위한 학문적 관심사
- 사회과 교과의 목표인 시민성의 확보

그러나 경제윤리 교육은 단순히 경제학의 구조 교육을 넘어서서 소극적 경제사회화 및 적극적 경제사회화를 목표로 하여야 한다고 주장한다.

따라서 경제윤리는 당위론을 설정하고 이를 주입하는 것이 목표일 수는 없다. 경제윤리에 대한 교육을 올바로 수행하기 위해서는 경제윤리 자체에 대한 연구가 선행되어야 할 것이다. 당위론 이전에 실제로 어떠한 경제윤리가 우리 사회를 지배하고 있는지를 분석하고 이의 문제점과 의미를 찾아야 할 것이다. 우리말로 윤리라고 번역되고 있는 Ethics는 사실상 단순히 당위적 의미를 가지는 것이 아니라, 경제시스템의 상부구조라고 할 수 있는 이념, 철학체계를 일컫는 것으로 이해해야 할 것이다.

윤리(ethics)라는 말은 그리스어 에토스(ethos)에서 왔다. 이 말은 원래 '익숙한 곳'을 의미했고, 고향을 의미했다. 따라서 에토스는 '습관', '관습', '도덕'이라는 의미로 사용된다. 그러나 그리스어 에토스에는 매우 오래전부터 전혀 다른 의미가 파생되었다. 그것은 관습에 따른 행위라는 의미 대신에 자신의 이성적 통찰에 근거하여 '마땅히' 행해야 한다는 당위의 의미가 파생된 것이다(Rich, 1984: 13-14).

윤리 개념의 두 가지 기원은 현실의 상황 속에서 서로 충돌할 것이다. 따라서 마땅히 행해야 하는 것으로 일상적으로 이해되는 윤리는 사실상 실제로 행하고 있는 것이라는 원래의 의미를 전제한다. 따라서 경제윤리를 단순히 '바람직함'만을 일컫는 당위적 개념으로 파악하지 않기 위해서는 사회적 인간 활동으

로서 경제활동에 내재한 가치를 찾는 것이 우선되어야 할 것이다. 이를 위해 이 장에서는 자본주의 체제의 이념형적 기반으로서의 경제학 사상을 자본주의 의 상부구조로서의 경제윤리의 관점에서 검토하여, 우리 사회의 현실 문제 속에서 강조되어야 할 경제윤리의 덕목을 살펴보기로 한다. 이 글은 단순히 경제사상만 검토하는 것이 아니라 그 경제사상의 사회경제적 토대를 살펴봄으 로써 경제윤리가 단순한 관념이 아니라 해당 경제사회의 역사적, 제도적 기반 을 반영하는 것임을 강조하고자 한다.

2. 경제학적 관념과 경제윤리

윤리를 이해하기 전에 문화라는 개념을 먼저 이해해보자. 문화란 한 사회 (community) 내 구성원들의 전체 행동에 반영되는 공통된 가치, 신념, 행위의 꾸러미라고 이해할 수 있다. 문화는 규준(norms)을 통해서 그 구성원들의 행위 를 통제하고 그 사회가 신념을 보다 유지, 강화하게 하는 수단도 제공한다. 이러한 문화의 이론적 체계화를 경제윤리라고 부를 수 있다. 따라서 경제윤리 경제학에서는 결국 자본주의 경제학의 역사와 자본주의 경제의 역사를 통해 추적해 볼 수 있을 것이다. 경제학의 사상을 곧 경제윤리라고 파악하는 것은 상당한 진실이 숨어져 있다.

센(Sen)에 의하면 경제학은 윤리학과 공학이라는 두 가지의 기원을 가진다. 윤리학적 기원은 아리스토텔레스까지 유래한다. 아리스토텔레스는『니코마스 윤리학(Nicomachean Ethics)』에서 경제학이 부에 관심을 가진다고 언급을 함과 동시에 경제학을 인간의 목적과 연관시킨다.

"화폐를 벌어들이려는 생활은 충동심에 따른 생활이며, 부는 분명 우리가 추구 하는 선이 아니다. 왜냐하면 부는 단지 유용할 뿐이며, 다른 어떤 것을 위한 것이 기 때문이다."(Aristotel, 1980: 1-7; Sen, 1987: 18에서 재인용).

이러한 아리스토텔레스의 사상에서 경제학은 윤리학, 정치학과 분리될 수 없으며 어떻게 살아야하는가라는 윤리적 동기와 연관된 인간 동기의 문제를 다루지 않으면 안 된다. 또한 그는 사회적 성과에 대해서도 윤리적 관점을 강조하여, 개인의 목적 성취보다 공동체, 민족, 도시국가의 목적 성취가 더 고귀하다고 주장한다.

경제학의 또 다른 기원인 공학은 경제관계에서의 기술적 관계들, 효율성과 관련한 문제를 해결하기 위한 수많은 연구로부터 유래한다. 오늘날 수리경제학, 계량경제학 등으로 불리는 이러한 연구들은 경제학이 해결해야 할 또 다른 영역을 담당하고 있는 셈이다. 학설사적으로는 19세기의 프랑스 경제학자인 왈라(Walras) 등에 의해 기초 지워진 한계이론의 주요 관심사라고 할 수 있다.

실제로 경제학이 등장하기 전에 경제학 사상은 대부분 윤리체계 속에서 다루어져 왔으며 정당성과 부당성을 기준으로 제시하였다. 경제학의 아버지라고 불리는 아담스미스 역시 도덕철학자이지, 경제학자가 아니었다. 경제학은 출현 이전, 출현 시에도 마찬가지지만 현재에도 윤리체계로서 기능한다. 이에 대한 대표적 연구로는 사회학자 막스 베버(1946)의 『프로테스탄트윤리와 자본주의 정신』과 허쉬만(1977)의 『열정과 이해관계: 고전적 자본주의의 옹호』들 수 있다.[15] 전자의 경우 서구의 문화의 중심 이념인 기독교 사상과의 연관성 속에서 자본주의의 발전을 파악하고 있고, 후자의 경우 정치적, 철학적 접근을 한다는 차이가 있다.

그런데 경제에 관한 관념은 자본주의 자체에서만 발견되는 것은 아니다. 경제활동이 인류의 역사와 동시에 시작하기 때문에 고대사회에서도 경제활동에 대한 관념이 보인다. 그리고 그 관념은 이후의 발전에서 중요한 출발점을 제공했다.

그것은 고대 그리스의 자연철학 사상이다. 자연철학 사상이 그 내용의 빈곤함에도 불구하고 서구 지식사에서 중요한 자리를 차지하고 있는 것은 인과관계에 기초한 과학적 사고방식의 토대를 제공하기 때문이다. 그 중에서 경제활동과 관련된 것은 근로에 대한 강조이다. 사실 경제학의 어원인 oikonomikos(오이코노미코스)는 고대 아테네의 상류계급인 크세노폰(BC 430~354)에서 유래했다. 여기서 오이코스(oikos)는 가계를 뜻하는 그리스어인데, 당시 그리스 사회가 귀족사회라는 점을 감안하면 가계는 귀족의 농지(영지)를 의미한다. nomikos는 관리라는 뜻이므로 영어로 번역하자면 household management 가 된다. 그의 저서인 『오이코노미코스』는 경제학으로 번역되지만, 그 내용은 상당부분 효율

---

15) 탐구학습 1)을 참조하라.

적인 농지경영에 관한 것이다. 하지만 그의 관리술은 곧장 국가의 경영으로 이어질 수 있다.

그런데 이러한 생각은 이후 아리스토텔레스(BC 384~322)에서 다시 강조된다. 그는 oekonomia 와 chrematistike를 구분한다. 전자는 기술, 경영, 일을 의미하는 반면, 후자는 이윤을 위한 활동, 상업행위를 의미한다. 여기에서 아리스토텔레스는 부의 축적과정에서 정당한 취득, 즉 토지의 효율적 관리와 생산을 통한 취득과 교환을 통한 취득을 분리하고, 다른 사람의 필요를 위한 교환은 비록 정당하고 자연스럽지만, 이 교환이 단순히 돈을 벌기 위한 교환이라면 자연스럽지 않다고 보았다. 당시 그리스의 폴리스에는 상인들이 있었는데 이 상인들은 시민이 아니었다. 하지만 도시국가가 위기에 빠지면 상인들로부터 돈을 거둬들이지 않을 수 없었고 실제로 상당량의 돈이 거둬들여졌다. 이러한 상인들의 활동을 아리스토텔레스는 부정적으로 보았던 것이다. 그는 『니코마코스 윤리학』에서 부정의(不正義 unjustice)를 여러 가지로 유형화하여 "단지 이득에서 얻는 쾌락을 동기로 하는 활동(-교환)"으로부터 발생하는 부정의(不正義)를 논의한다.

고대 철학 체계는 경제학의 관념을 발견하였지만 그 관념은 부를 위한 생산을 특징으로 하는 자본주의 체제에는 전혀 적합하지 않았다. 하지만 중요한 것은 근로와 효율적 생산의 개념이 아주 고대에서부터 존재했다는 사실이다.

3. 중세의 경제윤리

사실 고대 자연철학은 서구사회에서 합리주의라는 주요한 사고방식을 제공하기는 하지만, 정의(情意)적 차원에서 서구사회를 지배한 것은 기독교 문화다. 기독교 문화는 중동지방의 유대교에서 출발하였는데 유대주의 사상을 정리하고 있는 『구약』(The Old Testament)에 따르면 희소성을 해결하기 위해 욕구를 제한하는 방법을 제시하였다. 그러나 노동은 좋은 것으로 인류를 위한 신성한 활동으로 파악하는데 이점은 그리스 사상과 유사하다. 부 자체를 부정하지는 않으나 (믿음에 대한 보상) 이자에 대한 부정적 시각, 노예제도의 해방, 부채의 무효화(안식년), 50년마다 토지 소유권의 원래의 소유자로 반환되는 규정 등 경제활동을 제약하는 많은 율법을 포함한다. 여기에는 징계 대상으로서의 부의 추구(부정한 부의 추구)와 신의 명령을 따름으로써 생겨난 부(정당한 부)의 구별을 하고 있는 것이다. 하지만 부 자체에 대해 부정적인 것은 아니었다.16)

『신약』(The New Testament)은 강조점이 다소 다르다. 예수그리스도는 구약을 충실히 따랐으며 유대교 율법을 전도했다. 그러나 그 스스로 노동자(목수)였고, 추종자들의 기반은 빈민이었다. 예수의 추종자들 역시 그리스도의 재림은 임박한 것이었기 내문에 현세적 부의 축적이 아니라 영혼의 구제가 더 중요했다. 예수 이후 기독교에 대한 해석을 담당했던 교부(敎父)들은 세속적 재산에 대한 초연함을 강조하였다. 부는 신이 주는 선물이지만 그것은 목적이 아니라 수단이어야 했다. 중세로 들어오면 스콜라 학파(스콜라는 라틴어로 대학이라는 뜻)에 의해 대학이 건립되기 시작한다. 볼로냐, 파리, 옥스퍼드에 최초의 대학이 설립되고 1400년에는 유럽에 53개가 설립되었다. 이들이 경제문제에 직면하게 된 것은 고해를 하러 온 사업자들에 대해 조언을 해야 하는 현실적 필요성이었다. 이에 따라 '고해성사의 지침서'가 필요하게 되었다. 스콜라의 학자들은 고리대와 금전욕을 모두 일급 죄악으로 간주했지만 이전과는 달리 상업에 대해 정당한 상행위의 결과라면 인정할 수 있다는 입장을 표명했다. 공정한 가치에 대한 판단이 필요하게 된 학자들은 아리스토텔레스의『니코마코스 윤리학』(제5권)에서 나오는 식품과 신발의 정당한 교환비율에 대한 주석에서 "농부의 노동과 비용이 신발제조공의 그것에 상응하면 신발제조공의 결과물은 농부의 결과물에 상응한다 ……교환은 한 사물의 가치와 다른 사물의 가치 사이의 비율에 따라 행해져야 한다."17)고 설명한다. 우리는 여기서 고전파경제학의 이론적 기반이 된 노동가치론의 맹아적 형태를 보게 된다. 소위 가치론(노동가

---

16) 예를 들어 "너희가 히브리 남자를 노예로 샀을 경우에는 6년 동안만 일을 시킬 수 있고 7년째가 되는 해에는 몸값을 요구하지 말고 그를 풀어주어야 한다."(출애굽기 21장), "너희 가운데 어렵게 사는 내 백성들에게 돈을 빌려 주었거든 누구든지 빚쟁이처럼 굴지 말며 이자도 받지 말라."(출애굽기 22장) "50년째 되는 해를 다른 해와 구별되는 거룩한 해로 정하고 그 땅에 살고 있는 모든 사람들에게 해방을 선포하여라. 이 한해는 그야말로 기쁨이 넘치는 해, 희년이다. 이 해는 빚 때문에 땅을 팔았던 사람이 그 땅을 다시 살 수 있는 해이며, 빚 때문에 자기 몸을 노예로 팔았던 사람도 다시 돌아갈 수 있는 해방의 해다."(레위기 25장)

17) 이러한 논지의 저자인 알베르투스 마그누스는 토마스 아퀴나스의 선생이었다.

치론과 효용가치론을 포함하여)은 거래의 공정성을 평가하기 위한 노력의 산물이며, 이는 경제학이 곧 윤리학임을 보여주는 중요한 사례가 된다. [18)

그리하여 교회와 성경은 자본주의 이전의 서구사회의 중요한 경제윤리의 기반이 되었다. 여기에서 구원은 교회와 근로를 통해 이루어진다고 강조되었고, 따라서 노동은 신성한 것으로 간주되었다. 다만 상업에 대해서는 부정적이었으나 점차 공정한 교환에 한하여 인정되었다. 다른 한편 고리대와 악주(惡鑄)에 대해서는 여전히 부정적이었다.

15세기에 시작한 프로테스탄트 주의 운동(신교운동)은 중세 교회의 성경 해석을 비판하면서 등장한다. 이들은 교황 중심의 기존의 기독교적 권위를 부정하고 인간의 경제적 활동은 정당함과 부당함의 판단에 대한 스스로의 판단기준을 발전시키도록 되어 있다고 보았다. 그리고 자신의 직업은 소명(calling)으로서 신의 뜻이므로, 이 직업을 열심히 하는 것이 무엇보다도 신을 더 따르는 것이라고 보아, 점차 세속적 관심은 종교적 관심에서 벗어나게 되었던 것이다. 더불어 무역과 상업 역시 신을 받드는 과정의 하나로 인정되었다. 그리하여 형성된 프로테스탄트 윤리는 직업 소명 의식 외에도, 자기절제, 자조, 저축하고 사전에 계획하기, 정직과 규칙의 준수와 같은 내용을 담게 되었다. 부에 대해서는 여전히 죄의 씨앗이 될 수 있는 부정적 요소가 있음을 부정하지 않지만, 예전에 비해서는 부를 하나의 신의 축복의 하나로, 구원의 방법으로 인정한다는 점에서 큰 차이를 보인다.

4. 아담스미스의 경제윤리

경제학의 아버지로 불리는 아담 스미스는 자신의 저서『국부론』을 "한 국민의 노동이 그 국민의 소비의 궁극적 원천이다"라는 문장으로 시작한다.『국부론』의 완전한 제목이 '국부의 성질과 원인에 관한 연구'라는 긴 명칭이라는 점에서 유추할 수 있듯이, 아담스미스는 한 나라를 부강하게 만드는 국가의 부의 원천은 어디에서 나오는가라는 점에 대한 관심을 중심으로『국부론』을 저술하고 있는 것이다. 스미스는 여기서 이전의 경제 사상들에서 파편적으로

---

18) 고대와 중세에 대한 이 절의 설명은 Backhouse(1994)에 의존하고 있다.

보였던 생산과 근로에 대한 강조와 교환, 유통, 상업에 대한 편견을 성공적으로 통합하고 있다. 우선 스미스는 노동력의 양과 분업을 통한 생산성, 즉 생산이 주요한 국부의 원천임을 분명히 하고 있다. 그러나 생산, 분배, 소비의 문제는 교환, 사회 계급, 정부라는 개념과 결합되어 이해되고 있어, 교환이라는 경제행위가 사회 전체 경제 활동의 주요 범주로 등장하고 있는 것이다(박순성, 2003).

즉 인간의 자연적 교환성향으로 인해 사회적 분업이 발생하며 이러한 분업은 생산성을 향상시켜 사회적 부를 증가시킨다는 것이다. 이러한 논리 전개로부터 우리는 앞에서 보여진 생산, 근로의 강조가 상업행위와 결합하고 있는 점을 알 수 있다. 이제 자본주의(스미스의 표현으로는 상업 사회)는 시장 경제 속에서 근면에 대한 오래된 강조를 포함하면서 이윤을 위한 활동을 긍정하는 논리체계를 비로서 갖게 되었던 것이다.

그런데 이러한 자연적 교환성향의 근저에는 인간의 자기이익에 대한 추구가 놓여 있다고 스미스는 말한다.

> "우리가 저녁을 기대하는 것은 푸줏간 주인, 술도가 주인, 빵집 주인의 자비심 덕분이 아니라, 자신들의 이익을 챙기려는 생각 덕분이다. 우리는 그들의 박애심이 아니라 자기애에 호소하며 우리의 필요가 아니라 그들의 이익만을 그들에게 이야기할 뿐이다."(Smith, 1776: 26-27)

아담스미스는 스코틀랜드계몽주의 전통 속에서 도덕철학 교수로서 자신의 경력을 시작했다. 따라서 스미스의 개인의 이기심에 대한 유명한 논거는 이후의 '스미스주의자'들이 해석하듯이 편협한 해석을 정당화시키지는 않는다. 스미스주의자들의 해석에도 불구하고 스미스는 이기심을 자신 이론의 핵심이자 유일한 근거로 제시하지 않았다. 스미스 자신이 경제학자 이전에 도덕철학자였기 때문에 인간본성에 대한 스코틀랜드계몽주의 전통 속에서 "사려분별(prudence)이 비록 모든 개인들의 행위를 항상 지배하는 것은 아니라고 할지라도, 다수의 행위에 언제나 영향을 미친다"고 강조하여, 사려분별을 이성과 오성 및 자제력의 결합으로 정의한다(Smith, 1790: 189).[19] 『도덕감정론』의 주요

---

19) 개인의 이기심과 구별되는 공감, 사려분별 등에 대한 스미스의 이해 및 강조가 이후의 연구에서 소멸되었는가, 또는 이기심과 통합되어 해석되어야 하는가는 논란의

관심사는 도덕적 판단이 근거할 수 있는 기초에 관한 것으로, 공감(共感; sympathy)이라는 개념을 통해 사물을 다른 사람의 입장에서 보고, 이기적 욕망이 타인을 해치지 않도록 제한할 수 있는 이유를 찾으려고 하였다. 타인을 기쁘게 하려는 욕망, 타인으로부터 칭찬을 받으려는 욕망은 바로 이기적 행위가 파괴적으로 진행되는 것을 제어한다는 것이다. 『국부론』은 비록 직접적인 상호애정이 결핍되는 경우에도 결과적으로 이기적 욕망이 적절한 기여를 하는 과정을 살펴보고 있지만, 그러한 상업사회의 번영과정은 사회를 보호하는 정의의 체제를 전제하고 있는 것이다.

결국 스미스의 인간본성에 대한 이해는 이기심(self-interest)뿐 아니라 사려분별(prudence)과 동감(sympathy) 등 사회적 차원의 관심이 결합된 매우 복잡한 것이었지만 후대의 경제학은 윤리학에서 멀어짐으로써 이러한 스미스의 심오한 이해 역시 단순화시켰다고 볼 수 있다. 주류경제학의 이론화 과정에서 개인의 선택행위의 합리성을 자기이익의 극대화로 해석함으로써 자기이익 극대화가 아닌 행위방식은 비합리적 행위로 매도하는 문제를 안게 되었다. 센에 의하면 이러한 이해는 의무, 충성, 선의 등 대안적인 행위 양식이 어떤 경우 오히려 더욱 효율적으로 경제활동을 보장하는 사례를 해명할 수가 없게 된다(Sen, 1987: 38). 물론 애타주의, 공동체적 의식 등은 자기이익과 완전히 대립되는 것은 아니며, 상호 공존할 수 있다. 그러나 인간 행위가 전적으로 자기이익에 의해서만 결정되는 것이 아니라면 그러한 결합방식, 또는 그러한 결합에 의해 효율성이 더욱 증대될 가능성을 사전에 차단하는 것은 오류이며, 스미스 역시 그러한 사고를 한 적이 없다는 것이다.

더욱이 스미스는 자신의 분석 대상인 '상업사회'가 생산과 이윤추구 행위의 결합만으로 구성되는 것이 아니라 계급적 갈등을 주요 요소로 하고 있음을 잘 인식하였다. 스미스는 "어떤 특수한 상업·제조업 분야에서 상인과 제조업자의 이익은 항상 어떤 관점에서는 사회적 이익과 다르고, 심지어는 상반되기까지 한다. 시장을 확대하고 경쟁을 제한하는 것은 항상 상인과 제조업자의 이익이다. 시장을 확대하는 것은 종종 사회적 이익에 합당할 수 있지만, 경쟁을 제한하는 것은 항상 사회적 이익과 충돌한다 ……따라서 이러한 계급이 제안

대상이다. 이러한 해석의 대표적 사례로는 Stigler(1975) 참조. 공감, 사려분별과 이기심은 구별되어야 한다고 해석하는 대표적인 사례로는 Sen(1987) 참조.

하는 어떤 새로운 상업적 법률·규제는 항상 큰 경계심을 가지고 주목해야 하며, 매우 진지하고 주의 깊게 오랫동안 신중하게 검토한 뒤에 채택되어야 한다. 왜냐하면 이 제안은 그들의 이익이 결코 정확히 사회의 이익과 일치하지 않는 계급, 그리고 사회를 기만하고 심지어 억압하는 것이 그들의 이익이 되며 따라서 수많은 기회에 사회를 기만하고 억압한 적이 있는 계급으로부터 나온 것이기 때문이다(Smith, 1776: 상, 254)"라고 주장하여 계급관계로 생산된 소득이 배분되는 문제를 주요한 분석의 과제로 삼았던 것이다.

스미스의 이러한 계급갈등에 대한 이해는 스미스가 『국부론』을 쓸 당시의 영국의 산업상황을 반영하고 있다. 당시 영국은 산업혁명이 막 시작한 단계였는데 산업혁명은 1760년대 이후 공업생산에 기계가 도입되고 이에 의해 일어난 경제사회적 대 변동을 의미한다. 영국은 당시에 이미 네덜란드 및 프랑스와의 경쟁에서 승리하여 대서양 교역의 패권을 확립하여 광대한 해외시장을 이미 확보하고 있었고, 모직물을 중심으로 한 공장제 수공업이 잘 발달되어 있으며, 엔클로저 운동의 결과로 농촌으로부터 값싼 노동력이 많이 방출되어 있는 등 공장제기계공업이 발달할 전제조건을 잘 갖추고 있었다.

산업혁명은 어떤 경우에도 섬유산업에서 시작한다. 영국에서는 17세기 말 인도에서 수입하던 면포(캘리포)가 주요한 계기였다. 영국 의회는 1770년 영국의 전통적인 모직물(양모로부터 나오는 모직을 토대로 한 의류)을 보호하기 위해 저렴한 인도산 면직물 수입을 금지하였지만, 이로 인해 국내의 면직산업이 발달하게 되었던 것이다. 서인도 제도에서 재배한 면화를 수입하여 랑카시아 지방에서 면포를 생산하게 되었다. 면포생산능력이 향상되자 원료인 면사가 부족하게 되었고 이에 따라 직물공이자 목수였던 하그브리스, 가발제조업자인 아크라이트, 방적공인 크롬프턴(1779, 뮬방적기) 등이 면사를 만드는 방적기를 개량하거나 발명하였다.[20] 여기에 이러한 기계들을 움직일 동력혁명이

---

20) 면직산업은 목화로부터 씨를 뽑는 조면(繰綿)작업, 면화로 실을 만드는 방적(紡績), 실을 직물로 만드는 방직(紡織)이라는 공정으로 나뉘어진다. 따라서 이 공정 과정마다의 기계화가 산업혁명의 내용이 되었다. 영국은 씨를 뺀 면화를 전량 수입했기 때문에 조면작업은 영국의 관심사는 아니었다. 하지만 미국은 남부지방을 중심으로 노예노동에 기초한 면화플랜테이션에서 목화를 생산하였으며 목화의 씨를 빼는 조면작업은 큰 일손을 요구하는 복잡한 과정이었다. 미국 예일 대 출신의 엔지니어인 일라이 휘트니는 1790년대 초 기계식 조면기를 발명함으로써 조면과정의 수공업이

와트의 증기기관 발명(1784년 특허)과 더불어 시작하였다. 이후 증기의 원료인 석탄을 필요로 하게 되어 석탄광이 개발되고, 이를 전송할 철도산업, 철도, 기차를 생산할 제철, 기계 산업 등이 종합적으로 발전하게 되어 대량생산과 공장제기계공업을 기반으로 하는 산업혁명이 바야흐로 꽃을 피게 되었던 것이다.

하지만 이러한 찬란한 빛은 동시에 어둠을 가지고 있었다. 그것은 공장제기계공업이 숙련노동을 더 이상 필요로 하지 않았고 열악한 작업환경에서 단순반복 노동을 요구했기 때문이다. 부모로부터 버림 받은 7~14세의 아동들이 하루 15시간씩 중노동에 시달려야 했다. 1833년의 조사에 의하면 맨처스터 면공장 43곳에서 13세 이하의 아동노동이 남성의 경우 30%, 여성의 경우 18%에 달하였다. 산업혁명은 결국 새로운 사회 계급인 노동자계급을 만들었던 것이다. 이러한 노동자계급은 이전의 무산자계급과도 달랐다. 왜냐하면 공장이라는 단일의 거대한 직장에서 동일한 노동을 하는 동일한 근로조건 속에서 생활하는 계층이었기 때문이다. 단순한 무산자, 실직자들은 사회적으로 결집할 수 없고 따라서 사회세력이 될 수 없었으나 공장노동자들은 숫적 우세, 근로조건의 동질성, 노동과정의 동질성, 게다가 사회주의 인텔리켄차 등의 도움에 힘입어 손쉽게 새로운 계급적 정체성을 확보할 수 있었다.

5. 보편성과 특수성: 미국 자본주의에의 접목

지금까지 살펴본 자본주의의 경제윤리는 근로와 생산의 윤리와 이익 추구 및 상업의 윤리의 통합으로 구성됨을 알 수 있다. 이러한 두 가지 차원의 가치판단은 서구 사회에서는 매우 오래된 역사적 전통을 가지고 있었던 것이며, 그리스 시대와 중세의 기독교 사상에서도 발견된다. 이는 서구자본주의의 보편성이라고 할 것이다. 그렇다면 이러한 보편성은 자본주의의 확산에 따라 얼마나 관철될까?

이를 미국자본주의를 통해서 살펴보자. 미국자본주의는 현재 자본주의의 종주국으로서 역할을 수행하고 있었지만, 영국 산업혁명 당시만 해도 산업혁

해소된다.

명이 진행되지 않은 농업국가였다. 미국자본주의는 영국자본주의와 함께 앵글로색슨 자본주의로서 독일, 일본 등의 후발자본주의 국가, 한국 등의 신흥개발국가와도 구분되는 시장중심적 자본주의 국가에 속한다(Gilpin, 2001: 제7장 참조). 그러나 미국자본주의는 경제윤리의 측면에서는 영국자본주의와도 구분되는 독특한 특성을 간직한다. 이러한 특성은 미국으로 이주한 영국이민들에 의해 형성된 것이다. 최초의 성공적인 영국이민자들은 Puritans으로 당시 영국 국교회의 탄압을 피해 신국(神國)을 형성하고자 미국에 이주하였다. 1620년 메이플라워호를 타고 영국의 플리머스를 떠나 미국 동부해안에 도착한 102명의 영국인들은 철저한 소명의식, 선민의식을 가지고 자신의 맡은 일을 다함으로써 신의 뜻을 다한다는 칼뱅적 해석에 기반하여 신대륙의 혹독한 자연환경과 싸워나갔다. 이들의 지도자였던 존 윈드롭(John Winthrop; 1588~1649)은 선상에서 '언덕위의 도성(a city on a hill)'을 만들자고 역설했다. 이러한 17세기의 영국 신교도 농민의 아메리카 이주는 농업·종교·상업 혁명의 총체적 결과물이었던 것이다. 물론 이러한 이상은 현실의 가혹한 조건과 이후의 세속적 이민의 물결 속에서 많이 희석되었지만, 이들의 청교도 사상은 이후 노동을 신의 소명으로 간주하여 신성화하고, 또한 신을 섬기는 가장 훌륭한 수단으로 칭송하며 이를 통해 구원받는다는 입장을 강조하게 되었던 것이다. 자기부정(self denial) 즉 자기 욕망을 억제하여 부의 소유 자체를 목적으로 하지 않고 종교적 가치를 가진 하나의 소명으로 인식하라는 메시지를 갖게 된 것이다. 이와같은 합리적 노동행위에 대한 신교도적 해석은 자본주의적 축적을 산업 자본가 개인의 치부를 위해서 수행하는 것이 아니라, 신의 뜻에 따라 수행하는 맹목적이면서도 신성한 과정으로 여기게 하는 윤리적 기초를 낳는다. 미국의 건국아버지들, 예컨대 벤자민 프랭클린(1706~1790), 토마스 제퍼슨(1743~1826) 등도 노동·근면성·계획의 강조라는 프로테스탄트 윤리를 미국화시키는데 일조하였다. 프랭클린은 노동의 신성화를 종교의 영역에서 세속의 영역으로 이동시켰으나, 노동 자체를 하나의 목적으로 신성화하여 열심히 일하고, 저축하며, 창조하는 품성을 강조하였다.

과연 퓨리턴적인 신교도 가치가 미국 자본주의의 특성화에 얼마나 기여하였는지는 명확하지 않으나, 미국 자본주의는 독특한 자기 논리를 가지고 있음에 틀림없다. 시장에 대한 강조는 앵글로색슨 계열의 자본주의에서 모두 발견되지만, 미국자본주의는 이를 극단화하여 자조(self-reliance)를 강조하며 적자생존

(survival of the fittest)이라는 사회다위니즘적인 어두운 면을 발전시키게 되었던 것이다. 하버트 스펜서(1820~1903)와 윌리엄 섬너(William Sumner, 1840~1910)에 의해 발전된 사회다위니즘에 의하면 능력이 있는자는 보상되어야 하며, 패배자는 그 댓가를 치루어야 한다. 생존하기 위해서는 사전에 계획하고, 열심히 일하며, 가족을 중심으로 자기충족적인 삶을 살아야 한다는 것이다. 그러한 삶은 최고의 사람과 최고의 사회라는 혜택을 낳게 할 것이라는 것이다. 미국사회의 독특성은 이에 대한 유명한 보고서인 토크빌(Alexis de Tocquevill, 1805~1857)의 『미국의 민주주의』(Democracy in America: 1832)에서 잘 나타나 있다. 토크빌은 이 책에서

　"미국인들은 참으로 이상한 사람들이다 ……미국인들은 자신이 겪어보지 못한 새로운 문제가 나오면, 동네에서 스스로 위원회를 조직하여 문제해결을 시도하고, 이러한 모든 시도를 정부(官)의 어떤 도움도 받지 않고 시민들이 스스로의 주도권 하에서 신속하게 처리한다"(Tocquevill, 1832: 91)

라고 미국사회의 자립성을 묘사하고 있다. 토크빌의 눈에 비친 미국사회는 노동을 정직한 행위로서 간주하고, 근로의 의무, 자기억제, 개인주의, 공적 책임에는 상대적 경시를 동반하는 사회였다. 또한 미국인들은 사색하기보다는 행동하는 국민이었다.

미국의 기업윤리 역시 미국자본주의의 특수성을 반영하는 듯하다. 여기서는 기업행위가 사회적 선을 극대화할 때 윤리적인 것으로 해석된다. 즉 기업행위가 자신의 목적에 일차적으로 충실할 것을 요구하는 것이다. 정직은 최선의 윤리목표이나, 이는 정직이 가장 효율적이기 때문이지, 이것이 도덕적으로 옳기 때문은 아니다.

6. 결론 : 우리나라의 현실 문제와 경제윤리 교육

우리 사회는 경제윤리와 관련한 수요가 상당히 증가할 만큼 경제윤리를 내적으로 체화하지 못하고 있다. 지금까지의 분석은 서구에서 경제 활동에 대한 윤리의식이 어떻게 발전해왔는가를 살펴봄으로써, 자본주의의 경제윤리

조차도 단순한 당위적 이념이 아니라 사회의 발전을 반영하면서 등장하였다는 것을 보여주었다.

그것을 다시 요약해보면, 첫째, 생산과 유통의 관계가 오래전부터 구분되어 쟁점이 되어 있었다는 점이다. 물론 초기부터 생산을 중시했으며, 이윤추구활동을 긍정하기 시작한 것은 자본주의가 등장하면서부터이다. 이로서 자본주의의 고유한 특성인 자본축적은 종교적 신념으로까지 격상되어 생산윤리와 유기적으로 동합되었던 것이나.

둘째, 사회 내의 경제활동에서 불가피하게 결합되는 이기심과 동감의 관계이다. 이기심은 사회적 분업과 시장이 활성화하는 과정에서 불가피하게 발전하게 되나, 이러한 합리성, 이기주의를 편협하게 해석하여 이기심만으로 경제윤리를 구성하는 것은 사실상 경제학을 반윤리적 학문으로, 공학으로 간주하는 전통에서만 정당화할 수 있다는 점이다.

셋째, 보편성과 특수성의 관계에서도 중요한 시사점을 얻을 수 있다. 자본주의의 이념적 윤리체계로서 프로테스탄티즘은 실상 개별 자본주의 국가에 적용될 때는 그 사회의 특성에 맞게 변용되기 시작한다는 것을 미국자본주의에 프로테스탄티즘이 적용되는 과정을 통해서 살펴보았다. 다시 말하면 전형적 자본주의조차도 특수성을 갖게 되며, 이는 후발자본주의 국가 뿐 아니라, 개발도상국에서도 마찬가지로 나타날 것이다. 일정한 요소, 예를 들면 근로윤리와 축적의 정당화는 자본주의 발전과정에서 공통적으로 나타날 것이지만, 그러한 강조가 어떻게 상호 결합되며, 명명될 것인지는 선험적으로 결정되는 것이 아니다. 이러한 윤리는 이미 경제체제에 내화된 윤리이며, 강제로 주입될 수 있는 것이 아니다.

우리나라에서는 경제윤리를 강조할 때 주로 시장친화적인 사상과 관념을 지칭하는데, 이러한 편협성은 우리나라의 경제발전에 도움이 되지 않는다. 주요한 것은 우리나라의 경제발전에 이미 내재화한 경제윤리가 무엇인지를 밝히는 것이며, 이러한 분석과정에서 우리는 우리에게 적합한 윤리적 기초를 확립할 수 있을 것이다. 최소한 우리의 분석으로부터 서구에서는 근로윤리 뿐 아니라, 기업윤리 조차도 우리의 생각과 기준보다 훨씬 엄격하다는 시사점을 얻게 되는 것이다. 다시 말하여 기업과 기업가는 노동자보다 훨씬 엄격한 윤리적 기준으로 이윤추구활동을 해야 하며, 이는 자본주의 사회에서 기업이 부패하지 않고 자신의 고유한 목적을 수행하기 위해 불가결하게 필요했던 것이다.

이러한 기업윤리를 확보하지 못한 상태에서는 기업지도력을 확보하기 어려울 것으로 생각된다.

7. 탐구학습

1) 베버(1946)와 허쉬만(1977)을 읽고 차이점을 비교하라.

2) 이른바 '유교자본주의론'에 대한 논의를 살펴보고, 그 의의와 한계를 토론해 보자. 유교자본주의론이 과연 우리나라에 적합한 경제윤리가 될 수 있을 것인가?

제3장

교육문제의 경제학
평준화 논쟁*

　교육문제는 경제학적으로 어떻게 파악되는가? 이 장은 우리나라의 교육 문
제 중에서 크게 쟁점이 되고 있는 고교평준화를 중심으로 이 문제를 경제학적
으로 접근하는 방식을 소개하고 평가하고자 한다. 그리하여 평준화라는 좁은
제한을 벗어나서 교육문제 전반에 대해 광범위하고 근본적으로 접근할 필요가
있음을 제시한다.

1. 문제제기

　최근 고교평준화정책과 관련된 논쟁에서 경제학자들은 일반적으로 평준화
정책의 폐지를 요구하는 입장에 서 있다. 특히 경제학자들에 의해 수행된 학업
성취도와 관련된 최근의 중요한 경험적 연구들 역시 이전의 실증연구와 달리
평준화 정책이 과외를 줄이지 못했거나 평준화정책이 학력저하를 초래했다는
등의 부정적인 결과를 도출하고 있다. 그리하여 고교평준화는 다양한 개혁논
의의 와중에 있으면서 실제로도 서서히 완화되고 있는 실정이다. 이 장에서는
교육문제, 특히 고교평준화라는 우리나라에서 최근 급격히 논란이 되고 있는
이슈를 경제학자들이 분석하는 내용을 중심으로 살펴보고, 그 쟁점을 파악하
고자 한다.

---

* 본 장은 류동민(충남대) 교수와의 공동연구를 반영한 것이다.

2. 평준화 정책의 내용과 이를 둘러싼 논쟁

우리나라에서 시행하고 있는 고교평준화는 고교입학생을 학교별로 선별하는 것이 아니라 학군별로 정하여 그 학군 내에서 학교를 추첨·배정하는 학생선발 제도이다. 이 제도는 1969년 중학교 평준화에 이어, 1974년 고등학교 평준화 도입으로 시작한다. 이와 같이 평준화가 도입된 것은 매우 오래되었는데 그러한 도입의 배경은 유명 고등학교에 입학하기 위한 고교입시의 과열을 해소하고자 한 것에 있다. 당시 전체 중학생의 27%가 정서불안 등 소위 '중3병'을 앓고 있었고, 중학생의 91%가 하루 4시간 이상 과외를 받고 있었다고 한다. 따라서 고교평준화 도입의 주요 이유는 일류고를 향한 입시과열 및 파행적인 중학교 교육의 해결이라는 학교교육 정상화였던 셈이다.[22]

따라서 고교평준화는 강제적인 획일화를 자동적으로 의미하는 것은 아니다. 그런데 우리나라의 평준화는 일반적인 학군제와 다른 특징을 가지고 있는데 그것은 사립고등학교의 비중이 매우 높고 사립고등학교가 정부의 지원을 받으면서 정부의 규제를 동시에 받는 준공립적 성격을 띠고 있다는 것이다. 따라서 해당 학군이 평준화 대상 학군일 경우 공·사립을 막론하고 모두 평준화의 규정을 따르게 되었다. 고교평준화 과정에서 나타나는 이러한 현상은 정부의 예산으로 사립고등학교가 운영됨으로써 보다 일관된 정부정책이 가능하게 된 장점이 있는 반면, 동시에 사립고등학교의 운영상의 자율성은 상당히 침해되는 결과를 초래했다.

고교평준화가 이와 같이 교육여건의 평준화와 자율성의 침해라는 그 효과면에서 양면성을 가지고 있기 때문에 고교평준화는 정부 정책의 부침에 따라 지역의 여론에 따라 확장과 축소를 거듭했다.

따라서 고교평준화를 둘러싸고 많은 논의가 진행되었는데 그러한 논의는 주로 교육계와 교육학자들 내에서 이루어졌다.[23] 하지만 최근 들어서는 경제

---

22) 이러한 고교평준화 제도는 우리나라 전체의 공식적인 학생선발 제도인 것처럼 인식되지만 실제로는 전국 12개 시·도, 23개 지역에서만 실시되고 있다. 전체 고등학교 수로는 31.6%(일반계 고교 중에는 52%) 학생수로는 47%(일반계 학생으로는 67.4%)가 적용받고 있다. 학생의 53%는 비평준화 대상으로 별도의 선발방법에 의해 고등학교를 선택하고 있다(교육인적자원부 웹사이트).

학자와 경제계를 중심으로 이에 대한 비판이 증가하고 있다.24) 특히 고교평준화가 학력저하를 낳거나, 현재의 학력저하 현상의 원인은 아닌가, 과외 등 과열입시를 줄인다는 원래의 목적을 달성하기는커녕 오히려 이를 조장하고 있는 것은 아닌가, 또 마지막으로 고교평준화가 교육여건의 평준화를 달성한다고 하지만 오히려 저소득층(labor class)에게 공평한 기회를 앗아가고 있는 것은 아닌가라는 등에 대한 논란이 그것이다. 이 같은 문제를 제기하고 있는 경제계는 심지어 국가경쟁력 약화(학력저하), 공교육위기, 과외과열 뿐 아니라 부동산투기, 해외유학의 원인으로까지 삼고 있다.

우리나라의 교육문제로서, 1) 학력저하, 2) 과열교육열과 높은 사교육비, 3) 소득불평등으로 인한 교육기회 균등의 축소라는 문제점이 심각하다는 데는 모두가 동의한다. 문제는 이러한 교육문제의 원인이 고교평준화가 아닌가라는 논의가 지속적으로 제기되어 왔다는 점이다.

이러한 논리에 따르면 평준화는 학교선택권을 제한하고 정부가 교육부문을 관료적으로 통제함으로써 우리나라의 근본적 교육문제를 야기했다는 것이다. 즉 문제의 근원은 학교선택권 제한으로써 이를 야기한 것은 고교평준화이기 때문에 이것을 해제하고 경쟁을 도입하여 개별 학교의 수준을 향상시켜야 한다고 주장한다(이주호, 2002). 경제학자의 입장에서 이 문제는 교육의 효율성의 문제이다. 고교평준화가 학교선택을 막아서 소비자 선택권을 제약하는 것은 시장의 역할을 막는 원천적인 사회 후생 감소의 원인이 된다. 따라서 고교평준화는 자원의 최적 배분이라는 교육효율성을 저하시키는 정책이 된다는 것이다.25) 여기에 덧붙여 고교평준화가 학력저하를 초래한다면 그것은 장기적인

---

23) 기존의 고교평준화에 대한 평가로는 한국교육평가원(1985), 강태중(2002), 강태중·성기선(2001) 참조. 이러한 연구는 대체로 고교평준화가 학력수준을 저하시키지 않았고 평균학력이 비평준화보다 상승하였음을 보여준다.

24) 비판적 논의는 주로 정부부서에서는 재정경제부, 민간부문에서 전국경제인연합회 등에서 제기하고 있고 경제학자들도 비판적인 경우가 많다. 한편 교육계 일반, 즉 교육인적자원부와 교육과정평가원, 전국교직원노동조합 등은 최근의 여러 실증 연구 결과에 대해 비판적이면서 고교평준화는 계속 유지되어야 한다고 주장한다(한국일보, 2004년 3월 1일자 보도). 그러나 이러한 도식은 경제학자 내에서도 고교평준화가 유지되어야 한다는 생각을 가진 사람이 많고, 교육계 내에서도 비판적 논의가 있다는 점을 고려할 때 지나치게 도식적 분류임을 인식해야 한다.

국가경쟁력의 약화를 초래할 것이고, 또한 고교평준화가 원래 목적인 과외억제를 달성하지 못하고 과외과열을 초래한다면 사회적 비용의 낭비가 된다.

이러한 비판에 대해 평준화 지지론자들은 다음과 같이 반박하고 있다.

우선, 소비자 선택권의 제한이라는 논점을 보자. 고교평준화 반대론자들은 관료적 통제로 인해 자율성이 훼손되고 소비자의 선택권이 제한된다는 사실을 지적하지만 이러한 소비자 선택권의 제한이 학력저하를 초래한다는 점 외에 어떤 다른 문제점이 있는지를 구체적으로 적시하지 못하고 있다.[26]

반면 평준화 지지론자들은 고등학교 입학에서의 소비자선택권의 보장은 실제로는 학생이 학교를 선택하는 것이 아니라 학교가 학생을 선택하는 것으로 나타날 것이라고 우려하고 있다. 즉 현 상황에서 사립학교가 커리큘럼 등 학교운영의 자율성을 갖게 되면 입시학원화 할 것인데, 왜냐하면 현 고교교육이 대학입학을 위한 경쟁으로 집중되고 있기 때문이다. 그리하여 사립학교 자율화는 입시경쟁의 가속화 및 입시경쟁의 초·중등으로의 이동이라는 아래로의 이동을 야기할 것이다. 결국 고교평준화를 해제해도 학생이 학교를 선택하는 것은 아니라는 우리나라의 현실, 또 외국의 경우에도 학교가 학생을 선택할 때 성적순으로 선발하는 것이 아니라 선착순 또는 추첨으로 하는 경우가 많다는 점등을 들어서 우리나라의 경우 평준화/특목고를 막론하고 입시위주의 교육으로 고교교육이 사실상 획일화할 것이라는 우려를 제기한다. 결국 이러한 평준화 해제는 소비자선택권의 보장이 아니라 학교 서열화 현상을 더 초래할 것이라는 논의로 이어진다(김천기, 2002).

평준화 비판론자의 두 번째 문제제기는 획일적 평등주의에 대한 비판과 이어진다. 우리나라 교육이 획일적인 교육시스템을 가지고 있는 것은 사실이나, 평준화 지지론자에 따르면 그것은 고교평준화의 문제가 아니라 국가 교육정책의 문제라는 것이다. 이들에 따르면 비판론자들은 고교평준화의 범위를

---

25) 경제학에서 이야기하는 효율성은 배분적 효율성(allocative efficiency)이다. 배분적 효율성은 한계편익과 한계비용이 일치할 때 의사결정을 함으로써 가장 극대화된다. 이를 위해서는 시장 내 소비자가 어떠한 판단의 강제 없이 자유롭게 의사판단을 할 필요가 있고 생산자는 완전경쟁 상태로 재화를 공급하여야 한다.

26) 학력저하의 실상은 무엇인가? 과연 학력저하는 실제로 있는가? 학력의 평가 기준은 무엇인가? 이에 대해서는 탐구학습 2), 3)을 보라.

국가 교육정책까지 포함하여 부당하게 넓혀 정의하고 있는 것이다. 이는 다소 논란의 여지가 있다고 보여진다. 왜냐하면 고교평준화를 도입하면서 정부는 사립고등학교에 재정지원을 하고 교육부의 교육과정을 받아들이도록 강제하였기 때문이다. 결국 고교평준화 = 정부의 교육통제는 아니지만, 시기적으로도 논리적으로도 상호 전제하고 있다는 점은 사실인 것으로 보인다. 다만 고교평준화가 우리나라 전체에 강제되고 있는 것은 아니고 지역별로 선택할 수 있는 사안인 반면 정부의 교육통제는 전국적으로 실시되고 있는 사안이라는 점에서 양 제도는 일단 구별하여 접근하여야 할 것이다. 평준화 지지론자들도 정부의 교육과정, 평가과정의 표준화 또는 독점을 비판하고 있다. 여기에는 교육학자들의 교육에 대한 철학이 깔려 있다. 즉 교육은 학습자의 능력과 재능을 발견·계발하는 것이지 우수한 자원을 선별하는 장치가 아니라는 것이다. 능력위주로 차등화 교육을 주장하는 입장은 국가경쟁력 고양이라는 목표를 제시하지만 실제로는 이 목적이 아니라 중산층계급의 재생산을 위한 것이라고 보고 있다(이두휴, 1999).

따라서 소비자 선택권의 문제는 경제학에서 일반적으로 강조하는 후생증가의 방법이지만 교육과 같은 특수한 공적 재화에서는 잘 적용되지 않는다고 주장한다. 왜냐하면 소비자 선택권은 공급보다 수요(보다 더 나은 학벌을 위한)가 더 많은 교육현장에서는 항상 학교의 선택권(공급독점)으로 변질되어 나타나기 때문이다.

3. 최근의 실증 연구 결과

그리하여 문제는 이론적 문제라기보다는 과연 고교평준화가 경제학적으로 바람직하다고 생각하는 사회적 현상에 기여하느냐, 아니면 그 반대인가라는 구체적 문제로 설정된다.

고교평준화정책이 그 중요한 목표 중의 하나였던 과외감소에 실패하였을 뿐만 아니라 학생들의 학업성취도를 저하시켰다는 사실을 논증할 수 있다면, 그 정책으로서의 실효성에 대한 가장 강력한 반박이 될 것이다. 고교평준화가 학력저하를 초래한다면 국민경제의 경쟁력을 약화시킬 수 있다는 점으로 이어지고, 평준화가 과외를 증가시켰다면 사회적 비용이 증가할 것이다. 이는 결국 사회적 효율성을 감소시키는 것으로 나타날 것이다.

우선 고교평준화가 학력저하를 낳는다는 주장을 살펴보자. 주로 교육학자들에 의해 이루어진 과거의 경험적 연구들은 고교평준화가 학력저하를 낳지 않았다고 주장하고 있지만(성기선, 2002), 몇몇 경제학자들은 양자간의 밀접한 관련을 지지하는 결과를 보고하고 있다(김태종, 이명희, 이영, 이주호, 2004). 이 연구는 비평준화 정책이 학생들의 학업성적을 유의미하게 상승시킨다는 회귀분석(regression analysis)결과를 제시하였다. 이들의 연구는 기존연구들에 비해 자료나 방법론적으로 진보한 결과를 이용하고 있기 때문에, 매우 중요한 의미를 갖는다. 그러나 이러한 종류의 연구는 기본적으로 반사실적 가정(counterfactual assumption)에 입각하고 있으므로, 결정적 실험(critical experiment)으로서의 역할을 수행하기는 어렵다. 또한 비평준화 정책이 학업성적을 향상시키는 경로에 대해서는 몇 가지 가설을 제시하고 있지만, 그 내적 메커니즘이 분명하게 밝혀진 것은 아니다. 특히, 연구의 정책적 함의로서 평준화 폐지 또는 학교선택의 확대(Lee Ju-Ho, 2004)를 주장하기 위해서는 다소의 논리적 비약이 불가피하다. 또한 역으로 다양한 수준의 학생을 한 교실에서 가르치지 않고 성적면에서 동질집단으로 모을 경우(예: 우열반) 학력상승효과가 과연 나타날 것인가에 대해서도 외국에서의 실증연구가 많이 진행되었다. 이론상 문제는 사회 전제적으로 보았을 때 우수한 인재를 모두 모아서 가르친다면 남은 학생들, 특히 둔재들도 모아서 가르쳐야 할 텐데 일반적으로 둔재의 경우, 보다 우수한 학생들과 같이 있는 것이 학습효과가 더 나을 것으로 본다는 것이다 (peer group effect). 만약 그렇다면 우열반은 사회적 불평등을 고착화시키는 경로가 될 수 있다.

또 다른 경제학적 연구(김광억, 김대일, 서의종, 이창용, 2004)는 30여 년 동안의 서울대학교 사회과학대학 입학생자료를 이용하여, 교육불평등이 더 심화되었고 고소득층의 학생들이 서울대학교에 입학할 가능성이 커졌음을 밝히고 그 가능한(plausible) 원인으로 평준화정책 및 과외의 증대 등을 지적하였다. 그러나 이 연구 또한 몇 가지 한계를 지니고 있다. 첫째, 이 연구는 서울대학교 입학가능성의 격차로 해석되는 교육불평등의 심화가 평준화정책의 결과라는 가설을 지지할 수 있는 것은 결코 아니다. 이것이 보여주는 것은 단지 교육불평등이 구조화되었다는 사실(김종엽, 2003) 이상도 이하도 아니다. 둘째, 이 결과는 평준화정책의 폐지가 어떻게 저소득층의 서울대학교 입학가능성을 높일 수 있는지를 설명하지 못한다. 교육불평등의 심화가 사회적 불평등의 결과라면, 비평준화 정책의 실시는 저소득층의 좋은 고등학교 입학가능성 또한 감소시킬 것이기 때문이다.

두 번째 제기되는 사회적 비용과 관련되는 평준화와 과외의 연관에 대한 가설적 논리설정은 다음과 같다. 입시경쟁이 증가함에 따라 입시교육수요 역시 증가하지만 학교교육이 수요를 충족시키지 못하며, 그 결과 학교교육보다 과외가 증가한다는 것이다. 만약 상황이 그렇다면 고교평준화는 과외를 증가시킬 수도 있을 것이다. 이에 대한 실증연구(이주호, 홍성창, 2001)는 학교와 과외(private tutoring)의 관계에 대한 OLS분석에 기초하여, 학교교육이 적절히 제공하지 못하는 교육에 대한 초과수요(excessive damand)가 과외의 확대를 가져오고, 그것이 다시 교육의 형평성을 훼손한다고 주장하였다. 그러나 그들이 실제로 보인 것은, 과외비지출의 증대가 서울대학교 및 상위 3개 대학으로의 진학률을 높인다는 것, 그리고 비평준화지역의 과외지출이 평준화지역의 그것보다 유의미하게 작다(significantly low)는 것 등이다. 즉, 그들의 경험적 결과는 과외의 급팽창원인이 무엇인가에 대해서는 아무것도 말해주지 못한다. 더구나 비평준화지역의 과외비지출이 낮은 이유가 비평준화로 인해 교육에 대한 초과수요가 줄었기 때문이라는 해석도 문제가 있다. 만약 그렇다면, 비평준화지역의 상위대학 진학률이 최소한 평준화지역의 그것에 비해 유의미하게 작아서는 안될 것이다. 물론 그들은 이 부분에 대해서는 분석하지 않았다. 그러나 예컨대 서울 강남지역 출신학생들의 상위대학 진학률이 매우 높다는 상식이나 김광억 외(2004)의 결과를 감안한다면, 이러한 주장은 무리한 것으로 보인다. 또한 평준화와 과외증가의 상관관계에는 소득증가라는 다른 원인도 개입할 수 있다는 점도 고려되어야 한다(김정기, 2002). 대개의 평준화 지역은 소득이 높은 도시지역이며 이는 과외의 접근성과 지불능력 역시 비평준화지역에 비해 높다고 볼 수 있고 이러한 점은 실증연구에서 완전히 통제하기 어려울 것이기 때문에 평준화 지역에서 과외지출이 많다는 점만으로 평준화가 과외를 야기했다고 보기 어렵다는 것이다.

결국 이러한 연구는 경험적 연구가 갖는 한계를 잘 보여준다. 평준화정책을 지지하는 연구들과 마찬가지로 반대하는 경험연구들 또한 모든 교육문제를 평준화정책의 탓으로 돌리면서도 그 내적 관련에 대해서는 분명한 논리를 제시하지 못하고 있다.

4. 쟁점 분석

경험연구는 일정한 한계가 있음에도 불구하고 매우 강한 정책적 함의를 내포하면서 이루어지고 있다. 이는 현재의 평준화 논쟁이 구체적인 정책 쟁점을 상정하고 진행되고 있기 때문이다. 특히 논쟁은 고교평준화정책의 개선 및 자립형 사립학교허용에 대한 논의로 집중된다. 이러한 주장에는 세 가지의 논점이 있다.

첫째, 고교평준화정책의 개선은 학교선택권의 확대라는 문제와 관련된다.[27] 학교선택권의 확대는 현행 고교평준화정책이 학군제이기 때문에 정의상 고교평준화를 해제하는 것일 수밖에 없다. 즉, 현행 제도하에서는 한 지역 전체가 평준화 지역이거나 비평준화 지역이어야 하지만, 자립형 사립학교가 확대되면 결국 고교평준화의 사실상 해제를 의미하게 될 것이다.

둘째, 고교평준화정책과 한국의 교육문제 간의 관계가 지나치게 단순화되어 연관지어지고 있다. 그렇지만, 한국의 교육문제는 고교평준화정책만으로 환원될 수 없는 복합적 요인의 결과로 해석될 수도 있다.

셋째, 고교평준화정책을 개선하면 효율성뿐만 아니라 형평성까지도 향상될 것이라고 주장된다. 즉, 교육의 효율성 향상, 입시경쟁 완화, 과외비 부담경감 등 모든 교육문제의 만병통치약인 것처럼 다루어진다. 이러한 주장은 모든 문제를 고교평준화정책의 문제로 환원하는 위의 논리로부터 당연하게 생겨나는 귀결이다.[28]

그런데, 평준화정책에 비판적인 경제학자들의 견해는 교육부문의 '시장화(marketization)'라는 키워드로 수렴시킬 수 있다(Brown, 2003). 즉, 그들의 주장은 전통적으로 공공부문으로 간주되었던 교육에 시장경쟁을 도입하자는 주장으로 이해할 수 있다. 교육부문의 시장화에 대한 주장은 자본주의경제가 신자유주의(neo-liberalism)적으로 변화하기 시작한 1980년대부터 세계적으로 나타난

---

27) 이주호(2002)는 고교평준화 개선의 내용으로 학교차이의 인정, 정보공개, 학교자율의 확대, 학력부진 학생에 대한 정부지원강화 등의 정책도 제시하지만, 실제로 차이가 나는 유의미한 정책은 학교선택권의 확대라 할 수 있다.

28) 물론 이러한 주장의 거울 이미지(mirror image)는 고교평준화정책을 유지하는 것이 대부분의 교육문제를 해결하는 방법이 된다는 생각이다.

보편적 현상이다. 이렇게 볼 때, 과거 정부의 권위주의적 개입과 통제를 비판하였던 사람들이 지금은 오히려 평준화정책을 지지하는 이른바 '평준화의 역설(paradox of the equalization policy)'(Chun Sang-Jin, 2003)도 이해할 수 있다.

1) 첫번째 쟁점 - 교육제도와 효율성(Efficiency)

학교선택권의 확대는 교육제도의 효율성을 확보할 수 있을 것인가? 여기에서 효율성은 경제학적 의미에서의 배분적 효율성(allocational efficiency)으로 이해된다. 즉, 교육이 노동시장(labor market)과 효율적으로 연계되어 필요한 인력을 잘 제공할 수 있는가라는 문제이다. 요컨대 산업사회·정보화 사회에 필요한 인력·인재의 육성이라는 목표를 교육목표로 제시하고 있는 셈이다. 이미 현대의 고도화한 자본주의 사회가 정보화 사회라는 새로운 단계로 접어들고 있다는 점에 대해서는 (그 내용의 이해에서는 대립하더라도) 광범위한 합의가 존재한다(Castells, 1996). 이는 변화하는 추세에 대응하는 상징조작이 가능한 인력의 필요성(Reich, 1991)으로도 표현된다. 또한 교육문제를 경제관계의 맥락 속에서 이해하려는 시도로서 기술발전을 원인으로 교육변화를 결과로 이해하는 '기술주의적 접근'과 맥을 같이 한다고 볼 수 있겠다(Bell, 1973; Kerr et al. 1973). 경제학자들의 사고의 밑바탕에는, 기술발전에 따라 교육의 변화가 초래되며 시장메커니즘의 작동은 효율적으로 인력양성을 달성할 수 있다는 견해가 놓여 있다.

그렇지만, 하지만 변화하는 자본주의 노동시장에 대응하는 인력양성을 시장을 통해 해결할 수 있다는 생각은 교육사회학의 입장에서는 교육제도의 상대적 자율성(relative autonomy)을 배제한다는 문제점을 갖고 있다(Chun Sang-Jin, 2003). 다시 말해 교육제도가 경제제도의 필요에 어느 정도 복무하지 않으면 안된다는 사실에도 불구하고 여전히 교육제도가 경제제도로 완전히 환원되지 않는 특수성을 가지고 있다는 점을 무시한다. 이를 경제학적으로 개념화한다면, 교육재화의 특수성이라는 측면에서 보아야 할 것이다. 교육은 배타적(excludable)이고 경합적(revalrous)이기 때문에 공공재가 아니라는 주장도 있지만 교육은 다른 한편 외부성(externalities)이 있는 재화이므로 공공재적 속성이 강하다고 보아야 한다. 이렇게 파악한다면 시장은 교육이라는 공공재(public goods)를 사회적으로 바람직한 수준까지 충분히 — 즉 효율적 — 으로 공급하지 못하는 시장실패(market failure)의 상황에 빠지게 된다. 교육은 지식을 생산, 유통하는 부문이라 볼 수 있고, 지식이라는 재화는 외부성을 갖기 때문에 시장에서 공급하기 어려운 전형적인 재화이다.

또한 아이러니하지만 학력주의(credentialism) 문제도 시장메커니즘의 작동에 따른 합리적인 결과로 이해될 수 있다. 기업이 극도로 서열화된 학력주의에 기초하여 인력을 선별(screen)하는 과정은 매우 비용효율적인 것으로 볼 수도 있기 때문이다. 그 결과 인생이 한번의 대입으로 결정되므로 모든 경쟁은 대입으로 집중되는 것이다. 이러한 조건하에서 교육의 시장화는 학력경쟁을 더욱 부추길 것이므로 교육 시장화를 통해 학력경쟁을 통제할 수 없다는 문제가 나온다. 즉 이러한 상황에서 교육의 시장화는 학력에 대한 경쟁을 완화시키는 것이 아니라 더욱 강화할 것이다(Brown, 2003).

우리 사회를 네트워크 사회(network society)로 이해하거나, 후기산업사회(post-industrial society)로 이해하거나, 지식기반사회(knowledge-based society)로 이해하거나 이러한 사회에 필요한 지식과 인력은 결코 시장의 자율적 작동에 의해서 양성되는 것이 아니고 항상 국가의 개입과 지출을 필요로 하였다. 이는 최근 국가 재정지출이 신기술에 대한 대규모 투자를 동반하는 R&D로 집중되는 것에서도 쉽게 알 수 있다. 결국 노동시장과 경제논리에 종속되는 교육제도라는 관점에서 보아도 교육시장화가 그 해법이 아니라는 생각이 나올 수 있다.

2) 두번째 쟁점 - 교육제도와 공공성(Publicity)

당연히 교육제도의 문제는 효율성이라는 기준으로만 평가해서는 안되며, 공평성(equality) 등의 공익적 목적에 종속되어야 한다. 물론 평준화에 반대하는 경제학자들도 이 문제를 강조하고 있다. 그들의 주장에 따르면, 평준화정책의 개선은 과외과열, 빈부격차에 다른 교육기회 악화 등의 문제도 해결될 수 있다는 것이다. 즉, 자립형 사립고의 인정은 과외의 사회적 비용을 줄일 뿐 아니라, 초등학교, 중학교 학생들이 해외에서 공부하는 경향을 줄일 것이라는 생각이다. 그렇지만, 자립형 사립고의 확대가 과외수요를 충족시킴으로써, 과외의 사회적 비용은 자립형 사립고의 사회적 비용으로 전환될 가능성도 있다. 외관상 과외는 축소될 수 있지만 이전에 과외가 수행하던 기능을 자립형 사립고가 대신한 결과일 가능성이 높은 것이다.

해외교육 열풍 역시 잠재울 수 있을까? 해외교육은 학력주의의 국제화된 형태이므로 국내의 교육제도와 상관없이 유지될 것이라는 우려가 있다. 그렇다면 입시위주 교육이라는 우리 교육의 고질적 문제는 해결되지 않은 채 교육의 불평등만 악화되고 말 것이다. 왜냐하면 자립형 사립고의 입학 자체가 새로운 학벌경쟁의 병목(bottleneck)으로 기능하여, 자립형 사립고에 대한 접근가능성 자체가 형평성을 악화시키는 계기로 작용할 수도 있기 때문이다. 이는 현재의 자립형 사립고들이 설립 초기의 목적에서 다소 변질되어 대부분 아이비리그대학 예비교로서의 역할을 하고 있는 점으로부터, 조기해외유학이 학력주의의 국제화된 형태에 지나지 않는다는 사실로부터 간접적으로 확인할 수 있다. 그렇다면, 자립형 사립고의 확대는 세계적 규모로 확대된 학력주의에 대한 경쟁을 강화시킬 가능성도 크다.[29] 또 고교평준화 개선론은 지금까지의 과외가 상류층이 일류대학으로 가는 주요 방법으로 전락했으며 평준화는 이를 심화시켰다고 주장하고, 학교 선택을 허용한다고 해서 학교 서열화로 진행되지는 않을 것이라고 예측하나, 이는 우리나라의 일반적 예측과 다르다.

이점에서 고교평준화는 고등교육의 보편화라는 대의명분과 일등주의를 회피하려는 소득정책을 포함한 교육정책으로서 제기되었다는 점이 이해되어야 한다. 그리하여 교육은 공동체 자원의 재생산이며 이에 따라 교육제도는 공공적 속성을 불가피하게 가지게 된다. 문제는 지식의 외부성으로 인해 시장지향적 교육정책으로는 과외해소와 같은 공공적 문제를 해소할 수 없다는 점이다.

3) 세번째 쟁점 – 교육제도와 지위경쟁(Positional competition)

마지막으로 교육제도의 시장화 및 학력주의의 문제는 1970년대의 현대 자본주의의 위기 이후 등장한 세계화과정의 보편적 현상이라는 점에 주목할 필요

---

29) 이 문제는 대학입시까지 경쟁적 상황에 매달리고 대학입학 후에는 교육연구의 강도가 급격히 떨어지는 현상과 맞물려 더욱 강화되고 있다. 따라서 자립형 사립고를 통해 교육의 질을 향상시킨다는 목적이 앞뒤가 맞으려면 차라리 대학입시가 쉬워지고 졸업이 어려워지는 체제(졸업정원제)를 갖추어야 한다고 주장해야 한다. 우리 교육체제의 역사적·제도적 특수성을 무시하고 단편적인 사례를 우리 사회에 쉽게 접목할 수 없는 이유가 여기에 있다.

가 있다(Dore, 1997). 교육 및 시험제도 내에서의 경쟁은 경제적 경쟁과는 달리 자격(qualification)과 지위(position)에 대한 경쟁이라는 이중의 의미(double sense)를 지닌다. 자격은 사회의 변화에 적용할 수 있는 지식을 가리키며, 지위는 객관화된 졸업장(diploma)을 통해 자동적으로 부여받는 사회적 특권을 의미한다. 만약 교육제도의 상대적 자율성이 없다면, 그것은 자격경쟁으로만 구성될 것이다. 그러나 교육제도는 자체적인 재생산 메커니즘을 가지며, 따라서 교육제도 내에서 인정받는 것만으로 노동시장에 진출할 때 유리해지는 것이다. 즉, 사회적으로 희소한 자격, 즉 희소한 명문대학의 졸업장을 받음으로써 사회 내에서 유리한 지위의 확보가 가능하다. 그 결과, 교육의 내용보다도 결과에만 초점을 맞추는 현상이 발생한다. 이때 경쟁은 일종의 영합게임(zero sum game)이 된다(Berg, 1970).

한국의 중산층은 이러한 맥락에서 지위경쟁을 하고 있는 셈이다. 즉, 현재의 교육체계가 중산층의 교육수요를 만족시키지 못할 뿐만 아니라, 그들이 원하는 것은 보다 우월한 지위(position)와 그로 인해 발생하는 초과이윤(extra profit), 즉 지대(rent)이기 때문이다. 한국 중산층의 해외유학열풍은 단지 국내 교육의 질적 저하 때문만은 아니며, 국민국가(nation state)의 경계를 뛰어넘어 경쟁력 있는 학력을 확보하기 위한 노력의 결과인 것이다. 그러나 이 경우에도 사실상 국제적인 지위경쟁의 요소가 강하다기 보다는 국내에서의 지위경쟁에서 보다 유리하다는 판단이 깔려있다.

이러한 세 가지 측면에서 볼 때 비평준화정책을 통해 고등학생의 학업성취도를 향상시키자는 가설은 실제로는 효율성의 향상의 보장이 없고, 공공성을 훼손할 가능성이 높다는 문제를 가진다. 또한 적어도 단기적으로는 학력주의 하에서의 경쟁은 zero-sum game이 된다.[30) 개별 행위자의 관점에서 전체적인 학업성취도의 상승은 조작가능한(operational) 목표함수(objective function)가 아니기 때문이다. 사회적 최적화, 또는 사회적 효율성을 달성하려는 노력은 개별 경제 주체의 관심사가 아니다. 즉, 교육의 시장화가 달성되더라도 과외는 지속될 것이고, 세계적 차원에서 학력을 쟁취하려는 노력 또한 지속될 것이라 예측할 수도 있다. 하지만 결과적으로 볼 때 이러한 노력은 사회 전체적으로 볼 때 투입보다 산출이 낮은 매우 비효율적 결과를 야기할 것으로 예상된다.

---

30) 예를 들면, 과외경쟁은 일종의 prisoner's dilemma game이 된다. 노응원(1999) 참조.

물론 장기적인 관점에서 보면, 학업성취도의 향상은 인적 자본(human capital)의 축적을 통해 경제성장에 포지티브한 효과를 가져 올 수 있을 것이다. 그러나 만약 인적 자본투자에 대한 수익률(rate of return)이 승자독식형(winner-takes-it-all)의 구조로 이루어진다면, 이러한 효과조차도 불확실할 것이다.

5. 결론

일반적으로 경제학자들이 평준화정책에 반대하는 이유는 시장주의적 정서, 교육의 공공성에 대한 과소평가, 세계화 과정에서 나타난 학력주의의 보편화, 중산층의 지위경쟁욕구의 반영 등으로 요약할 수 있다. 이로부터의 논리적인 귀결은 교육문제를 단순히 시장규제의 완화만으로 해결하는 것은 불가능하며, 공적 영역의 역할이 여전히 중요하다는 것이다. 이러한 시각에서 볼 때 평준화정책은 우리나라의 교육문제의 유일한 원인으로 취급되어서는 안된다. 그렇다면 우리나라의 교육문제는 어떻게 파악되고 접근되어야 할 것인가?

우선, 우리의 교육문제는 평준화문제로 환원되지 않는 다양한 요인의 복합적 작용의 결과이다. 그 중에서도 단기적 관점에서 볼 때 문제가 되고 있는 것은 국가의 획일적 통제와 평준화제도가 같이 상승작용을 하는 현상이다. 대체로 평준화에 비판적인 논자들이 주장하는 논점의 많은 부분은 자율성과 참여를 증가시킴에 의해 해결될 수 있는 것인 반면, 이러한 자율성의 증가를 위해 평준화를 폐지해야 한다고 믿는 점이 문제인 것이다. 그렇다면 어떻게 평준화제도를 유지하면서도 자율성은 증가할 수 있는가? 평준화제도는 학군제이기 때문에 우리나라의 모든 교육문제의 원천이 될 수가 없다. 오히려 문제는 대학입시 제도이므로 대학입시 제도의 개혁과 개선을 통해 해결해야 할 것이다. (대입과 관련된) 평가제도는 중등교육의 지침으로서 결정적 기능을 수행할 것이다. 지금까지 우리나라 교육정책이 평가제도를 바꾸어 중등학교 교육문제를 해결하려고 시도한 것은 (비록 한계가 있는 단기적 처방이긴 하나) 나름대로의 이유가 있다. 평가제도의 개혁방향이 중등교육의 자율성과 다양성을 가능하게 하는 방향으로 진행되면 중등교육은 이에 맞춰 다양한 교육목표와 교과과정을 개발하게 될 것이다. 이를 위해서는 대학선발 방법의 자율화 및 다양화가 필수적으로 선행되어야 한다.[31]

둘째, 보다 근본적으로 접근하면 과열된 대학입시 경쟁에는 사회에서의 초과지대의 문제가 있다는 점이 인식되어야 한다. 한국사회에 만연한 학벌주의적 경향은 학력에 대한 투자가 준지대(quasi-rent)로서의 초과이윤을 가져다주는 구조와 밀접하게 관련되어 있다. 이와 같은 투자수익불균등이라는 구조적 요인을 제거하지 않는 한, 교육의 시장화는 그나마 교육에의 접근가능성(accessibility)을 불평등하게 만듦으로써 불평등을 악화시킬 가능성이 있다. 평준화에 반대하는 사람의 생각과는 달리, 한국사회에 존재하는 지위에 따른 특권(prestige)을 개입에 의해 해소함으로써 오히려 교육문제를 개선할 수 있을 것이다. 또한 한국의 교육문제는 한국의 특수한 요소 못지않게 보편적 요소도 포함하고 있다. 따라서, 그 해결 또한 장기적이고 점진적 관점에서 이루어져야 한다. 특히, 고교평준화정책 문제는 다른 교육정책은 물론 사회 전체의 불평등요소의 개선정책과 통합적으로 고려되어야 한다.

물론 학업성취도의 향상이 인적자본 축적을 통해 경제성장의 밑거름이 되어야 한다는 명제는 부인하기 어렵다. 과거 우리나라는 국민의 높은 교육열에 힘입어 높은 교육수준을 이루어 냈고 그러한 인력이 산업화 성공의 밑거름이 되었던 것이다. 그러나 지금 우리나라 중등교육의 실상은 부유한 가정이 지역적으로 밀집하여 일류 인문계 중·고등학교로 진학하고 나머지의 이류 중·고등학교 졸업자는 별다른 직업교육을 못 받고 노동시장에 배출되어 쓸모없는 인간이 되어 개인간의 기회평등을 오히려 해치는 미국형 교육제도의 문제를 안게 될 가능성이 크다. 조우현·이대근(1997)에 의하면 우리나라 인적 자원은 고급인력과 하급인력으로 양극화되어 있어 향후 실업계 고등학교 또는 전문대학 졸업자 수준의 양질의 중급 기술인력의 양성이 큰 과제로 대두된다. 그러므로 우리나라 경제의 성장잠재력을 향상시킬 수 있는 인적자본의 축적이라는 명제는 단순히 학업성취도의 향상이라는 잣대만으로 달성될 수 없을 것이다.

---

31) 물론 이러한 과정이 가능하기 위해서는 대학교육의 개혁이라는 이 글에서 다루지 못하는 주제가 감안되어야 한다. 본 고에서는 이 문제를 구체적으로 다룰 수 없지만 적어도 우리나라 중등교육의 교육문제가 단순히 중등교육의 문제가 아니라 대학교육과 밀접히 관련되어 있다는 것은 비록 단기적 접근에서도 꼭 인식되어져야 한다. 예를 들어 우리나라 교육예산의 87%는 초·중·고에 투입되는 반면, 12%만 대학교육(고등교육)에 사용되고 있다(교육인적자원부, 2004).

인적자원의 균형적 발전이 오히려 시급한 상황이라고 할 수 있다. 또한 기술·기능인력 등 중급 인적자원 양성을 사학에 지나치고 의존하고 있어 시장실패가 발생하고 있음을 보여준다. 시장을 통해서 우리나라 교육문제를 해결하려는 시도는 이러한 문제에 대한 해결책이 되지 못하는 또 다른 사례라고 할 수 있다. 이러한 문제를 해결하기 위해서라도 사회에서의 (희소성에 기초한) 준지대는 없어져야 한다. 만약 사회에서의 준지대가 없어지고 적절한 수준의 삶이 보장된다면 청소년들이 모두 다 좋은 대학에 가려는 고통스러운 노력을 하지 않을 것이며 이때 비로소 교육의 다양화 문제를 검토할 수 있을 것이다.

6. 탐구학습

1) 우리나라에서 시행되고 있는 고교평준화 정책의 내용을 밝히고, 외국의 교육제도와 비교하라.
  • 평준화 지역과 비평준화 지역을 구분하고, 평준화 지역의 고교선택 방식을 구체적으로 살펴보라.
  • 우리나라의 학군제와 외국의 학군제를 비교하라. 어떤 차이점과 공통점이 있는가?

2) 김태종 등(2004), 김광억 등(2004)의 평준화와 학력저하, 평준화와 과외의 관계에 관한 실증연구의 전제 및 결과, 그리고 이주호·홍성창(2001)의 평준화와 과외에 관한 실증연구결과를 분석하여 그 의의와 한계를 해명하라
  아래의 코멘트를 참조하라. [32)]

"최근 들어 고교 평준화 정책이 학생들의 학업성적에 어떠한 영향을 미치는가 하는 점이 새로운 논쟁점으로 등장하기 시작하였다. 지금까지 이와 관련된 주로 교육학적인 연구 결과에 따르면 평준화 지역 학생들의 학업 성적 향상도가 비평준화 지역의 그것보다 큰 것으로 분석되어 왔다. 그러나 평준화 지역은 대체로 규모가 큰 지역으로 상대적으로 가정형편이 좋고 교육환경이 양호한

---

32) 이 코멘트는 한밭대학교 남기곤 교수의 동 실증연구에 대한 분석이다.

경우가 많기 때문에, 이 지역 학생들의 보다 높은 학업 성적 향상이 평준화 제도 때문인지 아니면 가정형편이나 교육환경의 차이 때문인지는 불투명하다. 이러한 점을 고려하여 김태종 외(2004)에서는 중소규모 도시만으로 한정하여 평준화 지역과 비평준화 지역간 학업 성적의 변화를 분석하고 있다. 그 결과 평준화 지역의 경우 고1 학생에 비해 고2 학생의 표준화 점수가 0.660에서 0.397로 0.263만큼 하락하는데 비해, 비평준화 지역은 0.053에서 -0.019로 0.072 만큼 하락하는 것으로 나타나고 있다. 평준화 지역의 성적 하락 폭이 비평준화 지역의 성적 하락 폭보다 0.191만큼 큰 것이다. 각 학생들의 학교 특성이나 개인 특성을 통제하면 성적 하락 폭의 차이는 더욱 커지게 된다. 결국 중소규모 도시로 범위를 한정할 경우 평준화 지역 학생들은 비평준화 지역에 비해 학업 성적 향상 정도가 크게 뒤떨어진다는 것이 이 연구의 핵심 분석 결과이다.

사실 이 연구에서 사용했다는 이중차감(difference in differences) 방법은 이 분야에서 별로 새로운 것은 아니다. 대부분의 교육학 분야에서 나온 기존 연구 결과들도 고등학교 입학 직후(혹은 직전)의 성적과 고등학교 재학시(주로 3학년)의 학업 성적의 변화가 평준화 지역과 비평준화 지역 사이에 어떻게 다른가를 분석하고 있기 때문에, 그런 의미에서 본다면 기존 연구들도 모두 이중차감 방법을 사용하고 있는 셈이다. 단, 김태종 외(2004)의 연구가 기존 연구와 다른 점은 중소규모 지역만으로 분석 대상을 한정하였다는 사실에 있다. 반면 자료의 한계로 인해 기존 연구와는 달리 동일 학생의 성적을 추적 조사한 것이 아니라 고1과 고2의 다른 학생들을 조사하고 있다는 점에서 분석 상 약점을 가진다. 또한 분석 시기도 평준화의 효과가 충분히 축적된 입학직전과 졸업직전을 비교하지 못하고, 고1 6월의 성적과 고2 6월의 성적을 비교하고 있다는 점도 한계이다.

사실 중소규모 지역으로 한정했을 때 평준화 효과를 분석하고 있는 것도 이 연구가 최초는 아니다. 이미 교육개발원에서 분석한 김영철 외(1995) 결과를 보면 중소도시로 한정할 때 고입연합고사 성적과 고3 모의수능고사 성적은 평준화 지역의 경우 54.4점에서 52.7점으로 1.7점 하락하였으나(표준점수로 환산한 것임) 비평준화 지역의 경우 51.0점에서 50.7점으로 0.3점만 하락한 것으로 조사되고 있다. 결국 이 연구에서도 중소도시로 한정할 경우 평준화 지역은 비평준화 지역에 비해 학업성적을 1.4점만큼 더 하락시킨다는 결과를 제시하고 있다. 김태종 외(2004)와 다른 점은 이 수치가 절대적으로 작고 통계적으로도 유의하지 않다는 점이다. 김영철(1995)의 연구는 동일 학생들을 대상으로 추적 조사한 것이며, 고등학교 3년의 기간이 충분히 반영되고 있다는 점에서, 다른 변수를 넣고 회귀분석은 한 것이 아니지만 김태종 외(2004)에 비해서는 훨씬 신뢰도가 높다고 본다.

김영철(1995)의 연구에서 한 가지 특이한 사실은 비평준화 지역 읍면의 경우 고입연합고사 성적과 고3 모의수능고사 성적이 45.0점에서 46.3점으로 오히려 1.3점이나 증가하고 있다는 점이다. 가정형편이 낙후하고 교육환경이 열악한 이들 지역에 학생들은 왜 성적이 오르는 것일까? 김태종 외(2004)에서는 분석 대상에서 이들 지역을 제외한 이유로 "농촌 지역의 경우 학교 수가 매우 적기 때문에, 비평준화로 인한 선발이 이루어져도 학교 내의 학생간 능력 차이가 매우 클 수 있다"는 논거를 제시하고 있다. 비평준화라 하더라도 농촌 지역 학생의 경우 이질성이 크다면, 이들의 논리에 따르면 학업 성적은 더 떨어져야 할 텐데. 결국 이러한 사실은 지역간 학생들의 성적 변화를 단순히 평준화인지 아닌지 혹은 지역 규모가 큰지 아닌지 라는 단순한 잣대로 판단하는 것은 현실을 제대로 설명하지 못할 수 있음을 보여준다.

마지막으로 한 가지 김태종(2004)의 연구 결과에 대해 기술적인 문제제기를 하고자 한다. 여기서 사용된 자료는 한국교육과정평가원이 초3, 중3, 고1, 고2 학생들을 대상으로 6월 시험을 치른 결과이다. 중3에게는 초6-중2 학년의 전과 정을 고1에게는 중1-3학년 전과정을 출제하였다. 그렇다면 평준화 효과를 측정 하는 기준 자료를 중3 자료를 사용해야 할까 아니면 고1 자료를 사용해야 할까? 물론 고1 시험이 중1-3학년을 대상으로 한 것이기 때문에 이 자료가 고등학교 입학 전의 자료로 적합하다고 볼 수 있다. 반면 고1의 자료는 이미 고등학교에 입학하여 3-5월까지 학업을 수행한 상태에서 치러진 것이기 때문에, 시험과목 은 중학교 내용이라 하더라도 이 기간 동안 고등학교 학업의 성과가 반영되는 것이라 볼 수도 있다. 그렇다면 오히려 이러한 효과가 완전히 배제된 중3 6월에 실시된 자료를 사용하는 것이 보다 바람직스러울 수도 있다.

앞에서 밝힌 대로 김태종(2004)은 기준 연도로 고1의 자료를 사용하여 평준 화 지역은 성적이 0.263 하락한데 비해 비평준화 지역은 0.072 하락하고 있다고 분석하고 있다. 그런데 만약 기준을 중3으로 한다면 중3과 고2의 기간동안 평준화 지역은 0.232만큼 성적이 상승하는데 비해, 비평준화 지역은 0.057만큼 하락하는 것으로 나타나고 있다. 오히려 평준화 지역이 학생들의 학업성적을 크게 향상시키고 있다는 정반대의 결과가 도출된다. 이렇게 상반된 결과가 나오는 자료를 분석하면서, 기준을 중3이 아닌 고1로 삼아야만 하는가?"

3) 우리나라의 고교학생 학력저하의 여부를 자신들의 체험과 들은 사례를 중심으로 파악해보라.

4) 동료효과에 대해 논하라.

5) 우리나라 교육문제에 대한 올바른 경제학적 접근은 어떠해야 할 것인지를 논의해보자. 특히 아래의 평가를 비판적으로 고찰해보자.

"그리하여 최근의 경험적 연구들은 최악의 경우, 평준화정책의 문제점과 한국 교육의 문제점을 혼동하고 있거나, 혹은 양자간의 연결고리를 명확하게 제시하지 못하고 있다. 한편 경제학자들이 경향적으로 가지고 있는 평준화에 대한 비판적 사고는 보다 일반적으로는 시장메커니즘(market mechanism)에 대한 신뢰로부터 생겨나는 것이다. 이러한 신념은 시장주의의 효율성에 대한 것이지만, 교육문제는 이 문제로 환원되지 않는다. 교육문제는 공공성 및 사회 갈등의 쟁점도 가지고 있다. 더구나, 학력주의(credentialism)는 한국뿐만 아니라 이미 세계적으로 확립되고 있는 지식을 둘러싼 경쟁양식(mode of competition)의 반영이라 할 수 있다.

다음으로, 평준화문제와 교육문제가 직접적으로 연결되어 있는 것은 아니기 때문에, 전자의 폐지가 후자의 해결로 이어질 수 없다. 학력주의의 문제는 보다 일반적으로 지대추구행위(rent seeking behavior)로 이해할 수 있으며, 학벌(an academic clique)이라는 문화자본(cultural capital)이 가져다주는 수익률이 기회비용(opportunity cost)에 비해 비정상적으로 높기 때문에 발생한다. 그러므로 문제의 원천은 교육 내에 있는 것이 아니라 교육의 외부 즉 사회에서의 비정상적 초과이윤(extra profit)을 가져다주는 인위적 요소들에 있다."

글로벌·정보 자본주의의
새로운 관점과 경제교육

제4장
글로벌 시대 경제학
케인즈 경제학의 등장과 종언

현대 세계를 흔히들 글로벌 시대라고 한다. 과연 글로벌 시대는 언제 시작하였는가? 글로벌 시대 이전의 경제학적 대립은 무엇이며, 글로벌 시대에는 이 대립이 어떻게 변화하였는가? 이 장은 2차 세계 대전 이후의 세계경제를 특징 짓는 혼합경제(mixed economy)의 본질적 내용을 '사회속의 자유주의'라는 명제를 중심으로 탐구하고, 그러한 경제체제에 가장 잘 조응하는 경제이론인 케인즈 경제학의 진화과정을 묘사한다. 혼합경제과 케인즈 경제학의 성공은 바로 그 실패 즉 1980년대 이후의 글로벌자본주의의 등장을 준비하는 것이었다. 그럼에도 불구하고 현대자본주의가 자유방임주의로 되돌아간 것은 아니다. 따라서 케인즈 경제학의 합리적 핵심을 이해하고 케인즈 경제학의 진화과정을 살펴본다.

1. 경제학에 영향을 끼친 세 가지 이념과 현대경제학에의 영향

경제학은 자본주의의 성립과 같이 발전해왔다. 아담스미스가 정치경제학의 체계를 수립하기 전까지만 해도 경제학은 독립학문이 아니었으며 법학과 철학의 경계에 있는 연구분야였다. 하지만 자본주의의 발전과 더불어 경제학은 다른 학문분과와 다른 독립학문으로 성장하게 되었는데 자본주의 정치경제의 발전과 더불어 성장하게 되었다는 사실로 인해, 경제학은 정치적, 이념적인 속성을 띠며 다양한 견해의 종합 또는 경쟁으로 구성되어 있다. 따라서 다른 학문도 마찬가지지만[33] 우리가 '경제학'이라고 할 때 그것은 하나의 일관된 체계와 내용을 이야기하는 것은 아니라는 것을 명심할 필요가 있다.

그러면 경제학이 어떤 쟁점으로 인해 분열되고 다양해져 있는가? 또 경제학이 다양한 학문경향의 종합이라면 그 다양한 경향을 어떻게 구분해 볼 수 있는가? 우리는 이 장에서 글로벌 시대에 경제학의 구분에 대해 탐구해 보려고 한다. 국제정치경제학자 길핀(Robert Gilpin)은 "지난 150여 년간 자유주의, 민족주의, 맑스주의 이데올로기가 인류를 분리시켰다"라고 자신의 책에서 이야기하고 있다(Gilpin, 1987: 25). [34]

우선 민족주의 이념은 경제학에 어떤 영향을 미치고 있는가? 민족주의의 경제학적 형태로는 중상주의(mercantilism)를 들 수 있다. 이에 따르면 경제발전을 위해서 시장은 정부의 정책에 종속되어야 한다. 정부는 보다 적극적으로 경제발전을 추동하기 위해 경제에 개입하여야 한다.

반면 자유주의(보다 엄격히 이야기하면 경제적 자유주의라고 해야겠다)는 아담스미스의 계몽주의 시대에 기원을 두고 있는데 아담스미스의 경제사상은 당시 대 상인이 중심이 된 이념인 중상주의에 대립하여 나타난 것이며 이와 싸워 승리함으로써 명실 공히 이후 경제학의 주류자리를 차지하게 된다. 이 사상은 경제와 정치를 분명히 구분하기를 원한다. 그리하여 경제 부문이 정치적 부문에 의해 영향받고 간섭받지 않아야 한다고 생각한다.

19세기 중반 경제적 자유주의에 대항하여 나타난 맑스주의는 경제가 정치를 결정한다고 생각하며 특히 정치적 갈등과 대립이 부의 분배를 둘러싼 계급갈등으로 나타나고 또한 역사는 이러한 갈등을 통해서 발전한다고 생각한다.

이러한 세 가지 이념은 글로벌 시대의 현대정치경제학에도 여전히 영향을 끼치고 있다.

---

33) 학문이 하나의 일관된 체계로 구성된 '과학'이 아니라 학자간의 공통의 신념으로 구성된 세계관이라는 점에 대해서는 토마스 쿤의 『과학혁명의 구조』(Kuhn, 1962)를 참조. 학자들이 만들어내는 이론조차도 사실과 반증사실에 의해 크게 영향 받지 않는다. 왜냐하면 쿤이 말하는 패러다임(신념체계)은 사물이 어떻게 작동하고 있는가를 설명할 뿐 아니라, 사물이 어떻게 작동해야 하는가도 설명하고 있기 때문이다.

34) 여기서 이데올로기란 사회시스템이 어떻게 작동하고 있는가, 어떤 원리들을 사회가 구현하고 있는가를 설명해주는 사고와 신념의 체계(Heilbroner, 1985, p.107)를 말한다.

정치이념	자유주의	민족주의	맑스주의
선구자	아담 스미스, 데이빗 리카도	프리드리히 리스트, 알렉산더 해밀턴	칼 맑스, 프리드리히 엥겔스
경제적 관계의 본질	조화	갈등	갈등
경제활동의 목적	전체의 복지 극대화	국가이익의 극대화	계급 이익의 극대화
경제와 정치의 관계	경제가 정치를 결정해야 한다	정치가 경제를 결정한다	경제가 정치를 결정한다
국가의 본질	다수 이해가 경쟁하는 과정	국가이해의 대변	계급이해의 대변
핵심 경제주체	가계와 기업	국가	계급
경제이념	경제적 자유주의	중상주의	구조주의

* 출전: Gilpin (1987)에서 요약

2. 이념과 현실의 복잡성: 사회 속의 자유주의(배태된 자유주의)

현실은 세 가지 이념의 다양한 결합물들로 구성된다. 그러한 결합의 대표적 예로서 사회 속의 자유주의(embedded liberalism)[35]가 있다. Embedded liberalism이라는 표현은 하버드 대학의 러기(Ruggie) 교수가 전후 자본주의를 묘사하기 위해 사용한 말이다. 이 용어는 사회경제사학자 폴라니(K. Polany)의 자본주의 역사 해석에 많이 의존하고 있다.[36] 폴라니는 자신의 저서(Polany, 1944)에서 '배태된(embedded)' 경제질서와 '자립화한(disembedded)' 경제질서를 구분하고 있다.

"일반적으로 경제질서는 그 질서가 포함되어 있는 사회의 단순한 하나의 기능이다. 원시부족사회든지, 중세사회든지, 중상주의 시기든지 어떤 경우에도 사회

---

35) Embed는 '파묻다'라는 뜻이다. 따라서 'embedded liberalism'은 파묻힌 자유주의, 즉 사회 속에 포함된 자유주의를 의미한다(Ruggie, 1982, 1997, 2002; Rodrik, 2000).

36) 폴라니의 주요 저작으로는 『거대한 변환(Great Transformation)』이 있다(Polany, 1944). 탐구학습 3) 참조.

에서 경제시스템이 분리된 적은 없었다. 그러나 19세기에 오면, 경제질서는 분리되고 특별한 경제적 동기에 집중되었다. 즉 그것은 단독의 출발점이 되었다."(Polany, 1944: 71)

이러한 단독의 출발점(a singular departure)은 바로 19세기의 자유무역과 금본위제였던 것이다. 그러나 이러한 자유무역과 금본위제로 대표되는 분리된 출발점으로서의 시장합리성은 자신의 고유한 동학에 의해 이에 대항하는 사회적 반항(social reaction)을 초래하게 되었다. 그러한 동학의 중요한 사례가 세계대전이다. 1914년의 세계대전이 발발하자 전전의 자본주의는 전시자본주의로 바뀌었다. 1차 세계대전이 끝나고 자본주의는 종래의 자유주의적 자본주의로 되돌아가게 될 것으로 사람들은 예상했다. 그러나 1930년대의 세계대공황으로 인해 이러한 예상은 빗나갔다. 경제적 자유주의는 대공황의 상황에서 아무런 해답도 제공해주지 못했다. 왜냐하면 경제적 자유주의에 따르면 높은 실업률의 상태에서 정부가 할 일은 그냥 가만히 있는 것이기 때문이다. 높은 실업률은 노동의 공급이 수요보다 과잉해서 발생한다. 따라서 초과공급은 임금율의 저하를 낳고 낮은 임금은 수요를 늘림으로써 궁극적으로 즉 장기에는 초과공급 현상인 실업률이 낮아질 것이다. 그러나 이에 대해 케인즈는 "장기에는 우리 모두가 죽는다(In the long run, we all die)"라고 하며 그러한 장기적 논의가 실제 경제정책에는 유의미하지 않음을 비판하였다. 그런데 케인즈는 단기뿐 아니라 장기에도 경제가 실업상태에서 스스로 회복할 수 없는 경우를 설명한다.

이것이 유동성 함정이라고 하는 것인데, 유동성 함정은 사람들이 유동성 자산인 화폐를 비유동성 자산인 채권 등보다 더 선호하는 현상이다. 화폐는 이자와 수익을 낳지 않으므로 정상적인 상황에서는 최소한으로만 보유될 것이다. 예를 들면 긴급한 상황의 지출에 대비한 수요, 거래량에 따라 현금도 많이 필요할 것이다. 그러나 경제가 심하게 불황인 상황에서는 소비하고 남은 금액을 수익을 낳는 위험자산인 채권 등으로 보유하기 보다는 현금으로 보유하려고 하는 경향이 발생한다. 이자율이 낮으면 낮을수록 현금으로 그냥 보유하려고 하는 경향이 높아질 것이다. 왜냐하면 이자율이 낮다는 것은 채권 등의 위험자산의 기대수입이 떨어지는 것을 의미하기 때문이다. 즉 이자율은 무위험 무수익 자산인 화폐를 보유하는 기회비용이 된다. 화폐를 보유하는 기회비용이 낮아지므로 사람들은 화폐를 많이 보유하게 된다. 이 경우 사람들의 화폐수요가 무한대로 늘어나서 아무래 화폐공급을 늘려도 이자율이 매우 낮은 상태에서 이자율이 반응하지 않는다. 예를 들어 사람들이 불황일 때 소비를 하지 않고 저축을 많이 하지만 부동산, 채권, 증권과 같은 위험 수익자산에 투자하지 않고 현금을 그냥 보유하는 경우가 그러하다. 이 경우에는 소비, 투자 모두 침체한다.

케인즈에 의하면 경제가 이러한 경우에 빠지면 노동의 과잉공급인 실업상태가 저절로 개선되지 않을 것이다. 이는 다음과 같이 설명해볼 수도 있다. 실업자는 수입이 없으므로 소비를 하지 못할 것이다. 소비가 침체되면 기업이 생산해도 물건을 팔 수 없으므로 투자를 하지 않을 것이다. 소비와 투자가 침체되면 총수요가 감소하여 결국 국민소득은 늘지 않을 것이며, 노동에 대한 수요도 늘지 않을 것이다. 경제적 자유주의가 설명하는 것과 정반대의 이러한 논리는 1930년대에 바로 받아들여지지 않았다.

예를 들어 케인즈의 사상을 미국에 적용시켰다고 해석되는 뉴딜정책을 만든 D. 루즈벨트 대통령도 케인즈를 만나지 않았다고 한다. 하지만 1950년대 1960년대 미국 경제학계는 총수요를 중시하는 케인즈의 생각을 점차 받아들였고 이를 고전파의 견해와 결합하여 1) 미시경제현상을 한계이론에 의해 설명하고, 2) 거시경제현상을 케인즈이론에 의해 설명하는 이른바 신고전파 종합(Neo Classical Synthesis)을 만든다. 신고전파 종합은 거시 경제이론에서도 고전파이론을 장기이론으로 케인즈이론을 단기이론으로 구분하여 이를 한 체계 내에서 종합시킨다.

그러나 이러한 변화가 자연히 일어난 것은 아니다. 1930년대의 대공황은 국가의 경제개입에 의해 해결된 것이 아니라 오히려 사실상 2차 세계대전이 발발함으로써 해소되었다고 경제사가들은 보고 있다. 2차세계대전이 끝난 1945년에는 전후의 국제경제질서에 대한 논의가 진행된다. 미국 뉴햄프셔 주의 아름다운 화이트마운틴즈(White Mountains) 휴양지의 브레튼우즈(Bretton Woods)라는 소도시에서 열린 국제경제질서의 논의에서, 영국 대표로 온 케인즈(J.M. Keynes)와 미국 대표로 온 화이트(Harry Dexter White)는 내부적인 차이에도 불구하고 무역자유화와 국제금융질서의 규제(capital control)를 통합할 수 있다고 보았다.[37) 이러한 공통점은 결국 국내 경제질서의 자율성과 통제 가능

---

37) 케인즈와 화이트안의 주요 차이점은 IMF의 기능에 대한 것이다. 케인즈는 IMF가

성을 높이기 위해서 국제경제질서의 시장 지배를 통제한다는 것이다. 화이트는 아래와 같이 말하였다.

"자본통제로 인해 정부는 통화, 조세정책을 수행하는데 상당한 자율성을 확보할 수 있게 된다. 즉 이는 투기적 환이득을 목표로 하거나, 인플레이션을 회피하려는 목적이거나, 세금을 회피하려는 목적으로 진행되는 자본도피를 방지함으로써 가능히게 된다."(Horsefiled, 1969: 67)

케인즈 역시 다음과 같이 말한다.

"이전의 자유방임 체제의 핵심요소인 자본이동의 자유는 전 세계의 이자율이 균등화하는 것이 정당하며, 바람직한 것이라고 전제한다.... 내 생각으로는 국내경제의 전체적 관리의 성패여부는 세계 이자율에 관계없이 국내의 필요에 따라 이자율을 적절히 조정할 수 있는가에 달려있다. 이를 위해 자본통제는 필수요소이다."(Keynes, 1980)

물론 이들이 합의한 새로운 국제경제질서는 자본이동에 대해 완전히 적대적인 것은 아니었다. 그러나 자본이동은 결제와 생산적 자본이동에 한정시켰다(Helleiner, 1994). 당시 산업자본가의 이익을 대변하는 이러한 관점은 제국주의 발전과 전쟁에 대한 반성으로부터 나타난 것이지만, 새로운 금융중심지로 등장한 뉴욕 금융가의 생각과는 반대되는 것이었다. 이러한 종합의 결과 나타난 경제의 주요 쟁점이 바로 국가와 시장의 관계이다. 여기서 국가와 시장은 서로 배타적인 것이 아니라 서로 결합되어 있다. 이러한 형태를 사회 속에 포함된

Cleaing House 로서 기능하여야 하며 이를 위해서 약 250~300억 달러의 기금으로 충분한 유동성 공급을 겸한 국제결제기능을 해야 한다고 생각한 반면 (국제청산동맹안), 화이트는 고정환율제를 유지하기 위해 회원국의 국제수지상의 불균형을 제거하기 위한 기능으로 IMF를 생각했으며 이를 위해서는 50억 달러 정도의 기금이면 충분하다고 생각하였다(국제안정기금안). 결국 88억 달러로 타협되었고 이에 의해 달러기반(금1온스는 35달러로 교환된다)의 세계경제질서가 구축되었던 것이다. IMF는 이후 1971년 달러 금태환이 금지되는 시기까지 대체적으로 화이트 안대로 기능하게 된다(Ruggie, 1982, p.395).

자유주의적 타협(embedded liberalism compromise)라고 부른다. 경제적 자유화가 사회 속에 결합되어 있는 것이다(economic liberalization was embedded in social community). 정부는 이러한 타협이 형성되고 유지되는데 지대한 역할을 수행한다. 즉 정부는 국가간 거래에서 유발되는 변동성을 통제하고, 사회적 투자를 보장하며, 사회안정망을 확충한다. 그러나 동시에 국가는 «국제적 자유화»를 추구한다. 이 시기 대부분의 선진국에서는 이러한 대타협을 통해서 인류 역사상 가장 오래되고 가장 평등화된 경제적 확장기(1950s~1970s)의 기초를 갖추었던 것이다(Ruggie, 2002: 2).

이러한 전후 호황을 보여주는 통계는 아래의 <표 4-2>이다. <표 4-2>는 1820년대부터 장기적으로 조사한 세계 경제의 연평균 성장률의 추산이다. 이에 의하면 '배태된 자유주의'가 지배적이던 1950년대와 1960년대는 그 이전의 어떤 시기보다도 생산면에서 경이적인 기록을 달성하였다. 그리하여 이 시기를 자본주의의 황금기(Golden Age of Capitalism)이라고 부른다(Marglin and Schor (ed), 1990).

<표 4-2> 장기 성장, 1820~1973 (연 평균 성장률)

	생산	인구1인당생산	고정자본스톡	수출
1820 ~ 1870	2.2	1.0	n.a.	4.0
1870 ~ 1913	2.5	1.4	2.9	3.9
1913 ~ 1950	1.9	1.2	1.7	1.0
1950 ~ 1973	4.9	3.8	5.5	8.6

* 출전: Maddison, 1982, p.91

3. 케인즈 경제학의 재해석

그렇다면 사회 속의 자유주의(배태된 자유주의) 사상의 경제학적 등가물은 케인즈 경제학인 셈이다. 하지만 케인즈 경제학은 이후 다양하게 해석된다. 거시적 균형이론을 견지하는 (신)고전파에 대한 케인즈의 비판은 이후 사무엘슨(P.A. Samuleson), 모딜리아니(F. Modigliani), 클라인(L. Klein) 등과 같은 미국의 케인지안에 의해 신고전파 균형이론의 특수례로서 해석되었다. 즉 이들에 따르면 케인즈의 불완전 고용균형은 가격이 경직적인 경우에 발생한다는 것이다. 이는 신고전파종합적인 케인즈 해석이다. 하지만 민스키 등의 포스트케인지안은 신고전파종합적인 케인즈 해석(이른바 전통적 해석)을 비판한다. 포스트케인지안은 케인즈 해석의 핵심을 자본주의 경제의 불완전고용, 불완전생산이 항상적이라는 관점에 있다고 보고, 이러한 시각을 현대자본주의의 금융화 현상에 적용시켜 자본주의의 불안전성 경향을 보고 있다(Minsky, 1975). 이 절에서는 다양하게 해석되고 있는 케인즈 사상의 경제학적 핵심 내용을 살펴보고 현대 자본주의 경제를 이해하는데 가지는 의의를 찾아보자.

1) 화폐수량설 비판

케인즈 경제학은 고전파경제학의 비판으로부터 나왔다. 그 중에서도 특히 상식적이면서도 강력하게 관철되고 있는 화폐수량설에 대한 비판이 우선이다. 왜냐하면 화폐수량설에 입각하면 인플레이션은 통화량증가의 결과이고, 통화량은 중앙은행에 의해 주입된다는 사고와 결합하여 결국 위기가 외적 충격에 의한 것으로 생각되기 때문이다. 이러한 시각으로는 자본주의의 위기(경제공황 또는 경기순환)를 올바로 파악할 수 없다. 이러한 화폐수량설은 고전파-신고전파 이론에서 그 고유한 기원을 찾을 수 있다.[38]

(일반)균형론적 가격이론에서는 화폐가 이론 틀 내에 내재화되어 있지 않고, 절대가격의 결정을 설명할 때만 화폐수량설을 도입하여 설명한다. 이러한 논리는 세의 법칙과 결합되어 실물과 화폐의 세계를 분리시키는 고전적 이분성, 그리고 화폐가 실물에 영향을 못주는 화폐적 중립성을 낳았다. 신고전파 균형이론은 여러 가지 변형에도 불구하고 화폐수량설은 포기할 수 없는 이론적 전제로 간주되며, 이는 프리드만과 같은 통화주의에 의해 새롭게 주류적 지위로 등장하였다. 최근의 극단적 논의는 화폐-실물의 연계를 단기적인 조건하에서조차도 없다고 주장한다.

따라서 가격조정이 발생하므로 공급, 수요의 과부족은 있을 수 없다고 생각했던 고전파를 비판했던 케인즈가 고전파의 화폐론을 비판한 것은 당연하다.

---

38) 화폐수량설의 내용에 대해서는 정운찬(1995) 참조

케인즈는 고전파의 화폐수량설이 화폐를 단순히 교환수단으로서만 보고, 여타의 기능 특히 축장이라는 기능을 보지 못했다고 비판한다. 그런데 케인즈는 자신의 화폐론을 정립하면서 화폐의 발생이라는 측면보다는 화폐의 기능이라는 측면에 주목하여, 화폐 발생의 문제에 대해서는 상대적으로 관심을 두지 않았다. 케인즈는 『화폐론』, 1편에서 화폐발생의 역사적 과정을 고찰하면서 국정설적 관점을 강하게 보여주고 있지만, 사실상 그는 화폐의 발생에 관한 국정설, 관습설 등의 논의가 별다른 의미가 없는 것으로 보았던 것 같다(Chick, 1992, p.148). 그러나 케인즈는 동시에 자본주의에서 화폐의 지위를 단순히 외삽하는 논리에 대해서도 반대하고 화폐는 자본주의의 본질적 요소라는 점을 강조하였다. 그는 자본주의를 '화폐경제'라고 규정하고, 고전파의 '실물적 교환이론'에 대립하는 '화폐적 생산이론'(monetary theory of production)의 탐구를 강조하였다.

케인즈의 화폐수량설 비판은 화폐공급의 외생성을 인정한 상태에서 화폐수요함수의 불안정성을 강조함으로써 수행한다는 특징을 지닌다. 특히 그가 강조한 것은 투기적 화폐수요(speculative demand of money)인데 이는 투자행위와 직결되어 있어 케인지안에게는 생산과의 연결고리이다. 케인즈는 통화량의 증가가 물가에 직접영향을 주는 효과를 부정하는 대신, 이자율에 영향을 주어 투자를 변화시키는 간접적 효과는 인정하였다. 그 효과는 물가상승과 생산증가로 분할되어 나타날 것이다. 이런 측면은 신고전파종합에 의해 수용되었다.

여기에 대해 포스트케인지안은 화폐공급의 외생성을 전제하는 정통적 케인즈 해석을 비판하면서 화폐 공급의 내생성을 주장한다. 여기서는 엄격한 의미의 화폐시장은 존재하지 않는다. 왜냐하면 화폐수요함수에 대응되는 의미의 독립된 공급함수가 존재하지 않기 때문이다(Lavoie, 1985: 176). 그리하여 포스트케인지안은 화폐의 외생성과 고전적 이분성을 부정한다. 포스트케인지안에 따르면 화폐공급은 금융중개를 통해 발생하는 신용수요에 따라 화폐·금융제도에 의해 충분히 제공된다. 따라서 수요의존적(demand-determined)이며, 신용에 의해 유도(credit-driven)된다(Arestis, 1988). 또 금융중개는 단순한 교환의 결과는 아니며 생산행위의 산물이기 때문에, 화폐는 경제 외적인 요인에 의해 결정되지 않는다. 화폐공급은 <그림 4-1>에서 보는 바와 같이, 화폐수요에 의해 결정되는데, 최종적으로는 중앙은행의 재가에 의해 그 증가량은 사회적으로 승인된다.

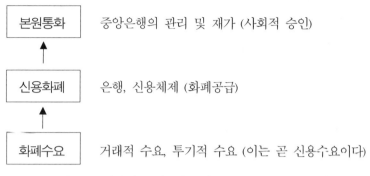

본원통화　　중앙은행의 관리 및 재가 (사회적 승인)

신용화폐　　은행, 신용체제 (화폐공급)

화폐수요　　거래적 수요, 투기적 수요 (이는 곧 신용수요이다)

<그림 4-1> 화폐(신용) 창조의 과정 : 포스트케인지안의 관점

　　여기서 중요한 것은 중앙은행의 본원통화량에 대한 승수로서의 통화량(M = mB)이 아니라, 경제의 화폐수요에 의해 창출된 화폐공급량에 대해 승인비율로서의 제수(B = 1/m * M)라는 개념이다. 이 개념에 의해 중앙은행의 재량의 여지는 이론상 배제된다. 외관상 중앙은행이 통화량을 증발하는 것 같지만 실제로는 시중 통화량을 얼마나 인정해주느냐는 문제에 직면해 있다. 물론 이런 논리가 중앙은행의 경제에 대한 영향을 부정하는 것은 아니다. 정반대이다. 문제는 개입의 방식에 대한 것으로, 중앙은행의 역할이 이미 존재하는 화폐량을 최종대부자로서 승인하는 역할이라면 모순의 원천은 중앙은행의 행동에 있는 것이 아니라 화폐신용제도 그 자체에 있다는 것이다.

　　그러나 포스트케인지안의 화폐내생성은 화폐에 대한 케인지안적 관념과 결부되어 있다. 즉 화폐가 내생적인 이유를 현대불환화폐제도 하에서 화폐 자체가 신용화폐인 것에서 찾는 것이다. 이와 같이 자본주의에서 화폐가 차지하는 독특한 지위를 자본순환에 의해 논증한다면 신용과 화폐가 구분되지 않는 난점이 생긴다. 물론 현대화폐제도에서는 신용과 신용화폐의 긴밀성이 매우 큰 것은 사실이다. 하지만 포스트케인지안의 화폐이론에 따르면 화폐내생성이 자본주의적 화폐의 모든 형태(상품화폐단계와 신용화폐단계)에 적용되는 것이 아니라 신용화폐단계에만 적용되므로, 신용화폐가 미발달된 경제에서의 화폐외생성은 인정하는 셈이다. 화폐의 원천을 이와 같이 신용제도에서 찾는다면 화폐는 생산과 불가피하게 결합하게 되나 이는 생산이론을 소득흐름의 이론으로 만든다. 때문에 생산, 축적이 분배의 효과로 환원된다. 이 경우에도 인플레이션은 위기의 형태로서 간주되기가 어렵다. 실제 포스트케인지안에게 인플레이션은 비용인상적 인플레이션으로 소득분배에서 갈등의 결과이다.

2) 세의 법칙(Say's Law) 비판 - 실물과 명목

케인즈 경제학의 핵심을 이해하는데 있어 두 번째의 이론적 구성요소는 생산의 모순은 어떤 역할을 하는 것인가라는 점이다. 이 문제는 케인즈에 의해서는, 투자와 화폐수요를 연결시킴에 의해 수행되었다.

케인즈는 『일반이론』의 이자율결정이론에서 저축과 투자의 동등성이라는 고전파의 세의 법칙을 비판한다.[39] 그에 의하면 저축이란 단지 소득 중 소비하지 않은 부분에 지나지 않는다. 문제는 저축 중에 비유동성자산과 유동성자산(화폐)로 나뉘는 비율인 것이다. 비유동성자산이란 증권 같은 것으로 결국 투자로 이어질 것이지만 유동성자산에 대한 보유는 투자로 이어지지 않아 저축>투자의 결과를 낳는다. 이는 결국 총수요가 총생산에 미달하는 결과를 낳을 것이다(Kyenes, 1936: 164). 케인즈의 거시모델은 소득순환모델(소득과 지출의 흐름에 관한 거시모델)이며, (재)생산체계의 동태적 문제를 상대적으로 경시한다.[40] 이런 조건에서 세의 법칙 비판의 논리는 (유효수요의 부족경향과 결합하여) 공황의 원인에 대한 과소소비론적 관념을 낳을 수 있다.[41]

케인즈는 『일반이론』에서 맬더스, 홉슨과 같은 과소소비론자를 지지하였다. 그러나 케인즈는 과소소비론이 소비수요에 집착했던 것과는 달리 투자수요의

---

39) 프랑스 경제학자 Jean-Baptiste Say는 "공급은 스스로 수요를 창출한다(Supply creates its own demand)"라고 하여 가격과 임금의 완전유연성 하에서 수요공급의 항상적 일치와 국민경제 수준에서의 완전고용 달성을 주장하였다.

40) 클라크는 케인즈는 자본주의적 생산의 거시적 정식화에 머물렀다며 독립적으로 존재하는 자본을 추상함으로써 자본주의적 생산의 사회적 형태를 무시하여 잉여가치 생산과 가치실현의 문제를 단지 총공급과 총수요의 문제로 취급했다고 비판한다(Clark, 1988, p.239).

41) 케인지안 중에서 맑스를 과소소비론으로 해석하여 케인즈와 맑스의 공통점을 발견한 사람은 조안 로빈슨(J. Robinson)이 있고, 맑스주의자 중에서 맑스를 과소소비론적으로 재해석한 사람으로는 폴 스위지(P. Sweezy) 등이 있다(Howard & King, 1989, p.100; p.102).

문제를 강조했다(Keynes, 1936: 253). 케인즈의 경우 투자의 결정요인은 투자의 한계효율(과 이자율)이다. 케인즈는 투자의 한계효율이 축적의 진행에 따라 점차 저하한다고 생각했는데, 그 원인에 대해서는 분명하게 말하지 않았다. 한편 투자행위 효과로서는 수요의 창출이라는 측면을 강조하였다. 하지만 투자는 곧 자본축적을 의미한다. 즉 투자행위는 생산과 실현의 양면에 걸쳐 영향을 미치는 것이다. 마찬가지로 투자에 영향을 주는 요인도 실현의 가능성이라는 수요측면과 이윤 몫의 크기라는 생산측면 모두일 것이다.42) 그런데 만약 투자를 수요의 측면과 관련해서만 생각하면 실상 과소소비론의 영향에서 벗어나지는 않는다. 즉 투자는 수요에 의존하는데, 그 수요는 궁극적으로는 소비수요일 것이기 때문이다. 그리하여 소비가 저하하면, 투자의 한계효율이 저하하고, 이는 투자저하로 나타난다. 결국 유효수요는 소비수요의 저하와 함께 저하한다. 때문에 과소소비론의 고유한 내용인 (노동자, 자본가, 비생산계급 등의) 소비의 문제로 귀착하게 되는 것이다.

그러나 세의 법칙을 비판한다고 해서 그가 과소소비론자라고 말할 수는 없다.43) 세의 법칙은 공급이 수요를 창출한다는 생각인데 여기서는 항상 S = I가 성립된다. 그렇다면 그 비판은 수요가 공급을 창출한다는 것이 아니라, S = I가 성립하지 않는다는 것이 아닌가? 왜 성립하지 않는가? 투자되지 않고 축장되는 화폐가 있기 때문이다. 따라서 우리는 다음과 같이 쓸 수 있다.

저축(이윤) ≡ 투자(축적) + 축장 (Dumenil, 1977: 270)

---

42) 투자함수는 생산의 측면을 반영하는 이윤몫과 수요의 측면을 반영하는 가동률의 함수로 생각할 수 있다(Marglin and Schor (ed), 1990, p.163).

43) 케인즈의 초기 문헌에서도 비슷한 생각을 읽을 수 있다. "맑스와 자본주의의 착취적 성격을 믿는 그의 동료들은 M′의 불가피한 과잉을 주장했다. 반면 자본주의에 내재적인 디플레이션적 과소고용적 성격을 강조한 홉슨, 포스터, 메이저 도글라스.는 M의 불가피한 과잉을 주장한다. 그러나 맑스는 곧 M′의 과잉은 불가피하게 M이 일시적으로 과잉하게 되는 ……일련의 공황에 의해 중단되지 않을 수 없다고 말함으로써 진리에 접근하였다. 나 자신의 견해로는 맑스나 메이저 도글라스 간에는, 세의 법칙의 추종자들이 M은 항상 M′과 같다고 생각하는 것에 대비해 볼 때, 화해가 가능하다고 생각한다."(케인즈 『일반이론』의 초고, Howard & King, 1989, p.93 재인용)

이는 항등식이므로, 규정성에 대해서는 어떤 함의도 없다. 따라서 두 가지의 견해가 제기될 수 있다.

- 첫째의 견해: 우항이 좌항을 규정한다. 이런 견해는 투자가 유효수요를 결정하고 이것이 이윤을 결정한다는 사고와 연관된다. 그러나 이는 자본주의 경제에 과잉상품(생산물이든 노동력이든)이 유휴하고 있다는 것을 전제한다.

- 둘째의 견해: 좌항이 우항을 규정한다. 이런 견해는 생산된 이윤이 투자의 원천으로 축적에 제약을 이룬다는 사고를 유발한다. 그러나 신용창출을 고려한다면 이윤량 제약은 돌파될 수도 있다.

그러므로 세의 법칙을 수요량과 공급량의 차원에서만 비판한다면 이는 과소소비설(이윤의 실현)도 과잉축적설(이윤의 생산)도 지지하는 것이 아니다. 세의 법칙이 파괴되는 원인에 대한 논의는 다른 차원에서 분석되어져야 한다.

3) 세의 법칙의 비판과 생산

화폐의 축장기능을 제기함으로써 총수요와 총공급이 일치하지 않을 수 있다는 사고는 세의 법칙이 상정하는 균형이론에 대한 비판이긴 하지만 완전한 비판이라고는 할 수 없다. 따라서 이제 제기되는 문제는 균형이 파괴되는 원인, 필연성이 어디에 있느냐는 것이다. 이는 다음과 같이 질문해 볼 수 있다.

그런데 왜 판매자는 자신의 수입 지출을 지연시키는 것일까? 또 같은 질문이지만 왜 축장이 발생하는가? 케인즈는 물론 이 문제에 대해서도 나름대로의 답을 하고 있다. 그것은 유동성선호론으로 알려져 있는 것이다. 유동성선호는 대개 거래적·예비적 수요와 투기적 수요로 나눌 수 있다. 그러나 케인즈가 경기순환과 관련해서 더욱 중요하게 생각한 것은, 투기적 수요의 변화였다. 화폐가 축장되는 것은 비유동성자산의 예상수익(투자의 한계효율 : Marginal Efficiency of Investment, 즉 MEI)과 유동성을 보유했을 때의 이익을 비교함으로써 결정된다. 여기서 결정적 역할을 하는 것은 투자의 한계효율·저하이다. 투자의 한계효율이 무엇에 의존하는가에 대한 객관적 요인의 분석은 없다. 결국 케인즈는 일종의 동물적 본능(animal spirit)에 의존할 것이라고 했는데, 그러한 심리에 영향을 주는 객관적 요인이 밝혀지지 않는다면 과학적이라는 의미에서의 경제학적 논의가 가능하지 않을 것이다. 그러므로 케인즈가 심리라고 말을 하는 한 불확정적이고, 불가지론적 대답만 한 것이다. '동물적 본능'보다 한 걸음 더 나간 설명은 '신뢰(confidence)'를 지표로 삼는 것이다. 신뢰에 결정적 영향을 주는 요인은 주로 자산시장에서 나타나는 투기꾼의 비합리적 행위를 들 수 있나. 투기꾼들은 단기차익을 노리는 나머지 장기적 시장균형은 생각하지 않는다는 것이다. 자산시장의 변동은 투자행위에 직접 영향을 준다. 이러한 투기꾼들의 행동은 자산시장의 변동폭을 증가시켜 경제의 장기적 전망에 대한 신뢰를 저하시키고 이것이 다시 MEI를 저하시킨다. 그렇게 되면 아무리 이자율을 떨어뜨려도 경제주체가 화폐만 보유하지 투자를 하지 않으려 하므로 결국 유효수요 부족으로 인한 과소소비공황이 발발한다. 케인즈는 결국 공황의 원천을 투자의 결정적 역할에서 찾았다. 그러나 그는 여전히 투자를 수요의 측면에서 사고하는 차이를 보인다.[44]

사실상 가능성에 관한 한 S>I, S=I, S<I 모두가 가능하다. 실제의 자본주의 경제는 이 세 가지 경우를 끊임없이 진동하면서 운동하고 있을 것이다. 그러나 왜 그 세 가지 경우를 끊임없이 진동하는가, 그리고 어떤 시점에 달하면 왜 그 불균형이 확대되어 생산의 급격한 정체와 실업의 확대로 귀결되는가? 생산에서 자본주의적 특수성이 문제이다. 공황으로의 첫걸음인, 구매는 않고 판매만하게 되는 방아쇠가 무엇인가. 새로운 생산을 위한 판매가 아니라 부채청산을 위한 판매가 그 시작이다. 이른바 지불을 위한 판매가 그것이다. 여기서는 단순히 축장의 문제 뿐 아니라 자본의 자산구성에서 부채의 문제, 가중된 부채비율이 저하된 자본수익을 감당하지 못한 상황에서 지불수단으로서의 화폐의 문제가 제기되고 있다.

4) 유효수요 부족의 해소방식으로서의 신용

축적이 순조로울 때조차 세의 법칙은 성립하지 않는다. 이는 물론 화폐축장

---

44) "케인즈에게 있어 일반적 문제는 충분한 투자의 문제뿐이었다. 반면 맑스에게는, 비록 자본가들이 투자를 한다 할지라도 문제가 발생할 수 있었다"(Kregel, 1980, p.268).

(유동성선호) 때문에 발생하는데 주로 S>I의 경우가 파동적으로 나타날 수 있다. 이 문제는 판매와 구매의 분리, 다시 말하면 수입 중 지출연기가 발생할 때 나타나는 현상이다. 자본주의 경제에서 판매와 구매의 분리는 항상적이기 때문에 지불연기가 누적될 가능성이 없지는 않다.[45] 과소소비론자인 스위지는 『독점자본』에서 이윤율저하경향법칙을 반대하고 과잉잉여의 법칙을 주장하였다. 그에게 독점자본주의의 문제는 생산이 아니라 실현이었다. 하지만 이와 같은 생각은 70년대 위기의 현실과 뒤이은 자본의 대응방식에 의해 여지없이 부정되었다. 이는 자본주의의 과소소비현상을 과잉축적 자체로서, 즉 위기의 원인으로 보았기 때문이다. 그러나 축적에 장애가 없다면 이 유효수요부족현상은 위기의 결정적인 원인이 아니다.

만약 충분히 기대이윤만 확보된다면 축장된 화폐자본은 은행제도로 유입되어 다른 자본에 대부되므로 새로운 수요의 창출을 야기하여, 유효수요부족경향이 위기의 원인으로 되는 경우까지는 없을 것이다. 오히려 신용을 고려하면 우리는 반대의 가능성(S<I)도 생각할 필요가 있다. 신용의 기능은 단순히 금융중개에 있는 것이 아니라, 현대의 은행제도 하에서는 신용창조를 통해 적극적으로 축적과정에 개입하기도 하기 때문이다. 따라서 충분한 수익성이 보장되면, 과잉신용의 가능성도 배제할 수 없을 것이다. 다시 말하면 투자(축적)는 저축(과거 이윤)의 영향을 안받고 축적을 강행할 수 있는 것이다.

과소소비경향에 대항해서 독점자본주의는 군비수요를 창출하고 있다고 주장했던 스위지와는 달리 포스트케인지안이 주목한 것은 바로 이 측면이었다. 이 논리에서는 투자증가 →생산증가 및 고용증가 →저축증가라는 메커니즘을 강조한다. 이는 수요가 생산을 규정한다는 의미인데, 신용체계를 축적 분석에 고려하였기 때문에 현대자본주의에서는 과소소비론 보다 합리적인 측면이 있다. 이 경우에 위기는 과소소비로 나타나는 것이 아니라, 각 계급간의 소득분배갈등의 결과로 나타나는 cost-push 인플레이션으로 나타난다(Eichner, 1973: 262). 물론 분배위기론은 소득지출 형태와 관련되어 있기 때문에 실물에 원인

---

45) 폴리는 수입지출의 지연(노동자소비지출의 지연, 자본가 투자지출의 지연)이 있고, 균형성장을 가정하면 확대재생산의 균형조건이 파괴된다는 점을 보여주고 있다. 그는 이어서 그 괴리는 금생산(부하린)이나 비자본주의적 시장(로자 룩셈부르크)이 아니라 신용에 의해 보충된다고 주장하였다. Foley(1986) 제5장 참조.

을 두고 있다는 점에서 화폐수량설적 관점과는 다르다. 하지만 이 모델은 만약 투자가 아무리 증가하더라도 생산에서 충분한 이윤이 확보되지 않는다면 그것 은 저축증가로 이어지지 못하고 과잉축적을 결과할 것이라는 점을 충분히 고려하지 못하고 있다.[46] 결국 과소소비론이나 소득분배투쟁을 통해서 자본주의 위기를 설명하는 논리는 화폐위기라는 일반적 형태의 각 특수성을 지칭하는 것이지 위기의 진정한 심연을 지적하지는 않는다.

4. 스태그플레이션과 전통적 케인지안 해석의 종말

'자본주의의 황금기' 경제는 1970년대를 지나면서 급격히 쇠퇴하게 된다. <표 4-3>은 이러한 상황을 묘사한다. GDP, 생산성, 고용과 같은 실물적 지수의 저하 뿐 아니라 1970년대 지나면서 경기순환이 나타나기 시작했다. 그러한 경기순환은 금융부문에서 시작하여 국제화폐질서의 붕괴로 나타났다. 즉 1971년 지속적인 달러의 금태환으로 인해 금보유가 고갈되기 시작하자, 미국의 닉슨대통령은 금달러 태환제도를 포기한다. 1950년대 후반 국제금융시장이 재등장하게 됨에 따라 자본통제를 포기할 경우 이로 인한 금융공황의 발발가능성은 언제든지 남아있는 것이다.

그러나 이 시기 금융공황은 상대적으로 잘 통제되었다고 볼 수 있는데 이는 전적으로 1945년 이후 정착된 '사회 속의 자유주의'체제 (또는 mixed economy라고도 불린다)의 성공적 기능을 보여주는 것이라고 해야 할 것이다. 예를 들어 브레튼우즈 체제의 붕괴에 뒤이어 1974년 발발한 미국 프랭클린은행(Franklin

---

46) 여기서 우리가 지적하고자 하는 것은 공급이 수요(량)를 결정한다거나 수요가 공급 (량)을 결정한다거나 하는 것이 아니다. 이 문제는 소득순환모델의 차원에서 제기되는 것이며 각 함수들이 어떻게 가정되느냐에 따라서 달라질 수 있고, 실증적 분석의 결과에 따라서도 달라질 수 있다. 강조하고자 하는 것은 위기의 원인은 소득순환모델 내에서는 분석될 수 없다는 점이다. 소득순환모델은 수량적 흐름에 대한 모델이며 그 한계로 인하여 질적 위기, 사회관계의 위기를 모델화할 수는 없다. 따라서 자본주의 사회의 위기의 심연인 자본주의적 모순의 원천에 대해서도 지시하는 바가 없다. 모델의 이러한 특징은 결국 위기의 원인을 외재적인 요인(쇼크)에서 찾는 이유가 된다.

<표 4-3> 생산·생산성·고용, 1960~1989 (연평균 증가율 %)

		유럽	미국	일본	OECD
GDP	1960~73	4.7	4.0	9.6	4.8
	1973~89	2.2	2.6	3.9	2.7
	변화	-2.5	-1.4	-5.7	-2.1
생산성	1960~73	4.3	2.1	8.2	3.7
	1973~89	1.8	0.6	3.0	1.6
	변화	-2.5	-1.5	-5.2	-2.1
고용	1960~73	0.4	1.9	1.3	1.1
	1973~89	0.4	2.0	0.9	1.1
	변화	0.0	0.1	-0.4	0.0

* 자료: OECD, Historical Statistics, Economic Outlook
  Amstrong, P. et. al. (1991), Capitalism since 1945, Basil Blackwell, p.350

Bank)는 외국환 투기로 인해 파산하게 되었는데 이를 미 연방준비은행(FRB)와 G10의 중앙은행 들이 긴밀히 협조함으로써 은행의 붕괴가 국제 금융공황으로 이어지지 않았던 것이다. 또한 1982년 8월 멕시코 정부가 채무불이행 선언을 함으로써 발발한 국제채무위기는 해외 은행들의 연쇄 파산을 예고하는 것이었지만, 미 연방준비은행의 볼커(Volcker)는 국제민간은행들이 멕시코의 요구를 받아들이고 IMF의 신용회복 재구조화 프로그램을 실시하게 함으로써 위기를 넘기게 되었다. 물론 멕시코 정부는 IMF의 가혹한 긴축프로그램을 수용해야 했다. 그리하여 이 시기 이래 위기해결의 과정은 한편에서는 국제신용체제를 이용한 신속한 개입과 규제강화로 위기를 해결한다는 특징을 가지고 있지만, 다른 한편으로는 병행된 구조조정 프로그램은 가혹한 긴축정책을 요구함으로써 이후 개발도상국의 연쇄적인 경제위기의 도화선이 되었다는 이중성을 띠고 있다(Helleiner, 1994, Chap 8 참조).

더욱이 1982년 위기를 계기로 국제금융제도들은 은행대출보다 자본시장 대출을 선호하는 증권화(securitization) 경향을 더욱 가속화시켰다. 이는 결국 위기를 은행위기에서 자본시장 위기로 확산하게 하는 계기가 되었다. 1987년의 미국 증권시장 붕괴는 이러한 가능성의 발현으로 해석될 수 있다. 미국은 1960년대 말부터 시작한 지속적인 국제수지 적자를 해결하기 위해 1985년 플라자

합의를 통해 달러의 평가절하를 유도하였다. 그러나 이러한 노력의 결과에도 경상수지적자 폭은 계속 증가하였기 때문에 미국자본시장에 투자했던 해외 투자자들이 미국 증권시장에서 철수하기 시작하였다. 이러한 달러통제불능에 놀란 1987년 2월 미국정부는 루브르(Louver) 협정을 통해 외국은행과 연합하여 달러를 방어하기로 결정했으나 이것이 실패하고, 결국 동경에서부터 증권시장이 붕괴하기 시작하여 미국 증시를 강타하였다. 하지만 이러한 붕괴는 단기에 그쳤다. 왜냐하면 중앙은행들이 즉각 개입하여 유동성을 투입하였고, 일본 증시 붕괴는 일본 재무성의 즉각 개입에 의해 해소되었기 때문이다.

이러한 일련의 사태들은 1970년대 이후 드디어 자본주의 황금기는 끝났음을 보여준다. 이러한 현상에 대한 이론적 해석을 살펴보자.

민스키(1975)는 기업의 부채구조를 케인즈의 유동성선호이론에 결합시켜 신용제도의 내재적 불안정성을 설명하고 있는데, 이는 이윤율이 저하할 때 왜 자본이 이윤량을 증대시키려고 하고, 투기가 만연하여 투자행위가 불안정해지는지를 보여준다. 기업의 부채구조는 현금유입과 지급채무의 지불로 구성된다. 높은 이윤율로 인해 현금흐름의 상태가 양호할 때는 채무의 지불이 순조롭고 투자가 더욱 증가하게 된다. 투자는 점차 외부금융에 의존하는 비율이 증대하게 된다. 그러나 외부금융에 의존하는 비율이 커지면 커질수록 기업의 투자행동은 현금흐름의 상태에 민감하게 반응하지 않을 수 없다. 투자가 과잉하다는 것이 분명해질 때쯤에는 부채지불이 과다하며, 동시에 '투자로부터 흘러나오는 수익이 저하'하여 현금흐름으로부터 부채지불을 하지 못하는 상태가 발생한다. 이때에는 이윤의 많은 부분이 부채지불에만 충당되며, 자기자본 중의 일부를 부채지불을 위한 준비금으로 축장하려 하여 투자행위가 극도로 위축된다. 즉 유동성선호가 극도로 증가하는 것이다. 그리하여 생산이 침체되고 실업이 증가한다.

이러한 위기과정이 취하는 구체적 경로는 여러 가지 형태를 취할 수 있다.

첫째, 이윤율이 저하하자, 목표이윤마진을 획득하기 위해 생산물의 가격을 상승시킬 수 있다. 이때 ① 높은 가격으로 인해 수요가 급감하여 실현불가의 상태에 빠질 수도 있고, ② cost-push 인플레이션이 발생할 수도 있다.

둘째, 저이윤을 높은 생산성으로 상쇄하기 위해 자본폐기를 가속화하여 감가상각기금이 증대하고 이로 인해 자본감가가 발생하는 경우이다. 이 경우에도 두 가지의 경우가 다 가능하다. 즉 ① 가속상각이 일어났을 때 가격상승으로 전가시킬 수가 없어서 결국 그 기업이 이윤저하와 부채지급불능에서 파산하게 되는 경우와 ② 이를 실현할 수 있어 인플레이션을 유발하는 경우가 그것이다.

이를 부채위기 및 신용위기라 할 수 있는데 위기의 여러 가지 경로가 두 가지 형태로 유형화되는 이유에 대해서는 '화폐제약'의 변화라는 주제하에 포스트케인지안과 프랑스의 화폐론자(조절이론, 이단파적 접근)에 의해 많은 연구가 진행되었다. 그것은 ① 부채디플레이션(30년대 과소소비공황)–가치잠식의 직접적 형태와 ② 스태그플레이션(70년대 수익성위기)–가치잠식의 매개적 형태(Aglietta & Orlean, 1982)로 나눌 수 있는데, ①에서 ②로의 이행을 결정짓는 것은, 민간은행에 의한 사전인정(事前認定)과 중앙은행에 의한 사회적 가인정(假認定) 메커니즘이다. 민간은행의 사전인정은 신용제도가 불환지폐와 결합되기 전에도 이미 어음할인, 은행권 유통 등을 통해 실행하고 있었지만 이 경우에 신용위기가 발발하면 그것은 곧 바로 개별은행 및 개별기업의 책임(파산)으로 귀결되었다. 그러나 중앙은행이 최종대부자로서 기능하게 됨에 따라 민간은행의 사전인정은 중앙은행권으로부터 상대적으로 독립하여, 은행조직은 자신의 고유한 논리(신용창조)에 따라 산업자본의 투자계획을 평가하여 사전승인(대부)할 수 있게 된다. 경제가 순탄할 때는 은행조직을 통한 현금흐름, 대출이 그 자체가 일정한 크기를 점하고 있어(통화량에서 신용창조된 양만큼) 생산에서의 이윤율의 변동에 상대적으로 둔감하게 반응한다. 그러므로 신용체제는 생산과정의 끊임없는 변동에 비해 상대적으로 안정적으로 성장하는 한편 점차 유동성수요의 비율이 줄고 신용화폐의 은행조직으로의 유입이 증가하여 나타난 증가한 신용공급은 수요처를 끊임없이 찾게 된다. 더욱이 문제되는 것은 실물경제가 이미 경색의 조짐을 보이고 있다 할지라도(이윤율 저하 등) 초기에는 과잉유동성의 형태로 투자를 더욱 촉진, 과잉하게 하는 것이다. 그러나 몇몇 주체들에 의해 실물적 위기상황이 감지되고 통화관리를 엄격히 하며, 투자를 보수적으로 함에 따라 이러한 상황이 전반적 유동성 선호로 이어져 투자가 급감하고 주식가격이 폭락하며, 이자율이 상승하는 것이다. 그러나 이제는 신용규모가 엄청나게 커서 한두 개 은행의 파산으로 사태가 그치지 않는다. 왜냐하면 화폐와 신용의 결합으로 인해 화폐공급은 신용수요만큼 증가했기 때문이다. 때문에 중앙은행은 최종대부자로 개입하여 승인비율을 증가시키기 않을 수 없다. 이러한 부분이 사회적 가승인으로 작용한다. 이는 결국 개별자본의 마크업가격설정을 승인하여 스태그플레이션을 촉발할 것이다.

그러나 이것이 사태의 끝이 아니다. 중요한 것은 중앙은행의 개입조차도 일단 발발한 위기를 해소할 수 없는 경우가 있다는 것이다. 이 경우 스태그플레이션은 화폐위계의 파괴로 진화한다. 이는 자본주의적 신용공황의 현대적 상황에서는 우선 화폐와 신용 간 연결의 파괴로 나타난다. 궁극적으로 나아가는 방향은 무엇인가? 그것은 곧 일반적 등가(강한 화폐)로의 회귀이다. 화폐의 지배, 불황의 지속은 모든 장기공황의 궁극적 귀결이었다. 70년대의 스태그플레이션도 예외는 아니다. 그것은 80년대 통화주의시대를 거쳐 지금까지도 장기불황과 세계금융질서의 교란이라는 형태로 이어지고 있다.

5. 탐구학습

1) 아래의 문헌을 읽어보고 국가와 시장의 관계를 중심으로 나타나는 세 가지 다른 이해를 정리하라.

- 국가주의적 논의: Hamilton(1791), Evans(1995)
- 시장주의적 논의: Lindsey (2000)
- 구조주의적 논의: Went (2000)

2). 케인즈가 설명하는 유동성 함정을 설명하는 그래프를 그려라. 케인즈가 설명하는 유동성함정의 상황이 오늘날의 세계경제 또는 우리나라의 불황을 설명할 수 있는지를 토론해보자. 그렇다면 그 대책은 무엇인가?

3) 폴라니(1944)의 『거대한 전환』을 읽고 소감을 밝혀라.

4) 세 가지 이념의 대립은 사회주의 붕괴로 완전히 끝났는가? 즉 경제적 자유주의가 완전히 승리하였는가를 논의하라.

5) 1997년 동아시아 위기가 경제적 자유주의와 경제적 민족주의에 미치는 의미는 무엇인가?

6) 자유화와 글로벌라이제이션은 경제, 기술적 과정의 불가피한 결과인가 아니면 정책 선택의 결과일까?

7) 자유주의 이념에 대해 논하라. 정치적 신념으로서 자유주의는 경제적 자유주의와 어떻게 다르며, 어떤 점이 같은가?

8) 포스트케인지안이 설명하는 70년대 스태그플레이션의 위기가 오늘날 우리나라 경제의 경기침체를 설명하는 데 적용할 수 있는가 살펴보자.

제5장

발전경제학
워싱턴컨센서스와 포스트워싱턴컨센서스

현대 자본주의의 등장은 경제발전에 관한 경제학에 어떤 영향을 주었는가? 특히 혼합경제 이후의 글로벌자본주의에서 경제발전론은 어떻게 변화하고 있는가? 이 장은 글로벌자본주의에서 발전경제학의 진화과정을 추적한다. 발전경제학이 구조주의에서, 워싱턴컨센서스로, 다시 포스트워싱턴컨센서스로 변화하는 과정을 통하여, 최근의 발전경제학 역시 전통적 주제인, 거시적 현상의 미시적 해명과 경제와 국가의 관계라는 쟁점을 포함하고 있음을 보였다. 그러한 쟁점은 새케인즈파의 '정보이론적 접근'과 최근 세계은행에서 제기된 발전의 '잃어버린 고리'로 간주된 '사회자본' 개념을 통해 표출되었다. 이 장은 이러한 변화를 일국자본주의에 내재화하려는 글로벌자본주의의 경향에 일정한 제약이 있음을 보여주는 사례로 파악한다.

1. 문제제기

1997년 한국 금융위기 이후 한국 경제의 개혁 방향은 "외국자본을 이용하여 재벌을 개혁하자"는 것이었다. 그 후 한국 내에는 시장주의적 재벌개혁론과 글로벌자본주의가 결합한 한국판 신자유주의가 금융위기를 극복하는 주류 대안으로 떠올랐다. 이러한 신자유주의 동맹은 어떠한 결과를 낳았는가? 우선 재벌 개혁이라는 점에서는 구조조정 과정을 통해 전문화와 경영상의 합리화

(과잉축적의 완화)를 달성하였지만, 소유 구조의 민주화를 달성하지는 못하였다. 재벌의 경제 집중도는 1997년 이전에 비해 더욱 증가했다. 왜냐하면 도산하는 재벌(대우, 기아)들의 빈 공간을 살아남은 재벌들이 채우는 방식 혹은 외국자본에 매각하는 방법으로 꾸려왔기 때문이다. 반면, 국내의 상품, 금융, 부동산 시장은 완전히 개방되어 은행, 주식, 부동산 등 모든 영역에서 외국자본의 비중이 높아지게 되었다. 정부는 일부 산업(기간산업과 금융부문)에 대해 여전히 영향력을 행사하고 있지만, 그 통제력은 예전에 비해 현저히 떨어지고 있다.

그리하여 현재 한국자본주의의 구조는 분명히 과거와 달라졌다. 경제 관리의 인적구성과 이데올로기뿐만 아니라 직면한 대내외적 조건이 달라진 것이다. 1997년 위기를 거치면서, 글로벌자본주의는 더 이상 한국자본주의의 외부가 아니라 내부조건이 될 교두보를 마련하였다. 앞으로 한국자본주의의 동학에서 글로벌자본주의는 더 이상 외적 조건으로만 존재하지 않을 것이다. 이제 발전경제학은 더 이상 한 나라 경제만을 연구하는 것으로는 충분하지 않고, 한 나라 안에 내재화한 글로벌자본주의를 분석하지 않으면 안 된다. 그러나 이러한 과정은 글로벌자본주의가 내재화한 한국자본주의가, 내적 추진력을 상실하고 글로벌자본주의에 지배당하게 될 것이라는 점을 의미하는가? 이 글은 이 질문에 대답하기 위하여 최근 발전경제학의 진화과정을 분석한다.

2절에서 발전경제학의 형성과정 및 진화과정을 살펴봄으로써 이른바 '구조주의' 발전경제학에서 '워싱턴컨센서스'로의 진화과정을 통해 발전경제학이 이전의 거시적 관점에서 미시적 관점으로, 또한 국가개입의 용인에서 시장에 대한 강조로 넘어가는 과정을 살펴본다. 3절에서 살펴보는 워싱턴컨센서스의 자기비판으로서의 포스트워싱턴컨센서스는 이러한 강조점 이동의 회귀과정을 보여주고 있다. 글로벌자본주의의 저성장, 과잉변동성이라는 낮은 성과로 인해, 발전경제학은 구조주의의 문제와 국가개입의 문제라는 고전적인 문제의식으로 회귀하는 경향을 보여주고 있다.

이러한 고전적 문제의식은 현대 발전경제학에서 경제발전이라는 거시적 주제의 '미시적 기초', 그리고 경제발전의 잃어버린 고리(missing link)로 간주된 '사회자본'에 관한 이슈로 표현되고 있다. 4절에서는 발전경제학의 진화과정에서 보여지는 구조와 개인의 관계라는 방법론적 쟁점을, 5절에서는 국가와 시장의 관계라는 문제를 최근의 발전경제학의 이슈를 통하여 각각 살펴보기로 한다.

그리하여 이 글은 글로벌자본주의의 글로벌라이제이션[47] 현상 즉 글로벌자본주의의 일국자본주의로의 내재화(內在化)는 구조적 경향임에는 틀림없지만, 그러한 구조적 경향의 현실화는 일국 경제 내의 경제주체의 개입을 통해서만 가능하며, 따라서 각 경제주체 특히 비국가적/비시장적 제도의 중요성이 새롭게 제기되고 있다는 점을 강조하고자 한다. 마지막으로 6절에서는 이러한 방법론적 논의가 대안적 발전경제학의 연구에 주는 시사점을 지적하였다.

2. 주류 발전경제학의 진화: 구조주의에서 신고전파로

현재 금융위기의 주요한 동기로 제시되는 글로벌라이제이션과 그 정책적 조응물인 워싱턴컨센서스는 자본주의 황금기(2차대전 이후부터 1960년대)의 잠식 이후에 나타난 현상이다. 특히 워싱턴컨센서스는 1982년 외채위기 이후에 나타난 자본주의 불안정성 경향에 대응한 안정화정책(stabilization)의 일환으로 제기되었다. 워싱턴컨센서스는 금융시장 개방(금융자율화), 자유무역, 노동시장 규제완화, 공기업개혁(민영화), 재정건전화 등 상품, 자본, 노동이라는 각 생산요소의 전 부문에 걸쳐 시장의 지배를 확대하고 국가를 축소하는 것을 내용으로 담고 있다(Williamson, 1989; 2000).

이러한 워싱턴컨센서스를 요약하면 재정긴축, 민영화, 자유화, 외국인투자 촉진 등 네 가지로 압축할 수 있다(Stiglitz, 2002: 53). 워싱턴컨센서스는 구체적으로 IMF가 주도하며 인플레제어, 국제수지균형, 예산적자 감소 등을 포함하는 단기적 안정화정책과 세계은행이 주도하며 장기적 경제의 효율성과 장기성장률을 높이고자 하는 구조조정 정책으로 나누어 진행되었다. 그러나 구조조정 정책의 대부분은 수입쿼터의 폐지, 재정제도 개혁, 농업가격정책 개혁 등 시장원리를 강화하는 정책으로 구성된다.

이러한 입장은 개발도상국의 개별적, 구체적 사정을 무시한 일반론적인 정책의 강요라는 점에서 많은 비판을 받아왔다. 하지만 문제를 단순화하는 보편주의적 사고방식은 워싱턴컨센서스 이전의 주류 발전경제학에서도 이미 발견

---

47) Globalization은 세계화라고도 번역되고 있으나, 이 글에서 사용하는 글로벌자본주의와 통일을 기하기 위해 편의상 글로벌라이제이션으로 사용하였다.

된다. 주류 발전경제학은 저개발에 대해서 시기별로 다양한 원인들을 지적하였지만 단일의 원인으로 귀착시키는 사고방식 자체는 변함이 없었다. 예를 들면 발전경제학의 초기인 1940년대에는 저발전의 원인을 물적 자본에 귀착시켰지만, 1960년대에는 기업가 정신, 1970년대에는 상대가격의 왜곡 문제를 원인으로 보았다. 1980년대에 오자 개발도상국을 둘러싼 국제경제적 환경은 반복되는 금융위기로 인해 매우 위축되었다. 그리하여 80년대 이후 현재까지도 구조조정(structural adjustment)이 주요 과제로 제기되고 있다. 이 시기에는 자유무역주의가 대두함에 따라 국제무역의 장애가 저발전의 원인으로 추가되었으며 동시에 정부의 과잉개입을 문제 삼는 인식이 전면에 대두되었다(Adelman, 2001).

저발전의 원인에 대한 보편주의적 사고방식은 정책제안에도 영향을 미치게 된다. 발전의 요소로서 물적 자본을 중시한 초기의 입장(이른바 '구조주의')은 저개발 국가가 여하히 물적 자본을 축적할 것인가를 정책의 주요 이슈로 삼아 물적 자본을 형성하기 위해 필요한 일정한 수준 이상의 저축률을 달성하는 것을 중요한 목표로 보았다. 주류 발전경제학조차도 초기에는 이 목적을 달성하기 위해서 국가의 개입을 용인하였고, 특히 이로 인한 인플레이션 편향도 수용하였다. 60년대에 이르러 단순하게 물적 자본만 투입하는 것이 문제를 해결해주지 않는다는 것이 명백해지자, 발전경제학의 논의 방향은 이러한 물적 자본을 어떻게 운영하는가 하는 쪽으로 관심이 바뀌었다. 이것이 물적 자본을 효과적으로 운영할 기업가 정신의 문제다. 이 시기에도 국가의 역할은 축소된 것이 아니다. 오히려 부재한 기업가 정신을 메워 줄 요소로서 국가의 직접적 역할이 강조되었다. 그러나 1970년대를 지나면서 논의의 지형은 다소 변환된다.

2차대전 이후의 주류경제학이었던 케인즈 경제학에 기반을 두고 형성된 주류 개발경제학인 구조주의[48]는 만능의 정부를 가정한 위로부터의 발전(소위 trickle down) 전략이었다. 이러한 입장은 국가의 실패를 강조하고, 시장 기능의

---

48) 당시 발전경제학에서의 주류 이론이었던 구조주의는 경제발전의 원동력으로서의 자본축적이라는 영국의 고전파 경제학의 관점을 받아들이면서도 다른 한편 '시장의 실패'라는 케인즈의 고전파 비판을 중시하여 국가가 개입하는 자본축적이라는 고유의 발전경제학의 논리를 성립시켰다(Arndt, 1985; Chennery, 1975).

복원을 주장하는 신고전파에 의해 비판되었다. 물론 60년대 말부터 남미를 중심으로 급속히 발전한 종속이론과 같은 비판적 시각도 구조주의 주류를 비판하였지만, 방법론적으로는 구조주의의 거시경제학적 방법을 사실상 수용, 발전시킨 것이었다. 이에 반해 신고전파 이론은 거시경제학을 버리고 합리적 개인의 미시경제학적 입장을 채택하여 시장의 효율성(국가의 축소)과 자유무역의 효율성(보호주의 비판)을 강조하였다.[49]

특히 지속적인 성장에도 불구하고 해소되지 않는 빈곤과 이중경제가 문제였다. 여기에서 발전경제학은 국가 주도의 경제성장이 야기한 불균등성을 그 원인으로 지목하였고, 이는 곧 시장의 근본적 희소성을 무시한 상대가격의 왜곡 문제로 이어진다. 이른바 "가격을 올바로 하자(get prices right)"라는 논의가 시작된 것이다. 이를 위해서는 특정한 산업에 주어진 직/간접적 보조금, 관세보호, 정책금융 등 시장을 왜곡시키는 의도적 특혜들이 중지되어야 한다(선별적 산업정책의 폐지). 이 입장은 1970년대의 세계경제의 전반적 침체(스태그플레이션) 속에서 선진국의 경제개방 압력과 맞물려 1980년대에 이르러 보호무역 제도의 철폐라는 주장으로 이어진다(자유무역주의). 요컨대 정부가 지원하고 보호하는 산업들은 비효율성을 야기하며, 이를 극복하기 위해서는 상품 시장에 대한 규제를 철폐하여 자유무역을 실시해야 한다는 것이다.

발전경제학의 논의는 자연히 시장에 대한 규제를 실시하는 주체인 국가에 대해 부정적인 방향으로 전개되었다. 초기의 논의가 국가의 역할에 대해 의문을 표하지 않는 것이었다고 한다면, 70년대 이후부터는 국가의 축소가 계속 주장되었다. 자유화에 대한 발전경제학의 입장은 이제 단순히 상품에만 한정되는 것이 아니라 자본, 노동, 재정, 화폐 등의 영역으로 확대되었다. 이는 주류 발전경제학이 '구조주의'에서 '신고전파'로 넘어가는 과정에서 나타났다. 그러나 국가의 축소는 시장의 복원, '잘못된' 국가정책의 수정이라는 내용을 담고 있었다. 왜냐하면 현실에서 순수한 시장은 가능한 것이 아니었기 때문이다.

---

49) 따라서 1960년대 말부터 융성했던 '종속이론'(dependency theory)은 방법론적 지형이 구조주의와 크게 다르지 않다. 다만 정치적 급진성의 정도에 따라 프레비쉬(R. Prebish)와 카르도소(F. Cardoso)와 같은 구조주의로부터 직접 발전한 이론가와 산토스(D. Santos)와 프랭크(A. Frank)와 같이 계급적 요인을 강조한 급진적 이론가로 나누어 볼 수 있을 것이다(염홍철, 1998, pp.33-63).

따라서 국가의 축소와 시장의 확대는 그 내용에서는 "국가정책을 하지 말자"라는 뜻이 아니라 "정책을 올바로 하자(get all policies right)" — 즉 시장이 활성화될 수 있도록 국가가 개입하라— 는 주장이 되었다. 이것이 바로 신고전파에 입각한 '신고전파 정치경제학' — 워싱턴컨센서스 — 의 배경이자 내용인 것이다. 요컨대 주류 발전경제학은 단선론적 인과론을 유지하면서도 국가의 역할과 경제발전이라는 거시적 목표 및 수단에서 시장의 확대와 효율성을 추구하는 미시적 목표 및 수단으로 강조점을 전환하는 것으로 방향이 변화되었다고 할 수 있다.[50]

세계은행에 의해 주도되고 있는 주류 발전경제학은 1990년대에 접어들면서 개발도상국 저발전의 원인을 좀더 포괄적으로 모색하여, 인적자본 나아가 사회자본의 부재에 주목하고 있다(World Bank, 1997). 인적자본(human capital)과 사회자본(social capital)에 대한 강조는 일견 주류 발전경제학과 구분되는 이질적 요소처럼 보인다. 그러나 세계은행에서 논의된 인적자본은 생산함수, 투입/산출 모형, 비용/편익 분석을 이용하여 역사성과 사회성이 배제된 물적 자본 개념의 확장으로 이해되었다(Fine & Rose, 2001). 이는 원래 비주류적 주제였던 인적 요소(노동), 사회적 요소(문화)를 주류경제학의 영토로 포섭해나가는 과정에 다름 아니다(Harriss, 2002).

물론 주류 발전경제학 내에서 이러한 단선론적 사고에 대한 비판이 없지는 않다. 단선론적 사고는 내부 비판을 거쳐 국가의 유효성에 대한 부분적 인정(World Bank(1993)로 대표되는 절충주의적 국가 역할 인식), 특히 최근에는 워싱턴컨센서스의 취약함에 대한 인정과 국가의 시장보완적 역할을 강조하는 이른바 포스트워싱턴컨센서스(Stiglitz, 1998a, b)라는 견해를 도래케 하였다. 포스트워싱턴컨센서스는 주류 발전경제학 내에서도 국가의 역할을 인정하면서, 특히 개발도상국에서 나타나는 이해집단의 대립을 통제할 주체로서 국가를 강조한다. 그리고 국가와 시장의 동시적 필요 속에서 국가의 적극적 역할, 즉 투자, 금융, 인적자본의 형성(교육 등), 기술획득, 제도설정 및 개혁 등에서 자본주의적 발전을 위한 국가의 기능을 강조한다.

---

50) '구조주의'에서 '신고전파'로 다시 '개량주의' 및 '새로운 발전경제학'에 대한 학설사적 설명에 대해서는 에쇼히데키(2002)를 참조.

3. 신고전파의 자기 비판: 포스트워싱턴컨센서스

주류 발전경제학이 '신고전파 정치경제학' – 워싱턴컨센서스 – 에서 포스트
워싱턴컨센서스로 진화하는 과정은 단순히 발전경제학의 자기 한계 즉 개발도
상국 경제발전의 한계 때문에 야기된 것은 아니다. 워싱턴컨센서스는 1980년
대 초반 선진국의 레이거니즘, 대처리즘이라는 신자유주의 경제학의 발전경제
학적 대응물로 나타난 것이며 포스트워싱턴컨센서스 역시 신자유주의 동맹의
이론적 한계인 시장만능주의의 자기비판, 즉 경제학의 진화과정에서 출현한
것이다.

경제학의 이러한 진화는 자본주의 경제제도의 진화과정과 긴밀히 관련되어
있다. 자본주의 경제제도는 2차대전 이후의 자본주의 황금기(Golden Age of
Capitalism)에서 1970년대 스태그플레이션을 거치면서 글로벌자본주의(Global
Capitalism)로 변화하게 되었다.[51] 이에 따라 주류 경제학 역시 케인즈의 비판을
흡수하여 형성된 케인즈 종합('신고전파종합')에서 케인즈적 요소를 부정하고
신고전파적 요소를 온전히 복구하는 이른바 신자유주의의 경제학으로 진화하
게 되었다. 이러한 조응과정은 <표 5-1>에 나타나 있다.[52]

---

51) 자본주의경제는 1870년대와 1880년대의 연속적 공황을 거치면서 이전의 산업자본
주의단계에서 진화하기 시작하였다. 자본주의 경제공황은 1857년, 1863년, 1873년,
1882년, 1890년, 1900년, 1907년 등 약 10년 주기로 반복적으로 발생하였는데, 특히
1873년 이후에는 불황이 장기화하면서 독점자본의 형성이 촉진되었다. 또한 이 시기
는 자본의 세계화가 활성화된 시기이기도 했다. 이러한 세계화는 1차세계대전 이후에
나타난 1929년의 대공황의 양상을 질적으로 구별 짓는데 일익을 하였으며, 자본주의
의 또 다른 진화를 야기하였다. 1930년대 이후(특히 2차세계대전 이후) 달라진 자본주
의는 논자에 따라서는 국가독점자본주의, 국가개입자본주의, 혼합 경제 또는 자본주
의 황금기(Golden Age of Capitalism)라고 부른다. 이러한 자본주의는 1970년대의 스태
그플레이션 불황으로 또 다른 질적 변화를 겪게 되는데 그것이 우리가 이 글에서
부르는 바의 '글로벌자본주의'이다. 글로벌자본주의 자체의 개념규정에 대해서는 이
글에서 충분하게 검토할 수 없으나, 일단 여기서는 1970년대 이후의 세계자본주의를
지칭하는 것으로 잠정적으로 확정하기로 한다.
52) 1980년대 후반 등장한 발전경제학의 다른 조류인 신성장이론과 잠재능력접근은
논의에서 생략하였다.

<표 5-1> 자본주의, 경제학, 발전경제학의 진화과정상의 조응

자본주의의 변화	자본주의 황금기 (2차대전-1960s)	글로벌자본주의 I (형성: 1970s-1980s)	글로벌자본주의 II (위기: 1990s-현재)
경제학의 변화	케인지안 구정통	신고전파 신정통	새케인지안 또는 새제도학파
발전경제학의 변화	구조주의 (개입주의)	신고전파정치경제학 (워싱턴컨센서스)	새제도학파정치경제학 (포스트워싱턴컨센서스)

따라서 발전경제학의 진화과정을 이해하기 위해서는 자본주의와 경제학 양쪽의 진화라는 맥락에서 파악해야 한다. 우선, 글로벌자본주의의 특징부터 살펴보자. 글로벌자본주의의 가장 큰 특징은 물론 글로벌라이제이션이다. 하지만 글로벌라이제이션이 자본주의에서 경향이냐 아니냐는 큰 논란거리가 된다. 보통 19세기부터 현재까지를 자본주의 황금기라고 불리는 시기(양차대전 이후부터 1970년대까지)를 전후로 하여 세 단계로 나누는데, 1870년대부터 1914년까지, 그리고 1970년대부터 현재까지를 각각 1, 2차 글로벌라이제이션 시기라고 부르는 것은 일반적으로 수용된다.

글로벌라이제이션 경향에 대해 비판적인 연구(Glyn, 1998; Berger & Boyer, eds. 1996)에 따르면 1차 글로벌라이제이션에 비해 2차 글로벌라이제이션의 폭과 넓이는 그리 차이나지 않는다. 다시 말해 현 시기 글로벌라이제이션 경향에 대한 많은 논의는 다소 과장되었다는 것이다. 이러한 논의는 글로벌라이제이션의 필연성을 강조하는 견해가 가진 함의를 비판하려는 실천적 의도를 가지고 있다. 즉 글로벌라이제이션의 필연성을 인정하는 논의는 결국 자본의 보편성, 각국 경제의 수렴, 국민국가의 역할 부정 등 시장주의적 함의를 지니게 된다는 것이다.

그러나 최근 10년간의 경험으로 미루어 볼 때 금융자본의 세계화를 중심으로 한 글로벌라이제이션은 하나의 특징적 경향으로 보아야 할 것이다. 글로벌라이제이션을 어떻게 정의할 것인가는 관점에 따라 다양한 입장이 있을 수 있지만, 대체로 생산요소(노동, 자본, 상품) 각각이 국민국가의 경계를 넘어서 세계자본주의로 편입되는 경향을 가리킨다. 따라서 세계화의 추세를 파악하기 위해서는 바로 이러한 생산요소들이 어떻게 세계자본주의에 통합되는가를 보아야 할 것이다.[53] 양 시기의 주요 생산 요소의 세계화에 대한 장기추세의 자료를 보면, 상품(무역), 노동, 직접투자 등은 1단계 글로벌라이제이션과 2단계 글로벌라이제이션 시기에 질적 차이를 보이지 않는다. 결정적으로 구별되는 것은 (금융)자본의 흐름이다. 자본의 흐름은 1995년 기준으로 총 외환거래가 1조 달러를 넘어서며, 이는 무역 1달러당 50달러에 해당한다는 것이다. 이렇게 급증한 원인으로는 국제대부, 주식, 채권, 외환 등의 2차 자본시장, 파생금융시장 등이 제시된다(Baker, Epstein & Pollin, 1998).

이를 보다 구체적으로 보면, 1970년대 세계적 경제 위기가 시작될 때에는 다국적 기업을 중심으로 한 생산자본의 국제화가 특징적이었던 반면, 1980년대부터는 자립적인 금융적 자본의 국제화가 포트폴리오 투자, 은행금융을 중심으로 전개되었다. 금융적 자본은 일련의 국제 금융위기를 거치면서 성장 진화하는 특징을 보여주고 있다. 즉 1970년대 초반까지 자본의 흐름, 특히 개발도상국으로의 자본의 흐름은 차관과 같은 공적 금융이 주류를 형성하지만, 은행금융을 중심으로 한 민간금융의 흐름 역시 점차 증가하였다. 이러한 흐름은 1973-74년 오일위기 이후의 유러 달러시장의 팽창을 배경으로 더욱 증가하였다. 그러다가 1982년의 외채위기로 인하여 은행신용은 급감하고 80년대 내내 민간신용은 상대적으로 침체되었다. 이러한 경향은 서서히 회복되어 1990년대에 오면 다시 민간금융의 활황을 보여주지만 이제 그 구성은 단순히 해외직접투자(FDI)만으로 이루어지지 않고, 자본시장의 활황을 배경으로 한 포트폴리오 투자의 몫이 더욱 확대되는 양상을 보여준다(Akyuz & Cornford, 1999).

따라서 우리는 글로벌자본주의에서 글로벌라이제이션은 금융글로벌라이제이션을 중심으로 하는 하나의 경향으로 자리잡았다는 것을 알 수 있다. 이러한 금융글로벌라이제이션은 자본시장을 매개로 하는 포트폴리오 투자와 채권 등으로 구성되어 금융적 자본의 유동성을 극대화시킨다. 이는 글로벌자본주의를 둘러싼 논의에 어떤 함의를 가질까? 글로벌라이제이션과 국민국가의 관계에서 국민국가의 자율성을 더욱 취약하게 하는 효과를 가질 것이다. 1982년 외채위

---

53) 글로벌라이제이션을 정의할 때 국민경제의 세계경제로의 통합성 외에도 국민경제 간의 수렴성으로 정의하는 경우도 있다. 이 경우는 생산성의 수렴, 발전경로의 수렴, 제도의 수렴 등이 포함된다(Berger & Boyer (eds.), 1996). 그러나 통합이 곧 수렴을 의미하는가에 대해서는 의문이 있다.

기와 1994, 1997, 1999년의 멕시코, 아시아, 러시아 위기 등은 모두 국민국가가 금융글로벌라이제이션으로 특징 지워진 제2기 글로벌라이제이션에 대해 체계적으로 대응하기 곤란한 상황이라는 것을 보여준다. 즉 각 나라의 국내적 상황은 달랐음에도 불구하고 비슷한 금융위기가 발생하였던 것이다.

이는 글로벌자본주의가 한편에서는 금융을 중심으로 한 글로벌라이제이션이라는 구조적 경향임과 동시에 불안정성을 내적으로 보유하고 있는 체제라는 점을 암시한다. 따라서 국민국가의 내적 조건이 이질적이라고 해도, 90년대 이후에는 동질적인 금융위기라는 비슷한 현상이 초래된다. 이와 같이 글로벌자본주의의 등장은 신고전파 발전경제학이 지배적으로 되는 계기가 됨과 동시에 자기한계를 노출하는 계기로서 작용하였다. 즉 글로벌자본주의의 형성기와 동시에 진행된 신고전파 발전경제학의 지배는 글로벌자본주의가 1990년대 이후 불안정성을 보임에 따라 새로운 패러다임으로 전환되었다고 볼 수 있다. 1990년대 후반 세계은행 내부에서 시작한 포스트워싱턴컨센서스라는 새로운 패러다임의 등장은 바로 금융시장 중심의 글로벌자본주의의 실패와 관련된다.

포스트워싱턴컨센서스의 등장은 또한 경제학 자체의 변화와 연관된다. 이는 발전경제학 변화의 두 번째 계기와 관련된다. 경제학이 최근 국가개입을 통한 경제발전이라는 거시적 목표를 축소하였음에도 불구하고, 경제학에서 경제발전의 문제를 무시할 수 없기 때문에 경제학의 이론적 혁신은 항상 발전경제학에 새로운 함의를 내포하는 것으로 인식되어 왔다.

장하준(Chang, 2002a)에 따르면 글로벌자본주의에서 주류경제학으로 부상한 신자유주의 경제학은 왈라스 등의 신고전파 경제학과 하이에크 등의 자유주의 경제학의 불순한 동맹이다. 하지만 신자유주의 경제학의 내적 모순과 무능력으로 인해 내재적 비판인 새제도학파(New Institutionalism)와 새케인지안 경제학(New Keynesian Economics)이 등장하게 되었고, 이는 '시장의 불완전성이라는 사회문화적 복잡성을 포섭한 최적화 모형'의 출현, 즉 신고전파 경제학의 영토 확장이라는 결과를 초래하고 있다. 새케인지안, 새제도학파는 한편에서는 불완전정보, 다른 한편에서는 거래비용의 존재를 이론구성의 중요한 전제로 삼아, 신고전파 경제학의 결론을 수정한다. 그리하여 자본주의 시장경제에서 시장실패의 필연성과 국가개입의 필요성을 이론적으로 증명하였던 것이다.[54]

---

54) 시장효율성에 관한 신고전파경제학의 명제는 시장에 외부성이 없어야 하고, 생산

스티글리츠는 이른바 '정보경제학' 또는 '정보이론적 접근(information-theoretic approach)'이라는, 정보비대칭성에서 유래하는 불완전시장을 이론화하였다. 이는 특히 노동시장에서 실업의 항구적 존재, 화폐시장에서 발생하는 신용할당(credit rationing)을 설명하지만, 사실상 불완전(비대칭) 정보를 가정하는 모든 종류의 시장에 적용할 수 있다. 즉 노동시장에서는 보다 많은 정보를 가진 노동자와 보다 적은 정보를 가진 자본가 간의 본인-대리인 문제로, 화폐시장에서는 보다 많은 정보를 가진 채무자와 보다 적은 정보를 가진 채권자의 본인-대리인 문제가 된다(Dymski, 1993; Wolfson, 1996). 발전경제학에서 이 이론은 외관상의 비효율성에도 불구하고 보편적으로 발견되는 소작제도(crop sharing)의 분석에도 적용할 수 있다(Stiglitz, 1986).

이러한 이론적 기반 위에서 스티글리츠는 워싱턴컨센서스의 보수주의(시장근본주의에 기초한 신자유주의: neo-liberal based on market fundamentalism)를 비판하는 포스트워싱턴컨센서스를 주장하였다. 이 입장이 워싱턴컨센서스와 어떤 차이가 있는가를 보면, 첫째 국가개입의 필요성을 인정하였으며, 둘째 국가와 시장을 대립적으로 보지 않고 보완적으로 보았다. 즉 워싱턴컨센서스가 국가와 시장의 이분법을 전제로 하여 국가의 실패를 강조하였던 것과 대조되며, 또 국가의 역할을 분석적으로 한정하지 않고 개입의 가능성을 광범위하게 열어 두었다. 더 나아가 포스트워싱턴컨센서스는 시장불완전성에 대한 국가의 적절한 역할에 대한 규정을 시도하였으며, 또한 시장불완전성을 보완하기 위해 사회를 이론에 도입하였다는 특징을 갖는다(Fine, 2001: 139). 그리하여 포스트워싱턴컨센서스는 1950년대의 케인지안 ─ 복지국가 ─ 적인 근대화 이론의 요소를 복원하였던 것이다.

하지만 그러한 복원에도 불구하고 포스트워싱턴컨센서스의 방법론은 워싱턴컨센서스에 가깝다고 할 수 있다. 왜냐하면 합리적 개인의 최적화 행동원리라는 미시적 기반에서 불완전 시장을 전제하여, 케인지안 실업, 복지주의, 근대화를 설명하였기 때문이다. 그 결과 50년대의 이론이 구조변화에 초점을 둔

에서 규모의 경제가 없어야 하며, 경쟁시장이어야 하고, 완전정보가 가정되며, 거래비용이 없다는 전제하에서 확보된다(후생경제학의 제1정리). 새케인지안, 새제도학파 등은 이러한 초기 가정의 불충족을 중시하되, 신고전파경제학의 최적화 모델은 받아들여 구성된 것이다.

것에 반해, 포스트워싱턴컨센서스는 개인행동의 결과로서 사회변동을 본다는 차이를 갖게 된다. 그리하여 국가에 대한 강조는 전(前)워싱턴컨센서스(근대화론)보다 취약하다. 왜냐하면 시장불완전성을 보완하는 선에서 국가의 역할이 주어지며, 국가실패의 가능성으로 인해 국가에 대해 보다 조심스러운 접근을 취하기 때문이다.

그리하여 포스트워싱턴컨센서스는 워싱턴컨센서스에 대한 비판에도 불구하고 국가와 시장의 보완성을 강조하고, 시장을 더 잘 작동하게 하기 위한 정책에 초점을 맞춘다는 점55)에서 워싱턴컨센서스의 대립물이라기보다는 워싱턴컨센서스라는 '특수이론'에 대한 '일반이론'적 성격이 짙다(Fine, 2001: 10). 따라서 포스트워싱턴컨센서스는 IMF와 같은 신자유주의 동맹, 즉 극단적인 글로벌주의자에 대한 비판에는 효과적이지만, 발전경제학의 대안으로 기능하기에는 그 이론적 기반이 여전히 주류 경제학이라는 한계가 있다. 왜냐하면 포스트워싱턴컨센서스가 기반하고 있는 이론적 기초는 단순히 시장을 강조하는 신고전파의 신자유주의동맹을 넘어서서, 사회자본 등의 다차원적 요소를 강조하는 새제도학파와 새케인지안이기 때문이다(Meier, 2001: 23-35).

또 포스트워싱턴컨센서스는 워싱턴컨센서스가 실제로는 순수 시장주의가 아니라, 개입주의자였다는 점도 간과하고 있다. 따라서 워싱턴컨센서스는 바로 글로벌자본주의에서 글로벌주의의 이해를 대변하여 자유로운 세계시장을 강제로 형성하려는 노력의 산물로 볼 필요가 있을 것이다(Fine, 2001a). 그러나 포스트워싱턴컨센서스에는 이러한 관점이 없다.

결국 워싱턴컨센서스에서 포스트워싱턴컨센서스로의 변화는 주류 발전경제학의 자기 진화로만 파악될 것이 아니라, (1) 자본주의 경제제도의 글로벌자본주의로의 진화 및 위기, (2) 자본주의 경제학의 신자유주의로의 전화 및 위기

---

55) "정부가 경제정책, 기초 교육, 건강, 도로, 법질서, 환경보호와 같은 근본적인 것 (fundamentals)을 더욱 잘 수행하도록 행정능력을 개선한다는 것은 핵심적 절차이다. 그러나 근본적인 것에 초점을 맞추는 것은 극소주의 정부(a minimalist government)를 주장하는 것은 아니다. 국가는 적절한 규제, 산업정책, 사회보호와 사회보장에서 중요한 역할을 수행한다. 따라서 선택은 국가가 개입하느냐, 아니냐가 아니다. 문제는 어떻게 개입하느냐의 문제인 것이다. 더 중요한 것은 국가와 시장을 대립적인 것으로 보아서는 안된다…… 정부는 시장의 보완물이어야 하며, 시장이 더 잘 작동하도록 기여해야 한다."(Stigliz, 1998, p.25)

라는 맥락 속에서 고찰될 필요가 있다. 포스트워싱턴컨센서스는 시장근본주의적 발전경제학과 신고전파 정치경제학, 글로벌자본주의의 실패에 대한 대안으로서 제기된다. 하지만 문제는 "완전경쟁모델을 부정하느냐 아니냐가 아니라, 어떻게 부정하느냐는 것"(Fine, 2001b: 6)이다.

새케인지안 모델은 일반균형이론의 초기 가정을 부정한 것이지, 방법론적 개인주의와 최적화 행동모형을 부정한 것은 아니다. 따라서 방법론적 차원에서 볼 때 새케인지안 모델은 신고전파 모델과 크게 다르지 않다. 왜냐하면 사회적 차원(사회자본)의 국가개입(시장친화적 국가정책)을 인정하여 외관상 제도학파 및 케인지안과 유사한 정책 제안에도 불구하고, 이론의 배경은 신고전파의 핵심부분을 공유하기 때문이다. 그 결과 국가는 시장증진(market-enhancing)적인 것으로 이해되고, 정치는 계급적, 계층적인 것으로 이해되지 않는다. 이제 주류 발전경제학의 수정주의 — 포스트워싱턴컨센서스 — 의 두 가지 방법론적 논점을 비판적으로 검토해보자.

4. 방법론적 이슈로서의 구조-행위: 경제발전의 '미시적 기초'

포스트워싱턴컨센서스는 정보이론적 접근을 통해 경제발전과 거시경제학에서 미시적 기초의 문제를 제기하였다. 이는 경제학의 역사에서 나타난 미시와 거시의 분열을 극복할 수 있는 단초로 이해된다. 그러나 그러한 분열의 접합이 진정 올바른 해결책이 될 수 있을까? 정보이론적 접근에 의해 케인지안 실업, 복지정책의 필요성, 근대화가 설명된다고 해서 그러한 거시적 현상의 동태성 역시 설명되는 것은 아니다. 이러한 입장에 따르면 거시적 문제가 불완전한 시장에 기인하기 때문에 시장의 불완전성을 해소하는 것이 정책의 주안점이 될 수도 있기 때문이다.

이 문제를 생각하기 위해 우선 자본주의적 시장을 어떻게 이해할 것인가에 관한 논의로부터 시작해보자. 제도주의경제학은 자본주의에서 시장을 하나의 경향이자 구조로 본다. 그러나 시장이 순수하게 스스로 발전하는 것이 아니라 국가와 제도의 개입에 의해 창출되며 순수한 시장이라는 정의는 불가능하다고 언급함으로써 시장에 대한 모델적 정의(이상주의적 정의)가 아니라 제도주의적 정의(현실주의적 정의)를 시도한다. 즉 여기서 시장은 하나의 제도로서 인식되며, 그것도 다른 제도(법적, 이데올로기적, 사회심리적 제도) 없이는 형성될 수조차 없는 제도로서 인식된다.

"자유시장으로 가는 길은 집중적으로 조직되고 통제되며 엄청난 규모로 증가된, 지속적인 개입에 의해 열렸고, 앞으로도 계속 그럴 것이다. 아담 스미스의 '단순하고 자연적 자유'를 인간사회의 필요와 양립시키는 것은 매우 어려운 일이었다."(Polany, 1957: 140)

이러한 인식은 신고전파 이론 중에서, 제도를 설명하려고 시도한다는 점에서 진일보한 이론으로 간주되는 새제도학파와 구분된다. 새제도학파는 윌리암슨(Williamson)이 말하듯이 '태초에 시장이 있는 것'(Williamson, 1975: 75)으로 가정한다. 그러나 이러한 관점은 시장이라는 제도를 계약론적으로 설명하려는 것으로, 역사적으로 설명하려는 제도주의 정치경제학과는 다른 입장인 것이다(허준식, 1998: 51).

그러나 시장이라는 제도를 설명하기 위해서는 그 제도의 발생을 설명해야 한다. 제도주의에서 이러한 과제는 어떻게 수행될 수 있을까? 우선 새제도학파와 달리 "제도주의 정치경제학은 (개인의) 동기를 주어진 것으로 보는 것이 아니라 개인을 둘러싼 제도들에 의해 근원적으로 형성되는 것으로 본다. 왜냐하면 제도는 일정한 '가치'(세계관, 도덕관념, 사회적 규준 등)를 체화하고 있기 때문이며, 이러한 제도 하에서 개인은 필연적으로 이러한 가치들을 내재화하고, 스스로를 변화시키기 때문이다."(Chang, 2002a: 15) 여기에서 제도주의는 제도의 제약성을 넘어서서 제도가 개인을 구성하는 역할을 강조하고 있다. 그럼에도 불구하고 이 관점 역시 제도 자체가 어떻게 개인으로부터 규정, 형성될 수 있을 것인가를 설명하는 것은 아니다.

만약 우리가 시장에 대한 역사, 제도적 접근법을 일관되게 추구하려면, 어떻게 제도가 형성되어 왔는가를 설명하는 논리를 갖추고 있어야 한다. 이러한 설명은 또 다른 측면에서는 제도의 변화를 설명하는 논리이기도 하기 때문이다. 기든스(Giddens, 1984: 2)와 같은 사회학자는 이 문제를 구조화(structuration)이라는 개념 속에서 이해하고자 하였다. 그에 따르면 사회과학의 영역은 개인의 경험도 아니고, 사회적 총체의 존재도 아니며, 시공을 관통하여 질서 지워진 사회적 실천(social practices)이다. 기든스에 따르면 '구조'는 주체의 부재에 의해 특징 지워진다. 왜냐하면 구조는 숨어있고, 비가시적인 것인 반면, 가시적인 것은 체계(system), 즉 구조화된 총체이기 때문이다. 구조는 주체가 체계를 형성할 때만 존재할 수 있다. 그런데 기든스가 이해하는 주체는 경제학에서 상정하는 원자적, 합리적 주체가 아니다. 그 주체는 성찰적 주체(reflexive subject)로서 주변환경(구조, 제도, 체계)을 비판적으로 인식하는 주체이다. 따라서 주체의 행위는 항상 제도와 구조에 의해 제약되어 있는 반면, 그 제약에 의해 완전히 규정된다고도 볼 수 없다. 이러한 주체의 이중성(the ambivalence of subject)으로 인해 구조의 이중적 속성에 대한 이해가 나온다. 즉 구조는 규칙성과 변화라는 이중적 속성을 가지고 있다는 것이다. 그에 의하면 '구조화'란 '구조의 연속성과 변용 즉 사회체계의 재생산을 규정하는 조건'이다.

유사한 인식은 포스트케인지안의 근본적 불확실성(fundamental uncertainty)에 대한 논의에서도 찾을 수 있다. 포스트케인지안의 제도형성에 대한 인식은 케인즈의 "우리는 단순히 모른다(We simply do not know)"(Keynes, 1936: 137)라는 전제에 기초하고 있다. 케인즈는 이러한 근본적 불확실성 하에서 사회가 어떻게 안정적으로 유지될 수 있는가라는 문제를 제기하고, "불확실한 사태에 중요성을 부여하는 것은 바보 같은 짓이다. …… 관습(convention)의 핵심은 현재의 상태가 특별히 예외적인 변화를 예상할 수 없는 한 무한히 계속될 것이라고 가정한다는 점에 있다"(Keynes, 1936: 148-152)고 지적한다. 동시에 케인즈는 이후의 언급에서 "그러나 사물의 절대적인 입장에서 볼 때, 극히 자의적일 수밖에 없는 관습이 그 자체의 약점을 가지고 있다는 것이 놀랄 일이 아니다. 충분한 투자를 확보한다는 현재 문제의 상당부분은 이 관습의 불확실성에 의해 발생한다. …… 무지한 다수 개인의 대중심리의 결과로 일어나는 관습적인 평가는 예상수익에 대한 미세한 차이만으로도 세론에 동요를 야기하여 급격한 변동을 겪기가 쉽다"(Keynes, 1936: 156-157)라고 지적하고 있다.

이러한 관습의 이중적 속성에 대한 인식은 크로티(Crotty, 1994)에 의해 관습의 형성과정(convention formation process)으로 설명되었다. "비록 우리가 현재 가져야 하는 정보를 모르는 상황에서도, 안전한 결정을 하기 위해서 합리적 경제인으로서 마치 모든 정보를 아는 것처럼 행동할 필요를 갖게 된다. 이는 결국 안정성과 합리성이라는 환상의 안도감을 제공하는 것이다"(Crotty, 1994: 120). 그러나 이러한 행위적 필요가 사회적 안정성을 항상 초래하는 것은 아니다. 크로티에 의하면 "비록 제도적 구조가 불확실성을 줄이는 목적을 명시적으로 가지고 있다고 할지라도, 제도가 조건부 안정성(conditional stability) 외의 것을 창조할 수는 없다. …… 제도가 이전의 불확실성의 원천을 제거하더라고 그것은 안정성에 대한 새로운 장애물을 창조하게 된다. 제도들은 불확실성의 원천을 없애는 것이 아니라 단지 다른 형태로 바꿀 수 있을 뿐이다"(Crotty, 1994: 133-136).[56]

이러한 방법론적 전제는 구조나 행위 주체만을 분석의 우선순위로 간주해서는 획득될 수가 없다. 그렇다면 이러한 방법론적 전제가 발전경제학에 어떤 의미를 가지는지를 살펴보자. 예를 들어 시장을 자연적으로 주어진 제도로 인식하지 않는다는 것은, 시장의 발생을 하나의 형성물로 본다는 것을 의미한다. 시장행위자의 분석이란 바로 시장 속의 단순한 경제주체를 포함한 법적 주체, 행정적 주체, 이데올로기적 주체들일 것이다.[57] 이때 시장은 하나의 구조라는 측면을 지님과 동시에 행위라는 측면을 동시에 지니게 된다. 시장 속에 존재하는 주체들은 시장의 조건(경쟁규칙)을 수용하는 존재임과 동시에 시장의 규칙을 거부하는 존재이기도 하다. 우리가 분석해야 하는 주체는 단일의 주체가 아니라 이중적(ambivalent) 주체인 것이다.

이러한 접근방법을 도입하면 글로벌라이제이션 역시 두 가지 측면을 지닐 수 있다. 즉 글로벌라이제이션은 구조의 측면을 가질 수도 있고, 다른 한편에서는 행위라는 측면을 가질 수도 있다는 것이다. 종종 글로벌라이제이션을 논의할 때 은연중에 전자의 측면만(글로벌라이제이션이 실제로 존재하는가, 존재한다면 얼마나 규정적인가) 분석하였다는 점을 생각해보면, 행위의 측면으로 글로벌라이제이션을 고려한다는 것은 새로운 관점을 유발하게 된다.

글로벌라이제이션이 행위/구조적 요소를 모두 가진다고 할 때, 구조적 요소는 글로벌자본주의라고 규정되는 내용들을 포괄한다. 이는 외적, 내적 제약 조건으로 작용할 것이다. 그러나 글로벌라이제이션이 행위적 요소를 가진다고 한다면, 행위주체들에 대한 분석이 불가피해진다. 게다가 행위주체들에 대한 분석은 바로 글로벌라이제이션이라는 구조의 발생과 변동을 설명해줄 것이다.

---

56) 자본주의 금융제도가 가진 이중적 속성에 대해서는 본서의 제6장. 복잡계경제학을 참조

57) 시장을 구성하기 위한 행위자 또는 보완적 제도를 창출해 가는 과정에 대한 자세한 묘사는 Chang(2002b)를 참조

여기에서 글로벌 행위 주체들은 단일한 주체가 아니다. 그것은 이중적 주체로서 한편에서는 지배주체, 즉 국제기구들(세계은행, IMF 등 브레튼우즈기관들)과 다국적기업, 국제적인 금융적 자본 그리고 다른 한편으로는 피지배주체, 즉 지배주체에 대항하는 세력으로 나누어진다. 이 양 주체는 모두 글로벌라이제이션으로부터 규정되고 있으며 이를 변화시킨다. 대안적 발전경제학은 여기에 초점을 두어 구조적 동질성, 차이성과 더불어 구체적 행위주체들의 동학에 대해 분석해야 할 것으로 생각된다.

이와 같은 접근법은 포스트워싱턴컨센서스가 기초하고 있는 새케인지안의 접근법과 구분된다. 즉 새케인지안의 미시적 기초에서는 정치적 요인이 이론 내에 포섭될 수가 없는 반면, 이중적 주체(ambivalent subject)에 대한 우리의 해석은 경제적 현상이 본질적으로 정치적인 것으로, 즉 정치경제학으로 파악되어야 한다는 함의를 갖는 것이다.

5. 방법론적 이슈로서의 국가와 시장 : '사회자본'

시장과 국가의 두 번째 쟁점 역시 발전경제학이 해결해야 할 방법론적 문제다. 워싱턴컨센서스는 시장을 극단적으로 강조했기 때문에 반대자들 — 발전국가론(development state approach) — 역시 시장 대 국가라는 이분법을 수용하지 않을 수 없었다.

이에 대해 발전경제학의 새케인지안적 해결책은 시장실패를 인정하되 국가를 시장증진적인 방식으로 통합시키는 것이다. 시장의 불완전성과 비효율성(즉 시장의 실패)의 조건은 잘 알려져 있다. 규모의 경제(B. Arthur에 의해 보다 보편화되고 대중적으로 인식되어졌다), 불완전경쟁(케인지안 경제학자들에 의해 고전적으로 알려진 비효율성의 예), 공공재와 외부성(공공경제학의 주제), 불완전정보(새케인지안들의 관심사), 거래비용(새제도학파들의 관심사) 등은 시장교환으로 하여금 복지점(bliss point)인 파레토최적에 도달하는 것을 방해한다. 이런 상황 속에서 시장근본주의는 이론적 문제가 아니라 정치적 문제일 수 있다. 따라서 워싱턴컨센서스의 배경을 이룬 "가격을 올바로 하자"는 슬로건은 국가의 철회가 아니라 국가개입의 친시장적 방식으로의 변화를 의미하는 것이다.

그러나 다른 한편 시장근본주의 또는 신고전파 경제학에 대한 비판은 '국가는 시장과정과 자본주의에 의해 야기된 문제를 해결하는데 여전히 유효하다'는 취약한 가정에 입각해 있다. 하지만 국민국가의 유효성이 점차 제약되고 있는 글로벌자본주의하에서 1940년대와 1960년대에 이르는 동안 정통적 지위를 차지했던 케인즈적 정통파로는 거시경제문제를 해결하기 어려워짐이 점차 드러나고 있는 점도 사실이다. 전통적인 국가개입의 이론인 케인즈주의 총수요확대정책은 1970년 이래 그 유효성을 상실해오고 있다. 물론 현대에도 총수요관리정책 자체는 없어지지 않았지만, 경제발전에의 적극적 기여는 반감되고 있다. 또 다른 국가개입의 방식인 스탈린적 국가개입 역시 1990년대를 거치면서 시대적 유효성을 다하게 되었다. 그렇다면 국가-시장의 관계는 어떻게 이해되어야 할 것인가? 국가-시장의 접합은 어떤 방식으로 이루어질 것인가?

이러한 점에서 국가를 시장보완적 과정으로 파악하려고 하는 새케인즈주의에 기초한 포스트워싱턴컨센서스의 입장은 이해할 만하다. 하지만 여기서 국가는 시장종속적 기능에서 벗어날 수 없을 것이다. 이 경우 국가의 기능은 매우 제한적으로 인정되며 경제발전에서 국가의 주도적 역할(특히 거시적 역할)의 이론적 분석 여지는 협소해진다. 이러한 딜레마는 방법론상으로 사회를 경제와 정치의 접합으로 보는 시각의 필연적 귀결이라고 할 수 있다. 사회철학자들과 사회학자들에 의하면 사회는 정치와 경제만의 접합으로 이해되지는 않는다. 사회는 정치와 경제만으로 환원되지 않는 보완적 제도들, 예를 들어 학교, 시민결사체, 법질서, 뉴스미디어 들을 필요로 하는 것이다. 여기서 주목할 만한 범주는 최근 들어 광범위하게 등장하고 있는 비국가조직체(NGOs)이다. NGOs는 국가도 아니며 시장도 아닌 조직형태, 즉 정치와 경제가 접합되는 조직형태를 보여준다.

그리하여 여기에서 사회자본론이 개입한다. 포스트워싱턴컨센서스는 시장의 실패를 인식할 때 불가피하게 비시장적 제도의 필요성을 동시에 인식한다. 하지만 그러한 비시장적 제도로 이해된 사회자본은 시장을 보완하는가, 시장을 규제하는가?

사회자본의 개념은 시민사회의 개념만큼이나 논쟁적이다. 사회자본론은 원래 마르크스주의 사회학자 부르뒤에(P. Bourdieu)가 사회 내 계급적, 비계급적 차별이 어떻게 재생산되는가의 문제를 단순히 물적 자본의 소유 유무로만 판단할 수 없다는 인식 아래 이데올로기적, 상징적 차원의 차별을 개념화하면서 제기한 것이다. 그러나 합리적 선택(rational choice) 사회학자로 알려진 콜만(S. Coleman)은 사회자본을 발전에 유리한 공동체나 가족 내의 일련의 자원 (resources)으로 정의한다. 이제 이 개념은 사회적 차별(적대성)의 설명도구가 아니라 사회전체의 통합성을 설명하는 도구가 된다. 또한 사회학자 푸트남(R. Putnam)은 중부이태리에 대한 실태조사를 통해 정치적, 비정치적 참여를 망라하는 다양한 시민적 참여형태(예를 들어 합창단, 조기축구회 등)가 경제발전 및 민주주의 발전의 전제조건이 된다는 의견을 제시하였다. 푸트남은 사회자본을 '호혜성과 신뢰의 규준 또는 가치'라고 이해하여 경제발전에 필요한 협력적 요소를 여기에서 찾았다. 그러나 이 개념은 일종의 동어반복이거나, 증세(결과)를 원인으로 과도하게 해석한 것이라는 비판이 뒤따랐는데, 이후 세계은행에서 발전의 잃어버린 고리(missing link)로 지목하면서 발전경제학에서 급격히 관심을 가지게 되었던 것이다. 해리스(Harriss, 2001)는 주류 발전경제학에서 사회자본 개념이 국민국가의 정치를 회피하고, 대신 지방정부나 비정부단체를 강조하는, 탈정치화(depoliticizing)의 수단으로 전락하였다고 비판한다. 파인 (Fine, 2001a) 역시 주류 발전경제학이 사회자본론을 저발전의 또 다른 원인으로 지목하면서 사회자본론 내의 비판적 요소를 제거하였다고 주장한다.[58]

이러한 논의에서 사회자본이 지칭하는 것은 명백히 공식적이거나 비공식적인 비시장적, 비국가적 제도들, 즉 NGO를 포함한 미디어, 교육, 의료 시스템들이다. 따라서 우리는 사회자본이라는 개념의 원류를 이해하기 위해 시민사회론을 먼저 파악해볼 필요가 있다. 요컨대 문제를 시민사회라는 개념이 시장과 국가와의 연관성 속에서 어떻게 파악되어야 하는가라는 쟁점으로 이해할 수도 있다는 것이다.

시민사회라는 개념 역시 매우 복잡한 혼동을 수반하였다. 하지만 이러한 혼동은 단순한 혼동이 아니라 시민사회 개념의 역사적 복잡성을 반영한다. 시민사회라는 개념은 역사적 형성과정에서 다양한 전통을 가지고 있는데, 그러한 전통은 대체로 세 가지로 나누어 볼 수 있다. 첫째, 시민사회를 국가의 대립 개념으로 보는 헤겔/마르크스의 전통이 있다. 마르크스는『정치경제학비판: 서문』에서 "법적 관계 또는 정치적 형태는 삶의 물질적 조건에서 유래한다.

---

58) "사회자본의 개념에서 부르되에를 배제함으로써, 결과적으로 사회자본이 무엇이며 이 개념의 효과에 대해, 거의 무제한적 적용이 가능해졌다."(Fine, 2001a, p.97)

이러한 물질적 조건의 총체를 헤겔은 18세기 영국인과 프랑스인의 전례를 따라 시민(부르주아)사회'라는 이름으로 불렀다"(Marx, 1971: 19-20)라고 적고 있다. 두 번째의 전통은 로크적인 전통으로 시민사회를 자유교환의 경제적 영역에 바탕한 시민들의 공적인 의견형성의 영역으로 파악하는 자유주의적 전통이며, 세 번째 전통은 시민의 자발적 결사와 참여를 강조하는 몽테스키외적인 공화주의적 전통이다.[59]

그러나 이러한 세 가지 개념은 각각의 한계와 모호함을 가지고 있다. 우선 국가와 대립되는 개념으로서의 시민사회 개념은 지금의 글로벌자본주의의 쟁점이 되고 있는 시장근본주의와의 차별성을 짓는데 취약하다. 자유주의적 전통의 시민사회 개념 역시 동일한 문제를 가지고 있는데, 전자와 후자의 차이는 시민사회를 비판하는가 아니면 시민사회를 옹호하는가의 차이일 뿐이다. 그렇다면 세 번째의 공화주의적 전통은 어떠한가? 공화주의적 시민사회관은 국가와 경제의 차이 속에 존재하는 자율적 민주주의 공간을 확보하지 못하고 있다는 문제를 가지고 있다. 공화주의 전통은 우리 사회에 존재하는 다양한 이해관계와 다양성을 포괄할 수 있는 개념 틀을 가지고 있지 못하다는 것이다. 결국 이 세 가지 개념은 시장과 국가를 이분법적으로 나누는 한계를 가지고 있다.

이와 같이 다양하게 이해된 시민사회 개념은 현대자본주의 하에서 확장과 진화의 과정을 거쳐왔다. 우리는 여기서 폴라니와 하버마스의 논의를 통해서 그러한 진화과정을 살펴보기로 하자.

자본주의에서 시장의 자기완결성 및 그것의 이념적 산물인 경제적 자유주의를 비판한 사람은 폴라니다. 자본주의에서 자기조절적 시장이라는 관념은 현실적으로 불가능하다고 주장한 폴라니는 시장의 과도한 팽창은 사회의 자기방어를 작동시켜, 이중적 운동(a double movement) 즉 시장이 지속적으로 팽창하지만 이러한 팽창을 제어하려는 반작용에 직면하게 된다(Polanyi, 1957: 130)고 보았다. 폴라니는 '경제적 자유주의'를 '사회 방어'와 대립시켜 이러한 이중성으로 자본주의를 파악하였다(Stanfied, 1986). 그러나 폴라니는 시장의 자율성을 제어하는 요소, 즉 자본주의에서 사회의 자기방어요소를 정확히 파악한 것은 아니었다. 이는 폴라니의 약점으로도 볼 수 있지만, 역설적으로 폴라니의 약점

---

59) 시민사회의 세 가지 전통에 대한 분류는 장은주 교수(영산대)와의 토론에서 큰 도움을 받았다.

으로 간주된 국가론의 부재는 최소한 그에게 이 문제가 열려있는 문제라는 점을 암시한다. 예를 들어 바움(Baum, 1996)은 폴라니의 재해석을 통해 시민사회를 20세기 자본주의 사회의 자기방어 운동의 한 예로 해석한다.

하버마스의 논의는 이 맥락에서 일정한 유의성을 가지고 있다. 하버마스는 공론장(public sphere) 개념을 통해서 국가와 경제의 경계를 유지하면서도 국가와 경제로 포섭되지 않는 새로운 민주주의의 가능성, 소통 경로로서의 공공성에 주목하고 있는 것이다. 공론장은 여론, 언론을 포함하여 우리 생활에 존재하는 다종다양한 소모임, 또는 인터넷을 통한 여론의 형성 등을 모두 포괄할 수 있는 개념이다(Habermas, 1962). 여기서 시민사회는 권력화하지 않은, 자율적 민주적 공론장의 사회적 토대로서 개념 지워진다. 비국가적, 비경제적 조직으로서의 공론장은 사적 생활세계(즉 자본주의 경제)와 연결되면서도 이와 구별되어 이를 견제하는 일정한 역할을 그 임무로서 부여받은 '공적 영역' 즉 '공공성'의 영역이다. 경제영역인 '화폐', 정치영역인 '권력'과 함께 공공영역인 '연대성'이라는 사회의 세 가지 차원은 우리가 살고 있는 자본주의 사회의 세 가지 중요한 핵심 축으로서 서로 견제하면서 통합되어 있는 사회통합의 차원을 이룬다. 하버마스의 공론장 개념은 시장실패를 국가개입과 단순 등치시키지 않는 논리를 제공한다는 점에서 현대 경제학에서 공공성의 확보를 둘러싼 고민과 일정한 연관성을 가지는 것으로 보인다. 코헨과 아라토(Cohen and Arato, 1992)는 하버마스의 공론장 개념을 시민사회론과 연관시켜 의사소통적 공론장(communicative public sphere)을 국가나 경제로 종속되지 않는 새로운 형태의 민주주의로서 주목하였다.[60] 코헨과 아라토의 해석은 시민사회 자체가 민주주의와 동치되는 것이 아니라 공간적 조건일 뿐이라는 비판을 낳기도 하였지만(Chandhoke, 2001), 국가/시장의 이분법 대신 국가/시장의 결합관계에 대한 대안을 제시해야 하는 문제제기에 시사하는 바가 많을 것으로 생각된다.

---

60) 코헨과 아라토의 시민사회 규정은 "무엇보다도 친밀한 영역(특히 가족), 결사체들의 영역(특히 자발적 결사체들), 사회운동, 그리고 공공의사소통 형태로 구성된, 경제와 국가의 사회적 상호작용의 영역"이다. 보다 구체적으로는 (1) 다원성(가족, 비공식 집단, 자발적 결사), (2) 공공성(문화, 의사소통의 제도), (3) 프라이버시(개인의 자기발전과 도덕적 선택의 영역), (4) 합법성(국가와 경제로부터 다원성, 프라이버시, 공공성을 경계지우는 데 필요한 법률과 기본권의 구조)으로 구분한다(Cohen and Arato, 1992, p.346).

한편 국가/사회의 이분법의 극복은 단순히 인식론적 차원의 문제만이 아니라, 자본주의 사회의 혁신의 문제일 수도 있다. 하버마스의 비판에도 불구하고 마르크스가 사회 개념을 경제적인 공간과 동일시하는 혼동을 일으킨 것은 아니다. 마르크스는 부르주아 사회와 사회일반을 구별하였는데, 이를 통해 마르크스는 하버마스와 마찬가지로 자유로운 인간존재의 자발적 관계의 계기를 인식하였던 것이다. 이러한 인식은 Verhehr(교류), Verbindung(연대)를 통해 주체가 자유롭고 비판적인 행위(즉 하버마스의 의사소통적 행위 또는 성찰적 행위)를 실천할 수 있다는 가능성을 보여주며, 그러한 실천의 구체적 현대적 형태로서 다양한 자발적 결사체의 운동을 들 수 있을 것이다. 따라서 하버마스, 폴라니와 마찬가지로 마르크스 역시 국가와 시장의 이분법을 극복할 수 있는 방법을 발견하려고 애썼다는 점을 알 수 있다.

이러한 논의를 바탕으로 볼 때, 주류 발전경제학에 의해 잃어버린 고리(missing link)로 인식된 탈정치화된 사회자본(depoliticized social capital)에 대응한 입장은 단순히 국가를 재도입(bring the state back in)에서 벗어날 필요가 있다는 점을 알 수 있다(Evans, ed. 1996). 사회자본 자체가 보수/진보의 보장이 아니다. 시장과 결합한 시민사회, 사회자본은 탈정치화의 길을 걷게 될 것이지만, 정치적 민주주의의 과정으로서의 시민사회, 사회자본은 민주주의의 장으로 기능할 수 있다. 이러한 점에서 사회자본 개념 역시 정치경제학적 시각에서 재평가되어야 하는 것이다.

6. 결론

발전경제학은 글로벌자본주의의 등장과 위기에 따라 신고전파경제학에 기초한 워싱턴컨센서스에서 새케인지안(또는 새제도학파)경제학에 기초한 포스트워싱턴컨센서스로 진화하였다. 이러한 진화과정에서 드러난 것은 구조(거시)를 포기하고 개인(미시)만을 강조하거나, 국가를 포기하고 시장만을 강조하는 시장근본주의적 자유주의의 한계였다. 그러한 한계를 비판하면서 등장한 포스트워싱턴컨센서스는 거시적 현상의 미시적 기초와 사회자본의 개념을 통해 경제와 정치의 접합을 시도하지만 그러한 시도는 성공적인 것으로 보이지 않는다. 이는 포스트워싱턴컨센서스가 초기 조건을 수정할 뿐 여전히 방법론적으로 개인주의와 최적화, 시장실패의 보완물로서의 국가라는 관점을 고수하기 때문이다.

그렇다면 대안적 발전경제학은 어떤 입장에서 구성되어야 할 것인가? 경제발전의 구조적 차원뿐 아니라 행위적 차원도 고려하며, 학설사적으로는 제도주의, 케인즈주의, 정치경제학을 통합할 필요가 있다. 대안적 발전경제학의 제도주의 요소는 글로벌자본주의가 각 나라의 제도적 특수성에 어떤 영향을 주고받았는가에 대한 분석으로 관심을 돌리며, 정치경세학적 요소는 구제석 쟁점에서 대립하는 각 계급집단의 분석으로 관심을 돌리며, 케인즈적 요소는 국가개입과 정책을 통한 글로벌자본주의에 대한 대안제시로 나타난다. 결국 이러한 관점은 글로벌자본주의로 인해 한 나라 경제가 발전하거나 저발전하게 된다는 숙명론적 결론을 거부하고, 오히려 각 나라의 고유한 발전 전략과 글로벌자본주의에 대한 대응을 수립해야 한다는 함의를 제시한다.

대안적 발전경제학의 가능성은 경제사상사의 역사 속에서 보면 주류적 사고방식(the standard canon)에 대한 대안적 사고방식(the other canon)의 대립이란 관점에서 명확해진다(Reinert, 1999). 주류적 사고방식이란 아담스미스의 인간본성에서 분업(교환)에 대한 강조로부터 완전경쟁과 완전정보의 가정, 개인의 추상화와 물질주의적 정의, 균형으로 가는 경향성을 가진 사회에 대한 관념 등을 특징으로 하는 반면, 대안적 사고방식은 생산에 대한 강조, 불확실성 하에서의 의사결정, 구체적, 이질적 개인, 불균형, 불안정성, 모순의 경향을 가진 사회에 대한 관념 등을 특징으로 한다. 이러한 대안적 사고방식을 강조하는 경제학자로는 슘페터, 케인즈, 맑스, 리스트, 칼도, 폴라니, 새클 등이 제시된다. 이러한 대안적 사고방식을 받아들여 경제발전에서 비시장적 제도의 적극적 역할을 강조하는 견해를 대안적 발전경제학이라고 파악하면 이는 발전경제학의 한 종류일 뿐 아니라 경제학상의 중요한 대립점에서 한 축을 구성하게 된다.

그러나 대안적 발전경제학이 이론의 방법론적 정립을 완성하지 못하여 역사주의, 경험주의로 빠질 위험도 간과할 수 없다. 발전경제학이 구조와 행위의 두 영역에 모두 주목하는 것은 올바르나, 이를 어떻게 구체적으로 접목할 것인가라는 점은 여전히 구체적 분석에서 실현해야 할 과제이기 때문이다. 대안적 발전경제학의 방법을 더욱 발전시키기 위해서는 우선, 글로벌자본주의의 주요 주체인 글로벌기업, 글로벌금융과 이를 지원하는 선진국 정부의 세계화 담론에 대한 분석뿐 아니라 이에 대항하는 반세계화 담론의 분석도 필요하다. 이러한 반세계화 담론의 분석을 통해서 행위의 수준에서 대립하는 담론체계들에 대한 분석이 완성될 것이다. 둘째로는 현재 주류 발전경제학에서 시도하고 있는 경제학의 비경제학에 대한 식민지화에 적극적으로 대응할 필요가 있다. 이는 국가/시장의 이분법을 극복하는 유효한 방법론적 전제로서 제시된 사회자본 또는 시민사회론에 대한 비판적 분석이다. 주류 발전경제학은 사회자본 개념을 통해 이전의 경제주의로부터 사회, 문화적 요소를 적극 흡수하기 시작하였다. 하지만 이러한 사회자본 개념은 사회내의 적대를 고려하지 않는 통합성만 강조하는 개념으로 변질되었다. 이는 대안적 발전경제학이 여전히 국가/시장의 이분법 속에 있는 약점을 파고든 결과라고도 볼 수 있을 것이다. 따라서 대안적 발전경제학은 이러한 이분법을 넘어서서 자본주의 혁신 방안을 포함하는 방법론을 제시할 필요가 있다.

7. 탐구학습

1) 아래 토론을 읽고 한 나라의 국제경쟁력을 결정하는 요인이 무엇인지를 논의하라

아드난 : 개발도상국에서 좋은 상품을 만들고 생산성이 높다고 하더라도 결국 선진국의 다국적 기업의 기술, 브랜드, 마케팅, 장비를 도입하지 않을 수 없기 때문에 자국의 이익률이 점차 낮아지는 문제를 가진다. 예를 들어 신발, 의류 등은 다국적기업이 국가를 옮기면서 생산지를 바꾸어 가장 낮은 원가를 찾는다.

해리 : 한국의 자동차 산업에서 대우와 현대가 대표적인 예가 된다. 현대의 경우 자체 엔진 개발, 자체 디자인 개발 등을 통해서 이익률을 유지할 수 있었으나, 대우의 경우 GM의 월드카 프로젝트에 포함되면서 엔진, 디자인을 아웃소싱함으로써 결과적으로 이윤율을 유지할 수 없었다. 섬유/신발 산업 역시 좋은 예다. 섬유, 신발은 다국적 기업의 브랜드로 OEM 생산하였는데 인건비 상승으로 제조원가가 올라가자 다국적 기업은 생산기지를 동남아시아 등으로 옮겨갔다. 따라서 최고의 품질을 생산할 수 있지만, 브랜드를 갖지는 못했던 한국의 제조기업들은 파산에 직면했다.

바렐 : 선진국의 의류보호주의, 일본의 쌀 보호주의는 합리적인 판단인가. 선진국에는 정책적 보호주의가, 후진국에는 사회간접자본, 인간자본, 사회자본의 미발달로 인해 거래비용이 높은 것이 문제다.

해리 : 브랜드와 핵심기술에 대한 연구개발투자는 상당한 규모의 자금이 들 뿐 아니라 위험을 감수해야 한다.

아드난 : 규모도 문제가 된다. 한국의 경우 대규모 자본을 투자하고 대기업 중심으로 산업을 조성했기 때문에 성공한 것 아닌가.

2) 아래 토론을 읽고 선진국 노동자의 주요 관심사를 정리해보자.

안드리아 : 미국노동자의 입장은 결국 보호주의 아닌가? 자유무역은 실패였다는 말인가? 월마트 시장의 힘에 의해 소비자가 혜택을 받는 것을 부정하는가?

해리 : 선진국은 실업과 실질임금 저하 문제를, 후진국은 저발전 문제를 무역관련 주요 이슈로 생각하는 것 같다.

아이크 : 그렇다. 그러나 보호주의로 가자는 것은 아니다. 월마트는 결국 국내의 저임금을 초래한다. 자유무역/보호주의는 동전의 양면이다.

스티븐 : 글로벌경제는 신고전파에 의해 이론화되었지만, 나프타와 같은 실제의 무역 정책에서는 제도적 문제를 무시하지 않을 수 없기 때문에 복잡한 정책이 개입하게 된다.

아드난 : 대안이 너무 추상적인 것 아닌가?

아이크 : 그렇다. 하지만 구체적 요소가 있다. 예를 들어 멕시코에서도 미국과 동일한 결사의 자유를 가져야 한다는 것 등이 그것이다.

해리 : 이러한 대안을 어떻게 부르나, 그리고 지적재산권 준수를 대안적 안건으로 포함할 수 있을까? 지적재산권은 잘 알려져 있듯이 제3세계에서 다국적기업의 초과이윤의 원천으로 기능한다.

아이크 : 우리가 추구하는 것은 globalization for people, globalization with human face이라고 할 수 있다. 지적재산권은 연구개발 촉진을 위해 중요하다.

마리아 : 미국 노동조합의 현실적 파워는?

아이크 : 민주당/공화당 집권 등 정치적 영향을 받는다. 사회정책에서는 좌/우로 나뉘어도 경제정책(자유무역)에는 동일한 견해를 갖는 추세가 있다.

제6장

복잡계경제학
확산(擴散)구조와 금융동학

　수확체감과 완전경쟁을 전제하는 근대경제학의 주장은 뉴튼적 기계론의 방법론에 입각해 있다는 비판이 있다. 근대경제학이 점증하는 비판을 받는 주요한 이유는 무엇인가? 이 장은 고전역학과 기계론적 관점으로 설명하지 못하는 현실경제의 복잡성을, 새로운 대안적 설명으로 제기되고 있는 복잡계경제학으로 살펴보고자 한다.

　그리하여 "경제사상사에서의 특이한 일은 기계주의 도그마가 물리학과 철학에서 자신의 지배적 위치를 상실한 이후에, 신고전파 경제학의 주창자들이 자신의 경제이론을 역학적 관점에 따라, 제본스의 말에 따르면, '효용과 이기심의 역학(mechanics)'을 건설했다는 점이다."(Georgescu-Roegen, 1976: 53)라는 비판의 내용을 이해하고자 한다.

1. 문제제기

　경제학에서 복잡성이 논의되기 시작한 것은 근대경제학(한계효용이론에 기초한)의 수확체감 가정을 비판하고 경제학이 수확체증에 기초해서 이론화되어야 한다고 주장한 브라이언 아서(Arthur, 1994, 1996)의 논의에서 발견할 수 있다. 그러나 미국에서의 출현은 뉴멕시코 주의 산타페 시에 있는 민간연구소인 산타페연구소(Santa Fe Institute)에서 찾을 수 있다. 이 연구소는 물리학, 화학자들이 중심이 되어 시작되었으며 이후 경제학자인 애로우(K. Arrow)와 아서(B. Arthur)가 참여하게 되었다. 당 연구소는 1988년『진화하는 복잡계로서의 경제 (The Economy as an Evolving Complex System)』라는 프로시딩을 출판하였다. 그러나 복잡성에 대한 인식은 유럽에서 훨씬 이전부터 시작하고 있었다. 예를 들어 1984년 프랑스의 몽펠리에(Montpellier)에서 '복잡성의 과학과 실천(The Science and Praxis of Complexity)'라는 컨퍼런스가 개최되었는데, 이 회의에는 경제학자 볼딩(K.E. Boudling), 화학자 프리고진(I. Prigogine) 등이 참석히였고, 프리고진은 1979년『혼동으로부터의 질서』등의 저술을 통해 이미 자연현상에서의 복잡계를 서술하고 있었다. 그러나 기원으로 따져 들어가면 1940년대부터 발견되는데, 이로써 복잡성에 대한 인식은 오래된 역사적 기원을 가지고 있음을 알 수 있다(시오자와 요시노리, 1997).

이장은 글로벌 정보 자본주의의 새로운 측면을 복잡계경제학이라는 이론적 렌즈로 포착하고 이를 케인즈 경제학에 대한 새로운 해석으로 연결하고자 한다. 이장은 그러한 포착의 대상을 현대자본주의의 금융동학, 특히 그 중에서도 금융투기를 중심으로 분석하고 있다. 2절에서는 '합리적 거품'론을 제기한 합리적 기대이론의 투기이론에서 시작하여 금융콩방시옹이론까지 이르는 과정을 간략히 소개하여 금융동학의 양가성의 문제를 논의한 다음, 금융동학에 관한 케인즈적 기원을 해명하고자 한다. 3절에서 '자기조직화'론에 기초한 금융동학의 양가성의 문제를 엔트로피 이론에 기초한 '확산구조'(dissipative structures)[61]론과 연관시켜 자기조직화론이 사회의 항상성을 역학적 균형개념에 의해서가 아니라 열역학적 균형개념 즉 자기조직화라는 관점에서 파악한다는 점에 그 의의가 있음을 밝힌다. 이것이 동학의 케인즈적 차원이다. 4절에서는 금융콩방시옹이론이 금융현상이 가진 양면성을 적절히 지적하고 있음에도 불구하고 금융동학의 기본적 원인으로 지적되는 '불확실성'이 어떻게 형성되는가를 설명하고 있지 못하다는 난점을 지적하고 이 난점에 대한 필자 나름의 견해를 밝히고자 한다. 이를 통해 필자가 제시하는 심층이란 단순히 '기본변수'(the fundamentals)가 아니라, 표층적 동학의 내재적 원인으로서의 동태적 모순을 지시하는 개념이다. 그리하여 자기조직화론에 기초한 금융동학은 이러한

---

61) 이 용어는 현재 산일구조로 번역되고 있다. 散逸은 퍼진다는 확산의 의미와 동일하며 후자가 보다 보편적인 용어이므로 임의로 이 용어로 사용하기로 하겠다.

양 차원의 적절한 접합에 의해서만 경제학에 올바로 응용될 수 있을 것이라고 본다. 5절에서는 이러한 접근을 '복잡성의 과학'이라는 맥락에서 파악함으로써 불확실성에 대한 포스트모던적 담화의 의미를 밝히고, 심층과 표층에 관한 필자의 해석이 이러한 담화체계와 모순되지 않을 뿐 아니라 오히려 비판적 형태로 이러한 담화체계를 수용한 것임을 강조한다.

2. 금융동학의 양면성

금융동학(finacial dynamics)이란 금융공황의 다른 표현이다.[62] 금융공황에 대해서는 매우 다양한 정의가 있어 일의적으로 정의하기가 매우 어렵다. 금융공황은 신용제도의 동요와 채무상황 불능을 나타내는 신용공황과, 화폐기근 및 유통수단 또는 지불수단의 부족사태를 나타내는 화폐공황으로 나눌 수 있다. 전자는 신용제도의 동요를, 후자는 화폐제도의 동요를 나타낸다. 그러므로 금융동학 또는 금융공황이란 자본주의적 화폐, 신용제도의 동요를 의미한다고 할 수 있다.

80년대의 금융자율화 이후 금융동학으로서 주목받게 된 현상으로서, 금융불안정성(financial instability)과 투기(speculation)가 있다. 전자의 경우 포스트케인지안인 민스키의 문제제기를 중심으로 금융불안정 현상을 어떻게 이해할 것인가의 문제로 취급되었다. 반면 후자의 경우 금융불안정 과정에서 불가피하게 부수되는 현상인 투기를 분석하고 있다. 금융동학 전체에 대한 논의는 이 글의 범위 밖의 일이므로 후자를 중심으로 논의하고자 한다.[63]

케인즈는 일찍이 시장의 심리를 예견하는 투기행위와 자산의 수익을 예상하는 기업행위로 구분하여(Keynes, 1936: 158) 투기를 투자행동에 결정적 영향을

---

62) 동일한 대상을 다르게 표현한 것은 다른 뉘앙스를 담기 위해서이다. 지금까지 자본주의의 동학을 공황(crisis)이라고 표현해 왔으나 성장과 공황이라는 축적의 이중적 현상을 단일의 맥락에서 표현하는 동학(dynamics)이라는 표현이 더욱 타당하리라고 판단하였다.

63) 금융동학의 역사와 이론의 대략적 서베이를 위해서는 Galbraith (1990), Kindleberger (1978), Brockway (1983), Chick (1987)를 참조하라.

주는 요소로 파악함으로써 자본주의 동학의 주요 계기로서 중시하였다. 반면 (신)고전파로 대표되는 전통적 입장은 투기적 행동양식(예:매매차익행위: arbitrage)을 균형의 회복과정으로 보았기 때문에 투기라는 현상 자체를 해명할 수 없었다. 이와 같이 투기라는 주제는 정통경제학과 이에 반대하는 논리를 구별지우는 중요한 주제였다.

> "전통적 견해에 따르면 투기란 개인으로 하여금 끊임없이 자신이 가진 정보를 개선하게 하는 사회적 요소이다 …… 투기적 이득은 좋은 정보를 얻기 위한 강력한 자극이다. 이러한 자극은 전체에 강한 영향을 미친다. 그것은 진정한 가치의 평가를 개선시킬 수 있게 하며, 이 개선은 희소한 자원을 다양한 경제활동에 전체적으로 보다 좋은 배분을 가능하게 할 것이다."(Orlean, 1989: 63-64)

반면 케인지안에게 있어 투기는 불확실성에서 기인한 일반적 과정이며, 투기를 통해 경제는 안정화되지 않는다.

> "케인지안의 틀 내에서 근본변수는 항상 투기에 의해 영향 받는다. 투기는 이자율을 결정하고, 이자율은 투자를 결정하고, 투자는 결국 자본스톡에서의 역전 불가능한 변화를 의미한다. 이러한 변화는 새로운 기술을 야기하거나, 비록 기술이 변하지 않더라도 생산성의 변화를 야기한다. 따라서 시장에서 투기와 비투기의 차이는 크지 않다. 왜냐하면 수렴될 근본변수란 없기 때문이다."(Arestis & Sawyer, 1994: 383)

그러나 최근 신고전파는 합리적 기대이론(rational expectation hypothesis)을 이용하여 투기를 합리적 기대이론의 모델 내에서 설명하고 있다. 이를 '투기적 거품'(speculative bubbles) 또는 '합리적 거품'(rational bubble)이라 부른다. 이러한 모델은 신고전파 모델 내에 케인지안적 요소가 도입됨을 의미한다. 이 절에서는 합리적 기대이론의 투기적 거품 모델에서부터 콩방시옹이론(convention theory)의 모방적 기대이론까지의 전개를 보면서 투기를 둘러싼 금융동학에서 모방적 기대의 중요성과 금융동학 현상의 양가성을 살펴보기로 한다.

합리적 기대이론이 거품을 설명하지 못한다는 논리는 일면 타당하기도 하고, 일면 부당하기도 하다. 왜냐하면 합리적 기대이론에서는 거품이 근본변수와 관련하여 정의되며 거품이 분석의 대상이며 거품은 설명되고 있다고 보아야 할 것이다. 반면 그러한 거품현상이 어떻게, 왜 발생하는가에 대한 경제학적 설명이 충분히 이루어지고 있지 않다는 점에서는 한계를 가진다고 할 것이다. 우선 이 모델에서의 투기적 거품에 대한 설명을 보자.

기대차분방정식의 일반모델은 다음과 같이 설정할 수 있다.

$$y_t = aE[y_{t+1} \mid I_t] + cx_t \;\; .... \text{(식 1)}$$

여기서 $E[y_{t+1} \mid I_t]$는 t기에 행하는 $t+1$기의 y에 대한 기대치며, 주체는 합리적 기대를 한다고 가정한다. (단, 여기서 I_t는 t에 획득가능한 정보집합으로서, x, y에 관한 t기 및 t기 이전의 모든 정보와 x, y외의 변수 z에 대한 t기 및 t기 이전의 모든 정보를 포함한다) 이 방정식은 변수 y가 x의 값뿐 아니라 y에 대한 미래 기대치에도 영향을 받는다는 것을 보여준다는 점에서 미래의 불확실성에 대한 기대를 포함한다.

위험자산(주식)과 무위험자산간 차액매매(arbitrage)가 이루어질 때의 자산가격은 이러한 모델의 경제학적 예로 간주할 수 있다.

r이 국채이자율, d_t는 배당, p_t는 자산의 가격이라고 할 때, 위험중립적 개인의 경우 주식으로부터의 기대수익률이 무위험 자산의 이자율과 같은 수준으로 주식과 무위험 자산간 아비트라지를 할 것이다. 그런데 주식의 기대수익률은 배당과 기대 자본이득율의 합이다. 기대자본이자율은 $t+1$기의 자산가격과 현재의 자산가격의 차를 현재의 자산가격으로 나눈 값이며, 배당의 단위가치는 현재의 배당에 현재의 자산가격을 나눈 값이다.

따라서 이를 식으로 표현하면

$$r = \frac{E[p_{t+1} \mid I_t] - p_t}{p_t} + \frac{d_t}{p_t} \;\; ... \text{(식 2)}$$

이 된다. 이를 p_t에 대해 다시 정리하면

$$p_t = aE[p_{t+1} \mid I_t] + ad_t \text{ (단, } a = \frac{1}{[1+r]} < 1) \quad \dots \text{(식 3)}$$

(식 3)은 (식 1)과 모양이 같다. 즉 (식 3)은 아비트라지(차액매매)행위가 합리적 기대를 고려한 모델의 일반적 유형에 부합한다는 것을 알 수 있다.

간단히 하기 위해 이제 $E[p_{t+1} \mid I_t]$ 를 p^e_{t+1} 라고 하고, 시간당 배당이 모두 같다고 보아 $d_t = d$라고 하면

$$p^e_{t+1} = ap^e_{t+2} + ad \text{ 로 고쳐 쓸 수 있다.} \dots \text{(식 4)}[64]$$

(식 4)를 축자적으로 (식 3)에 대입하면, 다음과 같은 결과를 얻는다.

$$p_t = a^n p^e_{t+n} + \frac{a}{[1-a]} \cdot d \text{ (단, } a = \frac{1}{[1+r]} < 1) \quad \dots \text{(식 3)'}$$

만약 n을 무한대로 보냈을 경우 n기의 자산가격에 대한 기대가 발산되지 않는다면($\lim p^e_{t+n} = k$라면) $a^n p^e_{t+n}$ 은 0으로 수렴한다고 할 수 있고, 이 경우 (식 4)'는 다음과 같이 간단히 나타날 것이다.

$$p_t = \frac{d}{r} \dots \text{(식 3)''}$$

이때의 p_t가 합리적 기대 하에서의 근본가격이다. 이 경우 자산의 근본가격은 예상배당을 이자율로 나눈 것으로 단순히 나타난다. 그러나 p_t에 대한 불확실성이 존재하여 p^e_{t+n} 가 변동하여 발산한다면 $a^n p^e_{t+n}$ 는 0으로 수렴하지 않게 되고 이 때 자산가격(p_t)은 단순히 (식 3)''과 같이 나타나는 것이 아니라 임의의 값으로

---

64) 이에 대해서는 Blanchard & Fisher (1989), p.218을 참조하라

나타날 수 있다. 이 임의의 값에 영향을 주는 $a^n p^e_{t+n}$ 를 거품이라고 한다.[65]

오를레앙은 합리적 기대이론에서 설명하는 '투기적 거품'이 모방기대이론에 의해 보다 잘 설명된다고 보았다. 주체의 합리적 기대에는 t기에 취득가능한 모든 정보(I_t)가 포함되므로 이에는 타인의 가격예상에 대한 정보도 포함된다. 바로 이 타인의 가격예상이라는 요소가 p^e_{t+n}에서 중요한 역할을 한다고 보는 것이 모방기대론의 핵심이다. 모방기대론에 따르면 불확실성이 지배적일 때는 다른 정보보다도 타인의 행위를 그대로 수용하는 것이 훨씬 편리하고 (이렇게 말할 수도 있다면) 합리적이다. 따라서 합리적 기대론에서의 기대방정식에 이미 존재하는 모방적 요소는 합리적 기대 가정에 의해서가 아니라 모방 기대 가정에 의해서 더 잘 설명된다.

오를레앙은 경제인에 대한 주류경제학적 사고와 왈라스 모델에 대립하여, 두 가설을 제시하였는데 그 두 가설은 다음과 같다.

1. 모방은 궤도를 벗어난 행동양식이 아니라 불확실성(uncertainty) 하에서의 합리적 행동양식이다.
2. 투기적 행동과 모방행동 사이에는 일치성이 존재한다(Orlean, 1986)

이러한 모방에 대한 오를레앙의 생각의 전거는 케인즈에게서 왔다.

케인즈는 일찍이 투기와 기업행위를 구분하여, 투기의 위험에 대해 지적한 바 있다. 케인즈에 의하면 투기란 시장의 심리를 예견하는 행위로서, 단기적인 자본이득을 노리는 투자양식인 반면, 기업행위란 자산의 예상수익을 기대하는 행위로서 배당을 목적으로 하는 투자양식이다(Keynes, 1936: 158). 그런데 투자시장이 발전하면 할수록, 투기가 지배적일 위험이 점점 커진다. 왜냐하면 투자시장에 있는 전문 투자자의 입장에서는 투자수익의 장기전망보다는 단기적 수익에 많은 관심을 갖게 되고, 단기적 수익에 관한 한 실제의 기업이득보다도 대중이 이에 대해 어떻게 생각하느냐가 결정적으로 영향을 미치게 된다. 그러므로 전문 투자자는 실제의 기업이득보다 대중의 심리상태에 더욱 관심을 갖게 된다. 그리하여 유명하게 인용되는 다음과 같은 상황에 빠져든다.

---

65) Blanchard & Fisher(1989), 앞의 책, pp.214-216; pp.218-223 참조

"전문투자자란 마치 100개의 사진 중에서 가장 미인인 6개의 사진을 뽑는 경쟁과 같은 상황에 빠진다. 여기서는 그의 선택이 경쟁자 전체의 평균적 수준에 상응하는 미인을 선택한 사람에게 상이 돌아가게 된다. 따라서 경쟁자들은 그 자신이 가장 미인이라고 판단하는 사람을 뽑는 것이 아니라, 다른 경쟁자들이 가장 미인이라고 생각할 만한 사람을 뽑게 된다. 이는 자신이 가장 예쁘다고 생각하는 사람을 뽑는 경우도 아니고, 평균적 견해가 진정으로 가장 예쁘다고 생각하는 것에 따라 뽑는 경우도 아니고, 제3의 경우, 즉 평균적 기대가 기대하는 평균적 기대에 따라 뽑는 경우이다. 그런데 이 경우에는 제4의, 제5의 경우가 있게 마련이다."(Keynes, 1936: 156)

케인즈의 이러한 설명은 기대의 상호모방적 속성을 잘 보여주고 있는데, 오를레앙은 케인즈의 구분을 다음과 같이 도식화하여 보여준다.

기업가적 행위를 q_i^e라고 정의하고, 투기적 행위를 q_i^s라고 정의하면, 주체i의 최종예상 q_i는 다음과 같다.

q_i = $(1-\theta)$ q_i^e + θ q_i^s _ (식 6) (θ는 불확실성을 나타내는 확률이며, 0과 1사이에 있다)

θ가 1에 접근할수록 불확실성이 커지며, 주체의 최종예상이 근본가치 q_i^e에 도달할 가능성이 작아진다. 이를 그림으로 나타낸 것이 <그림 6-1>인데, <그림 6-1>이 보여주는 것은 예상행위에 내재한 '외적 준거'와 '내적 준거'라는 두 가지 양식이다. i는 자연의 관계에서는 외적 준거가 작용하여 근본가격이 존재하지만, i와 j의 상호관계에서는 내적 준거가 작용하여 모방적 행위가 발생하게 되는 것이다. 이것이 시장 상황의 내용이다.

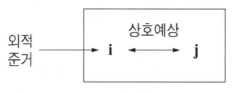

<그림 6-1> 모방행위의 조건

이러한 모방행위는 다음의 세 가지 속성을 갖는다.

첫 번째의 특징은 감염이라는 속성이다. 모방행위는 쉽게 의견을 극단화시켜 다양한 의견을 집중시키는 경향이 있는데 이러한 속성으로 인해 조그만 변동도 시장에 과도한 영향을 주게 된다. 이 특징은 신고전파에서의 만장일치적 상황(즉 解)이 객관성과 균형을 보장하리라는 생각과 정반대되는 특징이다.

두 번째의 특징은 가격의 미결정성이다. 케인즈의 미인대회의 예에서 알수 있듯이 가격이 객관적인 수준에서 결정되는 것이 아니라 다른 사람의 예상의 만장일치에 의해 결정되기 때문이다.

모방의 세 번째 특징은 어떤 가격 수준에서도 고정값으로 수렴될 수 있다는 '자기실현적' 특징이다. 가격의 미결정성과 자기실현은 이중적 현실이다. 그러나 신고전파의 균형 개념은 이러한 양자 모두를 정합적으로 설명하지 못한다. 만약 이중적 현실을 인정한다면 문제되는 것은 어떻게 해서, 어떤 조건 하에서 모방적 안정상태(자기실현된 안정)가 발생하는가라는 문제일 것이다. 케인즈는 이를 '균형'이라는 개념이 아니라 '관습'이라는 개념으로 표현하였다.

> "이러한 관습의 본질은 현존하는 상태는 이를 바꾸어야 할 특별한 이유가 없는 한 계속 유지된다는 신념에 있다. ……이러한 신념은 현재의 상태가 영원히 지속될 것이라고 믿지 않는 상태에서도 얼마든지 가능하다."(Keynes, 1936: 152)

오를레앙은 관습에 관한 케인즈의 생각이 왈라시안적 모색과정과 구분되는 불확실성의 조정과정이라고 본다. 따라서 오를레앙은 이러한 모방의 속성에 기초하여 금융상황을 다음과 같은 세 가지의 상태로 구분한다.

1. 합리적 기대이론에서 제시하는 바의 근본가격(fundamentals)으로의 수렴상태
2. 투기적 거품이 만연한 패닉상태
3. 관습이 확립되어 모방기대가 조정된 상태

이에 따르면 합리적 기대이론에서 설명하는 근본가치란 금융시장의 동학이 가진 모방적 상태의 특수한 예에 불과하게 된다. 이러한 경우는 진정한 가치에 대한 확실한 지식이 (최소한 일부에서라도) 있는 경우에 발생할 수 있다. 왜냐하면 근본가치를 예상하는 정보집합에 모든 종류의 정보가 포함되므로 타인의

예상에 대한 정보도 여기에 포함될 것이다. 만약 확실한 정보를 가진 사람이 있다면 이 사람의 예상을 모방함으로써 근본가치에 쉽게 수렴할 수 있다. 합리적 기대 모델은 모든 주체가 모든 정보를 안다는 가정을 완화하여 근본가격으로의 수렴이라는 결론을 내리고 있는데, 이 과정에서 결정적 역할을 하는 것이 타인의 정보 즉 모방과정이다.

두 번째의 패닉상태라는 것은 어느 누구도 진실된 가치에 대한 정보를 갖지 못한 경우이다. 이때에는 시장에 모방만이 존재하게 되고 (여기서는 모방이 최선의 방책이다) 현재의 가치가 어떤 수준이든지 이는 모두 자기 실현될 수 있다. 이 경우에 시스템의 동학의 불안정성이 극대화된다. 오를레앙에 따르면

> "불확실한 상황에서는 투기적 행동이 현재의 위험을 극소화하는 방법이다. 정보의 획득에는 비용이 들기 때문에 직접적으로 정보를 취득하는 것이 가능하지 않다. 대신 가격을 관찰함으로써 최소의 비용으로 좋은 예상을 할 수 있는 것이다. 이러한 패러독스를 합리적 기대이론은 이해하지 못했으나, 이 결과는 케인즈의 생각과 양립 가능한 것이다."

이러한 상태는 다수해가 존재하는 무질서한 상태이다. 나중에 설명하겠지만 다른 말로 하면 엔트로피가 극대화된 상태라고도 할 수 있다.

세 번째의 경우는 이러한 무질서와 다수해가 사회적 과정을 거쳐 한 개의 해로 조정되는 상태이다. 이제 콩방시옹에 의해 a_c(진정한 가치-인용자)가 c(관습적 가치-인용자)로 대체된다. 역시 오를레앙의 표현에 의하면,

> "결국 합리적 기대이론에서 묘사하는 가치 a_o는 자기실현적 속성으로 인해, 완전히 진정한 가치로 가정된 그 값과 다르게 된다. 그것은 특수한 사회적 지형학의 결과이다."

그러나 이러한 관습은 자연적 외생성이 아니라, 사회적 외생성 즉 상품공동체의 결과이므로, 자연에 기초한 외생성보다는 더 허약한 기초를 가진다는 것이다. 이러한 세 번째의 상태는 자기조직화라는 개념에 의해 보다 잘 설명될 수 있다.

"거품 개념은 외적 제약에 대한 기계적 대응이라는 관점에 입각해서는 자기준거적 집단의 조직이 적절히 설명되지 않음을 보여준다. …… 그 집단은 일정한 자율권을 누리고 있다. …… 자기충족이론이라는 개념을 수용할 때, 이러한 자율성은 특히 흥미 있는 형태를 가진다. 그것은 준거의 공통점……을 집단적으로 세우는 문제가 된다 이러한 공통의 준거, 집단적 표상은 그들 행동의 조정을 가능케 한다. 이와 같이 조정을 가능케 하는 공통의 외향화한 의미를 콩방시옹이라 한다. 따라서 특이한 점은 바로 콩방시옹의 형성에 의해 집단의 조직이 급진적으로 변형될 가능성이다. 이 경우 우리는 이를 자기조직화라 부른다. ……

관습에 대한 관심이 투기적 기대를 없앤다. 이제 주체는 더 이상 다른 사람이 무엇을 할 것인가에 대해 자문할 필요가 없다. 그들은 관습을 따라 행동하기만 하면 된다."(Orlean, 1989: 75)

여기서 자기 조직화란 상호모방이 제거된 상태이다.[66] 모방의 제거는 사회적 과정의 결과로서 나타나지만, 모방을 제거시키는 기제로서의 자기조직화는 항상 언제든지 붕괴될 수 있다.

케인즈는 이러한 관습의 불안정성에 대해 이미 지적한 바 있다. 케인즈는 이러한 요인으로서 1) 비전문 경영인이라고 할 수 있는 주식회사의 주주가 보편화되어 자산가치 평가에서의 진정한 지식의 중요성이 하락하였다는 점, 2) 기업 이윤의 조그마한 변동이 자산가치의 급격한 변동을 초래하는 경우가 있다는 점, 3) 관습에 대한 신뢰가 점차 낮아져서 관습적 평가가 대중심리에 의해 동요하는 경우, 4) 전문투자자들이 진정한 지식보다도 대중의 심리파악에만 열중하여 오히려 대중추수적인 상황에 빠지는 경우, 5) 투자자에 자금을 공급하는 신용기관의 자산에 대한 확신이 소멸하여 신용상태가 (투자자에 대한 금융기관의 확신) 약화되는 경우 등을 들고 있다(Keynes, 1936: 153-158).

---

66) 여기서 '자기조직화'(self-organization)이라는 개념은 물리학과 화학, 생물학 등에서 진화론의 새로운 형태로 제기되었다. 이러한 개념은 경제학에서는 하이에크에 의해 채용되었지만 자기조직화라는 개념은 하이에크의 이른바 '자생적 질서'(spontaneous order)와 구별해야 할 것으로 보인다. 하이에크의 자생적 질서론은 현존질서의 최적성과 유지가능성을 강조하는데 반해, 자기조직화론에서는 현존질서의 불안정성을 강조하기 때문에 사회과학에 적용할 때는 정반대의 이론적 함의를 갖기 때문이다.

이러한 상황을 한마디로 요약한다면 그것은 '불확실성의 증대'라 할 수 있다. 모방심리는 인간의 욕망에 내재한 것이라고 해도, 그러한 모방심리가 감염되고 확산되어 사회전체에 비결정성을 초래하는 배경에는 상황의 불확실성이 내재해 있는 것이다.

"총체적 불확실성의 상황하에서 다음이 어떻게 될지 전혀 모를 때 다른 사람을 베끼는 것이 나의 성과를 개선시킨다. ······모방의 합리성은 불확실한 상황에서 사람이 따라야 할 가치에 대한 지식을 모델이 가지고 있을 때 더욱 명확하다."(Orlean, 1989: 77)

이와 같이 투기적 거품에 관한 오를레앙의 논의는 사회의 안정과 불안정이 동시적으로 존재한다는 양가성을 훌륭히 설명하고 있다. 그러나 그러한 양가성은 단순히 결합되어 있을 뿐 그 관계가 어떠한지가 명확하지 않다. 모방기대에 기초하여 금융동학을 설명하는 케인지안적 접근방식에는 특히 두 가지의 문제가 있다고 할 수 있다.

첫째는 모방기대의 결과 나타나게 되는 사회적 공통해로서의 콩방시옹 성립이 자기조직화의 과정으로 설명된다고 할 때 그 의미는 구체적으로 어떠한가라는 문제이다. 만약 자기조직화를 모방과정에서 자연히 발생하는 사회화의 한 과정으로 파악한다면 이러한 이해는 사회가 안정상태로 가는 경향이 있다고 보는 주류사회과학이론과 차이를 갖지 않게 되기 때문이다. 하지만 금융콩방시옹 형성이라는 자기조직화 개념은 금융패닉이라는 혼동의 상태와 떨어져 있는 것이 아니다. 이점을 이해하기 위해서는 자기조직화라는 개념이 사회과학적 용어가 아니라 자연과학적 용어라는 점을 이해할 필요가 있다. 이 개념은 열역학에서 나온 엔트로피 개념, 물리학과 화학에서의 확산구조 개념과 결합되어 있는 것이다.

두 번째 자기조직화 개념을 동태적으로 명확히 이해하더라도 여전히 해결되지 않는 문제가 있다. 금융콩방시옹과 금융패닉이라는 금융동학의 양가적 차원은 불확실성의 통제와 불확실성을 통제할 수 없음에 의해 구분 지워지게 되는데 그렇다면 이 사회에서 불확실성은 왜 나타나느냐는 문제이다. 이 문제는 엔트로피 또는 자기조직화론을 사회과학에 적용할 때의 특수성의 문제이기도 한데, 금융콩방시옹이론에서는 불확실성이라는 개념으로서 사회과학에 적용하려고 하였다고 볼 수 있다. 하지만 불확실성이 왜 나타나느냐를 설명하지 못함으로써 금융위기가 사회전체의 재구조화를 초래하는 진정한 의미의 분기점과 곧 회복되는 금융위기 현상을 구분하지 못한다는 문제를 가진다. 따라서 불확실성이라는 개념만으로는 불충분하며 불충분성을 초래하는 보다 심층적 원인으로서의 사회적 적대라는 개념을 고려할 필요가 있을 것이다.

첫째의 문제는 동학의 케인즈적 차원의 의의를 보다 명확히 하는 것이고, 두 번째 문제란 동학의 내재적 차원의 의의를 부각시키는 문제다.

3. 확산구조이론과 자기조직화 : 케인즈적 금융동학의 재해석

사회는 하나의 확산구조라고 할 수 있다. 확산구조의 의미와 확산구조에서의 자기조직화의 내용을 파악하기 위해서는 물리학에서의 역학(mechanics) 및 동력학(dynamics)에 대한 이해가 필요하다. 뉴턴으로 대표되는 고전역학은 균형체계 및 이와 가까운 체계를 다룬다. 이러한 체계는 특수한 유형의 자기조직으로서 말하자면 자기해체의 체계, 즉 균형상태를 향해 진화하며 이에 머물러 있는 체계이다(Jantsch, 1980: 53). 이를 단순구조라고 할 수 있다. 그러나 19세기에 열역학(thermodynamics)의 발전으로 말미암아 고전역학 및 고전동역학의 설명은 단순한 조직에 대해서만 적용되며, 복잡구조에 대해서는 설명할 수 없다는 점이 지적된다. 뿐만 아니라 역학적 설명방식은 사회현상을 설명하는데도 한계를 가진다. 요컨대 정역학적 균형 개념은 복잡현상을 설명할 수 없다. 왜냐하면 정역학적 균형에 도달한다면 더 이상의 변화는 내적으로 불가능하지만 사회조직은 항상 동적으로만 그 항상성을 유지하기 때문이다. 열역학에서는 이른바 '엔트로피 법칙'이라고도 불리는 열역학 제2법칙, 즉 고립된 계에서 엔트로피는 최대로 증가하는 경향이 있다는 점에 기초하여 극대의 엔트로피 상황을 열역학적 균형이라 부른다.[67)]

---

67) 엔트로피란 무질서의 정도 및 에너지가 일을 수행한 후 열화한 정도를 나타내는 개념이다. 닫힌계에서 체계 내의 에너지는 불변이지만(열역학 제1법칙), 그 에너지 중에 일을 할 수 있는 에너지, 체계의 질서를 잡아주는 에너지는 점차 작아지며 대신 열이 발생하여 확산된다. 이것이 열역학 제2법칙이다. 엔트로피 법칙을 사회과학에

열역학에서 제기하는 새로운 균형개념은 균형을 질서 상태가 아니라 무질서 및 극대의 무작위 상태로 본다는 점에서 역학에서 제기하는 균형과 다른 의미를 가진다. 그러나 주류 사회학에서 열역학적 균형의 함의는 큰 문제가 된다. 왜냐하면 열역학적 균형은 열적 사망(heat death) 즉 사회의 해체를 의미하기 때문이다. 이러한 함의가 가진 암울함으로 인해 (주류)사회과학은 열역학적 균형 개념보다 역학적 균형 개념을 더 많이 사용했다.[68] 따라서 역학적 균형개념이 사회의 유지를 갈망하는 보수적 이데올로기의 한 형태로 자리잡았던 것이다.

열역학적 균형이론이 사회과학에서 쉽게 도입되지 못한 또 하나의 이유는 역학적 균형이론이 함의한 열적 사망상태라는 경향에도 불구하고, 실제의 사회는 항상성을 유지하고 있다는 사실에도 기인하고 있다. 그러나 이러한 이론적 난점은 최근 '열린계'와 '닫힌계'를 구분하고 열린계에서는 열역학 2법칙에 저항할 가능성이 나타난다는 점을 밝혀짐으로써 돌파구가 마련된다. 이에 따르면 사회조직의 유지는 사회가 '열린계'라는 특성에서 기인한다. 열린계에서는 내부에서 증가하는 엔트로피, 또는 무질서의 경향이 외부로 확산되어 내적 엔트로피를 감소시킬 가능성이 존재한다. 열린계에서 엔트로피 증가경향이 어떻게 조정되는가를 보기 위해서 아래의 도식을 참조하자.

$dS = d_eS + d_iS$ (식 6)

(단, dS 는 전체 엔트로피의 변화량, d_eS는 체계에 유입된 외부엔트로피(負의 엔트로피negentropy)의 변화량, d_iS 는 체제 내에서 비가역적으로 발생한 엔트로피(正의 엔트로피)의 변화량을 의미한다)

(식 6)에서 만약 $d_eS > d_iS$ 라면 전체 엔트로피는 줄어들며, $d_eS < d_iS$ 라면 전체 엔트로피는 늘어난다. 이와 같은 도식에 따르면 엔트로피의 증가경향이라는 열

적용하려는 시도로는 Georgescu-Roegen(1976, pp.239-245)를 참조하라.

68) 이는 보통 '스펜스의 딜레마'로 불린다. 사회학자들은 일반적으로 균형을 강조하는 경향이 있는데 이는 체제 통합과 체제 안정성을 지지하기 위해서이다. 이를 위해 물리학에서의 균형 개념을 받아들였다. 하지만 물리학에서 균형이란 극대엔트로피의 상태, 즉 체제통합의 상태가 아니라, 체제분열의 상태(즉 '체제사망')이다. 이것이 스펜스의 딜레마이다.(Bailey, 1996, p.137)

역학 제2법칙은 조직의 형태에 따라 조정될 수 있다. 만약 체계가 닫힌계라면 자체 내에 증가한 엔트로피는 확산될 장치가 없기 때문에 $dS=0$일 것이다. 그러나 사회조직은 사회와 (자연)환경과의 관계에서 열린계라고 볼 수 있고, 사회조직은 엔트로피의 증가라는 열역학 2법칙의 필연성을 회피할 수 있다. 엔트로피 법칙에도 불구하고 유지되는 조직과 사회의 작동원리에 대한 대답이 확산구조 및 복잡구조의 개념이다. 조직의 어떤 수준은 확산구조 상태에 있음으로써 증대하는 엔트로피를 외부로 확산시켜 조직의 항상성을 유지시키는 것이다.

우리는 지금까지의 논의로부터 닫힌계의 진화과정과 열린계의 진화과정을 구분할 수 있다. <그림 6-2>는 이를 설명한다. 닫힌계에서는 질서 잡히고 낮은 엔트로피의 상태에서 시간의 비가역적 진화의 결과, 무질서와 높은 엔트로피의 상태로 나아간다. 그러나 사회조직은 닫힌계가 아니라 열린계이므로 내부의 엔트로피를 외부로 방출할 수 있다. 여기에는 두 가지의 방식이 존재한다.

얀치는 이를 구조보전적 체계와 진화적 체계로 구분하여, 자기조직화의 두 가지 유형을 이에 대응시킨다. 전자는 보존적 자기조직화, 후자는 확산적 자기조직화로 연결되는 것이다. 보존적 자기조직화는 균형구조를 향해 나아가는 역진화적 상태에 있으며, 확산적 자기조직화는 진화과정에 단순히 역행하는 것이 아니라 진화에 순응하면서도 그 방향과 전개양상을 달리하여 높은 엔트로피를 외부로 확산(산일)시키는 진화적 상태에 있는 자기조직화이다(Jantsch, 1980: 64-65).

양자 모두 조직 내부의 엔트로피를 감소시키는 방향으로 나아가고 있으나 전자의 경우 기존의 조직이 유지되는 상태에서 엔트로피가 감소되는 것으로 해석될 수 있으며 따라서 사회이론에 적용할 때 우리는 이러한 상태가 기존의 사회제도에 의해 사회질서가 유지되는 경우를 지칭한다고 볼 수 있을 것이다. 반면 확산적 자기조직화란 균형과는 거리가 먼 진화과정을 통해 엔트로피를 감소시키는 과정이다. 따라서 이는 사회이론에서 조직이 새로운 변형을 거쳐 증가한 엔트로피(증가한 무질서, 즉 혼동)를 조정하는 과정이라 볼 수 있을 것이다. 자본주의가 대공황을 거쳐 새로운 단계로 이행하는 경우를 확산적 자기조직화의 예로 들 수 있다.

이러한 논의를 통해 볼 때, 투기적 거품이란 확산구조에서 엔트로피의 조정이 실패한 상황을 묘사한다고 볼 수 있을 것이다. 반면 콩방시옹이 성립한 상태는 확산구조에서 엔트로피의 조정이 성공적으로 이루어진 상태이다.

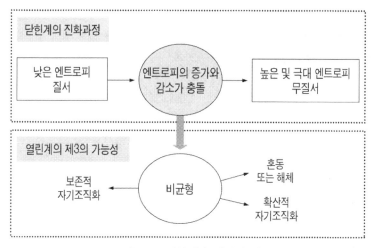

<그림 6-2> 닫힌계와 열린계 차이

    <표 6-1>는 금융콩방시옹론을 확산구조론의 일반적 체계 속에서 비교해 본 것이다. 확산구조는 확산적 자기조직화를 통해서 엔트로피를 조정하지만, 확산적 자기조직화의 형태는 미정이며, 그 성공여부 역시 미결정적이다. 따라서 자기조직화 자체가 항상 해결되어야 할 문제로 남는다.

<표 6-1> 확산구조론과 금융콩방시옹론의 비교

확산구조	엔트로피	엔트로피가 증대된 상태	엔트로피가 조정된 상태
금융제도	상호 모방	모방의 감염 → 거품	모방의 중지 → 콩방시옹

    그러므로 오를레앙의 모방기대이론을 확산구조와 관련시킬 때 그 의의는 이 개념이 균형 또는 항상성을 강조하는 전통적 관념에 대항하여 위기와 공황을 강조하는데 있는 것이 아니라, 사회질서를 (역학적) 균형으로 설명할 것인가, 아니면 자기조직화로 설명할 것인가에 있다고 할 수 있다. 이른바 동학적 접근이란 실제 존재하는 사회질서와 그 항상성을 어떻게 바라볼 것인가의 문제라고 할 수 있을 것이다. 자기조직화 하는 과정에서만 사회가 자신의 엔트로피를 조정할 수 있다는 이해는 기존의 균형과 불균형의 대립적 구도를 극복하는 새로운 이론적 전망을 제시한다고 할 수 있다. 이를 소위 '복잡성의 과학'이라고 부를 수 있다면, 금융현상에 대한 이론적 적용은 케인즈의 직관과 일정한

관련을 가진다. 그러나 케인즈의 직관은 안정과 불안정의 이중적 존재를 지적하는데 그치고 있는 반면, 자기조직화론을 이용한 금융패닉과 금융콩방시옹의 분석은 이러한 현상들은 확산구조에 내재한 한 가지 원리(엔트로피, 즉 모방)의 두 가지 표현양식이라는 점을 분명히 하고 있다. 이를 우리는 동학의 케인즈적 차원이라고 부를 수 있다고 본다.

이는 자본주의의 상품경제가 그 본질상 품고 있는 불확실성(uncertainty)이 야기하는 불안정성(instability) 현상을 단순한 불안정성 또는 항상적 위기라는 차원에서 접근하는 것이 아니라 불확실성에서 유래하는 불안정성과 그것의 조절이라는 차원에서 사회의 동학을 통합적으로 보는 것을 의미한다.

그럼에도 불구하고 복잡성의 과학이 구체적 대상에 적용될 때 취해야할 변형태의 문제를 간과한다면 그러한 접근의 의의는 일반적 의의에 머무르고 말 것이다. 이는 곧 복잡성의 과학이라는 과학일반의 방법론이 사회현상에 적용될 때 어떻게 사회현상의 특수성을 반영해야 하는가라는 문제인 것이다.

금융동학에서 엔트로피의 문제는 구체적으로 자산가격의 전개방향에 대한 불확실성의 문제가 된다. 금융콩방시옹이론은 확산구조론에서의 엔트로피 개념을 모방적 기대의 문제로 해석하고, 이러한 모방적 기대를 야기하는 사회적 특수성으로서 불확실성을 제시하고 있다. 불확실성의 문제는 확실히 물리학, 생물학 등에서 제기된 자기조직화이론의 사회과학적 특수성을 반영하고 있다. 그러나 불확실성만으로는 그러한 특수성을 완전히 포괄하지 못한다. 우리는 이러한 한계점을 카틀리에와 아글리에타의 '이단적 화폐론'을 중심으로 살펴보기로 한다.

4. 금융동학과 자본축적: 심층(深層)동학의 내재성

1) 금융의 위상

아글리에타(1988)은 오를레앙과 공동 저술한『화폐의 폭력』(1982)에 비해서 확산구조 하에서의 자기조직화 개념을 보다 명확하게 수용하고 있다. 물론 『화폐의 폭력』에서도 이미 프리고진의『새로운 동맹』을 언급하고 있으며 (Aglietta & Orlean, 1982: 12) '자기조직화' 개념을 도입하고 있지만,『화폐의 폭력』에서는 모방욕망이 가진 폭력성과 이로 인한 적대를 강조하였기 때문에 '폭력의 일점집중'과 '희생자 살해'라는, 사회구성에서의 의례(ritual)적 차원을 강조하고 있다. 반면 「화폐의 양의성」(1988)에서는 욕망이 가진 상호기대와 이로 인한 비결정성을 더욱 강조한다. 여기에도 하나의 모순이 존재하나 그것은 적대로서의 모순이 아니며, 사회가 존재하는 현실에도 불구하고 '이론상' 사회적 공동규약은 존재할 수 없다는 '형용모순'이 있을 뿐이다. 아글리에타는 구체적으로 어떤 과정을 거쳐 이 문제가 해결되는가를 설명하지 않는다. 단지 형용모순의 해결책인 '화폐'를 받아들이면서, 이러한 화폐를, "예상들의 극단화를 통한 다수의 주체들의 상호작용에 의한 의도하지 않은 결과" 다시말하면 '자기조직화'의 결과로 설명하고 있을 뿐이다(Aglietta, 1988: 96). 그런데 이러한 해석상의 전환은 카틀리에의 화폐관을 받아들임에 의해 불가피해진 필연적 결과였다. 카틀리에는

"화폐적 접근과 실물적 접근은 각각의 출발점 − 한편에서는 재화의 목록, 다른 한편에서는 화폐의 존재 − 이 경제사회의 본성에 관한 근본적 질문에 관한 대답을 제시한다는 점에서 그 자체로 완전하며 자기충족적 방식이다. 두 접근을 종합하려는 시도는 과학적 이상이기는 커녕 완전한 환상이며, 심지어 지배적(주류) 이론에 대한 대안적 이론의 형성에도 장애가 된다."(Cartelier, 1985)

라고 하여 실물-화폐의 접합의 문제의식 자체를 원천적으로 봉쇄했던 것이다. 이에 따르면 경제사상사의 역사상 올바른 경제학의 체계는 노동을 중심으로 일관된 경제학의 체계를 시도한 고전파 및 효용을 중심으로 일관된 경제학의 체계화를 시도한 신고전파의 '실물적 접근'과 케인지안적인 '화폐적 접근' 외에는 없게 된다.

그러나 우리는 하나의 예를 들어 이러한 이분법의 난점을 제시할 수 있다.

아글리에타는 동일한 글에서 불확실성에 직면한 채무문제가 어떻게 임계점에 도달하는가를 거론하면서 이를 다음과 같이 해석하고 있다.

"예금의 규칙적인 쇄도에 고무되어 은행들은 70년대에 대규모로 대부하였다. 이 시기의 화폐체제 내에서 모든 것은 순조로웠다. 사람들은 누구도 부채가 채무자 전체의 임계점을 넘었다고는 말하지 않았다. 그러나 1980년대 초 화폐체제의

잔혹한 변화는 부채의 위기를 초래하였다. 특히 각 은행들은 금융관계 내에서 그러한 분기점을 예견할 수 없었다. 이것은 개인적 계산이 가능하지 않은 체제적인 위험인데, 왜냐하면 이러한 사건의 가능성에 대한 통계적 척도가 존재하지 않기 때문이다.[69] 그러나 화폐체제의 변화를 유발한 것은 은행 전체에 의한 매우 급속한 신용흐름의 인플레이션적 결과였다. 그것이 바로 자기준거의 문제이다."

(Aglietta, 1988: 106)

이러한 설명에서 알 수 있는 것은 조직이 분기되는 분기점(bifurcation point)의 도달이 순수히 은행간 상호작용의 결과라는 사실 뿐이다. 일단 임계점에 도달하면, 사태가 순수히 혼동적인 상황이 될 것인지(이 경우는 2절에서 살펴본 패닉의 상대이다), 새로운 콩방시옹을 성립하게 될 것인지(이 경우는 2절에서 살펴본 새로운 관습에 의한 불확실성의 조절이다)는 모두 가능하며 선험적으로 답할 수 없다는 것은 '자기조직화'론에서 설명하는 대로이다. 그러나 (은행간 기대에서) 강고한 신뢰만 유지되었다면 분기점에 도달하지 않았을 것이라는 생각은 동어반복에 불과하다. 아글리에타는 케인즈를 화폐의 양가성을 잘 이해한 사람으로 인정하였지만,[70] 케인즈가 화폐의 양가성 이상으로 나가지는 못하였다는 점을 이해하고 있지는 않다. 케인즈적 동학의 영역에서는 금융동학에서 나타나는 투기와 콩방시옹의 양가성 이외에 그러한 양가성이 언제 어떠한 조건 하에서 어떻게 표출될 것인가를 말할 수 없다.

아글리에타는 『화폐의 폭력』에서 제시한 분권적 체제와 집중적 체제라는 화폐체제의 양가성을 분석한 것과 대응하여 금융제도 역시 금융시장과 금융중개로 구분하고 이의 통합으로서 금융제도를 규정하고 있다(Aglietta, 1988: 117-118). 금융시장이란 분권적 화폐체제에서 발전하고 이에 조응한 금융제도로서 분권적 화폐체제에서 나타나는 사적 채권-채무관계의 취약성을 보완하기

---

69) 따라서 이점에서 케인즈의 불확실성(uncertainty)은 확률적 위험(risk)와 구분된다.

70) 축장 수단으로서의 화폐를 보자. 화폐를 보유하는 것은 일상적 상품사회의 불확실성을 통제하는 확실한 수단이 된다. (화폐체제 자체가 위험에 빠지지 않는 한) 그러나 모든 사람이 화폐를 보유한다면 상품사회는 불확실하게 된다. 요컨대 축장수단으로서의 화폐는 (개인적으로는) 축장되었을 경우 위험을 조절하지만 (사회적으로는) 축장되었을 경우 위험을 초래한다. 이러한 측면이 양가성의 한 예라 할 수 있을 것이다.

위해 채권-채무관계를 표시하는 증서가 평가되고 거래되는 제도를 지칭한다. 현실의 예로서는 주식과 채권이 거래되는 주식 및 채권 거래소가 이에 해당한 다 할 것이다. 금융중개란 집권적 화폐체제에 기초하여 채권-채무관계를 구성 하는 경우에 해당하며 최종적으로는 중앙은행에 의해 보장되는 은행화폐의 금융 즉 은행대부 등이 이에 해당한다 할 것이다.

아글리에타는 화폐제도가 집권적/분권적 체제의 결합으로서만 존재하는 것 처럼, 금융제도 역시 금융중개/금융시장의 결합으로서만 존재한다는 입장에 기초하여, 80년대의 규제완화(deregulation)를 분석하여 역설적으로 중앙은행화 폐의 우월성을 독특한 방식으로 확인했던 통화주의 교리와 중앙은행화폐를 부정하는 초자유주의적 경향 모두가 이러한 화폐, 금융제도의 양가성을 무시 한 결과로서 분석한다(Aglietta, 1988: 123-125).

그러나 이러한 결론들은 이미 모두 케인즈적 관점에서 나올 수 있는 것이며, 80년대의 규제완화의 효과를 해명하는데 더 이상의 새로운 분석을 제공하지는 않는 것 같다. 그러한 분석은 1) 통화주의(신보수주의)와 신자유주의라는 한 축, 2) 개입주의라는 한 축을 배경으로 하여 양 축을 모두 현대 화폐, 금융제도 및 정책의 구성요소로 보는 시각 이외에 다름아니기 때문이다.

이러한 관점은 '대 은행(Big Bank)'과 '큰 정부정책(Big Government policy)'이 존재하는 현대자본주의에서는 상호참조의 위험을 다소 감소할 수 있기 때문에 금융동학이 임계점까지 전개되는 것을 막을 수 있다는 생각으로 이어진다. 민스키는 금융불안정 가설을 제시하면서 자본주의에서 축적이 진행함에 따라 기업에서의 금융 방식은 신중한 금융(헷지금융)에서 점차 위험한 금융(폰지금 융:지속적으로 적자를 보다가 일회의 큰 흑자를 통해서 이전의 적자를 상쇄하 는 투자를 선택하는 금융)으로 나아가는 경향을 보이기 때문에 축적의 일정 시점에서 다음의 현상이 나타나게 된다고 한다. 한편으로는 축적이 진행함에 따라 외부금융에 의존하는 비율이 높아져서 '부채지불의 기한'(debt payment commitments)을 지키기 위해서 추가대부를 필요로 하게 되나, 정작 대부자의 입장에서는 향후의 사태 전개를 비관적으로 보기 때문에 대부를 하지 않으려 하고 이에 따라 자산을 매도하지 않을 수 없는 상황에 빠지며 이로 인해 자산가 격이 폭락하여 '지불불능'(insolvency) 상태에 빠지게 된다. 다른 한편으로는 산 출물 가격이 폭락하고 이윤이 저하함으로써 수익이 감소하게 되어 부채를 갚 을 수 없는 상황이 더욱 악화된다. 전자의 경향은 채무지불의 비용 증가라는 측면이고, 후자의 경향은 현금유입의 감소라는 측면이다. 그런데 민스키에 의하면 현대자본주의에서는 이러한 금융불안정성의 경향은 한편에서는 최종대부자로서의 중앙은행이 뒷받침하는 재금융에 의해 자산가격이 지지되고, 다른 한편에서는 정부의 개입주의 정책으로 유효수요의 급감이 정지되어 산출물가격이 지지되어 이윤율의 감소가 저지되는 두 가지 경향에 의해 금융불안정성의 표출이 효율적으로 방지되었다는 것이다.[71]

이와 같이 현대자본주의 화폐신용제도의 안정화장치의 효과로서 금융위기에도 불구하고 금융제도의 분기점에 도달하지 않은 대표적 예로 거론되는 것은 1987년의 주가 대폭락 사건이다. 왜냐하면 이 또한 금융의 불안정성 경향의 표현이기 하지만, 채무디플레이션이라는 사회조직의 임계점으로까지 진행하지는 않고 곧 회복되었기 때문이다. 하지만 한 연구에 의하면 1987년의 주가 대폭락이 곧 회복된 것은 단순한 우연적인 신뢰의 회복이나, 또는 단순히 '큰 정부'와 '대 은행'의 존재 때문만은 아니다.

"1987년의 주식시장 붕괴 이후 채무디플레이션이 왜 발생하지 않았느냐 하는 것은 그 시기와 관련이 있다. 경기침체 이후에 발생했던 1929년 10월의 주식붕괴와는 달리, 1987년 10월의 붕괴는 경제가 여전히 확장기에 있던 시기에 발발했던 것이다."(Wolfson, 1996: 327)

이러한 관찰은 비록 하나의 사례에 불과하지만 거품으로부터의 위기를 분기점으로 보아야 하는지는 단순히 신뢰의 부재만이 아니라, 그 심층에 존재하는 생산 또는 실물의 문제와 일정한 연관이 있다는 점을 보여준다. 실물적 조건이 양호할 경우 금융의 자율적 동학에서 발생하는 자기준거적 위기는 임계점으로까지 발전하지 않는다. 이와 같이 금융동학에서 의미 있는 분기점을 찾아내기

---

71) 물론 민스키가 '대은행'과 '큰 정부'에 의해 금융불안정성의 경향 자체가 소멸되었다고 보는 것은 아니다(Minsky, 1986, p.84). "금융 혼란과 소득 감소에 대처한 정부와 중앙은행의 결합된 행동의 결과, 대침체는 회피되었지만 이는 동시에 급속하고 심각한 인플레이션을 초래할 기반을 마련한 것이었다."(Minsky, 1986, p.15) 그러나 민스키는 이러한 인플레이션(스태그플레이션)은 채무디플레이션의 또 다른 전개를 예고한다는 점을 명확히 하지 못하였다.

위해서는 금융패닉과 금융콩방시용을 포착하는 자기조직화의 논리 축 이외에 새로운 축이 필요한 것이 아닐까? 우리는 오히려 역설적으로 생산과 유통의 통합이라는 다소 고전적인 명제 속에서 새로운 축의 가능성을 발견할 수 있다. <그림6-3>은 이를 그림으로 표현한 것이다.

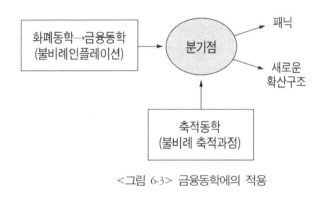

<그림 6-3> 금융동학에의 적용

그렇지만 그러한 생산-실물의 영역을 결코 신고전파에서 파악하는 실물, 즉 '근본변수'의 문제이라거나, 실업과 국민총생산이라는 집계적 실물 변수의 문제로 보아서는 안 된다. 축적의 영역 역시 동학적으로 파악되어야 하는 것이다. 이하에서 이점을 살펴보기로 하자.

2) 금융동학의 심층조건으로서 불비례 축적과정

아글리에타가 통화주의와 케인즈주의의 일면성을 잘 지적하고 있음에도 불구하고 새로운 축을 포함시키지 못하고 있다는 사실은 채권-채무관계를 상품관계에 기초한 경우와 자본관계에 기초한 경우로 구분하지 못하는 사실과 연결된다. 요컨대 금융제도의 배후에는 화폐제도만 있는 것이 아니라 자본축적이 놓여있으며, 따라서 금융동학의 배후에는 화폐동학 뿐 아니라, 자본축적의 동학이 놓여있는 것이다. 아글리에타가 ① 분권적 화폐체제 → 금융시장, ② 집권적 화폐체제 → 금융중개라는 도식을 제시하는 것은 금융제도의 배후에 화폐제도가 있다는 사실을 인지한 것을 보여준다. 그러나 그는 채권-채무관계에는 자본주의적인 즉 자본신용에 기초한 채권-채무관계 외에도 단순한 상업신용에 기초한 채권-채무관계도 있을 수 있다는 점을 간과하고 모든 채권-채무를 전자의 경우로 가정하여 논의하고 있다. 그러나 우리는 금융은 상품사회에 기초하고 있을 뿐 아니라, 자본축적과 동시적 산물이라고 본다.

이 경우 우리는 화폐 및 금융제도의 양가성을 야기 시키는 불확실성이 단순히 관련 경제주체들의 모방기대의 비결정성에만 의존하는 것이 아니라 축적의 모순과 접합되어 있다는 점을 이해할 수 있다. 이 때문에 경제사회라는 확산구조는 내부에 구성 요소들의 적대를 내포하고 있는 것이다. 우리는 이러한 심층적 동학을 축적의 심층이라고 규정하고자 한다. 심층공간에서 나타나는 이러한 동학은 경제사회에 존재하는 근원적 불확실성을 보다 강화시켜 불확실성을 조절하는 제도의 기반을 침식한다. 이러한 동학은 곧 경제사회에서 엔트로피의 증가에 다름 아니다. 심층 동학에 의해 야기된 혼동상태는 기존의 질서 내에 장착된 조절장치에 의해 통제되지 않는 한(보존적 자기조직화), 임계점에 도달하게 되어 새로운 형태로 전개되지 않으면 안 된다. 여기서 금융패닉이란 임계점에 도달한 경제구조가 새로운 형태로 적대와 불확실성을 조절하지 못하는 상태를 의미하는 것에 다름 아니다. 하지만 자본주의 사회는 그러한 혼동의 국면에서 새로운 형태의 질서를 형성해 왔으며 그것은 새로운 규약, 콩방시옹을 구성함으로써 극대화된 엔트로피를 외부로 확산시켜왔었던 것이다.

그렇다면 축적동학은 구체적으로 무엇을 의미하는가? 여기서 축적동학은 확산구조의 내적 동학을 의미한다. 이를 불비례 축적과정으로 살펴보자. 금융동학의 심층적 차원을 구성하는 불비례 축적과정은 1) 생산성 증가율, 2) 보호도[72]의 증가율이라는 두 가지 변수를 이용하여 4개의 부문으로 유형화할 수 있다.[73] 각각 a_i와 E_i라는 변수가 산업부문 i의 생산성과 보호도를 표현하는 것이라고 하고, 선험적으로 생산성증가율이 높은 부문에서 보호도 역시 높을 것이라고 가정하지 않는다면 사회적 평균증가율(a^{*0}, E^{*0})을 구해, 평균 이하와 이상에

---

72) 보호도(the degree of protection)이라는 개념은 Gouverneur(1978, pp.119-122)에서 유래하였다. 또한 이 개념 자체는 독점도(the degree of monopoly)에 관한 칼레츠키(Kalecki, 1971, p. 168)의 개념을 확대한 것이다.

73) 이러한 분석의 방법론은 Reuten & Williams (1989, pp.125-128; pp.135-138)의 자본차별화 모델(a model of capital stratification)에 기초하고 있다.

속하는 네 그룹을 상정할 수 있다. 따라서 a_i의 변화율(a_i^*)과 E_i의 변화율(E_i^*)의 크기에 따라 네 가지 이론적 조합을 <표 6-2>와 같이 구분할 수 있다. 여기에서 a^{*0}과 E^{*0}은 각각 사회 전체의 평균값이다.

<표 6-2> 생산성과 보호도 차이에 따른 산업부문의 분류

	$a_i^* < a^{*0}$	$a_i^* > a^{*0}$
$E_i^* < E^{*0}$	Case 1	Case 3
$E_i^* > E^{*0}$	Case 2	Case 4

앞의 각 경우에서 축적의 동학은 이질적으로 표현된다. 그것의 내용은 축적율과 이윤율의 편차의 확대일 것이다.

<표 6-3> 불비례 과잉축적론

	이윤율·축적율의 격차
Case 1	과잉축적의 현재화 → 파산, 장기불황
Case 2	?
Case 3	?
Case 4	과잉축적의 잠재화 → 급속한 축적

이에 의하면 축적의 모순은 모든 부문에서 동일하게 진행되지 않고, 각 부문별로 이질적으로 나타나게 된다. 즉 생산성 증가율과 보호도가 동시에 평균보다 높은 부문은 타 분야에서 과잉축적이 나타나더라도 이 부문에서는 과잉축적이 현재화하지 않으며 (타 분야의 과잉축적에 기인한 침체로 인하여) 오히려 축적이 가속화되는 경향을 보인다. 반면 생산성증가율과 보호도가 사회적 평균이하의 부문에는 과잉축적이 현재화하여 도산, 실업 등 자본이 더욱 급속히 빠져 나가면서 과잉축적을 더욱 심화시키게 된다. 이러한 이질성은 부문간 축적율의 차이로 나타날 것이지만, 부문간 축적율의 차이가 확대되면 확대될수록 부문간 자본이동도 극심하게 일어나게 된다. 그러나 자본이동이 일어나게 되는 배경이 되는 축적율의 차이는 전반적인 침체 기조 속에서 발생하기 때문에 투자의 불확실성을 초래하게 된다. 바로 이러한 불확실성이야말로 금융영역에서 자산간 아비트라지 행위가 투기를 유발시켜 금융적 패닉을 초래하

는 원인이라고 할 수 있을 것이다.[74] 이제 앞에서 논의한 '합리적 거품' 모델로 되돌아간다면, (식 1)에서 I를 구성하는 요소에는 축적율과 이윤율에 관한 정보도 분명히 들어 있을 것이므로 이러한 실물부문의 불확실성이 개입될 때 금융동학상의 분기점들은 경제학적으로 의미 있는 분기점이 된다고 할 수 있을 것이다. 즉 이 경우 금융동학은 패닉과 새로운 콩방시용으로의 분기점으로서, 보다 크게는 자본주의적 조정양식 자체의 변화를 요구하는 그러한 분기점으로 전환될 수 있는 것이다.

그러나 축적동학과 금융동학의 연관을 기계적인 인과로서 설명하고자 하는 것은 아니다. 그러한 연관은 금융동학의 독자성 위에 축적동학이 과잉결정 (overdetermined)되는 형태로 나타날 것이다. 요컨대 여기서 축적동학의 불비례성 증대는 금융의 불확실성이 확대, 증폭되는 충분조건이 된다.[75] 이점에서 축적의 심층이란 동학적이다.

5. 결론

이 장은 금융투기라는 글로벌 시대 현대 경제의 특징을 확산구조를 이용하여 금융부문의 내적 동학을 설명함으로써 복잡성 경제학의 현실 경제의 적용 사례를 통해서 복잡성 경제학을 케인지안적 맥락 속에서 살펴보았다.

아글리에타의 화폐이론은 케인즈적 동학의 범위 내에서 적대를 사고하려는 시도였지만, 궁극적으로 실패할 수밖에 없었다. 왜냐하면 적대의 동학은 보다 심층의 과정이기 때문에 표층적 연관만을 추적하는 케인지안적 동학에서는 이러한 범위를 포괄할 수 없기 때문이다.

반면 복잡성의 경제학에서 암시하는 확산구조의 자기조직화라는 개념을

---

74) 현대 자본주의에서 자본이동이 일어나는 경로는 금융중개와 금융시장을 통해서 일어나게 되므로 금융영역에서의 투기는 바로 축적의 불비례성과 불확실성 증대와 관련지워지게 된다.

75) 하지만 그 인과관계의 중층 결정성에 대한 구체적 규명은 앞으로서의 과제일 것이다. 여기서 명확히 하고자 하는 것은 심층 공간이 동질공간이 아니라 모순의 공간이라는 점이다. 예컨대 욕망의 심층에 대한 정신분석학적 분석이 우리의 심층을 해석하는 데 도움을 줄 수 있을 것이다.

이용하면, 금융부문의 내적 동학과 더불어 금융부문의 내적 에너지를 공급하는 실물부문의 문제를 파악하는 이론적 필요성이 제시된다. 이 경우 심층의 동학이론은 '기대, 불확실성, 제약된 합리성, 불균형, 케인이론, 카오스, 카타스트로피론, 자기조직화론' 등으로 대표되는 포스트고전파 이론과 통합될 수 있다. 요컨대 축적동학은 포스트모더니즘적 담론의 한 구성부분을 이룬다. 이러한 동학의 차원은 '복잡성의 과학'이라는 명제의 진정한 뜻을 더욱 잘 묘사한다고 생각된다. 복잡성의 과학에서 제기되는 명목론적, 상대주의적 차원은 결코 비과학성을 뜻하는 것은 아니다. 이는 기존의 기계론을 뛰어넘는 새로운 차원의 과학성을 의미하는 것일 게다.

6. 탐구학습

1) 본 장에서 살펴본 것과 같이 복잡성의 경제학을 적용할 수 있는 또 다른 사례를 찾아보자.

2) 4절에서 설명한 불비례 축적이론이 현재의 한국경제에서도 적용 가능한지 토론해 보자.

제7장
네트워크경제학
디지털 경제의 경제학

글로벌 경제의 또 다른 측면인 정보화는 근대경제학에 어떤 문제를 제기하고 있는가? 네트워크경제학은 디지털 기술의 총아인 인터넷이 90년대 중반 경제 전반에 광범위하게 응용됨으로써 시장구조, 기업 경영에 근본적인 변화를 초래하여 새로운 패러다임을 형성한 것에 주목한다. 이 장은 디지털 경제가 미시경제학의 일반균형이론에서 말하는 균형으로 수렴하는 경제가 아니고 매우 역동적인 경제라는 점을 강조한다. 그 중에서도 수확체증 현상의 한 원인으로서 수요 측 규모의 경제를 의미하는 네트워크 외부성을 살펴보고, 이러한 변화가 기존의 경제학 담론에 미치는 영향을 분석한다. 결국 네트워크 외부성이 초래하는 후생의 증대 가능성에도 불구하고, 시장교환을 통해서는 파레토 우월한 상태로 전환하지 못한다는 점은 결국 신고전파경제학의 패러다임의 재설정을 요구한다.

1. 문제제기

디지털 기술의 총아인 인터넷이 1990년대 중반 경제 전반에 광범위하게 응용되어 시장구조, 기업 경영에 근본적인 변화를 초래함으로써 기존의 경제학이 가진 전제에 큰 변화를 초래하고 있다는 점은 대부분의 경제학자들이 대체로 동의하고 있다. 그러나 그러한 변화가 초래하는 경제학적 함의에 대해서는 많은 논의가 이루어지지 않고 있다. 디지털경제로부터 제기되는 현상은 경제학에 중요한 문제를 제기한다.

우선 디지털경제의 현상은 일반적인 미시경제학에서 전제하는 일반경쟁균형의 효율성을 침해한다는 문제를 제기한다. 일반균형이론은 미시경제학의 결론적 부분으로 다음의 두 가지 중요한 명제를 가지고 있다. 첫째, 후생경제학의 제1정리로서 "외부성이 없고 생산에서 규모의 경제가 없을 때 경쟁시장은 효율적"이리는 명제다. 둘째, 제2정리로서 "외부성이 없고 사후적으로 경제주체간 부의 이전이 가능하면 시장의 효율성은 언제든지 경쟁시장에 의해 달성된다"는 것이다. 이는 기본적으로 시장에서의 가격이라는 신호와 경쟁체제를 (다소 독특한 신고전파경제학의 정의에 입각해서) 전제하면 자본주의 시장체제는 완벽하고 안정적으로 작동한다는 함의를 가지고 있다. 이러한 일반균형이론에까지 논리가 전개됨으로써 미시경제학은 나름대로의 체계를 가지는 논리가 된다.

그러나 수확체증(Increasing Returns) 현상을 인정하면 완전경쟁적 시장구조가 항구적으로 유지되지 못한다. 수확체증 현상은 독점을 낳고 독점은 경제적 효율성을 보장하지 못하므로 시장체제가 경제적 효율성을 보장한다는 일반경쟁균형의 명제가 성립하지 않게 된다. 물론 수확체증 현상은 디지털경제[76]에

---

76) 이 논문에서 사용하는 디지털경제(digital economy)라는 용어는 신경제(new economy), 네트워크경제(network economy), 인터넷경제(internet economy), 지식기반경제 (knowledge-based economy) 등의 용어로도 사용되고 있다. 이는 디지털경제에 대한 개념적 정의가 아직 확립되어 있지 않기 때문인데, 다만 자본주의 경제의 새로움을 지적하는 점에서는 공통적이라고 할 수 있다. 이와 같이 다양한 용어들이 사용되는 이유는 변화의 어디 곳을 보고자 하는가가 다양하기 때문이다. 예를 들어 디지털경제라는 명칭은 디지털 기술을 새로운 변화의 중요한 원동력으로 본다. 또 신경제라는 용어는 신경제를 지지하는 논자들이 IT(Information Technology) 기술의 변화가 새로운 거시경제적 결과를 야기했다고 보기 때문이다. 다음으로 네트워크경제라는 용어는 네트워크라는 전달 매체의 구조를 강조하고 있는 규정이다. 인터넷경제라는 용어는 결국 그 네트워크의 혁신의 그 내용 자체인 인터넷을 중시하는 규정이라 할 수 있다. 지식기반경제는 이러한 많은 내용들을 보다 포괄적으로 규정하려는 시도라고 할 수 있다. 이러한 규정 중에서 어떤 규정을 사용할 것인가는 논자들의 개인적 관심사, 이론적 방향에 따라 달라질 수 있다. 이 글은 잠정적으로 이러한 현상을 모두 포괄하는 용어로서 디지털경제라는 용어를 사용한다. 디지털경제의 개념과 쟁점에 대해서는 김종한(2000)참조.

서만 적용되는 것은 아닐 것이다. 그러나 디지털경제에서는 기존의 경제학이 전제하고 있던 생산함수의 특성— 수확체감 —과 다른 수확체증적 현상을 더 이상 특수한 생산함수로 간주하지 않는다. 수확체증 현상을 낳는 요인으로 (1) 네트워크 외부성, (2) 규모의 경제, (3) 전환비용과 고착, (4) 표준설정, (5) 디지털 재화의 공공재적 성격 등을 생각해 볼 수 있다. 이와 같은 현상이 디지털경제의 특징이므로 디지털경제는 일반경쟁균형이론의 결론과 다른 결론에 도달하게 될 것이다. 즉 디지털경제에서는 시장실패(market failure)가 나타난다.[77]

네트워크 외부성(network externalities)은 정보의 비대칭성으로 인한 금융시장의 불안정성, 주인-대리인 패러다임, 거래비용이론 등에서와 마찬가지로 시장이 아닌 제도의 중요성을 더욱 강조하는 사례가 된다. 따라서 네트워크 외부성에 대한 설명과 이를 내부화하기 위한 기업의 전략에 대한 논의는 사실상 제도학파 패러다임에 의해 더욱 잘 설명될 수 있다. 제도학파 패러다임은 외부효과로 인해 증가한 잉여의 분배의 문제를 어떻게 이해할 것인지에 대해 논의할 수 있는 중요한 계기를 제공한다.

이 장은 디지털경제에서 규모수확체증 현상을 낳는 여러 요인 중에서 네트워크 외부성이 경제학 이론에 대해 가지는 의미를 살펴보고자 한다. 우선 2절에서는 디지털경제가 기존의 산업경제와 어떤 점에서 차이가 나는지를 개괄적으로 살펴보고, 3절에서는 수확체증의 개념으로 경제학의 재구성을 시도하는 브라이언 아서(B. Arthur)의 논의를 통하여 디지털경제에서의 수확체증 현상에 관한 개념을 분류하고자 한다. 4절에서는 디지털경제에서 나타나는 수확체증 현상 중의 하나인 네트워크 외부성(또는 네트워크 효과)을 정의하고 경제적 결과를 서술한다. 5절은 복수의 내쉬균형의 존재로부터 네트워크 외부성의 존재 가능성과 그 의미를 네트워크 외부성에 관한 경제학적 논의를 토대로 살펴본다. 6절은 네트워크 외부성이 초래하는 파급효과를 내부화하려는 기업의 다양한 시도를 최근의 경영학의 성과를 이용하여 소개한다. 7절은 네트워크 외부성이 경제학에 제기하는 문제로 돌아와서 내부화 전략을 통해 기업이 확보하는 추가적 이득은 경제학적으로는 어떻게 해석해야 하는가의 문제를 살펴

---

77) 이러한 현상은 미국식의 산업정책, 반독점적 정부개입의 이론적 배경이 된다. 그러한 대표적인 사례로서는 미국 정부 대 마이크로소프트의 소송을 들 수 있다. 이에 대해서는 8장에서 다시 자세히 설명하고 있다.

볼 것이다.

네트워크 외부성의 현상에 대해서는 많이 알려져 있고 최근 연구가 상당히 축적되어 있지만, 이 현상을 경제학적 이론틀에서 어떻게 위치 지워야 하는지에 대해서는 합의가 이루어져 있지 않다. 대체의 연구는 통신산업, 표준문제 등의 실제적 이슈와 관련하여 진행되었다. 이 장은 아직 체계적으로 정립되지 못한 디지털경제의 경제적 특징 중 하나인 네트워크 외부성이라는 요소를 분석하여 그 경제적 의미를 파악하려고 한다.

2. 디지털 경제와 산업경제의 차이점

디지털 경제가 보다 일반적인 의미에서의 자본주의의 시장경제법칙과 어떻게 다른가? 디지털 경제의 특징을 잘 이해하고 비즈니스 환경이 어떻게 변화하는지를 이해하기 위해서는 과연 어떤 점에서 디지털 경제의 요소들이 새로운지를 파악할 필요가 있다. 이 절에서는 그러한 새로움의 요소로서 디지털 재화의 등장과 가치생산과정의 새로움에 주목한다.

경제현상은 생산(production)과 유통(circulation), 소비(consumption)라는 경제순환의 고리 속에서 이해되는 것이 가장 일반적이다. 이때 생산과 유통의 주체는 기업이고, 소비의 주체는 소비자다. 또 생산된 상품은 시장에서 판매되며 가격이라는 신호를 통해 무엇을 어떻게 생산할 것인가가 시장에서 결정된다는 것이 이른바 시장경제의 내용이다. 이것이 아마도 경제 일반이라고 부를 수 있는 것을 구성할 것이다. 여기서 무엇을 생산하느냐의 문제가 새로운 상품의 등장이라는 측면을 지시하고, 어떻게 생산하느냐의 문제는 가치생산과정의 새로움이라는 측면을 지시한다.

1) 새로운 상품 - 디지털 재화

그러면 도대체 무엇을 생산하고, 유통하며, 소비하는 것일까? 그 대상은 상품인데, 상품은 다시 재화(products)와 용역(service)이라는 두 가지로 나눌 수 있다. 우리가 살고 있는 경제 체제는 자본주의 상품경제 체제인데, 이는 이전 사회와 비교하여 몇 가지 구별되는 특징을 가지고 있다.

자본주의(capitalism)라는 말은 자본이 지배하는 사회라는 뜻이다. 여기서 자본(capital)은 돈(화폐)이지만, 시간이 지나감에 따라 점차 그 크기가 증가하는 돈을 의미한다. 즉 기업은 일정한 비용을 투입하고 그 비용을 초과하는 수입을 획득함으로써 이윤을 얻게 된다. 이러한 이윤 추구가 기업활동의 목표인 것이다. 그러므로 자본주의, 자본이라는 용어 자체는 상품경제와 동일하지 않을 수도 있다. 하지만 자본주의는 시장에서 상품을 거래하며 함께 성장했기 때문에 자본주의와 상품경제는 서로 상승하면서 확장해왔다. 따라서 자본주의 상품경제를 이해하기 위해서는 "상품이란 무엇인가"라는 질문이 제기될 필요가 있다.

상품이란 교환을 위해 생산된 인간의 생산물이다. 개인의 자가(自家) 소비를 위해 만든 것은 상품이라고 명명되지 않는다. 제품의 질적 특성와 유용성이 같다고 하더라도 생산의 동기가 생산 후 시장에서 판매될 것을 목표로 해야만 상품이라고 불리는 것이다.

그러나 자본주의가 발달하면서 상품의 범주에 드는 생산물의 종류는 점점 확대되었다. 예를 들어 학교를 보자. 대학은 중세유럽에서 탄생하였지만, 당시에는 이것이 하나의 상품이라는 인식을 하지는 못했다. 하지만 오늘날의 대학은 지식이라는 상품을 생산-유통-소비하는 장소라는 생각이 점차 일반적으로 받아들여지고 있다. 지식의 생산자는 바로 대학교에서 일하는 교수들이다. 지식의 유통자는 대학교의 직원이라고 할 수 있고, 지식의 소비자는 바로 대학생이라고 할 수 있다. 학문을 순수한 지식의 생산으로 생각하는 전통적 입장에서는 일견 받아들이기 어렵지만, 이미 대학의 현실이 이렇게 흘러가고 있는 것이 사실이다.

이렇게 상품 범주가 자꾸 확대되는 것은 시장 경제가 자본주의와 결부되어 있기 때문이다. 따라서 자본주의적 상품 경제란, 매우 확대되고 발달된 시장 경제를 전제로 한다고 할 수 있다. 그러면 확대된 상품 범주 중에서 자본주의에서만 발견될 수 있는 특별한 것들은 어떤 것들이 있는가? 바꾸어 말하면 자본주의적 상품 경제만이 가지고 있는 특수한 상품들은 어떤 것이 있는가를 보자.

상품 범주는 지식으로 확대되는 것으로 그치지 않는다. 예를 들면 일부는 제도화되어 있고 일부는 금기시되어 있는 인간의 몸(身體)도 판매의 대상이라고 할 수 있다. 인간의 노동력은 기업에 고용되어 있는 노동자라는 범주가 생기기 시작한 자본주의 경제의 성립부터 상품으로 전환되었다. 이는 제도화되고 합법화된 인간 몸의 판매다. 물론 매매춘 행위도 일종의 성의 상품화 현상이라고 보아야 할 것이며, 경우에 따라서는 인간의 장기 자체가 판매되기도 하는 것이다. 그러나 이는 금지된 몸의 판매다. 그리하여 자본주의는 인간 자체가 상품으로 유통되는 최초의 사회라는 특징을 가지고 있다. 그리하여 경제학도 이를 반영하여 일반적인 상품 시장 외에도 노동시장(labor market)이라는 범주를 가지고 있다.

자본주의의 두 번째 특징은 노동자와 자본가로 구성된 기업(firms)이 생산과정을 주도한다는 것이다. 그러므로 자본주의적 기업이 경제 주체로서 생산자를 대표하고 있다. 그러나 기업은 자신의 돈으로 생산을 수행하는 것이 아니다. 자본주의적 생산이 이루어지기 위해서는 초기에 투자할 수 있는 자본(capital)이 필요한데, 자본주의는 이러한 자본을 모으고 유통시키는 독자적 시장을 필요로 한다. 이를 자본시장(capital market)이라고 부른다. 이러한 특이한 상품들은 다른 상품과 마찬가지로 가격을 가지고 있다. 예를 들어 노동력이라는 상품은 임금이라는 가격, 자본이라는 상품은 이윤(수익률)이라는 가격을 가지고 있다.

그리하여 자본주의적 상품 경제는 인간의 생산물을 판매하는 시장, 즉 생산물 시장 외에도 노동 시장과 자본 시장으로 구성되어 있다. <그림 7-1>는 자본주의 상품경제의 경제주체와 시장의 종류를 들고 있다. 경제 주체로는 기업과 가계가 대표적이며, 유통되는 상품의 범주에 따른 시장은 생산물 시장,

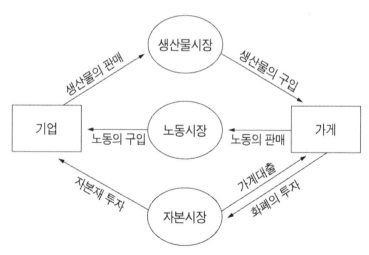

<그림 7-1> 경제학에서 보는 전반적 경제 모형

노동 시장, 자본 시장 등이 있다.

그렇다면 디지털 경제는 자본주의 경제 일반과 어떤 공통점과 차이점을 갖고 있을까? 우선 공통점으로는 디지털 경제 역시 생산-유통-소비의 경제순환에 포섭되어 있다는 점이다. 이 과정에서 상품 범주는 점점 확대되나 이러한 확대는 자본주의의 한 경향으로서 디지털 경제 자체의 특별한 발전 동력은 아니라고 할 수 있다.

그러나 그러한 상품 범주의 확대 과정에서 디지털 경제는 탄생했다. 디지털 경제에서는 생산-유통-소비되는 것의 내용과 형태가 이전의 경제와 구분된다는 점에서 다르다. 즉 생산-유통-소비되는 내용이 정보이며, 특히 그 형태가 '디지털 멀티미디어'라는 점이 다르다. 앞에서도 이미 지적되었듯이 이러한 변화가 가능하게 된 것에는 컴퓨터의 개발로 인한 디지털 기술의 등장과 인터넷의 대중화로 인한 네트워크의 발전이라는 기술적 기반이다.

2) 새로운 가치화 과정 - 가치사슬의 확장

마이클 포터(Porter: 1990)는 가치사슬(value chain)이라는 개념을 통해서 기업이 어떻게 돈을 버는가를 살펴보았다. 그러나 이 개념은 사실상 경제학에서는 매우 오래된 주제인 가치론(value theory)의 문제의식 속에 이미 존재했었다.<그림 7-2>

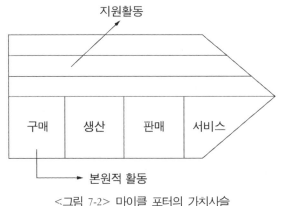

<그림 7-2> 마이클 포터의 가치사슬

구매, 생산, 판매, 서비스의 모든 과정에서 가치가 부가된다. 생산의 아웃소싱으로 생산의 상대적 중요성이 감소한다.

전통적으로 가치이론에서는 문제 삼고 있는 것은 상품의 가치가 시장에서 결정되는 것은 외관상 분명하지만, 그 원천이 명확하지 않다는 점이다. 자본주의가 등장하면서 제기된 중요한 문제의식은 상품은 교환되는 것만으로는 가치가 생산되지 않는다는 점이었다. 아담 스미스가 경제학의 아버지로 불리는 것도, 그가 가치는 교환에 의해 생산되는 것이 아니라 생산되어야만 한다는 점을 지적했기 때문이다.

따라서 산업 경제 시대에는 생산의 측면이 매우 강조되었다. 하지만 상품의 가치형성과정은 생산되는 것만으로 완결되지 않는다. 왜냐하면 상품은 시장 속에서만 존재하므로 시장에서 교환되고 판매되어야 하기 때문이다. <그림 7-3>에서 보듯이 상품의 가치는 생산과정에서 창출(produced)되지만, 교환과정에서 승인(validated)된다. 이 두 가지 조건을 모두 갖추어야만 자본주의에서 인간의 생산물을 생산, 유통, 소비할 수 있다.

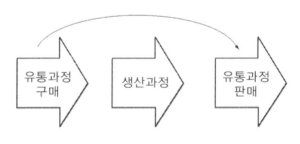

<그림 7-3> 고전파 경제학에서의 가치생산과정의 설명

이전의 산업 경제에서는 상품을 가능한 싸게 생산하여 많이 판매하는 것이 이윤을 증대하는 매우 중요한 과정이었지만, 디지털 경제에서는 이전에 다소 경시되어온 유통의 효율화를 통한 유통비용을 절감하는데서 이윤을 증대하는 것으로 바뀌게 되었다.

디지털 경제에서 이전에 상대적으로 경시되어 온 유통의 측면이 각광받게 된 것에는 디지털 경제의 기반 기술이 유통의 효율화를 이룩하여 유통비용

또는 거래비용을 절감할 수 있었다는 점이 반영되어 있다. 바로 이것을 가능하게 한 것이 생산과 유통의 관련 정보가 디지털화된다는 점이다. 이 점은 비록 앞에서 지적한 디지털 재화라는 새로운 상품의 등장에 파생되는 현상이긴 하나 이와는 구별되는 현상이다.

즉 디지털 자본주의는 그 자신의 고유한 동학에 의해 정보를 디지털화하고, 이를 신속하게 복제, 유통시키는 특징을 가지는데 이러한 기반기술로 인하여 산업 경제의 생산, 유통 정보를 역시 디지털화하여 생산, 유통을 합리화하는 기술로 전환된 것이다. 따라서 디지털 혁명은 단순히 디지털 재화, 사이버 스페이스라는 새로운 영역의 개척에만 그치는 것이 아니라 생산 일반의 생산, 유통 과정을 혁명화하는 효과를 가지게 된다.

3. 수확체증과 관련된 여러 요인들

디지털 경제의 이러한 차이들은 수확체증 현상으로 요약 가능하다. 통상의 경제학의 문헌은 수확체감을 가정한다. 보다 정확히 말하면 비용함수를 가정할 때 한계비용체증을 가정하는 것이다.

경제에서 수확체증 법칙이 차지하는 중요성을 주장한 브라이언 아서(Arthur, 1994)는 현대 경제를 수확체감의 법칙이 관철되는 대량생산의 경제와 수확체증의 법칙이 관철되는 하이테크의 세계로 구분한다. 여기서 수확체증이란 일단 시장에서 성공한 제품이 더욱 크게 성공하는 현상, 또 특정 기술이 시장에 먼저 진입하여 시장을 선점함으로써 그 기술의 시장지배가 더욱 강화되는 승자독식의 현상이라고 정의된다.

아서에 따르면 전통적 경제학은 공급자(기업)와 구매자(소비자)가 음의 피드백을 생산하고 이로 인하여 가격과 생산량의 기대 가능한 구매량이 나타난다고 설명한다(Arthur, 1994: 1). 예를 들어 석유에 대한 수요의 증가는 유가를 상승시키고 유가의 상승은 다시 수요에 음의 피드백을 초래하여 자원의 보존을 강요하고, 공급을 자극하여 석유탐사를 촉진시킨다. 이와 같은 방식으로 자원은 효율적으로 이용된다는 것이다(Dickson, 1995).

그러나 구매자의 수요변화와 판매자의 공급변화는 사실상 해당 시기의 가격에 의해서만 변화하는 것이 아니고 이전 시기의 공급과 수요에도 의존하게 되므로 반복적 상호작용이 발생하여 균형이 아니라 지속적인 불균형이 나타날 수 있다. 균형이 일반적인 것이 아니라 오히려 불균형이 일반적이다. 이제 이러한 관점에서는 실제의 경제에서 어떤 규칙성이 존재한다면 그것은 요소들이 균형으로 모이는 힘에 의해서가 아니라 일종의 경로의존성(path-dependency)으로 설명되어야 한다는 것이다.

이는 부정피드백이 아니라 긍정피드백이 존재하는 것을 의미한다. 이러한 세세에서는 일정한 임계점을 넘어선 제품은 계속해서 성공하며, 그렇지 못한 제품은 계속해서 실패하는 현상이 나타나는데 이를 아서는 수확체증이라고 정의했다. 이러한 수확체증의 현상(또는 승자독식의 현상)의 사례로는 PC 운영 체제(OS)에서 CP/M, DOS, 매킨토시가 경쟁하여 DOS가 대부분의 시장을 점유하게 된 경우가 있다. 이러한 현상은 주로 IT 산업, 즉 디지털경제에서 나타나는 것으로 알려져 있다. 그러나 이 문제를 제기한 아서의 수확체증 개념은 여러 가지 개념의 혼합으로 구성되어 있다. 우선 아서는 수확체증 현상의 이유로 높은 신제품 개발비용, 네트워크 효과, 소비자의 타성을 제시하고 있는데 (Arthur, 1997). 이러한 이해는 경제학에서 일반적으로 알려진 수확체증의 개념 과 다소 다르다.

즉 경제학에서 수확체증은 규모수확체증(IRS: Increasing Returns to Scale), 즉 투입 규모의 증대에 따라 한계생산이 점차 증가하는 것을 의미한다. 이는 생산 요소의 가격이 불변이라고 할 때, 한계비용함수가 우하향하는 것과 동일한 것이다. 만약 한계비용함수가 우하향한다면 평균비용함수는 항상 한계비용함 수의 아래에 놓이게 되며, 이는 자연독점 경향의 비용적 근거가 된다. 이러한 현상은 아서가 말한 수확체증의 세 가지 요인 중 첫 번째 것에 해당한다. 즉 높은 신제품 개발비용은 초기의 높은 매몰비용(sunk cost)과 이후의 매우 낮은 한계비용을 의미하는 것이기 때문이다. 그러나 둘째, 셋째의 이유는 이러한 비용의 문제가 아니다. 아서가 수확체증의 개념을 기존 경제학의 규모수확체 증, 즉 공급차원의 규모의 경제만으로 한정하지 않고, 보다 포괄적으로 사용한 것은 어느 정도 의도적인 것으로 보인다. 이러한 포괄적 사용을 통해 수확체증 이라는 개념으로 디지털경제 또는 IT 산업에서 나타나는 기존 경제학의 함의와 다른 기제인 긍정피드백 현상을 개념화할 수 있기 때문이다.[78]

---

78) 아서의 수확체증에 대한 논의는 경제정책에 중요한 함의가 있다. 수확체증 경제에서

하지만 규모의 경제, 규모수확체증 현상은 디지털경제에만 고유한 것은 아니며 대량생산 경제에서도 특정한 분야에서는 나타났던 현상이다. 따라서 디지털경제에서 특별히 중요한 의미를 가지는 것은 뒤의 요인들이라고 보아야 한다. 특히 두 번째의 네트워크 효과는 네트워크로 묶인 소비자들이 증가할수록 소비자들의 만족도는 더욱 증가함으로써 가치가 증가하는 효과를 가지는 특수한 결과로서 수요측의 규모의 경제이다. 그 효과는 생산과정과 시장과정이 아니라, 네트워크 크기의 함수이다. 이러한 네트워크 효과는 네트워크 효과를 전유하려는 기업의 전략 측면에서(경영학)와 정보통신산업의 특수성(정보통신의 경제학)이라는 측면에서는 많이 연구되었지만 경제학 자체에 어떤 이론적 의미를 부여하는지는 특별한 연구가 이루어지지 않았다. 흥미롭게도 네트워크 효과가 가진 이론적 측면은 금융시장에서 나타나는 다중해를 포함한 균형의 불안정성 문제와 동일한 구조를 가지고 있는데 이 점을 이후에 살펴보기로 하자.

4. 네트워크 효과의 정의와 존재 가능성: 수요의 규모의 경제

Katz & Shapiro(1985, 1994)는 네트워크 효과가 나타나는 제품에 따라 실물네트워크(physical networks), 가상네트워크(virtual networks), 단순한 긍정피드백 현상(simple positive feedback phenomena)의 세 가지로 나누고 있다. 이러한 구분의 기준은 네트워크 내의 제품의 내재적 가치가 얼마나 있느냐에 달려있다. 우선 실물네트워크는 통신네트워크(전화, 팩스)와 같이 단말기 자체로는 아무런 가치를 가지지 않는 경우이다. 따라서 실물네트워크의 경우에는 단말기 간의

는 공공부문의 역할이 오히려 증대한다는 것이다. 즉 공공부문이 수확체증 부문을 수용하여 과소생산되는 것을 막아야 한다. 다시 말하면 시장경제보다 개입경제를 지지하는 효과를 가진다. 통신, 교통, 전력 등이 이러한 사례로서 전통적으로 공공부문이 지배적인 부문이었다. 이는 다른 나라 뿐 아니라 미국에서도 마찬가지다(Sharkey, 1994). 또한 아서의 논의는 네트워크 외부성에 관한 살로너(Saloner)와 패럴(Farrell)의 논의와 함께 미국 정부 대 마이크로소프트의 소송에서 반 마이크로소프트 정책의 논거를 제공하기도 했다(홍성욱, 1999, 384)

정보유통을 위한 공통된 표준이 필요할 것이다. 제품의 내재가치가 크면 클수록, 네트워크 효과의 영향은 작을 것이다. 하나의 단위로는 전혀 가치를 가지지 않는 또 다른 예로는 '언어'가 있을 수 있다. 언어 역시 네트워크 속에서만 의미를 가진다. 그러나 언어가 통신네트워크와 다른 점이 있다면 언어에 대해서는 소유권을 행사할 수 없다는 점이다. 또 다른 사례로서 인터넷의 경우에는 통신네트워크와 같이 일종의 공통의 기술적 표준(protocol)을 요구하지만, 인터넷 사용자는 통신네트워크와 같이 실제로 서로 묶여 있지는 않다는 차이점이 있다. 이런 이유로 인터넷은 실물네트워크라고도, 이후의 가상네트워크라고도 하기 어려운 점이 있다(Lemley & McGowan, 1998). 하지만 위의 사례들은 그 자체로는 가치를 가지지 않고 네트워크 속에서만 가치를 가진다는 점에서 공통성을 가진다. 이는 해당 시스템의 사용자 기반의 크기에 의해 해당 시스템의 가치가 증가하는 것이므로 직접적 네트워크 효과(direct network externalities)를 낳는다고도 말하여 진다.

Katz & Shapiro가 구분한 두 번째의 네트워크는 가상네트워크다. 컴퓨터의 운영체제(OS)와 응용소프트웨어와 같이 네트워크에 소속되지 않고서도 그 자체의 내재 가치를 가지면서, 동시에 네트워크에 소속됨으로서 부가되는 가치를 가지는 경우라고 할 수 있다. 소프트웨어 그 자체로도 가치를 가지지만, 하나의 소프트웨어(예를 들어 흔글 워드프로세서)를 사용하는 사람이 많을 경우 더 많은 자료를 사용할 수 있기 때문에 여기에 기인한 가치의 증가도 있다. 여기서 가능하게 된 자료의 공유(data sharing)는 수평적 기술적 호환성(compatibility)을 필요로 하는 것이지만 팩스네트워크와 같이 실제로 사용자들이 서로 묶여 있어야 하는 것은 아니다.

네트워크 효과가 나타나는 경우로는 두 가지 이상의 시스템(예를 들어 운영체제)간의 호환성 문제만 있는 것은 아니다. 한 시스템 내에서 소프트웨어-하드웨어와 같이 시스템 내 조정(coordination)의 문제와 관련되는 네트워크 효과도 있다.[79] 이때 두 요소가 결합되어 효용이 발생하므로 한 소비자의 행위가 다른

---

79) 이는 앞의 수평적 호환성과 대비하여 수직적 호환성이라고도 부를 수 있다. 그러나 Katz & Shapiro(1994)는 앞에서 사례로 든 시스템 간의 호환성과 구분하기 위해 조정의 문제라고 부른다. 그들은 호환성을 "하나의 시스템에서 작동하는 요소가 다른 시스템에서 작동하는가"의 문제로 정의한다. 예를 들어 면도날과 면도칼의 경우에는 두

소비자의 행위에 직접적으로 영향을 주는 것은 아니다. 그러나 이 경우에도 소비자가 사용기간이 긴 내구재를 소비하는 경우에는 장시간에 걸친 구매행위를 하게 되므로(사용기간 중 유지보수가 필요하거나 여러 번에 걸쳐 구입이 이루어질 경우) 이 때에도 네트워크 효과가 나타날 수 있다. 즉 소비자는 자신의 한 제품(예를 들어 잉크젯 프린트)에 대한 현재의 구매행위가 이후의 같은 짝을 이루는 다른 제품(예를 들어 잉크젯 카트리지)을 구입할 때 고착(lock-in) 됨을 알기 때문에 후속 구입의 상황을 기대하여 처음 구입을 결정하게 된다. 즉 현재 사려고 하는 제품 자체의 특성과 가격에 의해서가 아니라 다른 제품의 특성, 가격에 의해 현재의 소비가 영향을 받는다. 이는 보완재(운영체제의 경우에는 보완재는 응용소프트웨어가 된다)의 사용자 기반(user base)이 증가하여 해당 제품의 가치가 증가하는 경로를 거치므로 간접적 네트워크 외부성(indirect network externalities)을 가진다고 말해진다. 따라서 이를 하드웨어-소프트웨어 패러다임이라고 불린다. 하드웨어-소프트웨어 패러다임에 속하는 경우로는 비디오 게임(비디오 게임기와 게임프로그램), 신용카드 네트워크(신용카드와 신용카드를 수용하는 상인), 내구장비와 수리서비스(장비와 수리), 타이프라이터(키보드와 타이프라이트에 대한 숙련) 등이 있다.

마지막으로 단순한 양의 소비외부성(positive consumption externalities)으로는 내구소비재(자동차 등)와 같이 유지보수의 필요가 있는 제품의 경우 유지보수 네트워크의 크기에 따라 소비행위가 영향을 받는 경우가 있다.

소비자가 포함된 네트워크의 크기에 따라 소비행위가 영향을 받는다는 네트워크 외부성은 그 원인이 어떻든지 이 네트워크라는 속성에서 유래한 네트워크 법칙이라는 독특한 법칙이 나타난다는 점에서는 동일하다. 이 독특한 법칙은 일종의 수확체증 현상, 규모의 경제라고 할 수 있으나 이는 생산의 비용 특징에서부터 나타나는 것이 아니고 소비자, 즉 수요 측면에서 나타나기 때문에 수요측 규모의 경제라고 구분해서 명명되고 있다. 이러한 수요측 규모의 경제가 네트워크 외부성이라고 불린다.

이것이 외부성[80]이라고 불리는 이유는 시장기구의 외부에서 나타나는 효과

문제가 다 존재한다. 한 브랜드의 면도날과 면도칼이 서로 짝이 맞는가의 문제라면 조정의 문제인데, 다른 브랜드의 면도날과 다른 브랜드의 면도칼이 서로 짝이 맞게 되는가는 호환성의 문제가 된다.

이기 때문이다. 마샬(A. Marshall)은 기업 내부의 수확체감을 가정하면서 이와 상대적인 개념으로서 기업 외부의 지역에서 나타나는 규모의 경제(외부 경제: external economy)라는 용어를 사용한 바 있다.[81] 이 역시 시장 기구를 통해 발현 되는 것이 아니므로 외부성의 한 종류라고 간주해도 될 것이다.

이러한 외부성 중에 네트워크와 연관된 외부성이 네트워크 외부성이다. 네 트워크 외부성은 "재화를 사용함으로써 얻어지는 사용자의 효용이 그 재화를 사용하는 다른 사용자의 수에 따라 증가하는 현상"(Katz & Shapiro, 1985: 424)으 로 정의된다.[82] 예를 들면 소비자의 가전제품 등의 선택행위에서 시상에서 많이 팔리는 제품을 선호하는 현상이 그러하다. 여기서 중요한 것은 개별 소비 자들의 선택이 그 재화의 품질이나 가격이 아니라 다른 소비자들의 선택 행위

---

80) 외부성란 "어떤 경제 주체의 소비나 생산 행위가 대가의 지불 없이(시장기구를 통하 지 않고) 다른 소비자의 후생 또는 기업의 생산성에 시장기능을 통하지 않고 직접적으 로 영향을 미치는 경우"를 지칭한다. 이러한 외부성은 경제학에서는 이웃집의 정원을 무료로 감상하는 경우 공해로 인해 강 하류의 유원지가 피해를 보는 경우 등의 예를 들 수 있다. 전자의 경우 비용을 지불하지 않고 효용이 발생하므로 양(+)의 소비 외부성에 속하는 반면, 후자의 경우 공해로 인한 피해가 있으나 이를 보상받을 수 없으므로 음(-)의 외부성에 속한다.

81) 마샬은 기업 내부에서의 규모의 경제를 내부 경제, 기업 외부, 즉 지역 단위의 규모의 경제를 외부 경제라고 불렀다. 따라서 마샬이 가정한 기술 특성은 내부불경제와 외부 경제의 공존이었다. 이러한 가정을 통해서 당시의 경쟁적 시장조직의 현실과 이론을 조화시킬 수 있었던 것이다(시오자와, 1997, p.328)

82) 네트워크 효과에 대한 또 다른 연구는 시장실패를 함의하는 네트워크 외부성의 개념 대신 네트워크 효과라는 개념을 사용하기를 제안한다(Liebowitz & Margolis, 1994). 이들에 의하면 Katz & Shapiro(1985)의 정의는 네트워크 효과를 의미하는 것이며, 네트 워크 외부성은 네트워크 효과 중에서 시장실패와 관련된 부분만으로 엄격하게 정의 해야 한다는 것이다. 왜냐하면 네트워크 효과는 보다 일반적으로 관찰되는 것이나 네트워크 효과가 있다고 해서 시장실패가 항상 나타나지 않기 때문이다. 따라서 그들 은 네트워크 외부성을 "네트워크 참가자들 간의 교역에서 수취되지(unexploited) 않은 이득을 산출하는 특수한 네트워크 효과"라고 정의한다. 이러한 차이는 정의상의 차이 로 보이나, 사실상은 네트워크 효과가 시장실패를 의미하는 것은 아니라는 견해이며, 결국 시장주의자의 견해로 귀결된다. 따라서 같은 네트워크 효과를 연구한다고 해도 시장 실패와 정부 개입 등에 대해 같은 견해가 나타나는 것은 아니다.

에 영향을 받으며, 또 준다는 사실이다. 유사한 개념으로 역마차 효과(band-wagon effect)와 기대충족적 균형(fulfilled expectation equilibrium)이라는 것이 있는데 전자는 다수의 대중의 행동양식을 따라가는 경향을 지칭하고, 후자는 다수의 사람들이 이럴 것이라고 예측하면 그것이 실현되는 현상을 지칭한다. 이러한 현상들은 모두 네크워크 외부성에서 유래한다고 할 수 있다.

5. 시장실패로 귀결되는 네트워크 외부성의 설명 모델들

그렇다면 네트워크 외부성은 왜 발생하는가? Katz & Shapiro(1994)가 제시한 기대, 조정, 호환성이라는 세 가지의 요인을 중심으로 그 논리를 살펴보고 경제학적 의미를 살펴보자.

먼저 기대의 문제는 소비자의 의사결정에의 변수 중에는 해당 제품의 가격뿐 아니라, 해당 제품의 향후 부품의 가격, 다른 소비자의 구매 등으로 인한 해당 제품의 효용의 증가 등에 대한 기대 등이 있다는 것이다. 이러한 기대는 미래에 대한 기대이므로 합리적 기대를 전제하여도 다중 균형해, 또는 균형의 부재가 나타날 수 있다. 불확실성이 존재할 경우에는 어떤 시장이든지 (예컨대 금융시장의 경우) 합리적 기대하에서도 다중 해가 나타나는 점은 이미 잘 알려져 있다. 여기서의 특징은 불확실성의 내용이 네트워크의 규모와 관련된다는 점이다. 다중 해 또는 균형의 부재는 시장기능의 비효율성을 의미한다.

둘째, 조정의 문제는 실제의 네트워크에 속하지 않더라도 하드웨어-소프트웨어와 같이 서로 짝을 맞추어야 작동하는 시스템의 경우에 나타난다. 여기서도 시스템 내 한 요소(예컨대 하드웨어)에 대한 소비자의사 결정에서 기대는 중요한 역할을 수행하지만, 이때의 기대는 일차적으로는 네트워크의 규모에 대한 것이 아니라 시스템 내의 다른 요소(예컨대 소프트웨어)의 미래(가격, 품질, 호환성)에 대한 기대가 된다. 그런데 소프트웨어의 가격에 영향을 주는 것이 하드웨어의 네트워크 규모이고, 소프트웨어 가격은 하드웨어 구매에 영향을 줄 경우 하드웨어의 규모는 하드웨어의 수요에 영향을 주므로 네트워크 효과가 나타난다고 할 수 있을 것이다. 따라서 이 경우에도 시장실패가 나타날 수가 있는 것이다.

네트워크 외부성은 호환성에서도 나타날 수 있다. 여기서 호환성이라 함은 시스템 내부의 하드웨어-소프트웨어의 호환성이 아니라, 여러 시스템들의 요소간 호환성이다. 호환성 문제는 시스템 간의 경쟁(systems competition)으로 인해 나타나는데 시스템 경쟁의 주요 결정 요인이 네트워크 외부성인 것이다. 네트워크 외부성이 존재하므로 시스템은 기울임(tipping)이라는 현상을 나타내어 다양한 시스템이 하나의 시스템으로 표준화하는 현상을 보인다. 그러나 하나의 시스템이 표준 시스템으로 통합되어 경쟁을 종식시키는 과정 또는 그 결과가 항상 효율성을 보장하는 것은 아니다.

1) 단일 네트워크에서 기대의 역할

앞에서 본 바와 같이 실물의, 또는 가상의 네트워크 그리고 내구소비재 등에서 네트워크 외부성이 존재한다고 하면 이는 경제의 후생에 어떤 영향을 미칠 것인가? Economides & Himmelberg (1995)가 제시한 모형을 이용하여 이 문제를 살펴보자. 모형은 기존의 미시경제학적 전제(합리적 개인의 극대화라는 목적함수를 가진)에 네트워크 외부성과 충족적 기대(fulfilled expectations)을 도입하여 기대충족적 다중해(multiple fulfilled expectations equilibria)를 보여준다.

기존의 미시경제학에서 가정하는 소비자 개인의 효용함수로부터 도출되는 수요함수는 아래와 같다.

$n = f(p) \ f' < 0$

(여기서 n은 최초로 구축된 사용자기반(installed base), 즉 네트워크의 규모로서 공급하는 재화의 양과 같다)

만약 네트워크 외부성이 존재한다면 소비자의 소비행위는 해당 네트워크의 규모 기대(n^e)에 의해 영향을 받을 것이다. 따라서 수요함수는 다음과 같이 변형된다.

$n = f(p; n^e)$

이 수요함수는 p에 대해서는 우하향하며, n^e 이 변함에 따라 수요함수 자체가 상향이동한다. 이를 p에 대해 정리하면,

$p = p(n; \ n^e)$ 가 된다.

이 식은 n^e에 따라 다양한 수요함수를 발생시킨다. 즉 $p=p(n, n_1^e)$는 소비자가 기대하는 네트워크의 규모가 n_1^e 일 때의 최초 사용자 기반 n과 소비자가 지불하려는 가격 p의 관계를 나타낸다. 이 관계는 우하향하는 곡선을 만들 것이다. 또한 소비자가 기대하는 네트워크 규모가 n_1^e 보다 크다(예컨대 n_2^e)면 지불하려는 가격은 더욱 높아진다. 따라서 우하향하는 수요곡선 자체가 상향 이동할 것이다. <그림 7-4>에서의 균형E_1은 $p=p(n, n_1^e)$에서 n_1^e이 n과 동일한 경우를 나타낸다. 즉 기대가 실제의 최초 사용자기반과 일치하는 충족적 기대인 것이다. 여기서 n^e은 실제의 네트워크 규모(n)와 같아진다.

각각의 기대 네트워크 규모가 변함에 따라, 기대가 실현될 경우의 궤적을 그린 것이 위로 볼록한 그래프이며, 이 곡선은 기대충족적 수요(fulfilled expectations demand)라고 부른다. 이 곡선이 <그림 7-4>에서와 같이 0에서 출발하여 위로 볼록하게 된 것은 추가적인 몇 가지 가정을 첨가했기 때문이다.

우선, 네트워크가 0일 경우 그 가치도 0이라고 가정했다. 즉 간접적 외부성이 아니라 직접적 외부성을 가정하는 셈이다. 만약 간접적 외부성을 고려하려면 네트워크 규모가 0이어도 일정한 내재가치를 가지는 것으로 보아야 한다. 그 내재가치를 k라고 하면, <그림 7-5>에서와 같이 네트워크 규모가 0일 때에도 소비자가 지불하려는 가격은 k에서 출발한다.

둘째, 네트워크가 소규모일 경우 강한 양의 외부성이 발생하며, 규모가 계속 증대할 경우 일정한 임계점을 넘어서서부터는 외부성의 효과는 소진된다고 가정했다. 이러한 가정은 네트워크가 무제한의 규모로 커지는 결과를 낳지 않게 하기 위해서 도입되었다.

이러한 가정 하에서 그려진 곡선에서 볼록한 정점의 우측은 일반적으로 가정하는 수요곡선과 다를 바가 없다. 즉 외부성이 존재하지 않는다면 충족적 기대가 큰 역할을 하지 않는다는 점을 암시한다. 반면 좌측은 일반적 가정과 크게 다른 수요곡선을 보여주고 있다. 이 곡선의 모양은 제4절에서 설명한 네트워크 외부성의 특징과 동일한 내용을 보여준다. 즉 소비자는 기대 네트워크가 커질수록 보다 높은 가격을 지불할 의향을 가지는 것이다. 정점을 지나서부터는 기대 네트워크가 커지더라도 양(+)의 외부성이 존재하지 않으므로 높은 가격을 지불하는 것이 아니라 지불하려는 의향은 더 낮아진다. <그림 7-5>에 제시된 기대충족적 수요곡선은 충족적 기대와 네트워크 외부성이 존재할 때의 균형해에 대한 분석의 단초를 제공한다. 우선, 완전경쟁적 산업구조를

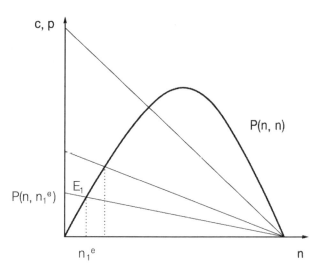

<그림 7-4> 기대충족적 수요곡선(fulfilled expectations demand: P(n,n))

출전 : Economides & Himmelberg (1994)

상정하고 따라서 기업의 공급곡선(=한계비용)이 c로서 직선으로 주어져 있다고 하자(한계비용을 불변하는 것으로 가정하는 것은 네트워크 재화가 규모의 경제 특징을 보이는 것을 반영한 것으로 현실적 가정이라고 볼 수 있다). 만약, c(한계비용) > c^0 이라면 제시된 가격이 소비자가 지불하려는 최대한도의 금액보다 높으므로 유일한 균형은 네트워크 규모가 0일 것이다. 두 번째로 k < c < c^0 라면 두 개의 균형(복수해)가 존재한다. c < k라면 하나의 해만 존재하며 이는 안정적이다.

또한 이 모형을 통해 우리는 완전경쟁이 사회적으로 최적인 네트워크 규모보다 적은 규모에서 균형에 도달한다는 점, 독점과 독점적 경쟁 어떤 것도 완전경쟁의 그것보다 더 작은 규모의 네트워크만을 공급한다는 점도 보일 수 있다. <그림 7-5>의 기대충족적 수요함수를 기초로 하여, 사회적 한계순편익(social net marginal benefit)과 독점과 과점적 시장조직 하에서의 공급곡선을 통해서 사회적으로 바람직한 최적의 네트워크 규모의 공급(n^w)은 완전경쟁시장에서 결정된 네트워크 규모(n^0)보다 더 크며, 독점에서 결정되는 균형 네트워크의 크기는 완전경쟁의 그것보다 작고, 과점에서는 독점과 완전경쟁의 네트워크 크기의 중간에서 균형에 도달한다는 것을 알 수 있다.[83]

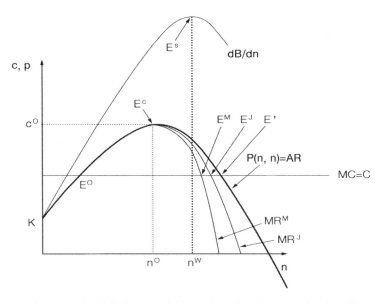

<그림 7-5> 기대충족적 수요함수와 복수균형, 그리고 독점과 과점에서의 생산량

이 모형이 의미하는 것은 두 가지이다. 첫째는 네트워크 외부성이 있으면 복수 균형이 발생한다는 점이다. 둘째는 완전경쟁이 비효율성을 산출한다(독점과 과점은 더욱 그렇다)는 점이다. 첫째와 둘째는 모두 시장실패를 의미하는데, 전자의 경우에서는 시장과정을 통해서는 두 개의 복수 균형 중 보다 나은 해로 이동할 필연성이 없으며, 후자의 경우에서는 사회적으로 최적의 네트워크 규모를 확보하는데 시장이 실패한다.

첫째, 두 개의 해(E^0, $E^{'}$) 중 파레토우월한 균형인 $E^{'}$로 이동한다는 보장이 없다. 왜냐하면 과소생산된 E^0 역시 역시 하나의 균형해이기 때문이다. 기대가 경제적 의사결정의 변수로 작용하는 합리적 기대 모델에서도 불확실성이 존재하면 복수의 해가 가능해지게 되는데 이는 기대가 자기충족적 속성을 가지고 있기 때문이다. [84]

83) 보다 자세한 것은 Economides & Himmelberg (1995)의 제2절 참조.

84) 동일한 논리구조는 '합리적 거품'(rational bubble)에 대한 논의에서도 발견된다. 주식 시장에서 발생하는 합리적 거품 역시 합리적 기대를 전제함에도 불구하고 불확실성 하에서는 충족적 기대가 나타나고 이는 다수해를 출현시킨다. 다수해 중에서 하나의

둘째, 네트워크 외부성이 있는 경우 사회적 이득이 사적 이득보다 더욱 증가하게 된다. 시장 기구에서는 사적 한계비용(PMC) = 사적 한계편익(PMB)이 동일한 지점에서 공급이 이루어지게 되는데, 네트워크 외부성으로 인해 이 지점에서는 사회적 한계편익(SMB)이 사적 한계비용보다 더 높다. 즉 사회적 최적 생산량(SMB=PMC)보다 더 적은 양만이 공급된다. 네트워크의 경우 시장적 경쟁 상태에서도 사회적으로 최적인 네트워크의 규모보다 더 작은 규모의 네트워크만이 형성된다.

2) 단일 시스템에서 조정의 문제

통신과 같이 실물네트워크가 아닌 경우에도 네트워크 외부성이 나타날 수 있다. 이는 간접적 네트워크 외부성이라고 부르는데, 이러한 현상이 어떻게 나타나는가를 살펴보자. 하나의 시스템 내에 하드웨어-소프트웨어와 같은 구성요소간 조정의 문제가 있을 경우 소비자의 소비행위가 시스템 내의 해당 제품의 네트워크의 규모에 의해 직접적으로 영향을 받는 것은 아니나, 궁극적으로는 (또는 간접적으로는) 해당 제품의 네트워크 규모가 해당 제품의 효용과 수요에 영향을 준다. Katz & Shapiro(1994: 99, note 8)의 간략한 설명을 따라보자.

소프트웨어(예를 들어 비디오게임 소프트웨어)의 가격은 하드웨어 네트워크(비디오게임 플레이어)의 규모에 의존한다고 하자. 즉 하드웨어 네트워크가 커지면 소프트웨어 수요가 커지고 '만약 소프트웨어의 생산함수가 규모의 경제'현상을 가지고 있다면 소프트웨어 가격은 하드웨어 판매규모에 반비례하게 된다.

즉 $P_{s/w} = f(N_{h/w})$ $f' < 0$

또한 하드웨어 수요는 소프트웨어의 가격에 대한 기대에 영향을 받는다. 만약 잉크젯 프린트의 유지비용을 점하는 카트리지 가격이 싸진다면 그 잉크젯 프린터를 더 많이 수요하게 될 것이다. 즉 하드웨어 수요는 하드웨어 가격과

균형으로 이동시키는 것은 제도의 역할이다. 합리적 거품에 대해서는 Blanchard & Fisher(1989)를, 합리적 거품 형성에서의 제도의 역할에 대해서는 Orlean(1989)를 참조

소프트웨어 가격의 함수이다.

$$D_{h/w} = f(P_{h/w}, \; P_{s/w}(N_{h/w})) \quad f'_{P_{h/w}} < 0, \; f'_{P_{s/w}} < 0$$

따라서 하드웨어 수요는 하드웨어 판매 규모에 간접적으로 정(+)의 영향을 받는 것이다. 결국 여기서도 네트워크 외부성이 발생하기 때문에 앞에서 본 바와 같은 복수해가 발생하며, 시장의 결정은 효율성을 상실할 것이다.

3) 시스템 경쟁과 호환성

이제 단일 시스템의 네트워크 외부성이 아닌, 여러 시스템이 서로 경쟁하는 상황을 살펴보자. 네트워크 효과를 가지는 두 개의 시스템 중 어떤 것을 선택하느냐는 문제 역시 소비자의 기대로 인해 복수 해를 초래한다. Farrell & Saloner(1985)의 설명을 응용하여 이를 살펴보자.

두 명의 소비자가 비호환적인 경쟁하는 시스템을 선택하는 문제가 있다고 하자. 제1의 기술을 선택할 때의 효용은 v(x)라고 하고, 제2의 기술을 선택할 때의 효용이 u(x)라고 하자. 여기서 x는 네트워크의 규모이다. 단순화를 위해 두 명의 소비자만 있다고 할 경우 x는 0, 1과 2로만 구성된다.

네트워크 외부성이 있다고 하면, u(2)>u(1), v(2)>v(1)이라고 표현할 수 있다. 즉 소비자는 각 시스템 내에서는 규모가 클 경우 효용이 증가한다. 그리고 두 명의 소비자가 하나의 시스템을 선택할 경우는, 2개의 별개의 시스템을 각각 선택할 때 보다 어떤 경우라도 더 효용이 증가한다고 하자. 그러면 u(2)>v(1), v(2)>u(1)이 된다(Tirole, 1993: 406).

이러한 상황에서 동질적 선호를 가진 두 소비자가 시스템, u, v를 동시에 선택하는 비협조게임을 상정해보자. <표 7-1>은 위의 조건을 충족하는 사례를 제시하고 있다.

<표 7-1>는 소비자가 각각 별개의 시스템을 선택할 경우 보다, 동일한 시스템을 동시에 선택하는 경우 효용이 더욱 증가함을 보여준다. 즉 네트워크 외부성이 존재하는 것이다. 이 보수행렬에서의 전략균형(내쉬균형)은 (u,u), (v,v)의 두 개가 존재한다. 즉 두 소비자가 모두 u, 또는 v 중 하나의 시스템을 선택하는 두 개의 전략균형이 존재한다.[85]

<표 7-1> 두 소비자의 시스템 선택에 관한 보수

		소비자2	
		시스템 u	시스템 v
소비자1	시스템 u	(5,5)	(2,2)
	시스템 v	(2,2)	(3,3)

이는 하나의 시스템이 최초의 우세를 확보하면 그 시스템이 다른 시스템을 추월하게 되는 현상, 즉 일정수준을 넘어서면 경쟁하는 두 시스템 중 하나로 통합되는 경향으로 기울임(tipping)이라 부른다(Farrell & Saloner, 1986; Katz & Shapiro, 1992). 그러나 두 시스템 중 어느 쪽으로 기우는지는 우연에 의존하며 두 시스템의 성과에 기인하는 것은 아닐 수 있다. 실제로 이는 u(2)>v(2)라 하더라도 마찬가지다. 그러므로 이 모형은 복수의 전략균형으로 인해 파레토 우월해로 이동하는 것에 실패함을 보여준다.[86]

만약 두 시스템 간의 경쟁으로 인해 하나의 시스템으로 기울게 된다면 다른 시스템은 소멸하게 될 것이다. 이러한 사례로는 VHS와 베타의 표준 대립 등이 대표적 사례로 꼽힌다. 하지만 실제의 표준 경쟁의 역사를 살펴보면, 두 개의 시스템이 동시에 공존하는 경우도 없지 않다. 예를 들어 MS 윈도즈와 매킨토시 O/S의 경우는 비록 MS 윈도즈가 개인용컴퓨터의 운영체계 시장을 장악하고 있다 할지라도 매킨토시 역시 시장의 일부는 확보하고 있다. 이 경우는 기울임에도 불구하고 다른 시스템이 소멸하지 않은 사례가 된다. 이는 제품차별화와

---

85) 전략균형은 두 가지가 있다. 하나는 지배전략균형(DSE)으로서 상대방의 선택과 상관없이 선택하는 자신의 최적 균형이며, 다른 하나는 내쉬균형으로서 상대방의 선택에 따라 자신이 어떻게 최적 선택을 하느냐이다. 위의 사례에서는 지배전략균형은 존재하지 않고, 내쉬균형이 (u,u), (v,v)로 존재한다.

86) 만약 두 개의 시스템 u, v가 시간적으로 다른 경우는 과도지체(excess inertia)와 과잉추진(excess momentum)을 설명할 수 있다. 즉 파레토우월한 시스템이 v인데도 기존의 시스템 u으로의 기울임이 계속 유지된다면 이는 과도지체이며, 파레토우월한 시스템이 u인데도 새로운 시스템인 v로 이동하게 되는 것이 과잉추진인 것이다. 다시 말하여 두 개의 내쉬 균형은 시스템 표준의 이동 현상이 항상 보다 효율적인 표준으로 이동하는 것이 아니라, 상황에 따라 비효율적인 시스템이 장기적으로 존속할 수도 있고, 상황에 따라 새로운 시스템이 성숙되기 전에 조기에 도입되는 문제도 발생할 수 있다는 점을 보여준다(Farell & Saloner, 1986).

소비자의 선호가 이질적인 것에 기인한다고 설명된다.

이와 같은 이질적 시스템의 존재는 두 시스템간 호환성(compatibility)을 확보하려는 유인을 유발할 수 있다. 그러므로 시스템 경쟁에 관한 논의는 경쟁하는 시스템이 호환성을 확보하게 될 때의 이익과 손해에 대한 논의로 이어졌다. 호환성의 이점으로는 두 개의 경쟁하는 시스템이 호환적이게 되면 두 개의 시스템 각각에 가입한 총 가입자가 증가함으로써 네트워크 효과가 나타난다는 점을 들 수 있다. 뿐만 아니라 호환됨에도 불구하고 차별화된 기능을 하고 있기 때문에 다양성을 훼손하지 않는다는 장점이 있다. 그러나 반대로 단점으로는 표준의 경향이 강화될 경우 다양성이 상실된다는 점과 호환성이 불완전하게 될 위험, 또 호환을 위해 어댑터 장착에 따른 비용의 문제가 있다는 점을 들 수 있다(Katz & Shapiro, 1994: 109-110). 생산자는 이러한 비용과 편익을 비교한 후 호환성의 채택여부를 결정할 것이다.

6. 네트워크 외부성의 함의와 외부성의 내부화 전략 또는 파레토우월해로의 이동

지금까지 세 가지로 나누어 논의한 네트워크 외부성은 신고전파 시장이론에 어떤 함의를 가지는가? 그것은 기존의 경제학에서 전제하는 단일한 최적해가 아니라, 복수해가 존재하며 다수해 중 파레토우월해가 선택될 이론적 보장이 없다는 것이다. 복수해 중에서 후생적으로 더 우월한 해가 시장의 작용에 의해 채택될 보장이 없다는 점에서 시장은 효율적으로 작동하는데 실패한다. <표 7-2>는 각 경우에서의 네트워크 외부성의 효과가 다르게 발현됨에도 불구하고 모두 동일한 귀결이 초래한다는 점을 요약하고 있다.

<표 7-2> 시장실패를 야기하는 네트워크 외부성의 다양한 형태

	시스템 내부, 간	네트워크 효과의 종류	균형해
기대	단일 시스템	직접 네트워크 외부성	다중해
조정	단일 시스템(다중 요소)	간접 네트워크 외부성	다중해
호환성	시스템 경쟁	기울임(tipping)	다중해

시장의 실패는 두 가지로 요약된다. 첫째 하나의 시스템 내에서는 네트워크 외부성으로 인한 과소생산의 가능성이 있다. 둘째는 시스템간 경쟁의 경우 우월한 해(시스템)가 필연적으로 채택된다는 보장이 없다는 점이다.

네트워크 외부성이 존재할 경우, 합리적 기대균형이 복수로 존재한다. 극단적인 예를 들면 아무도 팩스를 사지 않은 상태에서는 하나의 팩스를 가지는 것은 아무 가치가 없으므로 합리적 기대 하에서 아무도 팩스를 사지 않는 0의 판매(이것도 자기충족적 균형이다)가 나타날 수 있으며, 또한 모든 잠재적 소비자가 네트워크에 있고 다른 소비자가 팩스를 살 것이라고 기대하면, 팩스는 한계효용>한계비용이 되어 모든 잠재적 소비자가 팩스를 구입하는 경우(이것도 자기충족적 균형)도 있다. 여기서 후자의 균형이 명백히 후생적으로 우월하다. 그러나 전자의 균형이나 후자의 균형 중 어떤 것이 채택되는가는 시장의 원리에 의해서가 아니라고 우연한 역사적 사건에 의해, 또는 선점 효과 (first-mover effect)에 의해 결정된다. 우연성이 개입하므로 기업의 전략적 행동은 매우 중요하게 될 텐데 문제는 이 과정에서 과소생산이 일어나거나, 열등한 제품이 채택될 가능성이 있다는 점이다.

앞의 시장 실패의 경우에 따라, 두 개의 내쉬 균형에서 파레토우월해로 이동하는 것은 두 종류가 있을 것이다. 즉 시장의 실패는 하나의 네트워크 내에서 과소생산과 두 개의 시스템 중 열위의 시스템으로 통합이 일어나는 경우 등에서 제기되므로, 시장 실패의 해소는 네트워크 내에서의 과소생산이 해소되는 것과 두 개의 시스템에서 우월한 시스템으로 이동하는 것이 된다. 보조금/조세 정책 등의 정부개입은 파레토우월해로의 이동에 기여하는 것으로 알려져 있고 이는 정부개입의 이론적 근거가 되었다.

정부보조금 정책의 대표적 사례는 인터넷의 개발(또 TCP/IP의 표준 개발)을 들 수 있다. 인터넷은 1960년대에는 미국방성에 의해 지원되었고, 1980년대 중반에는 미국과학재단(NSF)에 의해 지원되었다(Mackie-Mason & Varian, 1994). 정부기관이 인터넷 개발과 운영과정에 자금을 댄 것은 일종의 보조금 정책이라고 할 수 있는데 만약 이러한 역사적 조건이 없었다면 현재와 같은 인터넷의 광범위한 보급이 없었을 것이라는 점은 일반적으로 합의되고 있다. 다시말하면 정부의 보조금 정책이 네트워크 산업의 과소생산을 방지하여 충분한 공급을 보장했고 이는 사회적 후생을 향상시켰던 것이다. 또한 통신시장에서 광범위하게 발견되는 정부의 직접 개입은 네트워크 시장에서 일반적으로 나타나는 외부성과 밀접한 연관이 있다고 보아야 한다. 자유방임주의를 상대적으로 많이 강조하는 미국도 통신시장에 대해서는 직접 규제정책을 쓰고 있는데, 예를 들어 FCC(Federal Communications Commission)에서 통신산업을 규제하는 경우가 그러하다. FCC는 통신산업의 표준(예컨대 칼라TV의 표준 등)에 대해서 개입할 뿐 아니라, 시장구조 전반에 걸쳐 개입하고 규제한다.

그러나 최근의 경영학 논의는 만약 외부효과를 내부화할 수 있는 기업 전략상의 방법이 있다면 정부 개입 없이도 외부성의 부작용이 해소되어, 파레토우월해로 이동할 수 있을 것이라는 점을 강조한다. 외부성으로 인한 비효율적 자원배분에 대한 방안으로, 조세/보조금 정책, 소유권을 통한 해결, 이해 당사자의 협상, 교섭 등이 있는데 이 중 조세/보조금 정책을 제외한 소유권의 통합, 이해당사자간의 협상 등이 이러한 방법이 된다. 그 중 소유권의 통합은 제3자의 개입을 초래하지 않고서 네트워크 외부성으로 인한 비효율이 극복되는 방법으로 주목되고 있는데 이는 기업의 경영전략과 맞물려 있기 때문에 더욱 중요하게 취급되었다. 예를 들어 하드웨어-소프트웨어 패러다임에 관련된 간접적 네트워크 외부성의 경우 하드웨어 생산자와 소프트웨어 생산자가 통합되어 있다면 하드웨어 가격을 낮춰 많이 팔아 소프트웨어를 더 많이 팔 수 있고 이로부터 이익을 얻을 수 있기 때문에 분리된 경우의 균형 공급량보다 더 많이 공급하려고 할 것이다. 일단 유인이 이와같이 확보되어 있다면 제일 중요한 것이 네트워크를 확대하려는 기업의 전략이 믿을 만하다는 소비자의 확신을 확보하는 일이다.

이를 위해 기업이 수행하는 전략으로는 이차공급자활용(second sourcing)을 통해 소프트웨어 시장을 사실상 공개하거나, 하드웨어를 팔지 않고 렌트하여 하드웨어 가격의 변동에 대해 소비자를 보호하는 것(vendering), 하드웨어 업체와 소프트웨어 업체간 전략적 제휴, 합작투자(joint venture)의 설립, 또는 수직적 통합(vetical intergration)을 하는 방법, 아예 네트워크 투자가가 대규모 투자(sunk investment)를 감행함으로써 소비자에게 약속하는 방법, 침투가격(penetration pricing) 과 같이 하드웨어를 원가보다 싸게 판매하여 네트워크를 대규모로 만들고 이로 인하여 소프트웨어 시장이 확대되면 규모의 경제 상태인 소프트웨어는 보다 싼 가격에 공급될 수 있게 하는 방법, 기업의 명성이 일종의 인질(hostage)이 되어 장기적으로 소비자의 신뢰를 확보하는 방법 등이 있다(Katz & Shapiro, 1994, pp.103-104).

또한 네트워크 접속가격이 네트워크 크기에 의존하여 조정되도록 하는 정교한 가격정책을 통해 역마차 효과(bandwagon rolling)을 확보하는 방안도 있다(Dybvig & Spatt, 1983). 심지어는 불법복제를 허용함으로써 네트워크의 규모를 확대하는 것이 불법복제의 손해보다 큰 이익을 가져다 주므로 불법복제를 허용하는 전략, 일반화하자면 무임승차자를 허용하는 것이 더욱 이익이 된다는 연구도 있다(Conner & Rumelt, 1991). 반면 기술의 조기공표(preannouncement)는 기존 네트워크에의 고착을 증가시키는 전환비용의 상승을 초래한다는 연구 결과도 있다(현정석, 현진석, 2000). 제3자적 규제를 회피하면서도 비시장적 방식으로 표준을 자발적으로 설정하는 과정의 예로는 산업표준을 결정하는 표준위원회의 활동을 들 수 있다. 예를 들어 ANSI(American National Standards Institute) 또는 ISO(International Organization for Standardization) 등이 그러하다 (Farrell & Salona, 1988).

마지막으로 네트워크를 이미 보유한 기업은 지속적 업그레이드를 예고하면서 소비자를 그 네트워크에 묶어 두는 전략을 취할 수 있다. 이러한 전략 중 하나가 일시적 독점(transient monopoly)인데 대표적인 사례가 마이크로프로세서를 만드는 인텔사의 전략이다.[87]

이와 같이 네트워크 외부성에 대응한 기업의 전략은 매우 다양하지만 그 본질은 네트워크 외부효과를 내부화하는데 있다. "네트워크 투자자가 보다 커진 네트워크로부터 발생한 이익을 전유(capture)할 수 있다면 네트워크 소유권이 네트워크 외부성을 극복하기 위한 가장 효과적인 방법이다."(Katz & Shapiro, 1994: 102). 그것은 바로 네트워크 외부효과를 기업이 전유하는 문제인 것이다. 특히 네트워크 외부성은 소비행위로부터 야기되는 외부성인데 이를 소비자가 아니라 기업이 전유한다. 네트워크 경영학에서 주목하는 것은 이러한 외부성이 기업 이윤의 새로운 원천이 된다는 사실에 있다.

---

87) 퍼서날 컴퓨터의 마이크로프로세서를 만드는 인텔사는 286칩을 만들 때 개방시스템을 채택하여 AMD(Advanced Micro Devices)와 Cyrix 사에 라이센스를 허용했다. 그러나 386칩부터는 독점 생산하였는데 AMD사가 매우 급속히 모조품(clone)을 만들어 시장을 잠식해 들어오자, 인텔은 연구개발을 더욱 가속화하여 신제품을 보다 빨리 출시하고 기존 제품의 가격을 급락시키는 정책을 통해 인텔의 마이크로프로세서 네트워크의 규모를 계속 유지하였던 것이다. 이러한 전략이 일시적 독점전략이라고 할 수 있다(Purohit, 1994, 393).

네트워크 외부효과를 전유하기 위한 기업의 전략적 행위, 또 이러한 전략적 행위가 초래하는 결과는 사실상 신고전파경제학에서 상정하는 추상적 시장이 효율성을 제고시키는데 항상 성공하는 것은 아니라는 점을 역설적으로 알려준다. [88]

7. 추가된 경제적 이득의 분배

네트워크 외부성은 그 경제적 결과로서 긍정 피드백이라는 현상을 낳는다.(Shapiro & Varian, 1999: 193). 이는 강자는 더욱 강해지고, 약자는 더욱 약해진다는 현상이다. 이와 반대의 개념이 부정 피드백이라는 현상이다. 부정 피드백이란 강자의 경우 비효율의 부작용이 발생하고, 약자의 경우 성공할 확률이 많아지는 현상이다. 이 경우는 대규모 기업, 시장독점의 이점이 상대적으로 약화된다. 그러나 네트워크 외부성은 부정적인 경우가 없고 긍정적인 경우가 대부분이다. 다시 말해 네크워크가 커지면 네크워크에 참여하는 사람들의 만족이 증가하는 것이다. 이러한 네트워크 외부성은 기업들이 초기 시장을 선점하기 위해 기술개방과 같은 개방시스템을 채택하고 낮은 가격 정책을 취하는 이유 중의 하나가 된다. 그리하여 시장 전체가 단일 기술이나 기업에 의해 지배되는 승자 독식의 극단적 결과를 낳게 된다.

이와 같이 네트워크 외부성의 조건 하에서는 승자 독식이라는 하나의 극단적 결과가 나타나지만 이러한 운동이 진행되기 위한 전제조건은 초기의 우세를 점하기 위한 기업의 다양한 전략이다. 그러한 전략으로 인해 기업은 네트워크 외부성의 효과를 향유하면서 두 개의 균형 중 보다 우월한 균형으로 이동할 수 있는 것이다. 그러나 이는 하나의 경제학적 쟁점을 제기한다.

즉 증가한 후생 분을 누가 가져가는가라는 분배의 문제다. 이 경우는 (v,v)에서 (u,u)로 이동하는 것을 주도한 경제주체(예컨대 행위자 1)가 두 번째 경제주

---

88) 기업의 전략적 행위는 항상 파레토우월해로 이동시키는데 기여하는 것은 아니다. 기업의 전략적 행위는 그 반대의 역할을 할 수도 있다. 따라서 이러한 전략적 행위를 가능케 하는 지나친 시장지배, 불공정 행위가 현재 미국에서 진행 중인 반독점 규제논란의 근거가 된다.

체(행위자 2)의 잉여의 일부를 가져가는 경우이다. <표 7-3>은 이러한 조건을 충족시키는 예를 들고 있다. 즉 (u,u)의 총 효용은 10으로 종전과 같으나, 발생한 이득을 기업(행위자 1)이 더욱 많이 가져간다. 이와 같이 바뀐 분배조건은 기업 1이 (v,v)로 최적화된 균형을 (u,u)로 이동시키는 전략을 취한 대가로서 가져가는 것이다. 문제는 이러한 조합은 매우 다양하게 나타날 수 있다는 것이다. 이와 같은 문제는 네트워크 외부성에 관한 기존의 논의에서는 제기되지 않았던 문제이나.

<표 7-3> 두 행위자의 시스템 선택에 관한 보수행렬

		소비자(행위자2)	
		시스템 u	시스템 v
생산자	시스템 u	(6, 4)	(2,2)
(행위자1)	시스템 v	(2,2)	(3,3)

그러나 디지털경제가 이른바 산업사회의 문제를 전혀 해소하지 못하고 있다는 점을 볼 때(디지털 격차 등) 네트워크 외부성과 그 내부화전략을 분배론적 시각에서 살펴보는 것은 매우 중요한 과제이다.

제도학파 모형은 게임이론적 분석틀을 이용하여 복수해에서 파레토우월해로의 이동의 문제와 각 보수행렬에서의 분배의 문제를 구분하여 각각을 분석할 이론적 틀을 제시하고 있다. 허준석(1998)은 세 가지 유형의 보수행렬을 제시하고 있는데 각각은 네트워크 외부성을 분석한 우리의 사례와 유사성을 가지고 있다.[89]

첫째의 경우는 <표 7-4>의 A>a>b의 경우로서, 특히 $A_1 > a_1$, $A_2 > a_2$이 성립할 때이다. 본고의 <표 7-1>의 사례에 등장한 경우가 이에 해당하는 데 이 때는 지배전략균형(DSE)는 존재하지 않고 전략균형은 내쉬균형으로서 두 개(복수)가 존재한다. 그러나 주어진 조건으로 인해 (v,v)의 상태보다 (u,u)의 상태가

---

89) 엄밀하게 말해서 여기서 다루는 제도학파 모형은 신제도학파의 그것이다. 신제도학파는 정보의 완전성, 선호의 단일성과 고립성, 시장과 같은 추상적 제도개념 등을 배격하고 불완전한 정보, 상호에 대한 기대의 효과, 기업과 같은 구체적 제도를 개념화하였다. 그럼에도 불구하고 신제도학파는 신고전파경제학의 요소인 최적화 패러다임(합리적 선택)을 그대로 유지하고 있다. 앞에서 살펴본 네트워크 외부성의 분석에서 기대충족적 균형 역시 동일한 문제의식 속에서 도출된다(Hodgson, 1988).

<표 7-4> 두 행위자의 선택에 따른 보수행렬

		행위자2	
		시스템 u	시스템 v
행위자1	시스템 u	(A_1, A_2)	(b_1, b_2)
	시스템 v	(b_1, b_2)	(a_1, a_2)

파레토우월하게 되는데, 이는 본고의 사례에서 두 개의 시스템 u, v중에서 v로 통합되는 것보다 u로 통합되는 것이 보다 효율적이기 때문이다. 문제는 어떤 과정에 의해 파레토 열위의 균형이 파레토 우월의 균형으로 이동하는가이다.

네트워크 외부성을 다루는 논의에서 시장에서 자연적으로 이러한 과정이 달성되지 않는다는 점은 잘 지적되어 있다. 이행은 시장에서 이루어지지 않기 때문에 무언가 역사적 우연의 역할이 중요하게 되고, 제도의 문제의식, 국가의 개입이 들어 올 수 있게 된다. 이어지는 논의는 그러한 이동을 보장하는 기업의 전략에 대한 것이다. 기업의 전략은 국가의 개입 등 제3자적 개입에 의해서가 아니라 자본주의 경제의 주요 구성원인 기업의 자발적 행위(협상 또는 경쟁)를 통해 시장 실패를 보정하는 과정이다.

그러나 만약 한 기업(행위자)의 적극적 전략을 통해 상태(v,v)에서 상태 (u,u)로 변화하여 각각의 후생이 모두 증가하였다면, 전략을 취한 행위자는 상태변화로부터 발생한 이득을 보다 주도적으로 전유할 유인과 능력을 가지게 된다. 여기서 맥락2가 제기된다. 맥락2의 보수행렬은 외부성의 내부화 전략을 취한 기업(행위자)는 그 행위의 결과 중의 일부를 전유할 것이라는 가정이다. 그리하여 $A_1 > a_1$, $A_2 > a_2$라는 강한 전제는 완화되어 $A_1 + A_2 > a_1 + a_2$로 바뀌게 된다. 사회적 총 후생은 증가하나 그 증가된 결과는 행위자의 기여에 따라 일정정도 재분배될 것이라는 것을 수용한 것이다. 여기서 분배의 문제가 제기되며, 이론화할 여지가 남겨지게 된다.

만약 그러한 재분배의 과정이 지나쳐서, $A_1 > a_1$, $A_2 < a_2$가 된다면 행위자2는 상태 이동에 의해 종전의 후생보다 낮아지는 사태가 벌어진다. 이것이 맥락3의 한 경우이며 이 경우에는 네트워크 외부성으로 인해 사회적 총 후생이 증가하더라도 다른 상대방의 후생이 악화되어 사회적 갈등이 심화되는 정치적 동요의 상태가 발생할 것이다. 허준석(1998)은 맥락1과 맥락2를 효율성에 근거한 제도의 작동과 제도의 선별로 해석하고 있는데 네트워크 외부성의 경우에는

효율성에 근거한 시스템의 선별의 문제로 구체화할 수 있다. 또한 맥락2에서 맥락3으로의 이동은 효율성의 패러다임에서 권력의 패러다임으로의 이동을 암시하는 것으로 해석된다. 그러나 우리의 사례에서 드러나듯이 이미 맥락2에서 분배의 문제, 권력의 문제가 개입되며 이러한 상태에서 맥락3으로의 이동은 양적 문제에 불과하다. 따라서 효율성과 권력은 서로 대립하는 개념이 아니라 통합되어 있는 것이다. 사실상 맥락1의 강한 전제는 분배의 문제를 논의할 여지를 없앤 것에 불과하며, 네트워크 외부성은 이미 그 자체가 분배의 문제를 시장 외부에서 결정하는 것을 용인한다.[90]

이러한 맥락2와 맥락3의 과정은 네트워크 외부효과의 내부화 전략의 분배적 효과와 관련하여 두 가지의 차원을 가진다. 즉 두 행위자가 시스템 경쟁의 과정에 있는 기업일 수도 있고, 두 행위자가 기업과 소비자일 수도 있는 것이다. 전자의 경우에는 발생한 초과이윤을 기업간에 분배하는 문제인 반면, 후자의 경우에는 네트워크 효과로 인한 증대한 후생(소비자잉여)를 생산자가 전유하는 문제가 된다.[91]

이와 같이 네트워크 외부성에 대한 연구는 신고전파 패러다임이 아니라 제도학파 패러다임에 의해 위치 지워질 때 네트워크 외부성의 정치, 경제적 효과, 더 나아가서는 디지털경제의 정치, 경제적 효과에 대한 연구가 보다 충실해 질 수 있다는 점을 알 수 있다.[92]

---

90) 따라서 기업이 네트워크 외부효과를 내부화하는 전략은 구성원의 자발적 합의 또는 제3자적 개입에 의해 시장 실패를 보완하는 제도의 기능을 강조하는 제도학파의 시각에 대한 구체적 사례가 된다.

91) 마지막으로 행위자가 기업과 노동자인 세 번째의 경우가 있을 수 있다. 이 경우에는 자본주의적 착취를 개념화할 수 있을 것이다.

92) 그러나 제도학파 패러다임은 증가한 가치의 원천에 대해서는 아무런 문제제기를 하지 않는다. 즉 네트워크 외부성에서 나타나는 총후생의 증가분은 어디서 유래하는 가의 문제는 해명되지 않고 있는 것이다. 원천의 문제는 현대경제학에서 취급하지 않고 있는 문제이다. 이는 원천의 문제가 규범론적 특징을 지니고 있기 때문이다. 즉 네트워크 외부성이 소비외부성이기 때문에 이로 인한 초과이윤이 생산행위와 연관이 없다면 기업(생산자)가 이를 전유하는 것은 '부당'하다. 즉 정당성과 부당성의 문제를 다루기 위한 중요한 전제가 가격(가치)의 원천인 것이다. 네트워크 외부성으로 인해 야기된 가치론의 문제에 대해서는 강남훈(2000), 류동민(2000) 참조.

8. 결론

네트워크 외부성은 디지털 시대에 시장경제 자체가 가진 난점을 단적으로 요약하고 있다. 이는 보다 포괄적으로는 규모의 경제의 한 측면에 불과하지만 규모의 경제가 단순한 일시적 현상이 아니라 구조적 현상일 수 있게 하는 요인이다.

외부성의 일상화(pervasion), 시장실패의 구조성을 이해할 때 왜 디지털경제가 이전의 자본주의 경제보다 더욱 혁신적이고 그 혁신이 지나쳐 과잉변동(volatile)하게 되는가를 이해할 수 있다.[93] 네트워크 외부성이 초래하는 후생의 증대 가능성 그리고 시장교환이 파레토 우월한 상태로의 전환에 실패하는 것은 결국 신고전파 패러다임 자체의 재설정을 요구하게 된다. 이 현상은 현대 경제학에서 제도경제학적 패러다임이 광범위하게 도입되는 배경의 한 예가 된다. 비록 최적화 모델 자체를 폐기하지는 않지만 시장만으로 설명할 수 있게 하는 강한 가정(완전경쟁, 완전정보, 외부성의 부재 등)을 완화한 상태에서의 경제현상을 설명하기 위해 비시장적 제도를 도입하지 않을 수 없었던 것이다. 네트워크 외부성을 내부화하는 기업의 전략들은 바로 비시장적 기제의 일부를 의미한다. 이러한 현상은 근대경제학 이론 내부에 제대로 흡수되지 않고 있으며 이것이 바로 근대경제학 위기의 중요한 원인이 된다.

반면 네트워크 외부성에 대한 연구를 제도학파 패러다임과 연관시키면 네트워크 외부효과로 인한 시장실패를 보정하는 제도의 역할과 그 경제적 의미를 살펴볼 수 있고, 특히 디지털경제 전반에 미치는 사회, 경제적 효과도 분석할 수 있다. 요컨대 디지털경제가 이전의 산업경제보다 더 변동적이고, 혁신적이며, 분배적으로 불평등한 현상을 설명할 단초가 제시된다.

물론 제도경제학이 전가의 보도가 될 수는 없다. 왜냐하면 제도경제학은 제도를 중시한다는 것을 넘어서는 매우 다양한 정치적, 이데올로기적, 이론적 기반으로 구성되어 있기 때문이다. 그러나 현대경제학에서 제도의 의미를 더 이상 중요하지 않은 것으로 볼 수 없다는 점은 이 글의 네트워크 외부성의 사례에서도 드러나고 있다. 이 글은 네트워크 외부성에 대한 경제학과 경영학

---

93) 미국 실리콘밸리의 성공을 분석한 시각으로서 유연한 리사이클링이 벤처생태계를 끊임없이 혁신시켰다는 점을 강조하는 Bahami & Evans(2000)는 이점을 지적하고 있다.

에서 제기된 기존의 논의를 요약하고 이를 경제학적으로 해석하는 과정에서 디지털경제에서도 여전히 사회적 갈등은 존재한다는 점을 보였다. 또한 이는 경제학은 정치, 권력, 제도와 같은 비(非)시장적 범주를 무시할 수 없음을 암시한다.

9. 탐구학습

1) 디지털 기업에 있어 네트워크 효과가 가진 의미를 기업의 입장에서 정리해보고, 이에 대한 경영전략을 사례조사를 통해 살펴보자.

제8장

규제경제학
반독점정책과 경제적 규제

반독점정책은 시장지향적 미국경제가 시장을 규제하기 위해 추진하는 정책이다. 따라서 규제를 경제학적으로 설명하는 규제경제학이 발달하였다. 글로벌·정보화 경제에서 이러한 규제경제학의 내용이 어떻게 바뀌는가? 이 장에서는 규모의 경제, 진입장벽 등 비경쟁적 산업구조에서 나타나는 시장실패를 보정하기 위한 정부개입의 형태를 논의한다. 정부의 규제는 시장이 효율성을 보장하지 못할 때 정당화된다. 그러나 실제의 규제의 입법화 및 실행과정은 매우 복잡한 정치적 과정으로 이해되고 있다. 게다가 디지털경제와 같은 새로운 현상의 등장은 기존의 규제경제학의 내용과 형식에 변화를 초래하고 있다.

1. 문제제기

종종 미국은 시장이 지배적인 사회이므로 기업하기 쉬운 나라라고들 말한다. 기업하기 쉽다는 것은 일말의 진리가 있다. 하지만 최소한 규제에 관한 한 매우 엄격한 나라라는 점을 기억해야 한다. 미국인의 일상 생활에 정부의 규제가 얼마나 깊숙히 들어와 있는지를 전형적 미국인 노동자가 어떻게 하루 일과를 보내는지에 관한 일화를 통해서 알아보자.

"가장 전형적인 미국인인 밥(Bob)은 아침 시계라디오의 소리에 깨어 일어난다.

그가 듣는 라디오방송국과 그 전파밴드는 미국의 FCC(Federal Communications Commission)에 의해 규제된다. 아침 먹기 위해 앉으면서 그는 내용물이 FTC(Federal Trade Commission)와 FDA(Federal Drug Administration)에 의해 엄격히 규제되는 시리얼박스와 마주한다. 이 기관은 소비자가 아침식사 시리얼의 보건문제를 책임진다. 희석식 오렌지 주스는 1991년의 FTC에 의해 "신선한(fresh)"라는 형용사를 못쓰도록 규제되었다. 시리얼에 부어지는 우유 역시 매우 다양한 방식으로 규제된다. 그 중에서 가장 중요한 규제는 미국 농무성(U.S. Department of Agriculture) 가격지지정책일 것이다. 최근에는 우유의 호르몬으로 인한 건강위협의 문제가 중요한 규제상의 이슈로 떠올랐다. 만약 우유에 과일을 추가할 때는 국내 농산물에 대한 제초제가 환경보호국(Environmental Protection Agency)에 의해 강력히 규제되고 있음을 알아야 한다. 불행히도 수입농산물에 대해서는 제초제 조사가 국내산에 비해 빈번하게 이루어지지 않는다.

일하러 가기 전에 밥은 이메일 메시지를 확인하고, 인터넷 브라우저를 이용한다. 그런데 이 소프트웨어를 만든 마이크로소프트는 현재 반독점법에 제소되어 있다. 이 와중에 그는 글락소 웰콤이 제조한 의약품을 먹는데 만약 예정된 합병이 반독점 문제를 야기하지 않았다면 SmithKline Beecham을 가지고 있는 더 큰 회사의 의약품을 먹었을지도 모른다.

일하러 가면서 밥은 일제 차를 몬다. 이 일제 차는 수입쿼타를 요행히도 피해서 미국에 왔다. 밥은 NHTSA(National Highway Traffic Safety Administration)에 의해 실시된 강력한 안전규제 덕분에 몇 년 전보다 훨씬 더 안전하게 출근하게 된다. 이 차가 소모하는 연료 또한 예전에 미국 교통국(U.S. Department of Transportation)의 연료경제성기준(Fule Economy standards)과 EPA의 가솔린납성분규제가 없을 때보다 훨씬 환경친화적이다.

일단 직장에 들어가면 직장내 안전 및 건강규제에 의해 작업 위해로부터 보호된다. 또한 최저임금규제에 의해 임금의 감소로부터 보호된다. 상당한 양의 미국 노동부(U.S. Department of Labor) 규제와 평등고용기회위원회(Equal Employment Opportunity Commisssion)의 조사 등은 고용기간 동안 부당한 차별을 받지 않도록 보장해준다.

밥의 전화통화는 규제에 의해 정해진다. 물론 최근 들어서는 통신료는 점차 시장에 의해 결정되는 정도가 높아지고 있긴 하지만. 사업상 오는 손님 역시 규제기관에 의해 영향 받는 비행기 값을 내고 오게 된다. 이러한 사업상 여행의 안전은 FAA(Federal Aviation Administration)의 지속적 감시와 비행기 추락시 피해책임보상소송에 의해 발생하는 다양한 안전 유인에 의해 보장된다.

밥이 비록 저녁에 휴식을 위해 직장을 떠나더라도 정부규제는 여전히 남아있다. 밥이 레스토랑에서 식사를 할 때 금연규제를 받게 된다. 미국 소비제품안전위원회(Consumer Product Safety Commission)는 스포츠용구, 자동차부터 야구헬멧에 이르기까지 상당한 분야의 규제를 담당하고 있다.

비록 최근들어 일부 규제가 완화되기는 했지만 정부규제의 범위는 상당히 광범위하다. 그리고 미국 사회에서 규제의 역할은 모든 곳에 존재한다. 다양한 형태의 정부규제가 우리 활동과 소비패턴의 대부분의 모든 측면에 관여하고 있다."(Viscusi, Vernon, and Harrington, 2000: 1-2).

이와 같이 일상생활은 규제의 연속이며 이러한 규제를 통해 시장 기반 자본주의가 가진 문제점을 해소하려고 하는 것이다. 우리나라는 전통적으로 재벌정책이라는 형태로 유사한 쟁점이 형성되어 있지만, 최근 들어서는 미국식의 규제 이슈들이 제기되고 있다. 예를 들어 최근 공정거래법의 개정 움직임에서도 알 수 있듯이 방송·언론 등 정부의 반독점 규제의 영역에서 벗어나 있는 부문을 규제의 영역으로 통합하려 하거나, 각종 음식물 등에 관련된 위생 규제의 필요성 등이 그러한 사례라고 할 것이다. 이 장에서는 규제의 면에서는 가장 발전한 미국의 규제경제학을 살펴봄으로써 우리 사회에서 제기될 규제 이슈들을 살펴볼 수 있는 근거를 제시하기로 한다.

2. 규제경제학의 내용

규제(regulation)란 "제제의 위협을 통해서 개인이나 조직이 행하는 재량권에 제약을 가하는 상태"라고 정의된다. 규제에는 반독점정책, 경제적 규제, 사회적 규제의 세 종류가 있다. 하지만 미국에서 규제라고 하면, 일차적으로는 반독점 규제를 말한다. 미국 사회는 시장지향 자본주의 국가이므로 시장의 효율성이 우선이라는 점은 잘 알려져 있다(Gilpin, 2001: Chap. 7). 그렇다면 이렇게 많은 규제는 왜 존재하는 것인가?

규제의 경제학적 정당화는 시장실패다. 완전경쟁시장은 다수의 생산자, 완전정보, 외부성의 부재를 전제하고 있지만, 실제의 경제는 독·과점화 되어 있고, 제품의 품질과 가격의 정보는 비용을 수반하며, 공해와 같이 외부성이 있는 재화가 만연되어 있다.

이러한 시장실패에 대해 정부의 규제는 두 가지 형태를 띤다. 첫째는 세금과 보조금을 이용한 가격인센티브 규제이며, 둘째는 합병의 승인과 취소라는 예에서 알 수 있듯이 직접 규제이다. 규제는 기업에 대해서만 하는 것이 아니다. 소비자의 안전을 위한 안전벨트의무 규제에서 알 수 있듯이 개인들도 규제의 예외가 될 수 없다.

규제의 존재에 대해서는 경제학적 연구가 많이 진행되었지만, 실제의 규제의 발전과정은 정치적 과정이었다. 미국에서 대표적인 반독점법인 1890년의 셔먼법은 대기업의 시장지배력에 대항한, 중·소기업, 노동자, 소비자들의 정치적 요구에 의해 제정된 것이다. 또한 규제는 역사적 상황에 따라 진화하고 있다. 전통적으로는 시장지배력을 문제 삼는 반독점 규제가 주로 이루어졌지만, 시장지배력에 대한 사회적 관념은 오늘날 덜 비판적이다. 왜냐하면 글로벌 경쟁의 결과로 비록 국내에서 지배사업자라고 하더라고 국제적으로는 지배사업자가 아닌 경우가 많으며, 1980년대 이래 진행된 탈규제(deregulation)의 결과 보다 완화된 기준을 적용하게 되었기 때문이다.

규제경제학에서 다루는 두 번째 이슈는 자연독점과 관련된다. 자연독점은 규모의 경제가 있는 경우로 이 때 다수의 사업자는 완전경쟁적 상황에서 모두 적자를 보게 된다. 따라서 자연히 하나의 사업자가 시장에서 필요로 하는 수요를 모두 충족시키는 자연독점이 발생하는 것이다. 이 경우는 독점을 직접 규제하여 경쟁상황으로 만드는 것은 사회적 후생을 증진시키는데 도움이 되지 않는다. 오히려 독점을 인정하고 독점으로 인한 지배력이 불법적으로 발생하지 않도록 규제할 필요가 있을 것이다. 전통적으로 공공 부문(public utilities)이 그러한 예가 된다. 이 때 정부는 가격규제, 진입규제 등을 통해 적절한 이윤을 보장하면서 소비자들이 피해를 받지 않도록 공급과 가격을 적절히 통제한다. 이는 경제적 규제(economic regulation)이라고 불린다. 이러한 규제는 행정부로부터 독립적인 전문적인 준국가 기구에 의해 실행된다.

세 번째는 최근 제기되기 시작한 것으로, 환경·의료·(작업자)안전 등에 대한 규제이다. 이는 사회적 규제(social regulation)라고 불리며, 미국에서는 비교적 최근, 즉 1970년대에 대규모로 이 쟁점을 다루는 규제기관을 설립하였다. 이 주제들에 대해 정부가 직접 개입해야 할 필요성이 제기되기 시작한 것은 이 분야는 상당규모의 외부성이 존재한다는 점과 민간 부문이 이 영역의 사회적 비용과 편익을 계산할 유인이 부족하여 이에 대한 정보를 정부가 연구·축적할 필요가 있다는 점으로부터 발생하였다.

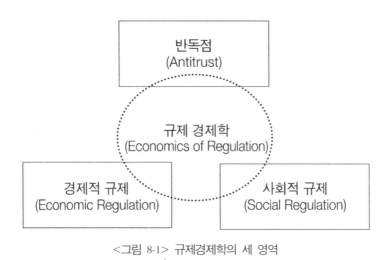

<그림 8-1> 규제경제학의 세 영역

3. 반독점규제

미국에서 반독점규제는 1890년의 셔먼법(Sherman Act), 1914년의 클레이턴 법(Clayton Act), 1914년의 연방통상위원회(FTC: Federal Trade Commission)의 세 가지에 기초하고 있다. 셔먼법은 (주간 또는 외국과의) 통상을 제약하는 행위와 독점하려는 시도 등 독점화에 대해 규제를 하고 있다. 이 법은 제정이후 잘 적용되지 않다가, 1911년 록펠러가의 스탠다드 오일사를 33개의 회사로 분할 한 것을 계기로, 1914년에 이르러 반독점행위를 좀더 구체화하기에 이른다. 그리하여 이 법에 따라 가격차별, 끼워팔기 조항, 배타적 거래, 합병 등 불법화 하는 반독점행위를 구체적으로 적시하게 된다. 또한 1914년에 조사와 사법권 을 동시에 행사할 연방통상위원회가 설립됨에 따라 반독점규제는 이전의 법무 부 산하 반독점국과 함께 두 개의 기관을 가지게 되었다.

셔먼반독점법(1890)[94] 1조는 다음과 같은 내용을 가지고 있다.

"주간 또는 외국과의 거래 또는 통상을 제한하는 모든 계약, 트러스트 기타의 결합 또는 공모는 위법이다."[95]

이 규정은 부당한 거래제한에 대한 금지이다. 거래제한을 위한 카르텔, 트러스트 등과 가격제한, 생산량제한 등을 당연위법(per se illegal: 해당 사항이 자동으로 위법이 되는 것)으로 간주한다. 이에 반대되는 것으로 합리성의 원칙(rule of reason)이 있다. 합리성의 원칙이란 모든 거래제한이 위법이 아니라 오직 부당한 거래제한만이 위법이라는 관점이다. 다음으로 셔먼반독점법 2조는 다음과 같은 내용을 가진다.

"주간 및 해외와의 거래 또는 통상의 어떠한 부분이라도 독점하거나, 독점화를 기도하는 경우 또는 그러한 목적으로 다른 1인 또는 수인의 사람과 결합하거나 공모하는 행위는 중죄를 범한 것으로 한다.[96]"

여기서 금지되고 있는 것은 독점화(momopolization)이며, 독점 자체가 아니다. 예컨대 규모의 경제 등으로 자연독점이 발생하면 합법이지만, 합병의 방법으로 인위적으로 독점을 추구하면 위법이라는 것이다. 따라서 독점 자체가 아니라, 시장 지배를 목적으로 한 인위적 독점이 위법이다. 셔먼반독점법의 조항은 이와 같이 다소 애매하고 추상적이기 때문에 각 주별로 구성된 주 단위의 반독점법과 각종의 판례를 통해 구체화되었다. 물론 이 중에서도 성문법상의 모호

---

94) Sherman Act의 완전한 명칭은 "An Act to protect trade and commerce against unlawful restraints and monopolies", 즉 "위법한 거래제한과 독점으로부터 거래와 통상을 보호하기 위한 법률"이다.

95) Every contract, combination in the form of trust or otherwise, or conspiracy, in restraint of trade or commerce among the several States, or with foreign nations, is declared to be illegal.

96) Every person who shall monopolize, or attempt to monopolize, or combine or conspire with any other person or persons, to monopolize any part of the trade or commerce among the several States, or with foreign nations, shall be deemed guilty of a felony.

성과 재판과정의 지나친 자의성을 배제하기 위해 일정한 거래제한 행위는 당연위법으로 간주된다. 예를 들면 가격협정(pricefixing agreements), 끼워팔기(tie in sales), 시장분할협정(agreements to divide markets), 집단배척(group boycotts) 등이 있다. 또한 클레이톤법(1914년)을 통해 가격차별, 배타조건부거래, 주식 또는 자산의 취득 등 일부 내용에 대한 성문법상의 규제를 취하고 있다(권오승, 2001: 115-7). 그리하여 반독점법 위법의 판단근거는 당연위법에서 합리성의 원칙으로, 사회적 규제에서 혁신의 저해 여부로 변화하게 되었다.

반독점정책은 시장지배력에 대한 규제가 일차적이다. 경제학에서는 반독점 규제의 경제학적 근거를 확립하기 위해 산업조직론에서 분석 모델을 개발해 왔었다. 그것은 구조-행위-성과(SCP: Structure-Conduct-Performance) 모델이라고 불리는 것으로, 구조에서는 집중도, 생산물차별화, 진입장벽 등이, 행위에서는 가격, 광고, 연구/개발 등이, 성과에서는 효율성과 기술진보에 어떤 영향을 미치는가가 쟁점이 된다. 이 모형은 이를테면 시장구조가 독점이면, 독점적 행태를 가져오고 이는 곧 독점적 결과를 낳는다는 논리이다. 이 Bain의 분석모형이 제시된 이후 산업조직론의 반독점분석에서 많은 실증연구 결과를 낳았다.

시장집중도는 반독점 판정에서 가장 중요한 잣대이다. 집중도는 여러 가지 지표로 측정되지만, HHI(Herfindahl-Hirshman Index)등이 많이 쓰인다.[97) 생산물 차별화 역시 시장의 반경쟁구조를 초래할 수 있다. 석유와 같은 동질의 상품은 가격만으로 경쟁할 수 있지만, 자동차, 음료, 제약 등과 같은 이질적 상품들은 가격이 아닌 제품차별화를 통해 경쟁하는 다양한 전략을 구사하게 된다. 한편 성과 면에서 효율성은 기술적 효율성과 배분적 효율성의 두 가지 개념을 통해 경제적 효율성을 측정한다. 다른 한편 반독점구조가 기술진보에 어떤 영향을 미치는가에 따라, 허용할 수도 규제할 수도 있을 것이다. 이러한 성과지표들은 반독점정책의 강도와 실행에 다양한 영향을 미치게 된다.

---

97) 이 지수는 창조자인 허핀달과 허쉬만을 따서 만들었다. 단순한 시장지배비율 보다 더 정교한 정보를 포함한다. 계산방식은 각 기업 시장지배율을 제곱해서 모두 더한다. 만약 독점시장이라면 하나의 기업이 100%의 시장지배력을 가지므로 100*100하여 HHI는 10,000이 된다. 만약 5개의 기업이 정확히 1/5씩 시장을 나누어 가지고 있다면, HHI는 2,000이 될 것이다. 미국 법무국은 HHI가 1,000을 기준으로 하여 1,000이 넘어가면 반독점적인 성향이 있는 것으로 파악한다.

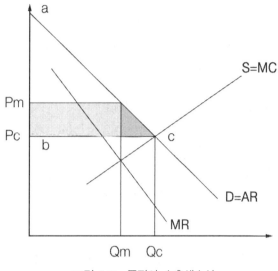

<그림 8-2> 독점의 순후생손실

일반적으로 반독점행위를 규제해야 한다는 주장의 경제학적 근거는 완전경쟁과 비교한 독점의 순후생손실(deadweight loss) 때문이다.

이러한 순후생손실은 <그림 8-2>의 빗금친 삼각형이다. 완전경쟁시장에서의 기업들은 전체적으로 Qc에서 생산하고 가격은 Pc를 받아들이게 된다. 이 경우 소비자후생은 abc 삼각형이 될 것이다. 그러나 독점에서는 동일한 이윤극대화 조건에서 기업은 시장수요를 알게 되므로 MR=MC가 만나는 점에서 생산량(Qm)을 결정하게 되고, 가격은 그 생산량에서 시장수요와 일치하는 Pm으로 정하게 된다. 소비자 후생은 줄어들게 되며, 줄어든 것 중 일부(빗금친 사각형)는 독점기업이 독점이윤의 형태로 가져간다. 하지만 빗금친 삼각형만큼은 소비자도 손실일 뿐 아니라, 독점기업도 가져가지 못한 부분으로서 사회적 후생의 전체량의 손실분이 된다. 이것이 경제적 순손실이다. 결국 독점기업이 경쟁기업과 동일한 행위원리(이윤극대화)를 수행하였을 때 산업구조의 차이로 인해 과소생산하게 되며, 보다 높은 가격을 매기게 되는데, 이는 사회적 후생의 손실을 의미하는 것으로 파악되며 이로 인해 독점은 일반적으로 바람직하지 않은 것으로 평가되는 것이다.

사회적 후생을 극대화시켜 주는 것으로 인정되는 완전경쟁모델 주요 전제는

① 소비자들은 모든 재화의 정보를 완전히 안다

② 재화는 외부성이 없는 사적 재화여야 한다

③ 생산기술은 규모의 경제(IRS)가 아니다

④ 소비자는 효용을 극대화하고, 생산자는 이윤을 극대화하는 경제적 선택을 한다

⑤ 모든 주체는 가격 수용자이다

등이 있는데, 독점은 바로 이 5번째의 가정을 위배하고 있는 것이다. 만약 이러한 가정의 위배가 불법적인 과정을 거쳐서 달성된다면 이는 반독점법의 제제 대상이 된다.

이와 관련된 것으로 비록 비경쟁적 산업구조 하에서도 마치 경쟁시장과 같은 효과가 나타난다는 경합시장 모델이 있다(Baumol, Panzar, Willig, 1982). 경합시장 모델은 완전경쟁 구조가 아니더라고, 기존 시장 참여자들이 잠재적 경쟁의 가능성으로 인해 독점 하에서의 시장균형이 여전히 최적해를 유발하는 경우를 말한다. 그러나 이러한 경합시장 모델이 성립하기 위해서는 첫째, 신규 기업이 기존기업에 비해 생산기술 등 진입에 필요한 모든 정보를 공유하고 있어야 하고, 둘째 함몰비용(sunk cost)가 0이어서, 퇴출이 자유로워야 하며, 셋째 진입격차(신규기업이 진입하고 나서 생산물을 그 시장에 공급하는 데까지 걸리는 시간)와 기존기업의 가격조절격차(기존 기업이 가격조정을 희망하고 실제로 가격을 조정하는 데까지 걸리는 시간)가 같아야 한다는 조건이 붙어있다. 실제의 상황에서 이러한 엄격한 세 가지 조건을 충족시키는 경우는 드물기 때문에 경합시장 모델이 충족될 가능성은 희박하다고 알려져 있다(Viscusi, Vernon, and Harrington, 2000: 160-161)

4. 경제규제 : 자연독점과 공공부문

자연독점과 같이 경쟁적 산업조직이 효율성을 보장할 수 없을 때, 독점과 비경쟁적 상황을 인정하고 대신 정부기구가 규제를 통해 소비자 보호 및 여타 생산자를 보호하는 정책을 취하는 것이 경제규제다. 경제규제는 전화요금 및 전력요금에 대한 규제와 같은 가격규제, 미국의 일부 주에서 시행한 것과 같은 석유생산의 쿼타제와 같은 용량규제, 신규기업 진입 및 퇴출을 기업이 마음대

로 못하게 하고 규제기관의 승인을 얻도록 하는 진입/퇴출 규제, 항공서비스 및 전력공급의 안정성과 같은 품질 규제, 병원 설립의 인허가와 같이 중복투자를 방지하고자 하는 투자규제 등이 있다. 이러한 규제는 결국 해당 기업의 수익성 및 경제활동을 해당 기업이 자율적으로 하게 하니라 규제기관의 개입에 의해 수행하는 점에서 경제규제라고 불린다.

왜 경제규제가 존재하는가는 일차적으로 자연독점으로 설명된다.

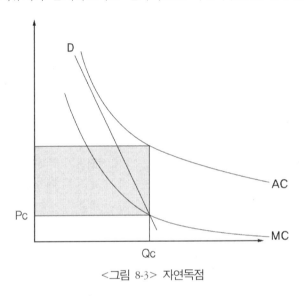

<그림 8-3> 자연독점

자연독점의 경우에는 경쟁적 상황에서 기업이 손실(<그림 8-3>의 빗금친 사각형)을 보게 되므로, 완전경쟁이 유지될 수가 없다. 오히려 독점기업이 전체 공급을 하는 것이 타당한데, 이 경우 독점기업은 시장수요곡선을 알고 MR=MC 되는 점에서 생산을 하게 되므로 사회적 후생손실이 발생한다. 이 경우 규제기관은 평균비용을 보상할 수 있을 정도로 평균비용보다 낮은 점, 그리고 한계비용보다는 높은 점에서 가격을 결정함으로써 사회적 후생을 더욱 증진시킬 수 있다.

또한 외부성이 존재할 경우 사회적으로 후생이 극대화할 수준의 생산을 보장할 수가 없게 된다. 외부경제가 있을 경우 시장에서는 사회적으로 바람직한 수준까지 생산하지 못하며, 외부불경제가 있으면 사회적으로 바람직한 수준보다 더 많이 생산하게 되는 것이다.

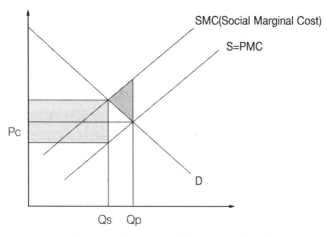

<그림 8-4> 외부성(음의 외부성)이 존재할 경우

<그림 8-4>은 공해 등과 같이 외부불경제가 있는 경우를 묘사한다. 외부불경제가 있으면, 사회적 한계비용은 사적 한계비용보다 더 크다.

SMC > PMC

기업이 공해비용을 자신의 비용으로 간주하지 않으나, 사회적으로는 비용이 발생하기 때문이다. 이 경우 기업은 Qp만큼 생산하게 되고, 가격을 Pc만큼 받게 될 것이다. 하지만 사회적 비용을 감안하면 사회적 최적의 생산량은 Qs가 될 것이다. 이러한 경우 시장실패가 발생하게 되며 정부개입의 잠재적 이유가 발생하게 된다. 이를테면 정부가 공해세를 생산량에 따라(종량제) 매기게 되면 사회적 한계비용만큼 사적 한계비용이 증가할 것이고, 이는 결국 생산량을 바람직한 수준인 Qs로 낮추게 될 것이다. 이 경우 빗금친 사각형만큼의 비용은 정부의 세금으로 들어가게 되어 정부는 이 비용으로 공해저감장치를 달게 된다. 이 경우와 비교하면 외부불경제에서 시장균형은 빗금친 삼각형만큼의 후생손실을 겪게 된다.

자연독점의 경우 가격과 진입규제로 인해 배분적 효율성과 생산적 효율성의 향상이 가능하게 된다. 진입규제는 하나의 기업만이 생산하도록 해줌으로써 생산적 효율성을 보장하며, 가격규제는 그 독점기업으로 하여금 사회적으로 최적의 가격으로 결정하도록 규제함으로써 배분적 효율성을 보장한다. 외부성의 경우에는 세금(부정적 외부성)이나 보조금(긍정적 외부성)을 매김으로써 사회적으로 더 나은 배분적 효율성을 달성할 수 있다. 시장실패가 있을 때 정부규제는 이론상 사회적 후생을 증가시킨다. 그러나 실제의 수많은 규제가 이와 같이 순수히 경제적 이유로 신설되고 변화되는 것은 아니다. 실제의 경우는 자연독점이 아니고, 외부성이 없는데도 규제가 매우 많이 이루어지고 있다. 예를 들면 트럭, 택시, 증권회사, 농업, 원유, 천연가스 생산 등이 그러하다 (Posner, 1974).

현재 이러한 현상에 대해서는 규제의 입법기관과 규제기관이 모두 선거기관이므로 정치적 지지를 극대화하는 방향으로 결정한다는 이론들이 제시되고 있다. 하나의 경우가 포획이론(Capture theory)이고, 다른 경우가 규제의 경제이론(Economic Theory of Regulation)이다. 이 이론들은 정치인들의 대중적 지지, 이해집단의 부의 재분배 추구 등의 여러 유인으로부터 규제를 설명한다. 이러한 이론들은 결과적으로 정부의 규제들이 파레토 최적의 상황에 도달하지 못함을 시사하고 있다. 하지만 많은 실제 규제 사례들은 어떠한 이론들이 보다 더 적합한가에 대해 상충되는 증거를 제시하고 있어 아직도 이론화에는 미흡하다(Viscusi, Vernon, and Harrington Jr., 2000: 314-331).

자연독점으로부터 유래하는 경제적 규제의 대표적인 사례는 통신과 전력부문이다. 전력부문은 특히 흥미로운 경우를 제시한다. 미국에서 전력부문은 전통적으로 자연독점으로 인해 독과점 산업부문이면서, 공기업과 사기업이 공존하였고 공급안정성의 필요성으로 인해 진입 규제를 실시하면서 동시에 가격규제를 실시하여 사회적으로 규제가 심했던 영역이었기 때문이다. 또한 전통적으로 공기업만으로 구성되었던 다른 나라와는 달리 공·사기업이 공존하는 형태를 띠고 있었다. 예를 들어 발전부문에는 공기업이 전체 생산의 25%를 점하며, 또한 배전과 판매를 담당하는 소규모 지방공사들이 전체 미국 전력 판매량의 20%를 차지한다. 따라서 공기업과 사기업의 효율성과 규제효과에 대한 실증 연구가 많이 이루어졌다. 그 실증 연구는 다양한 결과를 산출하고 있지만, 대체로 다음과 같이 요약할 수 있다.

(1) 공기업의 경우 전력요금은 사기업보다 대체적으로 싸게 공급한다. 왜냐하면 사기업이 이윤극대화 유인에 의해 행동하는 반면, 공기업은 사회적 후생 극대화를 목표로 하기 때문이다. 대체로 사기업의 경우 독점가격보다 5~6%

낮은 반면, 공기업의 경우 독점가격보다 10~22% 낮은 것으로 평가되고 있다 (Moore, 1983).

(2) 과잉투자 경향은 사기업과 공기업의 경우에 공히 발생한다. 다만 발생메 커니즘은 다르다. 왜냐하면 사기업의 경우 가격규제시 ROR(Rate of Return on Investment) 규제를 함으로써 자본투입이 늘수록 더 유리한 유인이 있기 때문에 고정자본투입을 기술적 효율성 이상으로 과대하게 하는 경향이 발생하며 (Averch-Johnson Effect: Averch and Johnson, 1962), 공기업의 경우 임직원의 이동율 이 낮고 기술혁신의 결과를 임직원의 축소로 반영하지 않는 방식으로 비효율 이 발생할 수 있다는 것이다.

(3) 사기업의 효율성이 공기업보다 더 높게 나오는 것은 사기업이 가격차별 을 공기업보다 더 시행하기 때문이라고 분석된다. 즉 이윤극대화를 위해 규제 에도 불구하고 독점 하의 가격차별을 사기업이 더 많이 실행하기 때문에 더 많이 생산 판매하게 되어 소비자잉여와 생산자잉여의 합이 공기업일 경우보다 더 많다는 점이다.

전반적으로 공기업과 사기업의 경제적 효율성은 명확하지 않으나, 소비자 후생의 면에서는 공기업이 더욱 유리함은 분명하다.

5. 반독점규제의 사례: 미법무부 vs. 마이크로소프트의 사례

이 절에서는 MS사에 대한 소송 예로 하여 (1) 반독점 규제에 대한 경제학 사상의 맥락과 (2) 반독점법의 역사적 전통 속에서 이해해보자. 디지털 시대에 반독점법이 부적합하다는 논란에도 불구하고 독점규제에 대한 주장이 여전히 강력한 이유가 무엇인가를 밝히는데 주안점을 둔다.

그리하여 이 글에서는 (1) 디지털 경제의 특수성은 반독점 정책의 근거를 약화시키는 요인도 제기하지만, 오히려 더욱 강화해야 한다는 이론적 기반을 제공하기도 한다는 점과 (2) 반독점법 제정은 단순히 경제적 논리로만 이해할 수 없으며 대기업에 대한 사회적 반감, 분배적 정의의 문제의식이 놓여있다는 점을 살펴보려고 한다. 전자의 문제는 자유경쟁의 실패에 대한 국가의 개입 문제이며, 후자는 대자본에 대한 사회적 규제의 필요성이다.

1) 미국정부 대 마이크로소프트 (US v. MS) 소송의 쟁점

미국정부 대 마이크로소프트 사건(www.usdoj.gov/atr/cases/ms_index.htm)은 세 가지의 단계를 거치면서 발전하였다.[98]

1단계는 1990년부터 시작하였다. MS사는 소프트웨어 가격정책, 경쟁 프로그램 개발사에 대한 부당한 차별행위 및 PC 제조업체와의 배타적 계약과 관련하여 1991-1993 & 1993-1994 두 번에 걸쳐 FTC(Federal Trade Commission: 연방무역위원회)의 조사를 받았고, 1994. 7. 15. 법무부가 셔먼법 2항 위배혐의로 제소하였다. 그 내용은 마이크로소프트가 OEM 생산자와 독점계약을 맺어 다른 소프트웨어 제조사들의 프로그램 배포를 방해했다는 혐의였다. 이 제소는 1995. 4. 21의 합의판결(consent decree)로 종결되었다. 그 합의 판결의 내용은 아래와 같다.

(1) OEM과 개수당 가격정책(zero marginal price정책, 또는 per-processor 정책)을 포기하는 대신, 무제한적인 수량 할인은 허용한다. 즉 수평적 제약, zero marginal pricing은 금지하되, 수량 할인 정책은 허용한다는 것이다.[99]

(2) 타사의 운영체제, 소프트웨어 등 배포를 명시적, 암시적으로 금지할 수 있는 라이센스 계약을 할 수 없다. 그러나 마이크로소프트는 통합제품(integrated products)는 생산할 수 있다. 이는 수직적 제약, 계약에 의한 bundling은 금지하되, 기술적 bundling은 허용한다는 의미를 담고 있다.

---

98) 마이크로소프트사는 우리에게 너무나 친숙한 회사이다. 이 회사는 컴퓨터 소프트웨어 제조사이며 제품들은 퍼스널 컴퓨터와 서버를 위한 운영체제의 윈도즈 군과 윈도즈 운영체제에서 돌아가는 응용소프트웨어(워드(워드프로세서), 엑셀(스프레드쉬트), 파워포인트(프레젠테이션), 아웃룩(이메일과 뉴스), 액서스(데이터베이스)로 구성된 MS-Office Suite를 비롯하여 MS-Money 등 각종 게임프로그램, 프로그래밍 언어(Visual Basic, Java)등이 있고, 이후 인터넷 서비스(MSN, Web TV), 인터넷 컨텐츠(MSN) 심지어는 마우스, 키보드 등 하드웨어 제품들 생산까지 사업을 확장시켰다. 그 중에서도 OS 프로그램(윈도즈)이 이 회사의 성장기반인 것은 물론이다.

99) Economides(2001)에 의하면 이러한 합의는 모순적이다. 왜냐하면 0의 한계비용가격정책은 수량할인정책의 한 종류이기 때문이다.

그러나 합의판결에도 불구하고 1997년 상원의원 Orin Hatch(공화당-유타주)는 만약 현재의 반독점법이 마이크로소프트 독점행위를 제어할 수 없다면 현행 반독점법을 더욱 강화해야 할 것이라고 주장하였다. 이는 마이크로소프트에 대항하는 선, 오라클, IBM, 넷스케이프, 노벨의 느슨한 동맹을 대변한다. 이 시기, 전개과정을 보면 1995. 11 윈도즈 95가 출시되고, 동시에 빌게이츠는 Internet Explore 3.0 (IE 3.0)의 개발 및 무료배포, 전사적 차원에서의 인터넷 육성전략을 발표하였다. 1997. 10. 20. 미법무부는 IE를 윈도즈에 포함한 것이 1995년의 합의판결(계약적 bundling 금지)를 위반했다고 제소하게 된다. 이어서 1997, 12, 11, Thomas Penfield Jackson 판사는 IE를 윈도즈에 포함하는 것을 금지하는 예비판결을 공포하였다.

그런데 1998. 5. 12. 항소법원(DC 구역)이 예비판결을 폐기하였으며, 1998. 6. 23. 항소법원은 1995년의 합의판결은 IE를 포함한 윈도즈 98에 적용할 수 없다고 판결하였다. 왜냐하면 현재 "법원은 하이테크 제품의 이익을 판결할 준비가 되어 있지 않기 때문이다". 이어서 1998년 MS사는 IE가 운영체제에 포함된 윈도즈 98 출시한다.

제2단계는 이 때부터 시작한다. 1998. 5. 18. 앞의 재판과 별도로 미법무부와 20개주 및 DC정부는 마이크로소프트에 대한 반독점법위반혐의 제소(DOJ 고소장 98-12320)하였던 것이다. IE의 윈도즈에의 통합은 네스케이프(브라우저 경쟁자)를 제거함으로써, 윈도즈 시장의 잠재적 경쟁자를 없애려는 시도였다는 점을 강조하였다. 왜냐하면 브라우저는 여러 다른 운영체제에서도 동일하게 동작할 수 있으므로 브라우저 기반의 응용프로그램이 개발될 경우 운영체제 프로그램인 윈도즈의 위상, 필요성이 떨어질 것이기 때문이다. 따라서 마이크로소프트의 IE의 무료 배급은 윈도즈 독점을 유지하기 위한 방어적 행동이다. 이 고소는 1998.10.19-1999.6.24.동안 12명의 증인으로 심리가 시작되었다. 잭슨 판사는 '법의 판결(conclusion of law)' 이전에 '사실(findings of fact)'을 미리 공표할 것이라고 선언하였는데, 이는 합의판결을 통한 합의를 유도하려는 의도로 해석된다. 이어 1999. 11. 5. 원고에 유리한 '사실'이 공표되었고, 1999. 12. Richard Posner 판사(제7 항소법원의 부장판사)가 중개자로 나설 것에 동의하였다. 그러나 2000. 4.1. 합의가 파기되며, 2000. 4.3. 잭슨 판사 대부분의 항목에서 원고에 유리한 '법의 판결'을 발표하였다. 그 내용에서 마이크로소프트는 독점화, IE를 윈도즈에 끼워파는 반경쟁 행위를 하였으나, 마이크로소프트의 배타적 계약이 네스케이프의 배포를 방해한 것은 아니다 라고 판단되었다. 그런데 이어 발표된 2000. 6. 7. 잭슨 판사는 마이크로소프트의 분할에 관한 해결방안(remedies decision)발표하였다.

이제 소송은 제3단계로 접어들었다. 마이크로소프트는 즉각 항소하였으며, 결국 판결은 항소심 이전까지 유보된다. 그런데 미법무부는 사안의 국민경제적 중요성을 이유로 항소심을 피하고, 대법원에서 심의할 것 요구하였다. 이는 사실상 마이크로소프트에 호의적인 워싱턴 DC의 항소법원을 회피하려는 의도였다. 2000. 9. 26. 대법원은 항소법원의 청문회를 요구하였으나 정치적 상황이 변화하여, 조지 W 부시가 새 대통령이 되었다. 그는 클린턴 대통령에 비하여 반독점제제에 대한 관심이 적었으며, price fixing antitrust case에만 관심이 있었다. 이어 열린 2001.6. 29 항소법원은 MS사의 셔먼법 위반 혐의 일부 인정에도 불구하고, MS 분할에 관한 해결방안을 기각하고, 지방법원에 반송하였다. MS 사는 소송 결과와 상관없이 연방대법원에 즉시 상고하였다. 결국 2001. 11.2. USDOJ와 MS 사는 합의에 도달하였다. 물론 그럼에도 불구하고 일부 주는 합의에 동참하지 않은 상태다. 이하에서는 2000년 4월 3일 지방법원의 최종판결을 따라 MS 소송의 쟁점을 살펴본다. 법원에서 다툼이 이루어진 관련 쟁점은 아래와 같다. 물론 각 쟁점은 세부적으로 좀 더 세밀한 논점으로 나누어질 것이다.

2) 쟁점1 - 반경쟁적 수단을 통한 독점력의 유지와 제2시장으로의 진출(셔먼법 2조 위반 혐의)

첫 번째로 분류할 수 있는 쟁점은 OS 시장에의 독점력을 반경쟁적 수단으로 유지했다는 점과 OS 시장의 독점력을 이용하여 브라우저 시장에 진출하였다는 혐의이다. 이는 이후에 다룰 거래제한의 위반과 비교하여 구조적 차원의 문제(독점의 폐혜)에 관련된다.

(1) 첫 번째 위반사항: 반경쟁적 수단을 통한 OS 시장에서의 독점력 유지 혐의(Maintenance of Monopoly Power by Anticompetitive Means)

(시장)독점력(market power 또는 monopoly power)의 정의에서 중요한 것은 어디까지를 해당 시장(relevant market)으로 하느냐이다. 만약 해당 시장을 (여러

대체재를 포함하여) 포괄적으로 규정한다면 시장독점력을 규정하기가 어려울 것이며, 해당 시장을 좁게 규정하면 시장독점력을 규정하기 용이할 것이다. 독점 규정 자체는 반독점법 위반 혐의의 내용을 구성하지는 않지만 해당 시장의 규정에 따라 반독점법의 적용에도 차이가 있게 되므로 해당 시장을 어떻게 정의하는가는 논란의 소지가 있을 것이다. 이 주제에 대해 법무부는 '인텔호환 데스크톱 PC의 OS' 시장으로 한정한 반면, MS 측은 ISV(Independent Software Vendors: SW 개발업자)가 기반으로 해야 하는 플랫폼으로 규정하기를 원하였다. 전자의 규정에 따르면 해당 시장의 대체재로는 인텔비호환 PC(예를 들어 매킨토시: 매킨토시는 전체 PC 시장의 12%를 장악하고 있다)의 OS, Palm Pilot 등의 OS 등이 대체제가 될 것이다. 이 경우 대체재의 대체효과는 매우 제한되며 해당 시장에서 MS가 공급하는 윈도즈의 독점(이 시장에서는 윈도즈가 90% 이상을 공급하고 있다)은 당연히 인정된다. 반면 후자의 규정에 따르면 모든 종류의 OS가 모두 해당 시장에 포함되어 MS의 시장독점력은 상당히 떨어지게 된다. 후자의 논거로 제시하고 있는 것은 해당 시장의 핵심을 ISV가 응용SW를 만들 때 OS에 미리 내장된 기능을 이용함으로써 훨씬 용이하게 SW를 만들 수 있다는 점을 든다. 이는 응용SW의 개발비용을 줄여줄 것이다.

해당 시장의 규정을 둘러싼 이러한 논쟁은 결국 윈도즈가 주로 공급하는 인텔 호환적 PC의 OS 시장의 경쟁이 얼마나 치열한가, 또는 이 해당 시장에서의 진입장벽이 얼마나 높은가의 문제로 이어지고 있다. 즉 법무부 측은 MS의 독점은 공고하며, 진입장벽(ABE: 응용SW의 다양함으로 인해 잠재적 경쟁자가 진입하지 못하는 것. 윈도즈에서 돌아가는 응용 SW는 모두 70,000 종류로 맥(12,000개)과 OS2(2,500개), 리눅스에 비해 훨씬 많다)은 높다고 보는 반면, MS 측은 스스로 인식하는 경쟁압력은 매우 높다고 주장한다. 원래 진입장벽은 SW 시장 자체가 초기 개발비용(함몰비용)이 매우 높고 한계비용이 매우 낮기 때문에 SW 시장에서 발견되는 보편적 현상이기는 하다. 이러한 점을 들어 윈도즈 시장에서 이점을 문제 삼는 것은 SW 시장 자체를 문제 삼는 것이라고 MS 측은 항변하는 것이다. 특히 ABE가 많은 것은 기존 진입자가 많은 투자를 했기 때문이며 이 비용을 고려할 때 신규 진입자가 느끼는 비대칭적 비용(이것이 진입장벽의 정의이다)은 더욱 줄어든다는 것이다.

특히 MS가 해당 시장에서 독점력이 없다, 또는 경쟁압력이 매우 높다고 주장하는 근거로서 제시하는 것은 윈도즈의 가격이 독점가격이 아니라는 점이다. MS 사는 인텔 PC에 대한 수요탄력성을 2로 가정하여 이윤극대화 독점가격을 계산해보면 1800달러나 되지만, 현재 판매하고 있는 가격은 40-60달러로서 여기에 훨씬 못 미치는 데 MS는 이를 해당 시장에서 독점력이 없다는 증거로서 제시한다.[100] 이는 해당 시장 독점력을 규정하는데 매우 심각한 반론으로 생각된다. 이는 법무부 측에서도 인정하는 점이다. 물론 SW 제품의 한계비용이 0에 가깝다는 사실로부터 0이상의 가격을 독점가격으로 주장할 수도 있으나 이는 SW 시장 모두에 적용할 수 있는 일반론이기 때문에 윈도즈에 대해서만 적용할 수는 없을 것이다. 따라서 법무부 측은 MS 측에서 이윤극대화를 던기에 실현시키지 않는 것은 보다 장기적인 이윤극대화를 추구하기 때문이라고 주장한다.[101] 즉 MS가 독점력을 가진 상태에서도 이를 즉시 사용하지 않는 것은 보다 장기적으로 이윤을 극대화하기 위해서이다. 다시 말하면 사용자기반을 증식시켜 네트워크 효과를 증대하고, 응용SW에 대한 수요를 증가시키며, 불법복제의 유인을 줄이고, OEM과 배타적 거래를 활성화하기 위해서라는 것이다. 이러한 논리는 MS가 해당 시장에서 독점력을 가지며, 이로 인해 독점가격을 통해 이윤극대화를 추구한다는 단순한 논리보다는 약한 면이 있다. 즉 실제로 가격을 올린 적이 없기 때문에 과연 그러한 전략과 진정한 경쟁전략과 구분되지 않는다는 비판도 가능하다. 그러나 상식적으로 생각해 볼 때 OEM 들이 윈도즈 가격이 오른다고 해서 쉽게 다른 OS를 선택할 수도 없기 때문에 윈도즈가 해당 시장에서 독점력이 없다고 결론내리기도 어렵다. 독점이지만, 단기 이윤극대화를 하지 않는 진정한 이유는 무엇일까? Purohit(1994)는 인텔의 CPU 개발 전략을 일시적 독점(transitory monopoly)전략이라고 부른 바 있는데 이를 윈도즈의 경우와 비교해보면 경쟁 압력에 대한 함의를 찾을 수 있을 것 같다. 즉 인텔은 경쟁자를 따돌리기 위해 새로운 CPU를 개발할 때마다 신제품을 출시하고 기존 제품의 가격을 낮추는 정책을 취하였다. 이 경우 인텔은 독점을 유지할 수 있었지만 기존제품의 가격을 인하시킴에 의해서만 가능했다. 반면 윈도즈의 경우 새로운 버전으로 업그레이드할 때 기존제품의 가격 인하와 같은 정책을 펴지 않았다. 이러한 점을 고려할 때 윈도즈가 잠재적 경쟁압력을

---

100) 이에 대해서는 Economides(2001) 참조. 역으로 이윤극대화 독점가격이 40-60달러 수준이 되기 위해서는 수요탄력성이 30이어야 하는데 이는 현실적인 수치가 아니다.
101) 이 논리는 Fisher & Rubinfeld (2000)에 자세히 설명되어 있다.

고려하고 있기 때문에 높은 가격을 받지 않고 있다는 점, 그럼에도 불구하고 잠재적 경쟁압력은 사실상 현재화한 적이 없었다는 점을 알 수 있다. 따라서 윈도즈가 해당 시장에서 독점력을 보유하고 있다고 보아도 무리가 없을 것이다.

이와 같은 논의를 통해 해당 시장에서 MS의 독점력 여부에 대한 논쟁을 살펴보았지만, 사실상 독점력 자체는 반독점법의 저촉대상이 아니다. 왜냐하면 특히 네트워크 경제에서 독점은 수요 및 공급 측 규모의 경제로 인하여 자연히 발생하는 경향이 있고 또한 이는 혁신의 결과일 수 있기 때문이다. 그러므로 문제가 될 것은 OS 시장에서의 독점력 자체가 아니라 MS가 이러한 독점력을 부당한 방법으로 (반경쟁적 방법으로) 유지하려고 했느냐의 문제일 것이다. 여기에서 미 법무부는 브라우저 시장에 MS가 진출한 것에 주목하였다.

법무부의 주장에 따르면 MS는 IE를 개발하여 인터넷 브라우저 시장에 진입한 후 브라우저를 무료 배포하였는데, 이는 브라우저 시장의 이윤, 독점을 획득하기 휘해서가 아니라 OS 시장의 독점을 유지하기 위해서라는 것이다. 즉 넷스케입 브라우저는 응용SW의 진입장벽을 줄이게 되어(OS 독립적인 응용 SW가 가능) 비록 브라우저가 OS를 대체하지 못한다고 해도, OS의 기능을 보완하는 미들웨어로 작동하게 되는 것이다. 또한 넷스케이프는 모든 OS에서 동작하며 인터넷이 보편화함에 따라 OS에 독립한 브라우저 API에 맞춰 개발하는 SW가 많아지게 되고, 특히 네트워크 컴퓨터가 등장하면 OS에의 의존도는 더욱 떨어질 것이다. 그리하여 브라우저가 대안적 OS가 될 가능성이 커진다. MS는 이 위협에 대해 OS의 독점력을 유지하기 위해 브라우저 시장으로 진출하였다는 것이다. 그리하여 브라우저의 기존 진입자인 넷스케이프를 몰락시켰다는 것이다.

넷스케이프는 브라우저 시장을 통해 플랫폼 시장으로 진출하려 한 것이므로, 이를 사전에 저지하려는 목적이 있다는 미 법무부의 주장에 대해 MS 측은 인터넷이 새로운 시장이 된다고 보아 이에 경쟁자로 등장한 것이라고 주장하였다. 법무부는 동일한 경우의 예로서 Sun 사의 Java를 저지하려 했다는 혐의를 든다. Java 역시 어떤 OS에서 운영되는 응용프로그램을 만드는 "보편적인 랭귀지" 프로그램이 될 수 있기 때문에 MS는 MS OS 환경에서 작동하는 오염된 자바(즉 Java virtual machine)를 개발하게 되었다는 것이다. 이에 대해 MS 측은 원래의 Java가 보편성을 지나치게 추구하여 효율성(속도)이 저하되었기 때문에 원래의 Java에서 동작하면서(backward compatibility) 동시에 MS에서 구현되는 Java를 개발하였다는 점, 따라서 반-경쟁적인 것이지 않다고 변호하였다.

이 문제에 대한 판단은 쉽게 내리기가 어렵다고 생각된다. 그러나 법원이 제시하고 있는 구체적 증거들을 종합하면 MS 측에서 브라우저 시장과 Java 시장에 대한 진입이 윈도즈의 독점지위와 밀접한 연관이 있다는 것은 충분히 논증된다. 특히 브라우저 시장 진출과 관련한 MS의 내부 문서, 막대한 IE 개발비에도 불구한 무료 배포, 넷스케이프를 인터넷 브라우저로 못쓰게 하기 위해 OEM, IAP 등에 취한 여러 조치들, 넷스케이프 사에 대한 시장분할 제안 등은 MS가 브라우저 시장을 독립된 시장이 아니라 연관 시장으로 파악하고 있다는 증거가 된다. 즉 MS의 전략은 윈도즈에 대체적인 미들웨어 플랫폼이 개발되는 것을 저지하는데 있었다는 것이다.

(2) 두 번째 위반사항: 제1시장(OS시장) 독점력에서 유래하는 반경쟁적 수단을 통한 제2시장(브라우저 시장) 독점화를 기도(Attempting to Obtain Monopoly Power in a Second Market by Anticompetitive Means)

이 위반사항은 OS 독점력을 이용하여 웹 브라우저 시장을 독점하려고 기도하였다는 점이다. 이에 대하여 법원은 1) MS가 Netscape에게 1995년 시장 분할을 제안한 사실[102] 및 Netscape의 시장퇴출을 위한 다각적 노력이 약탈적 반경쟁적 행위에 해당하고, 2) 앞의 약탈적 행위로부터 독점화의 의도(intention)이 입증되며, 3) Netscape 브라우저인 Navigator의 시장점유율이 70% 이상이었으나, MS의 반경쟁적 행위가 수년간 지속되면서 50% 이하로, 2001년 1월에는 다시 40% 이하로 떨어질 것으로 예상된 점에서 그 성공할 위험(dangerous probability)이 입증된다고 보았다.

3) 쟁점2 - 거래제한 (셔먼법 1조 위반 혐의)

앞의 쟁점 1이 구조적 문제(불법적 방법에 의한 독점의 유지와 독점화)라고

---

102) 윈도즈용 웹 브라우저는 MS가, 다른 플랫폼용 웹 브라우즈는 Netscape가 한다는 제안을 말한다.

한다면, 이하의 쟁점2는 경쟁행위에 보다 초점이 맞추어진다. 물론 이러한 행위가 문제가 되기 위해서는 해당 시장과 연관 시장의 독점력의 존재여부가 중요한 기준이 된다. MS의 이번 소송에서는 끼워팔기는 제1심에서는 위법으로 판단되었다가, 항소심에서는 판단을 보류하였고, 배타적 거래에 대해서는 일관되게 인정하지 않았다.

(1) 끼워팔기

모든 끼워팔기가 거래제한에 해당되는 것은 아니다. 끼워팔기가 문제되기 위해서는 tying product(원래 제품, 이 경우는 윈도즈)에서 독점력을 가지고 있어야 한다. MS의 경우(윈도즈와 IE)는 일단 이점을 충족시키고 있다. 즉 윈도즈의 독점력을 법원은 인정하고 있다. 문제가 된 부분은 이 두 제품이 기술적으로 결합된 제품인가, 아니면 별개의 제품으로 볼 것인가의 문제이다. 이는 본 논문의 검토 대상이 아닌 제1단계의 소송에서도 제기된 바 있는데 1995년의 합의판결에서 사실상 애매하게 처리되어 MS의 끼워팔기가 합법화될 여지를 가지고 있었다. 즉 여기서 계약에 의한 bundling은 금지하되, 기술적 bundling은 인정함으로써 MS가 윈도즈와 IE가 기술적 통합제품이라고 주장할 근거를 제시하였던 것이다. 하지만 제1심 재판에서는 소비자의 다양성에 대한 선호를 더 중시하여 기술적 bundling으로 볼 수 없다는 입장을 취하였다. 이 입장은 항소심에서 다시 바뀌게 된다.

우선 MS가 IE와 윈도즈의 번들을 결정하는 과정은 다음과 같다. 1995년 OEM 공급용 윈도즈에 최초로 번들하여 윈도즈 95, 98 모두 번들하였다. 이는 OS 수요와 분리된 브라우저 수요에도 불구하고 추진된 것이었다. 법무성의 입장은 효율을 위해서가 아니라, 경쟁을 제어하기 위해서라는 판단이었다. 여기서 문제는 브라우즈 없는 윈도즈라는 선택권을 없앤 것이다. 윈도즈를 얻기 위해 브라우즈도 얻어야 하는 문제가 있다. 이는 윈도즈의 독점을 더욱 강화할 것이다. 이에 대해서 MS는 IE와 윈도즈 98이 설계시부터 상호 관련되었다는 점을 강조하였다. 그러나 기술적 결합성의 문제는 판단하기 무척 곤란하다. 왜냐하면 어떤 SW도 일정 수준의 결합으로부터의 이득이 발생하기 때문이다. 만약 SW들이 서로 결합할 때 이득이 발생한다는 점으로 인해 그 결합이 반경쟁적이라는 주장이 틀렸다면, 어떤 끼워팔기에 대한 검증도 불가능하게 될 것이기 때문이다. Fisher & Rubinfeld (2000)은 현재의 이슈에서 반경쟁적 효과는 큰 반면, 기술적 이득은 작거나 존재하지 않는 것이 명백하다고 주장한다. 예를 들어 윈도즈 98의 기능에 아무런 손상이 없이 IE를 제거하고 다른 브라우저를 설치할 수 있다는 것을 보여줄 수 있었다는 점을 든다.

한편 Economides(2000)은 MS의 입장에 서서 중요한 문제제기를 하고 있다. 즉 관련 판결문은 이 점에서 논리적 일관성을 상실하고 있다는 것이다. 왜냐하면 독점부분에서는 브라우저와 OS 시장을 같은 것으로 간주(셔먼법 2조)하는 반면, 끼워팔기 부분에서는 브라우저와 OS 시장을 다른 것으로 간주(셔먼법 1조)하고 있기 때문이다.

(2) 배타적 거래: 당연위법 해당 사항

OEM, ISP, ICP에 대한 배타적 거래 혐의에 대해서 법원은 넷스케이프의 주요 배포 경로가 차단당한 것을 인정함에도 불구하고 완전히 차단된 것은 아니라는 점에서 인성하지 않았다.

이러한 쟁점을 가진 소송은 2000.4. 지방법원 판결[103] 에서 2001.6 항소법원 판결[104]로 넘어오면서 큰 변화를 겪는다.

<표 8-1> MS 사에 대한 반독점법의 결정

	2000.4. 지방법원 판결	2001.6 항소법원 판결
PC 시장 독점과 반경쟁적 행위	인정	인정
브라우저시장 독점 기도	인정	불인정
끼워팔기	인정	불인정
배타적 거래	불인정	불인정
해결방안으로서의 MS사 분할	분할	무효

---

103) 2001년 4월 3일 DC 지방법원(잭슨 판사)의 Final Judgement (Civil Action No. 98-1232, 98-1233)

104) 항소법원 판결문(2001년 6월 28일) No. 00-5212

<표 8-1>는 이러한 변화를 간략히 묘사한 것이다. 2001년의 항소법원은 <표 8-1>에서 나타난 반독점행위 제제의지의 약화와 함께, DC 지방법원의 잭슨 판사의 판결 전후의 부적절한 행동을 지적하였다. 또한 IE와 윈도즈의 bundling 문제는 (원고의 문제제기가 있을 경우) '합리성의 원리(rule of reason)'에 따라 재검토해야 하며, MS의 인정된 불법 행위에 대한 벌칙 역시 재검토를 요망하였다.

첫째, 항소법원에서 유죄로 인정된 유일한 부분은 PC의 운영체제 시장의 독점화 기도(셔먼법 2조 위반 사항)이다. 항소법원은 넷스케이프 사가 cross-OS platform을 만듦에 의해 MS의 운영체제에서의 독점적 지위를 위협할 수 있었다는 원고의 입장을 인정하고, MS가 이에 대응하기 위해 다양한 수단을 동원하여 넷스케이프를 압박한 것은 반경쟁행위에 해당한다고 판시하였다. 여기에는 아래의 행위들이 포함된다.

(1) OEM라이센스를 제한하여 OEM이 다른 브라우저를 설치하는 것을 어렵게 하거나 금지한 행위

(2) IE를 OS 상의 Add/Remove program utility에서 배제하여, 브라우저와 OS코드를 통합한 행위

(3) Internet Access Providers와의 배타적 계약

(4) Apple Computer가 넷스케이프를 배포하지 못하도록 한 배타적 계약

(5) Java 개발업체에 대한 사기 부문. 그러나 항소법원은 지방법원에서 유죄 판결을 내렸던 부분인 MS 사가 자사의 Java Virtual Machine 개발한 부분에 대해서는 무죄를 선언.

(6) Intel에게 자바에 대한 cross-platform support를 못하도록 협박한 사건

이 외의 일반적 행위에 대한 부분은 무죄를 판결하였다.

즉, 2차 시장인 인터넷 브라우저 시장을 독점화하려고 기도했다는 부분에 대해서는 무죄를 판시하였다. 그 이유 중의 하나로서 원고와 지방법원에서는 해당 시장을 적절히 정의하지 못하였으며 해당 시장에 상당한 규모의 진입장벽이 있거나, MS사가 시장을 지배하기 위해 진입장벽을 설치하였다는 점을 보여주지 못하였다는 점을 들고 있다.

다음으로는 IE와 윈도즈의 끼워팔기에 대해서도 하급심에서는 이 문제를

당연위법의 원리에 따라 유죄판결을 하였으나 이는 부당하다고 판시하였다. 항소법원은 하급심에 이 문제를 반송하면서, 재검토의 원리로서 "합리의 원칙"을 적용할 것을 명령하였다. 이 원칙 하에서는 원고는 끼워팔기에 의한 해악이 그 행위의 소비자 이익 증대, 또는 경쟁적 효과 증대의 이점보다 더 크다는 점을 증명하여야 한다.

마지막으로 해결방안에 대한 판결에서는, 상급법원은 하급법원에서 결정한 해결방안을 대부분 거부하였다. 이러한 해결방안에는 MS 사를 분할하는 것, 기업전략을 제한하는 것 등이 포함된다.

그 이유로 항소법원에서 제시하고 있는 것은, 하급법원에서 제시한 해결방안이 구체적으로 어떻게 독점위반 행위를 해결할 수 있는지를 하급법원이 보이지 못하고 있으며, MS 사의 책임이 최초의 반독점위반 사건(OS 시장의 독점화 기도)에만 한정되며, 그 외의 혐의, 즉 인터넷 시장의 독점화시도, 끼워팔기(tying)의 혐의에 대해서는 하급법원의 재검토를 요구하였다는 점을 들고 있다.[105) 106)]

4) 반독점법의 경제학: 하버드학파 대 시카고학파

전통적으로 반독점정책에 대해서는 미국 내에서 두개의 입장이 존재했다. 하버드 학파는 반독점정책의 이론화에서 주류적인 입장으로 경쟁유지정책의 필요성과 시장의 실패를 강조하여 개입주의적인 요소를 띠며, 반대로 시카고 학파는 경쟁유지정책의 불필요성과 국가의 실패를 강조하여 경제적 자유주의적 속성을 띤다. 하바드 학파는 전통적인 S-C-P 분석을 통해 반경쟁 산업구조는 결국 후생손실로 이어진다는 관점을 가지고 있다. 이러한 의미에서 이들은 구조주의(structuralism)로 불린다. 대표적인 저서로는 학자로는 Bain(1959)이 있

---

105) 그 외에도 상급법원은 하급법원 판사 Thomas Penfield Jackson가 판결 후 가진 기자회견에서 MS 사에 대해 보인 편파적 태도("그러한 위반은 고의적, 반복적, 악질적인 것이다"(deliberate, repeated, egregious, and flagrant))라고 하는 등 판결 전후의 부적절한 행위에 대해서도 지적하고 있다. 따라서 상급법원은 하급법원의 판사가 교체되어야 한다고 적시하였다.

106) Economides homepage의 해설 참조.

다. 반면 시카고 학파는 보수주의로서 자유방임주의적 학설을 대변한다. 대표적인 학자로는 Posner(1976), Stigler(1968)이 있다. 그러나 디지털 시대를 지나면서 새로운 반독점 정책의 쟁점이 등장하였고, 이는 결국 시카고 학파 이후의 쟁점을 구성하고 있다. 그럼에도 불구하고 개입주의와 경제적 자유주의의 전통은 유지된다. 예를 들어 네트워크 외부성은 독점을 인정하는 쪽으로도 독점을 부정하는 쪽으로도 모두 활용된다. 전자의 경우는 Economides, Posner 등이 있으나, 반면 네트워크외부성에 대한 선구적 연구자들[107]인 Franklin Fisher, Steven Salop 등은 반MS 소송에서 원고 측(미국법무부 및 반대 기업들)의 입장에서 네트워크 산업에서도 반독점법의 강력한 집행을 위한 이론적 근거를 제시하였던 것이다. 우선 자유방임주의 전통(Economides, 2001)의 설명은 다음과 같이 요약된다

• 전통적 네트워크(전화, 팩스), 가상 네트워크(OS, VHS)의 네트워크 효과는 시장의 독점화 경향을 낳는다(승자 독식 winner-take-most). 따라서 시장 독점이 반독점행위의 증거가 될 수 없다.
• 독점으로의 자연스런 경향으로 인해, 이러한 자연적 독점을 인위적으로 규제하려는 시도(예를 들어 모든 기업이 동일한 규모의 시장을 가져야 한다)는 반생산적 결과를 초래할 것이다. 즉 natural inequality equilibrium의 훼손으로 말미암은 사회적 비효율을 낳을 것이다.
• 자연 독점의 시장에 n번째의 기업이 자유로이 진입하더라도 이는 최대 생산자의 시장 몫에 큰 영향을 미치지 않을 것이다. 따라서 네트워크 효과가 있는 시장에서는 진입장벽의 제거가 시장구조에 큰 영향을 미치지 않을 것이다.
• 시장이 독점이라는 점이 경쟁이 약하다는 것을 의미하지 않는다.
• 네트워크 효과가 강할 때 시장의 독점 상태가 사회적 총후생을 더욱 증가시킬 것이다. 왜냐하면 독점은 표준을 낳고, 경쟁은 비호환성을 낳는데 표준의 이득이 더 높기 때문이다.
• 독점이라고 해서 네트워크 산업에서 경쟁, 혁신이 지체되는가는 불확실하다. 전통 산업에 비해 진입이 더욱 어렵지만 그 보답은 더욱 크기 때문에 잠재적

---

107) 그 이론적 구성에 대해서는 본서의 7장을 참조하라.

경쟁자가 항상 있고, 지난 20여 년간 네트워크 산업의 역사를 볼 때 혁신이 매우 격렬했음을 알 수 있다.

- 비록 네트워크 효과로 인해 기존 진입자가 더욱 유리하지만, 만약 잠재적 경쟁자가 월등한 생산품과 강력한 가격정책을 추진할 수 있다면 이러한 사용자 기반으로부터 오는 불이익을 극복할 수 있다.

반면 개입주의 전통(Klein, 1998)에 따르면 쟁점은 다음과 같다.

- 경쟁적 시장이 소비자를 위한 최선의 선택이며, 경쟁적 시장을 유지하기 위해 반독점규제는 필수불가결하다.
- 반독점규제는 경쟁정책이다. 이는 일본, 한국에서와 같은 산업정책(개입정책)과는 다르다.
- 시장의 자연적 경향은 경쟁을 강화하는 것이 아니라 억제한다. 이 부분은 신고전파의 생각과 다른 것으로 경쟁적 시장보다 독점력(market power)이야말로 모든 기업이 이윤을 얻기 위해 원하는 것이라고 보고 있다.
- 반독점규제는 포기되어서는 안 되지만, 동시에 과잉 추진되어도 안 된다. 반독점규제는 경쟁자를 보호하는 것이 아니라 경쟁을 보호하는 것이다. 이를 통해 시장의 효율을 보장하고 궁극적으로는 소비자를 보호하는 것이다. 크다는 것이 죄악시 되어서는 안된다. 규모가 문제가 아니라 효율성이 문제다.
- 기업은 효율성과 독점력 모두를 통해 이익을 본다. 소비자는 혁신을 통해서 이익을 보는 반면, 독점력을 통해서는 손해를 본다. 여기에 규제의 필요성이 존재한다고 생각한다.
- 반독점법이 현재의 하이테크 산업에 적용불가능하다는 반론에 대해서는 반독점법의 특징은 불문법(common law)적 속성이라고 반박한다. 미국 수정헌법 1조 (언론의 자유)가 현재에도 여전히 유효하듯이 반독점법의 정신은 현재에도 유효하다. 단 그 적용은 판례를 따라 사회적, 역사적 맥락에 따른다. 그 핵심 논리는 독점력을 창출 증가시키는 협약과 합병, 또는 현재의 독점력을 이용하여 독점을 보호하고 확대하려는 시도를 막는 것이다.
- MS 건에 대해서는 브라우저의 무료 배포는 (1) 사용자기반을 확대하기 위해서라면 합법(마치 신문사가 무료 신문을 배포하듯이)이지만, (2) 현재의 독점을 유지하고 확대하기 위해서라면 불법이라고 보고 있다. (브라우저 개발

의 비용을 고려할 때 무료 배포는 일단 약탈가격 정책임. 단 MS 경우와 같이 독점 이후에도 가격을 인상하지 않을 수 있다)

• MS의 소송에 대해서는 (1) PC OS 시장의 독점력은 인정하나, (2) 반경쟁적 효과들을 가지고 있다고 보고 있다. 이는 브라우저 시장에서의 네트워크 효과 (tipping)를 노리기 위한 전략적 시도이며, 동시에 잠재적 경쟁자의 예상을 꺾음 으로써 혁신의 정체라는 결과를 초래할 것이다.

6. 결론 : 미국의 규제와 한국의 규제

우리나라의 반독점법인 공정거래법은 경쟁시장 조성 역할에 초점을 두고 있다.[108] 이 법은 첫째, 구조규제보다는 행태규제를 강조하며, 둘째, 기업결합 에 대해서는 경제력집중(재벌규제), 시장지배적지위의 남용(독과점규제), 부당 한 공동행위 등을 규제한다. 셋째, 사업자 단체에 대해서는 불공정거래행위, 재판매가격유지, 국제계약을 규제한다.

미국의 반독점법 역시 유사한 목적을 가지고 있다. 우선, 기업결합에 대해서 는 셔먼법1,2조, 클레이튼법 7조에 의해 수평결합, 수직결합, 혼합결합을 금지 하고, 수차례에 걸친 합병가이드라인(1962, 1982, 1984)을 통해서 구체적 규제 방침을 정하였다. 둘째, 독점화에 대해서는 셔먼법2조로 규제한다. 여기에는 독점화(monopolization), 독점화의 기도(attempt to monopolize), 독점화를 위한 연 합이나 공모(combination or conspiracy to monopolize) 등이 규제된다. 그 외에 행위

---

108) 『독점규제 및 공정거래에 관한 법률(1980제정)』은 다음과 같은 구조를 가지고 있다.
목적: 공정하고 자유로운 경쟁을 촉진(1장)
　　　시장지배적지위의 남용금지(2장)
　　　기업결합의 제한(3장)
　　　경제력집중의 억제(3장)
　　　부당한 공동행위의 제한(4장)
　　　불공정거래행위의 금지(5장)
　　　사업자단체(6장)
　　　재판매가격유지행위의 제한(7장)
　　　국제계약의 체결제한(8장)

규제로서, 다음과 같은 행위들이 규제된다.

- 가격고정행위(Price fixing) : 셔먼법1조에 의해 당연위법으로 강력히 규제
- 재판매가격유지행위(Resale Price Maintenance) : 셔먼법1조, 연방위원회법5조
- 가격차별(Price Discrimination) : 클레이튼법2조
- 끼워팔기(Tying Agreement) : 셔먼법1조, 클레이튼법3조, 연방위원회법5조 위반
- 집단적 거래거절(Group Boycott) : 셔먼법1,2조, 클레이튼법3조, 연방위원회법5조 위반
- 배타적거래(Exclusive Dealing) : 셔먼법1조, 클레이튼법3조, 연방위원회법5조
- 상호거래(Reciprocal Dealing) : 상동. 합법의 원리 적용.
- 통합구매계약(Requirement Contract) : 상동. 완화경향.

그러나 정작 미국의 반독점법은 시장규제에 대한 내용이 더욱 강하다고 볼 수 있다. 왜냐하면 미국의 반독점법은 독점구조를 원천적으로 금지하는 원인규제주의를 채택하고 있기 때문이다. 이 점은 매우 흥미로운 특징인데, 여기에는 진보주의(progressivism)라는 반독점법의 역사적 배경이 작용한다. 즉 반독점법을 둘러싼 대립은 자유방임주의(libertarianism)와 대기업을 한편으로 하고, 급진주의(radicalism)와 소기업, 소농, 노동자를 다른 한편으로 하는 대결 구도에서 진보주의와 중산층계급이 주도한 입법이자 규제행위라는 특징을 가지고 있는 것이다. 따라서 미국, 한국의 반독점법이 강조하는 지점은 달라도, 기반하고 있는 사회정치적 정서(반 대자본)은 동일하며, 미국의 반독점법을 미국적 정서에서의 반자본적인 규제로 보아야 할 것이다.

지금까지 우리는 규제경제학의 내용을 미국의 규제를 중심으로 살펴보았다. 우리나라의 경우 미국과 다른 산업환경에 직면해 있다. 우선 한국의 경우 산업화 과정이 국가주도로 이루어졌기 때문에 자유시장을 전제한 후의 사후적 규제가 아니라 대부분 직접 개입이 주된 것이었다. 따라서 사기업의 경우에는 다각화된 가족소유기업인 재벌의 문제가 있었던 반면, 공공부문의 경우 공기업으로 국가가 직접 소유 경영에 참여하는 것이 보다 일반적이었다.

이러한 차이점을 고려할 때, 미국에 규제가 많은 것은 시장지배적 (앵글로색슨형) 자본주의이기 때문이라고 볼 수 있다. 즉 시장이 지배적이므로 그만큼 더 많은 시장 통제적 기구가 필요한 것이었다. 미국은 규제의 이론과 기술이

매우 발전하였지만, 이는 경제적 자유주의의 반작용으로 볼 수도 있는 것이다. 규제는 공짜로 이루어지는 것이 아니라 많은 비용이 든다. 규제의 비용/편익 분석이 요구되는 것은 그 때문이다.

반면 우리의 경우 직접 개입의 역사가 깊기 때문에, 직접 개입의 효율성은 유지하면서도, 시장이 발전함에 의해 나타나는 시장실패를 보정할 수 있는 전문적 규제시스템을 갖추는 것이 과제일 것으로 생각된다.

7. 탐구학습

1) 우리나라의 일상생활이 정부에 의해 얼마나 규제되고 있는지를 살펴보고 앞의 미국인 Bob과 같은 사례를 만들어보자. 우리나라의 규제는 미국의 규제에 비교하면 어떠한가를 논의해보자.

2) 우리나라의 공정거래법과 미국의 반독점법을 비교해보자. 이러한 차이는 왜 생기는가? 공정거래위원회를 방문하여 어떤 일을 하고 있는지 조사해보자.

3) 평균비용이 떨어지는 규모의 경제 구간에서 왜 한계비용은 평균비용보다 더 낮은가?

산업분석과 경제교육

제9장

국가의 역할
경제발전과 거시경제정책

이 장은 한 나라의 거시경제를 관리함에 있어서 필요한 국가의 역할을 미국 경제의 발전과정을 소재로 살펴본다. 국가와 시장의 관계에 대해서는 많은 쟁점이 있지만, 시장주도의 자본주의를 대표하는 미국경제조차 국가의 역할이 지대하다는 점을 살펴보고, 미국에서의 국가개입은 어떤 점에서 다른 형태의 자본주의 및 우리나라와 다른지를 알아봄으로써, 우리나라의 경제정책에 어떠한 시사점을 주는가를 논의한다.

1. 문제제기

미국경제와 미국에서의 경제학을 이해할 때 신고전파이론(주류경제학)이 지배적이므로 경제사상도 그렇다고 생각하기 쉽다. 그러나 국가가 경제에 미치는 영향은 막대하며 아직도 그렇다. 물론 이런 생각을 극단적으로 반대하여 미국이 개입주의 국가라고 하는 것이 미국의 경제사상과 경제정책을 올바르게 이해하는 것은 아니다. 미국은 여러 가지로 보아 개인주의와 경제적 자유주의에 깊이 포섭되어 있다. 이러한 외관상의 복잡성과 모순성을 어떻게 이해해야 할까? 이 장에서는 미국의 건국초기 및 산업혁명기(1860~1910)의 발전전략을 둘러싼 논쟁과 현대 미국 거시정책에 대한 논쟁을 둘러싼 시장 대 국가의 패러다임을 소개하고, 우리나라의 경제발전과 경제정책을 이해하는데 시사점을 찾아보기로 한다.

2. 경제발전을 둘러싼 쟁점

우선 경제학자들의 언술과 정치가들의 언술은 확실히 경제적 자유주의를 신봉하고 있음에 틀림없다. 즉 이념적 차원에서는 큰 정부(big government)에 대한 불신이 깔려 있는 것이다. 즉 "작은 정부가 훌륭한 정부다"(that government is best which governs least)라는 신념은 공식적 언술에서는 명확하다. 1996년 빌 클린턴 역시 대통령 선거전에서 "신의 수단 내에서만 행동하는 정부, 더 작은 것으로 더 많은 일을 할 수 있는 작은 정부"를 구축하겠다고 말했다. 여론 조사는 일관되게 큰 정부를 불신하고 있으며, 사회주의 정당은 거의 역할을 수행하지 못했다.[109] 소기업에 대한 장려와 사회적 믿음은 강고하며, 이는 사적 소유권에 대한 믿음으로 이어진다.

그러나 다른 한편 실제의 경제정책 과정을 보면 미국 정부가 경제에 차지하는 역할은 엄청나다. 이른바 시장근본주의(자유방임주의:laissez faire)는 실제로 현실에서 나타난 적이 없었다. 오늘날조차도 여론조사는 총론에서는 작은 정부와 감세를 지지하지만, 각론으로 가면 개별 사회보장 프로그램에 대해서는 강한 지지를 표시함으로써 여론 자체가 다소간의 모순을 보여준다(Cohen, 2002: Chap 3).

이러한 패러독스는 어떻게 이해할 수 있을까? 그것은 미국자본주의 형성의 역사에서 찾아져야 한다. 미국에서 정부의 역할은 촉진, 보호, 규제라는 세 가지의 차원에서 이해할 수 있다.

1) 경제발전의 촉진

첫째, 촉진의 차원을 보자. 촉진(promotion)이란 경제발전의 촉진으로서 정부는 경제발전을 촉진하기 위해 정부가 할 수 있는 자원을 활용하여 재배분한다. 자원의 재배분을 위해 정부가 개입해야 한다는 주장은 언뜻 보면 매우 생소하다. 우선 정부의 개입에 대한 주장 및 이에 대한 비판은 미국의 건국과정과 밀접히 연관되어 있다. 보스턴 티 파티 사건(1773) 이후 미국독립운동을 통해

---

109) 미국 내의 진보정당이라고 할 수 있는 녹색당은 대통령 선거에서 3%를 득표하는데 그쳤다.

미국이 영국의 식민지로부터 이탈 한 이후부터 미국의 정치구조는 철저히 독재의 가능성을 배제하는데 초점이 주어졌다. 그리하여 예를 들어 초대대통령이었던 조지 워싱턴은 현재의 대통령과 같은 막강한 힘을 가지고 있진 않았다. 물론 독립 전쟁 때 총사령관을 동시에 역임하기도 했지만, 당시의 군대는 월급을 주지도 않았을 뿐 아니라 군대를 주는 것은 주였지, 연방의 결정은 아니었다.

미국이 독립 이후 부닥친 문제는 외세의 간섭을 배격하고 주권을 확보한다는 과제였다. 이 과제는 독립과정에서 갖게 된 권력분립주의와 일견 대립할 수 있다. 이러한 와중에서 나온 쟁점이 해밀턴과 제퍼슨의 논쟁이다(Brinkley, 1993: Vol. I, 185-95).

해밀턴은 「제조업에 관한 보고」(1971)에서 "공적 자금이 새롭고 유용한 산업분야를 위해 사용되는 것보다 더 유용하게 사용되는 것은 없다"라고 말하여 산업정책을 옹호했다. 이에 대해 토머스 제퍼슨은 연방이 주도하는 산업정책에 반대하고 주의 자치를 강조했다. 아이러니하게도 제퍼슨은 대통령이 된 후에는 도로, 교육, 제조업 등을 정부가 촉진시키기 위해 상당한 규모의 관세를 부과하였다. 정부의 경제적 비중은 GDP 대비 재정지출의 비율을 보면 알 수 있다. 1900년 정부지출은 GDP의 8%에 불과했지만 이 비중은 1950년 21%, 1980년 32%, 2000년은 34%에 이른다. 하지만 이러한 비율도 다른 선진국에 비하면 여전히 작은 것이다. 일본과 호주만 1/3 이하이지, 영국은 43.2%, 네덜란드는 52.4%에 이른다. 이중 미국에서 비군사적 공공부문 프로그램에 대한 연방 정부 지출은 GDP의 19%에 해당한다. 반면 네덜란드와 영국은 각각 50%와 39%다.

미국 역시 다른 선진국에 비해서 정도가 낮은 것은 사실이나, 여전히 정부의 개입 정도는 상당히 높다는 것을 알 수 있다. 하지만 미국의 산업정책은 동아시아의 산업정책과는 다르다. 동아시아의 산업정책은 육성하고자 하는 산업을 지정한 후 이에 대해 저리융자와 같은 보조금을 지불하지만 미국의 산업정책은 감세 정책 등이다. 연방정부는 특히 R&D 투자에 직접 지원한다. 제조업의 경우에는 전체 연구개발투자의 30%, 전기전자는 43%, 항공에는 무려 80%를 정부가 투자한다. 또 인터넷 개발 시 미국 (국방부의 ARPANET이 전신이다) 정부의 투자도 그러한 예가 된다.

<그림 9-1>은 1930년부터 2003년까지 미국의 성장률변화와 총수요 구성요소의 변화율을 살펴보고 있다. 이 표에서 알 수 있는 전체적 경향은 투자의

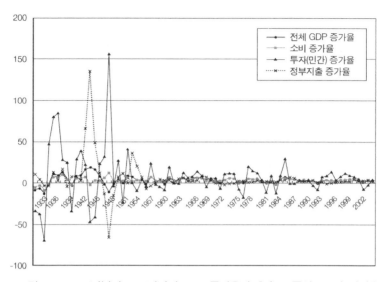

<그림 9-1> 1930년부터 2003년까지 GDP 증가율과 총수요 구성요소의 변화율

* 출전: www.bea.doc.gov 의 National Income and Product Accounts Table에서 재가공

변동률이 매우 높다는 것이고, 정부지출은 투자변동을 상쇄하기 위해 반경기적으로 움직이는 추세를 보이고 있다는 점이다.

2) 자국 산업의 보호

해밀턴은 동 보고서에서 정부는 산업보호도 해야 한다고 주장한다. 당시의 산업 보호 수단은 관세였다. 당시의 관세율은 5~15%로 상대적으로 낮았으나 1816년 관세법에 의해 관세가 대폭 상승하여 20%로 증가한다. 19세기 전체적으로 관세율은 평균 30%에 달한다. 링컨의 말을 들어보자. "나는 관세에 대해서는 많이 모른다. 그러나 나는 이것은 안다. 우리가 해외에서 제조된 물건을 산다면 우리는 물건을 갖고 외국은 돈을 갖는다. 반면 우리가 우리나라에서 제조된 물건을 산다면, 우리는 돈과 물건을 모두 갖는다." 현재 미국의 경제학 교과서는 데이비드 리카도의 비교우위론을 가르친다. 하지만 당시 대학교수가 되기 위해서는 자유무역을 가르치지 않겠다는 서약을 해야 했다. 미국에서 자유무역이 보편적으로 나타나기 시작한 것은 2차 대전 이후의 현상이다.

3) 경제적 · 사회적 규제

국가가 산업을 규제해야 한다고 생각하게 된 것은 위의 두 가지 역할에 비하면 비교적 최근의 현상이다. 즉 1800년대 후반부터 시작한다. 규제는 네 단계로 나눌 수 있다.

(1) 진보주의 시대

20세기 초반의 진보주의 시대에 산업규제는 시장을 활성화하는데 목적이 있었다. 대표적인 예로는 반독점규제를 들 수 있다. 주간 거래를 규제하고 활성화하기 위해 주간거래위원회(Interstate Commerce Commission: ICC)를 창설하였다.

(2) 뉴딜

1930년대의 뉴딜은 불황을 극복하고 성장과 신뢰를 회복하기 위한 것이었다. 그러한 예로는 Securities & Exchange Commission(SEC), Federal Communications Commission(FCC)의 창설을 들 수 있다.

(3) 위대한 사회

1960년대의 위대한 사회 프로젝트는 전후 미국자본주의 호황의 자신감을 바탕으로 나온 것이다. 이는 삶의 질을 고양하기 위한 사회적 규제가 목표였다. 환경규제, 소비자보호, 근로조건의 보호 등이 주요 의제가 된다.

(4) 1980년대의 탈규제

레이거노믹스로 불리는 새로운 경제정책은 기존의 규제를 완화하는데 역점을 두게 된다.

결국 시장 근본주의는 미국 사회에서 실천되었다기보다는 언명되었다고 보아야 한다. 유럽과 비교하여 그 형태와 본질은 다르다고 할지라도, 정부개입 자체는 명백하다. 미국정부와 다자간 국제기구가 발전도상국에 행하는 권고안이 가지는 역할에 대해서는 그 평가가 엇갈린다(McCan, 1981).

3. 미국 거시경제의 분석

1990년 이후 미국경제의 추세를 보면, 1990년대 호황(1992~2000)과 뒤이은 불황의 분석 결과 여전히 투자가 소비보다 더 큰 영향을 미친다는 것을 알 수 있다. 소비는 경기 의존적이긴 하지만 투자보다 훨씬 완만하게 반응한다. 반면 투자는 매우 변동적이다. <그림 9-2>는 GDP의 증가율과 소비변화율이 기의 비슷하게 움직이는 반면, 투자의 변화율은 매우 급격한 것을 잘 보여주고 있다. 반면 정부지출은 확연히 반경기순환적으로 움직이고 있다.

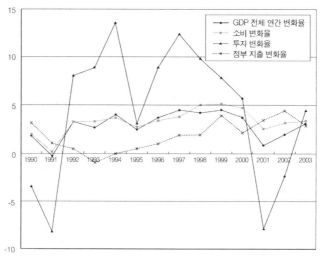

<그림 9-2> 1990년대의 호황과 뒤이은 2000년대의 불황의 경기분석

* 출전: www.bea.doc.gov 의 National Income and Product Accounts Table

1990년대의 호황의 원인과 관련해서 부효과(wealth effect)가 이야기 된다. 부효과란 90년대 폭등한 주식가격으로 인해 민간의 자산이 늘어난 것으로 기대하여 민간소비가 증대하는 현상을 말한다. 그러나 이는 실제의 소득이 늘어난 것이 아니며, 실제의 부가 늘어난 것도 아니다. 그것은 미래 기대가치가 증가한 것이다. 더욱이 90년대의 호황은 실업감소에 크게 기여하지 않았다. 왜냐하면 주로 호황을 누렸던 IT 계열 산업부문이 고용창출에 크게 기여하지 않았기 때문이다.

그런데 경제학에서는 'NAIRU'라고 불리는 자연실업률 가설을 통해서, 경제가 실업률이 0인 상황일 수 없다는 점을 강조한다.[110] 이 가설은 중요한 정책적 함의를 가진다. 즉 일정한 실업률에서는 실업률을 줄이려는 노력이 인플레이션만 가져올 뿐 아무 소용이 없다는 것이다. 그러나 높은 실업률을 유지하는 정책이 과연 정치적으로 가능할까?

이제 2000년대로 들어와 보자. 2000년 들어서 미국경제는 계속 불황이라고 보아야 한다. IT 주식 가격이 떨어졌고 이에 따라 부채가 늘어나는 추세를 보이고, 기술 정체현상(technological saturation)이 발생한다. 특히 가동률 저하현상이 나타나, 2000년을 지나면서 제조업 가동률이 80%에서 70% 대로 떨어져 회복되지 않고 있다. 이것과 제조업 고용현황의 그래프는 같이 움직인다.

2003년 3분기 성장률은 7.4%로서 그간의 성장률보다 매우 높지만 이것이 얼마나 유지될 것인지에 대해서는 회의적이다. 실제로 4분기는 4.2%, 2004년

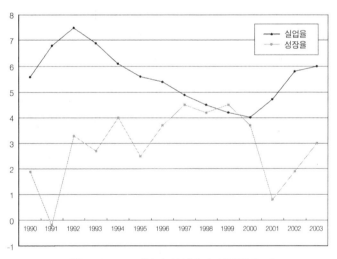

<그림 9-3> 1990년부터 실업률과 성장률의 비교

---

110) 자연실업률은 어느 정도의 상태의 실업률은 경제에서 불가피하다고 인식한다. 자연실업률의 정확한 정의는 Non Accelerating Infation Rate of Unemployment(즉 인플레이션이 가속되지 않는 정도의 실업률)이다. 이를 줄여서 NAIRU라고 한다. 고든(R. Gordon)은 자연실업률을 6% 정도로 예측한 바 있다.

1분기는 4.5%, 2분기는 3.3%였다. 특히 실업이 보편화되는 성장이 문제가 된다. 왜 그러한가? 미국의 노동생산성과 실업에는 일정한 연관이 없을까? 미국 경제에서 경기회복기에도 실업률이 해소되지 않는 것은 미국 노동생산성이 높아지는 것의 원인이면서도 노동절약적 기술이 경기회복을 주도하기 때문이 아닌가?

<그림 9-3>에서와 같이 1990년 이후 미국 거시경제를 연대별로 간단히 살펴보면, 미국경제가 최근 들어 점차 고용 없는 성장이라는 특징을 보이게 됨을 알 수 있었다.

4. 미국 경제에 대한 두 가지 대표적 시각

스티글리츠는 노벨경제학상을 받은 유명한 경제학자이지만, 정책에도 밝은 경제학자이다. 그는 1993년부터 2000년까지 클린턴 대통령 재임시 경제자문회의(Council of Economic Advisers) 위원 및 의장을 지냈다.[111] 그는 90년대의 경제호황은 2000년의 불운한 상황을 이미 내재하고 있다고 보고 있다. 90년대는

---

111) 미국의 대통령경제하부기관(subpresidency)는 네 개로 구성된다. 관리 및 예산처(Office of Management and Budget: OMB), 경제자문위원회(Council of Economic Advisers: CEA), 재무부(Department of Treasury), 연방준비위원회(Federal Reserve Board: Fed). 앞의 세 개는 행정부 소속으로 대통령이 직접 관장하나, 마지막 연준은 독립기관으로서 대통령의 영향력은 제한적이다. OMB는 1921년 창설되어 정부부처의 예산편성의 적절성, 규제안의 적절성 등의 비용-편익 분석을 통하여 대통령에게 자문을 하는 기관이다. CEA는 1946년 완전고용법에 의해 창설되었다. OMB가 예산에 관심을 가지는 것에 비해, CEA는 거시경제, 즉 실업, 성장, 인플레이션, 생산성 등에 관심을 가진다. 이 기구는 대부분 30대의 젊은 경제학자로 구성되며 구성도 35~65명 정도로 소수인 편이다. 재무부는 국가수입확보, 지출, 국가신용유지, 국채발행, 타국과의 국제수지 관리 등을 담당한다. 재무부장관은 산업계의 경험이 있는 인물로 임명되고 기업들은 자신의 이해를 대변할 통로로 인식한다. Fed는 1913년 창설된 독립규제기관이다. 대통령이 7명의 위원을 추천하고 상원이 비준하지만, 해임은 불가능하다. Fed는 Board of Governors, 공개시장위원회(FOMC), 연방준비은행으로 구성된다(Cohen, 2000, pp.149-154)

투자, 생산성이 증가했고, 소득불평등도 완화되었으나 동시에 회계기준이 저하되었고, 탈규제가 정도 이상으로 진행되었으며, 기업의 탐욕이 증가하였다. 이는 2001년 불황과 더불어 발생한 엔론, 아더앤더슨, 메릴린린치, 아델피아 스캔달, 월드콤의 파산 및 주가폭락으로 표현되었다(Stiglitz, 2002).[112]

스티글리츠는 『도취된 90년대』라는 책에서 클린턴 시대의 경제호황을 비판적으로 분석하고 있다. 그에 의하면 1991년 미국의 불황은 1980년대 부동산의 거품의 결과다. 또 이 부동산거품은 1981년의 감세조치와 금융탈규제의 결과이다. 그 결과 나타난 유명한 저축대부조합의 부도사태(Savings-and-loan debacle)는 연방예산과 경제 모두에 큰 주름을 남겼다. 그런데도 연준은 사태를 중요하게 파악하지 않았고 이자율을 충분히 낮추지 못했다. 그 결과 클린턴은 공화당 후보를 꺾고 당선될 수 있었던 것이다. 클린턴이 집권한 직후 그는 레이건 시절에 남겨준 감세 및 증가한 예산지출로 인한 재정적자를 해소하는 일에 전념했다. 당시 재정적자는 GDP의 5%에 육박했다. 그러나 이는 불황기에 재정적자를 줄이기 위해 재정지출을 줄이는 위험한 도박이었던 것이다. 만약 재정적자의 감축으로 인해 경제회복을 늦추었다면, 실제 나타난 경기회복은 어떻게 설명되어야 하는가? 결국 재정지출 감소에도 불구하고 경기가 회복되었다는 점에서 이 정책 실수는 행운의 실수였던 셈이다. 이것을 스티글리츠는 클린턴의 첫 번째 정책실수라고 부른다.

그러한 실수의 진행과정은 다음과 같았다. 80년대 은행들이 위기가 닥치자 자본비율 규제가 실시되었고 이에 의해 은행들은 장기정부채권을 구입하였다. 채권가격은 이자율과 반비례로 움직이므로 만약 장기이자율이 오른다면 채권가격이 하락하여 은행의 자본비율에 악영향을 미쳤을 것이다. 그러나 연준은 장기정부채권을 안전자산으로 간주하였고 은행은 장기정부채권을 구입하여 당시 재무성채권보다 더 높은 수익률을 올렸다. 다행히 장기이자율이 낮았기 때문에 장기정부채권의 가치는 높은 상태를 유지하였던 것이다. 만약 이자율이 상승하였다면 결국 은행은 또 다시 위험에 빠질 수 있었던 위험한 도박이었던 셈이다. 장기이자율의 하락은 클린턴의 재정적자 감축에 크게 기인하고 있었다. 은행들의 수익률이 안정화되자, 은행들은 본연의 임무인, 대출업무로 점차 전환하였다.

---

112) 탐구학습 2)를 보라.

여기에 행운의 두 번째 실수가 나타난다. 당시 연준은 NAIRU(인플레인션율을 가속화하지 않는 실업률, 즉 자연실업률) 가설에 의해 만약 경기가 지나치게 호황이면 금리 인상을 통해 브레이크를 걸려고 했었는데 연준은 당시의 경기회복을 경기과열로 생각하지 않고 금리 인상을 실시하지 않았다는 점이다. 1994년 실업률이 자연실업률선으로 하락하여 5.5%로 내려갔지만 인플레이션이 나타나지 않았다. 급기야 실업률은 3.5% 대로 떨어졌는데 알랜그랜스펀은 신중하게도 금리를 인상하지 않았다. 이 과정이 경기회복, 소득증가, 소득불평등 완화에 큰 도움을 주었다. 심지어 범죄율조차도 하락했던 것이다.

재정적자 감축, 저 이자율의 유지라는 두 가지 실수는 1990년대의 호황을 낳았다. 그러나 다른 실수들은 불행히도 그렇지 못했다.

첫 번째 불운한 실수는 스톡옵션과 관련된 것이다. 대표이사의 스톡옵션은 옵션이 실행된다면 기존 주주의 이익을 침해하게 된다. 왜냐하면 옵션이 실행되면 기존 주식의 가치저하(dilution)가 발생하기 때문이다. 그러나 통상의 기업회계보고에서 주식의 가치저하를 초래할 수 있는 스톡옵션을 반영하지 않았는데 재무회계표준위원회(Financial Accounting Standards Board)는 1993년 1994년에 걸쳐 이러한 관행을 바꾸기를 요구했다. 하지만 많은 이해당사자들, 즉 기업의 대표이사뿐 아니라 투자회사, 컨설팅 회사 들이 재무성과 의회를 동원하여 이러한 조치의 실행을 막았다. 이와 같은 잘못된 회계관행(misleading accounting practices)은 감세정책과 맞물려 이후에 야기된 여러 금융부정행위를 초래했다. 잘못된 유인은 회사의 경영진들이 회사의 실적이 아니라 주식의 가격에 의해 보상받는 바로 그 시스템에 의해 야기되었다. 주식가격을 유지하기 위해 회계부정을 서슴지 않은 것은 엔론과 글로벌크로싱 사건으로 드러났다. 시장은 이 상황에서 올바른 인센티브를 주지 않는다. 여기에 정부가 개입해야 하는 것이다. 정부가 올바른 룰을 세팅하고 유지하지 않으면 안 된다.

투자회사와 회계회사들은 자신들이 컨설팅을 하고 있는 회사에 올바른 회계를 보장하지 않을 것이다. 이를 위해서는 경영정보를 투명하게 공개해야 하지만 미국의 금융시장은 이렇게 하지 못했다. 결국 문제는 어떻게 규제를 바꾸어야 하는 것인데도, 어떻게 규제를 없앨 것인가에 골몰했던 것에 있다. 뉴딜 시대 과거의 규제시스템이 현실에 맞지 않다는 것은 하나의 사실이지만, 여기서부터 규제 자체를 없애야 한다는 결론이 나오는 것은 아니다. 1933년의 글래스스티걸 법(Glas-Steagall Act)은 투자회사와 은행의 상호유착을 방지하기 위해

양 사업을 분리시켰다(이른바 만리장성Chinese wall). 그러나 이것도 1990년대의 규제완화 과정에서 결국 와해되었다. 결국 당시 규제완화의 주요 대상이었던 금융, 통신, 전력 산업이 가장 큰 경제적 문제를 야기했다는 것은 우연이 아니다. 대부분의 규제완화는 거품-폭락(a bubble-and-burst)과정을 거쳤는데 이 세 산업도 예외가 아니었다. 통신산업의 규제완화는 시장력의 고삐가 풀리자마자 시장의 우선진입자가 되어 승자가 되기 위한 경쟁이 시작되었다. 이 경쟁에는 엄청난 규모의 자금이 필요했고 금융자유화는 이와 동조했던 것이다. 물론 신경제의 새로운 요소들 신기술, 신금융기법, 글로벌경제는 물론 기존의 규제 제제에 균열을 가져왔고 이는 새로운 변화를 필요로 하는 것이었다.

"물론 탈규제정책은 단기에 경제에 큰 효과를 가져왔다. 주식시장 거품을 초래해서 백만장자를 하루아침에 만들어 내기도 했다. 그러나 이러한 비합리적 풍요로움(an irrational exuberance: 알랜 그랜스팬의 표현)은 자원의 비효율적 분배를 초래할 것이다. 국가의 장기성장을 개선할 연구개발 투자로 갈 돈, 사회의 하부구조를 개선하는데 쓰여야 할 돈, 도심의 학교와 교외 개발에 투자되어야 할 돈이 결국 쓸모없는 소프트웨어, 의미 없는 닷컴, 사용되지 않는 광섬유회선에 투자되었다."

아이러니하게도 정부와 경제의 단절을 요구하는 목소리 속에서도 그러한 단절이 실제로 이루어지지 않은 경우가 있었다. 그것은 기업복지(corporative welfare)라고 하는 부문으로 보조금, 감세, 해외경쟁으로부터의 보호 등이다. 대표적 예가 이후에 부시의 재무장관이 된 폴 오닐(Paul O'Neill)인데 그는 알루미늄기업 Alcoa의 회장이었다. 그는 정부가 시장의 힘이 알루미늄 산업에 작동하는 것을 멈추어야 한다고 요청하고 알루미늄사업은 전 세계적 카르텔을 통해서만 생존할 수 있다고 주장했다. 결국 세계 알루미늄생산국들은 생산량 통제에 동의해야 했다.

두 번째 예는 미국의 수출기업에 대한 수십억 달러의 세금 감면 조치이다. 1998년 이 조치에 대해서는 해외 경쟁국들이 WTO에 제소하여 승리했다. 그러나 의회는 감세를 없애기는커녕 WTO 규정에 위배되지 않는 방향으로 바꾸는 것에 급급했다. 또 1998년 미국은 LTCM(Long-Term Capital Management)라는 헤지펀드의 파산을 막기 위해 대규모의 구제금융을 지원해야 했다. 헤지펀드는 원래 위험을 헤지하는 것을 목적으로 만들었고, 미국은 계속해서 그 규모가 얼마 되지 않는다고 했지만 이것은 사실이 아니었던 셈이다.

"예전에 미국의 재무성과 IMF 관리들은 정부(금융규제)와 민간 부분의 엄격한 분리가 얼마나 중요한지를 강조했다. 이는 동아시아에서 보는 것과 같은 족벌자본주의(crony capitalism)를 낳는다는 것이다. 그러나 미국에서는 민간구제금융을 위해 정부가 앞장섰다. 아시아 위기 때 미국정부는 지배구조의 갈등 문제를 비판했지만, LTCM에서 경영진들은 자신이 소유한 회사의 이익을 위해 공적으로 소유한 회사의 자원을 활용했던 것이다. 전 세계 통틀어 LTCM 사건은 도취의 90년대(roaring nineties)의 가장 위선적인 사례다."

스티글리츠는 90년대가 이러한 잘못된 판단, 도취에 사로잡혀 있었는데도, 이를 이해하지 못하고 시정할 시기를 놓쳤으며, 오히려 미국은 자신의 경제모델(시장자유화)을 세계에 수출하기 시작하는 오류를 범했다고 비판한다. 아시아위기의 나라들은 높은 저축율과 자체 자금조달이 가능했기 때문에 해외자본이 그렇게 많이 필요한 것이 아니었는데도, 과도한 자본자유화를 하게 되었던 것이다. 시장근본주의 이데올로기는 자본시장개방이 개발도상국에 이익이 될 것이라고 믿었지만 사실은 투기자들의 단기이익만 올렸다. 위기가 닥쳤을 때도 마찬가지 결과가 초래되었다. 재무성과 IMF는 구제금융에 천억 달러 이상을 퍼부었는데 이는 결국 돈을 빌려준 은행을 위한 것이었다. 구제금융을 받은 나라는 높은 이자율과 재정지출 억제로 상당한 어려움을 겪어야 했다. 오히려 말레이시아와 같이 소위 워싱턴컨센서스를 따르지 않은 나라들은 가장 짧고 가장 미약한 위기만을 겪을 뿐이었는데 태국과 같이 아주 충실한 미국 권고의 학생은 4년이 지난 지금까지 위기 이전의 GDP 수준을 회복하지 못하고 있다. 더욱이 대규모 경제위기가 뒤이어서 러시아, 아르헨티나에서 발발했다.

위기의 원인에 대해 미국정부와 IMF 관리들은 금융투명성과 족벌자본주의를 문제 삼았지만, 크게 보아서 그것은 미 재무부와 IMF가 시장자유화를 너무 과도하게 한 결과라고 보아야 한다. 말레이시아의 경우가 그것을 보여준다. 만약 말레이시아의 위기가 그 나라의 제도 실패에서 기인한 것이라면 그렇게 빠른 시간에 회복할 수 없었을 것이다. 스티글리츠는 다른 나라에 대한 미국의 이중잣대(two standards)를 비판하고 있다.

그는 이어서 1990년대 미국은 너무 싸게 성장을 사려고 했다고 보았다. 붐(boom)에 필요한 돈을 동원하기 위해 소비를 억제하는 대신, 쉽게 빌렸다. 부채에 의존한 경제는 90년대 내내 경기를 과열시켰다(클린턴 시절에는 그래도 부채를 동원한 자금으로 투자에 돈이 지원되었다.) 80년대에는 빈 사무실 공간에, 90년대에는 광섬유시스템과 생산성을 올리기는커녕 오히려 방해만 되는 소프트웨어에 투자되었다. 오늘날의 감세정책은 부자들만을 위한 것이다. 이것이 경기후퇴를 조금은 막을 수 있을지는 몰라도 장기적 성장의 기초가 되는 것은 아니다. 고수익 투자를 위해 채무를 지는 것은 경기가 좋을 때는 문제가 없을 것이다. 90년 내내 우리는 너무나도 그렇게 행운이었던 것이다. [113]

스티글리츠의 해석에 의하면 1990년대는 90년대에 결과적으로 맞은 정책 실수 (그랜스팬이 낮은 실업률에도 이자율을 올리지 않았던 점, 클린턴이 불황기에도 재정지출 축소로 오히려 재정안정화를 이룬 점)와 결과적으로 틀린 실수(호황기에 산업의 기초를 다지는 것이 아니라, 스톡옵션의 금융잔치를 벌린 것과 건실한 저축에 의해서가 아니라, 부채에 의해 호황을 누린 것)에도 불구하고 올바른 정책으로 인한 결과로 인식한 나머지, 자신의 모델을 해외에 강요하고 수출하여 결과적으로 국제화한 금융위기를 초래하였다고 비판한다. 그리하여 신경제는 사실이었지만 우리는 신경제를 이해하지 못하고 오히려 신화에 의존해서 경제를 운영해왔다.

그 신화란 아래와 같다.

- 재정적자가 90년대 경기회복에 기여한 것이다
- 경제정책 입안자의 현명함이 번영을 만들었다
- 자기조절적 시장이 경제 번영 유지의 열쇠다
- 따라서 다른 나라들도 이것을 받아들여야 한다
- 미국스타일의 글로벌라이제이션은 평등과 사회적 정의를 가져올 것이며 따라서 금융부문과 개발도상국을 포함하여 글로벌 번영을 가져올 것이다.

이러한 실수의 정책들은 실제로 정치적으로 잘 활용되었으나 잘못 적용될 때 큰 문제를 야기할 수 있다. 예를 들어 일본, 아르헨티나에서 경기침체 시에

---

113) 탐구학습 3)을 보라.

재정감축을 한다면 경기가 더 악화될 수 있다. 경제는 큰 배와 같아서 정책에 즉각 반응하지 못한다. 미국과 다른 정책을 썼던 스웨덴에서도 신경제는 도래되었다. 미국스타일 정책과 신경제가 항상 같이 간 것은 아니다. 국제관계에서는 협력이 중요하다. 미국스타일을 계속 강요하면 큰 반발이 초래될 것이다. 미국민들은 시애틀에서 시작한 반세계화 운동에 대해 혼란스러워하고 있다. 왜 모두 잘 되자는 것인데 그러나? 하지만 원인은 세계화가 결국 세계적으로 발전도상국의 많은 부분의 빈곤을 더 악화시켰다는 단순한 사실에 기인한다. 일부는 잘 살게 된 것은 사실이나, 이 경우에도 경제가 매우 변동스러워졌다.

이제 90년대에 대해 스티클리츠와 정반대되는 해석의 사례를 보자. 맨큐(Mankiew, 2004)는 원래 공급경제학자가 아니지만 부시정부의 CEA 위원장이 된 이후 공급경제학을 주창하고 나섰다. 맨큐의 2004년 경제전망을 통해 부시 행정부의 경제관이 어떤지를 살펴보자.

그는 최근 몇 년 동안의 경제상황 요약하면서, 하이테크 거품의 종료, 기업지배구조 문제가 제기되고, 이라크 전쟁으로 인한 국지적 정치위기가 초래된 점을 인정하였다. 더욱이 경제는 2000년 후반 급감하여 2년 동안 계속 설비투자 부진이 지속되었고, 수입의 급감, 실업의 증가가 초래하였다는 점도 인정하고 있다. 그러나 부시 행정부의 감세정책과 확장적 통화정책 추구(저이자율)로 인해 2003년 하반기부터 경기가 상승 (6% 상승: 지난 20년간 반 년간 성장률로서 최고이며 선진국 중에서 최고)했으며, 금융시장의 반응도 열정적이다. 그런데 하나의 문제점은 국민수입은 여전히 낮은 상태라는 점이다. 맨큐는 이는 생산성 증가의 반증으로 보고 있다. 왜냐하면 기업생산이 고용을 같은 정도로 증가시키지 않았다는 것이기 때문이다.

그럼에도 불구하고 생산성 증가는 장기적으로 좋은 것이라고 말한다. 생산성 증가는 단기적으로 기업이윤을 올리지만 장기적으로는 노동자들도 같이 혜택을 보게 될 것이다. 모든 경제이론과 역사 모두 생산성증가가 실질임금 증가의 주요한 원인임을 보여주고 있다는 것이다.

맨큐는 부시 행정부의 감세정책을 계속 지지한다. 그리하여 세금증액은 잘못된 정책이며, 감세와 정부지출 감소로 재정을 건전하게 유지해야 한다고 주장한다. 이 메커니즘은 아래와 같이 정리할 수 있다.

- 수요면: 세금감소 → 가처분소득증가 → 소비증가 → 총수요증가

• 공급면: 세금감소 → 노동공급증가 + 투자증가 → 총생산증가 → 총수요
증가

맨큐는 미국과 반대하는 선택을 한 예로 유럽을 든다. 유럽은 보다 높은
세금, 많은 정부개입이 불확실성은 줄이지만, 실업, 낮은 성장, 낮은 가동성을
초래할 것이라는 점에서 이다. 어떤 사람들은 미국 경제의 활력을 미국의 고유
한 다이내미즘으로 이해하지만 이것은 정책선택의 결과라는 점도 강조한다.
재정적자에 대해서는 부정적이다. 재정적자는 이자율을 올리고, 투자를 감쇄
시켜 재정지출은 최소화해야 한다는 것이다. 여기에 미국은 앞으로 베이비붐
세대의 은퇴라는 사건을 앞두고 있어 엄청난 양의 확정지출분(entitlement
spending)의 증가를 앞두고 있으므로 사회보장제도의 근본적 개선과 의료보험
제도의 개선이 필요하다.

맨큐는 스티글리츠와 반대로 세계경제에서의 미국의 역할을 긍정한다. 기술
혁신으로 말미암아(예: 온라인 서비스의 이동 등) 미국노동자는 세계적 경쟁에
직면하지만, 고립정책(예: Smoot-Hawley tarriffs of the 1930s)은 당시에 큰 곤란을
초래했으며, 현재의 NAFTA는 큰 성과를 보였다고 본다. 따라서 앞으로 계속
개방정책은 필요하다는 것이다.

세계경제가 개방하고 발전함에 따라 어떤 직업이 더 창출될 것인가(직업
창출이 가능할 것인가)라는 물음에 대해서는 시장이 가장 잘 답할 것이므로,
정책입안자들은 시장이 잘 활동할 수 있는 제도적 기반을 마련해야 한다고
대답한다. 따라서 부시대통령은 the tort system(외국인 피해법)을 개선하고, 에
너지공급을 원활하게 하며, 헬스케어를 개선하여, 규제부담을 줄이는 것이 성
장을 더욱 유지가능하게 하는데 도움이 된다고 보고 있다. 정책입안자들은
어떤 직종을 개발 양성할 것인지 스스로 결정하면 안된다, 만약 이게 가능했다
면 소련이 왜 망했겠는가? 라고 되묻고 있다.

한편 맨큐는 기술혁신으로 농민의 영역이 줄어들어, 그 피해의 관리가 용이
해졌음을 지적한다. 1940년에 농민은 20%였으나 지금은 2%뿐이다. 당시에
누가 농민의 손자들이 컴퓨터 프로그래머가 되리라 생각했겠는가? 지금도 농
업은 중요한 산업이다. 그러나 1940년대 당시 20%의 인구를 계속 유지하는
정책을 폈다면 오늘날 농업정책이 얼마나 힘들겠나를 생각해보라는 것이다.

기술과 무역이 경제에 큰 혜택을 준다고 해도, 경제변화는 일부의 노동자와

그 가족에게 항상 고통스러운 재배분을 가져올 것이다. 따라서 공공정책을 통해 이러한 노동자들이 전환될 수 있도록 도와야 한다고 말한다. 현 정부는 직무훈련과 고용프로그램에 상당한 돈을 지원하고 있으며 이 정책은 필요하다. 그러나 맨큐는 향후의 도전에 직면하여 세금을 올린다든지, 보호주의의 강화와 같은 방법은 잘 못된 것이라고 못 박고 있다.

5. 결론 : 한국 경제정책에의 시사점

지금까지 우리가 살펴본 것은 미국 경제에서 국가의 개입은 우리가 알고 있는 것보다 상당히 깊이 있게 진행되어 있다는 점과 이러한 개입은 산업혁명기와 2차 세계대전 전까지는 논란의 여지가 없었다는 점이었다. 이러한 보호주의는 2차 세계 대전 이후 미국이 세계경제의 헤게모니국가가 된 이후에 자유무역주의로 변화한다. 미국 자본주의가 전 세계의 자본주의 국가 들 중에서도 시장 주도의 자본주의라는 특징을 가지고 있다는 것은 분명하다. 하지만 심지어 오늘날에도 거시경제정책을 둘러싸고 민주당-공화당의 정책 노선은 상당히 대립하고 있으며 이러한 대립은 바로 국가가 경제에 어떻게 개입하느냐를 둘러싸고 진행되고 있다고 보아야 할 것이다.

국가의 경제에의 개입은 개입이냐, 아니냐의 문제가 아니다. 결국 국가와 경제의 결합방식이 각국의 사정을 반영하여 어떻게 나타나야 하느냐의 문제라고 할 것이다. 특히 미국은 시장 중심적 자본주의를 강조함에도 불구하고, 혁신 지식 등 첨단지식에 대한 R&D 투자는 강화하는 등 자국의 사정에 맞는 산업정책을 펴고 있다는 점은 우리나라에 시사하는 바가 많다. 우리나라의 경우 1980년대의 자유화, 규제완화의 물결 속에서 특히 1997년 외환위기를 거치면서 국가의 개입 문제가 심각하게 반성된다. 하지만 그 반성은 우리나라가 후진국을 벗어나고 민주화되면서 이에 걸맞은 형태의 경제정책이 아니라 아예 정책의 포기라는 형태로 나타나게 되었다. 그러한 포기된 대표적 정책이 산업정책이다. 산업정책을 포기하고 공기업을 민영화하였으며, 과잉중복투자를 허용하여 경제위기를 심화시켰다. 기술개발에 대한 지원 등이 부족하여 신제품 개발에 뒤처지거나, 낙후 산업부문은 방치되는 상황이 벌어지고 있다. 미국 자본주의에서 국가와 시장의 관계 정립을 둘러싼 논쟁은 우리나라에서도 새로운 변화에 걸맞은 새로운 산업정책, 그리고 수립·집행 방식의 구축 등은 앞으로의 과제라는 점을 일깨워주고 있다(Chang, 2003). WTO 이후 산업정책에 대한 규제 조차도 사실상 선진국에서 수행하는 R&D 투자를 막는 것은 아니다. 즉 개별 기업에 대한 지원이 아닌, 연구개발투자는 가능한 것이며 향후 우리나라의 실정에 맞는 산업정책을 개발하기 위해 대외적 여건 및 선진국의 사례에 대한 연구가 더 진행되어야 할 것이다.

6. 탐구학습

1) 미국, 한국을 비롯한 여러 나라에서 정부의 비중을 비교 평가하라.

2) 2000년대 미국에서 발생한 금융스캔들을 살펴보고 각각 한 페이지씩 설명하라.

3) 1990년대 미국 경제가 부채를 동원한 호황이었다는 말은 무슨 뜻인가? 미국의 거시경제 데이터를 통해서 설명해보라. 아래 통계 사이트를 참조하라.
http://www.census.gov/ : 인구센서스 통계
http://www.bls.gov/ : 미 노동부 통계국
http://www.bea.doc.gov/ : 미 상무부 통계국

4) 한국의 과거의 산업정책을 조사하고, 앞으로 한국은 어떠한 산업정책이 필요할 것인가를 논의해보자.

5) 미국을 비롯한 선진국의 산업정책을 살펴보고, 이들 나라들은 WTO 체제상의 규제를 어떻게 대처하고 있는지를 살펴보자.

제10장

통상정책
글로벌시대 통상 쟁점

 이 장은 글로벌자본주의 하에서 제기되는 통상의 이슈를 거시경제학의 시점에서 살펴보고자 한다. 글로벌라이제이션이 거시경제의 발전에 미치는 영향을 분석하는데 있어서는 구조적 요인만이 아니라, 구조를 형성하는 주체의 행위적 측면도 역시 분석할 필요가 있다. 이 절은 이런 관점에서 글로벌자본주의 하에서의 쟁점을 살펴봄으로써, 현재 제기되는 통상이슈를 거시경제학의 시각에서 정리해보려고 한다.

1. 문제제기

 한 나라의 거시경제가 대외부분과 관련을 맺는 접점들은 (상품과 서비스)무역, 금융, 투자, 기술 등의 차원을 가진다. 이러한 접점들을 통해 한 나라의 거시경제는 대외부문과 연관 지위지는 것이다. 생산요소의 접점들의 자유화를 위해 WTO, UN, IMF, World Bank 등 국제경제기구들은 개발도상국을 포함한 모든 나라들이 영향을 받는 다양한 협약을 맺게 된다. 글로벌자본주의의 등장과 더불어 최근까지 이와 관련한 쟁점, 협약들을 정리해보면 <표 10-1>과 같다.
 글로벌자본주의가 확립되면서 이러한 접점들은 단순히 한 나라 경제의 대외부문이 아니라, 나라 경제의 규정적 요인으로 작동하게 되었다. 예를 들어 선물환거래를 보자. 변동환율제도 하의 외환시장은 거시경제 일반의 동향과는 동떨어진 투기의 수단으로 전락할 가능성이 더욱 높아진다.114) 글로벌라이제이션을 추동시키는 다면적 생산 요소 중에는 노동만 제외하면 대부분의 생산요소들이 모두 동참하고 있다.

<표 10-1>생산요소의 글로벌라이제이션을 둘러싼 협약 및 기구

생산요소	협약, 기구
상품	WTO
서비스	GATS
금융	IMF
투자	TRIMS, MAI, MIA
지식	TRIPS

2. WTO의 무역자율화

글로벌자본주의를 구성하는 이러한 동참은 크게 무역과 자본이동의 두 계열로 나누어 볼 수 있다. 자본주의 황금기 시대에 세계경제를 규제한 것은 자유무역과 자본통제라고 요약할 수 있는데 전자는 GATT에 의해, 후자는 IMF에 의해 규제되었다. GATT는 자유무역을 모토로 삼으면서도 농업, 서비스 등 많은 영역에서는 해당 국민국가에게 자율성을 부여하였으며, IMF 체제에서는 미국의 달러에 대한 고정환율제를 적용하여 국제적 금융시장의 역할을 가능한 축소시켰다. 그러나 이러한 두 체제는 글로벌자본주의의 시대에서는 WTO와 IMF 체세로 바뀌게 된다.

우선, 무역 부문에는 1995년 1월 1일, 기존의 GATT(관세와 무역에 관한 일반협정) 체제를 대체하면서 출발한 WTO 체제가 있다. WTO는 기존의 GATT가

---

114) 태국의 바트에 대한 투기는 대표적인 사례에 속할 것이다. 1달러에 25바트에 거래되던 금융위기 이전의 시기에 일어난 선물환거래는 3개월 후 외환보유고가 급감하면서 바트화의 폭락(예:1달러에 50바트)이 발생한다면 선물환거래자는 고정된 환율로 달러를 구입하여 이를 즉시 변동된 환율로 바트를 매도함으로써 즉시 100%의 매매차액을 올릴 수 있었던 것이다.

상품의 무역만 다룬 것에 반해, 서비스 및 지적재산권을 포괄한다는 점에서 매우 포괄적인 협정이라고 할 수 있다.[115)

GATT 체제에서는 상당한 정도로 개발도상국의 자율성을 보장해왔는데, 이러한 조항은 1992년의 도쿄라운드(GATT가 자유무역을 증진하기 위해 추진한 8번째의 다자간무역협상:MTNs: Multilateral Trade Negotiations)에서도 확인되었다. 예컨대 개발도상국은 도쿄라운드에서 특별하고도 차별적인 대우(S&D treatment: Special and Differential treatment)를 위해 투쟁하여, 관세 축소를 목적으로 한 쌍무원칙(rule of reciprocity)과 최혜국대우(MFN: Most-favored nation)가 상당 부분 지배하였던 GATT 체제 내에서 자율성을 획득하였던 것이다. 하지만 도쿄라운드는 어떤 의미에서는 개발도상국의 패배였다고도 할 수 있다. 왜냐하면 도쿄의정서(Tokyo Declaration)에는 종료(graduation) 조항이 포함되어 이러한 예외조항은 결국 없어지도록 해 두었기 때문이다. 이 이후 GATT 체제에서는 마지막 9번째 MTN인 우루과이라운드에서 기존의 자유무역협상 대상에 새로운 대상을 추가하는 사태까지 벌어졌다. 새로이 추가된 부분은 지적재산권, 무역관련된 투자, 서비스의 세 영역이다. 이는 각각 TRIPs(trade-related aspects of intellectual property rights), TRIMs(trade-related investment measures), GATS(The General Agreement on Trade in Service)라고 불린다. 따라서 기존의 GATT 체제와 비교하여 새로운 WTO 체제는 상품무역에서 국민국가의 자율성을 축소하고, 대상을 일반 상품에서 서비스, 지적재산권, 투자에까지 확장함으로써 결과적으로 개발도상국이 자국 발전을 위해 선택할 수 있는 선택의 여지를 줄인 것이었다(Ho, 1998: 376-377). TRIMs의 경우는 개발도상국이 원산지비율규정(the local-content requirement)이나 외환수지균형규정(foreign exchange balance)의 포기를 포함하고 있다. 한편 TRIPs의 경우에는 개발도상국이 지적소유권의 보호수준을 현재의 선진국 수준으로 올리기를 규정하고 있다. 그러나 이 경우 개발도상국은 기술이전을 원천적으로 봉쇄당하거나 높은 비용을 지불함으로써만 가능한 경우를 맞게 될 것이다.[116) 이는 개발도상국이 국제무역의 장에 포함되기

---

115) WTO 협정은 농업, 섬유 및 의류, 무역관련 투자조치, 통신사업, 정부조달, 산업표준, 위생 및 식물위생조치의 적용, 지적재산권, 서비스 등의 분야와 다수의 다른 통상분야의 문제를 다루고 있다(Lal Das, 2002).

116) 역사적으로 현재의 선진국도 경제성장기에는 특허법 등 지적재산권법을 완화하여

위해서는 자신이 취할 수 있는 무역정책을 포기해야 하는 것을 의미한다(Tussie, 1993: 87).

WTO 협상에 관련하여 거시경제학적 논점은 다음과 같다.

첫째, 자유무역이 하나의 정치적 이슈라는 점이다. WTO 체제는 협정서에서 뿐 아니라, 일반에게도 이른바 "자유무역"을 추구한다고 알려져 있다. WTO의 원칙은 차별 없는 무역, 보다 자유로운 무역, 예측 가능한 무역, 경쟁적 무역, 최빈국에 대한 예외라는 조항으로 요약되는데 이러한 원칙들은 바로 자유무역에 다름 아니기 때문이다. 그러나 실제 조항의 세부사항은 일반 원칙에서 예외의 가능성을 열어두고 있다. 문제는 이러한 가능성들이 실제로는 선진국과 개발도상국간의 협상력의 차이에 의해 또는 세력관계에 의해 일방적으로 결정된다는 점이다. 대표적으로 제기되는 것은 농업 및 섬유산업에서의 자유무역조치의 실시와 분쟁해결장치의 법적 근거 마련 등이다. 하지만 이러한 조항의 구체적 실천에 있어서는 여전히 개발도상국과 선진국의 역관계가 작용하고 있다. 예컨대 농업 및 섬유산업에서의 자유무역조치의 유예기간이 다른 부문의 유예기간보다 더 길게 되어 있는 것 등을 들 수 있다.[117] 요컨대 자유무역 정책에서 정치적 역관계는 실제 외관상 보이는 것보다 훨씬 더 많이 작용하고 있다. 실제로 WTO의 실천이 자유무역의 원칙과 더불어 보호주의라는 이중적 잣대(double standards)가 작용하고 있다는 비판은 여기에서 나온다.

둘째, 모든 성공적인 경제성장국(선진국)은 예외 없이 경제발전 초기에 자국의 조건에 맞게 대외무역의 속도를 조절하는 보호주의를 실시했다는 경험적

의도적으로 기술확산을 도왔다는 점을 감안하면 이러한 정책이 가지는 정치경제학은 더욱 분명해질 것이다(Chang, 2001). TRIPs는 비록 WTO 체제 내에서 문제 제기되었지만 협상의 사안상 별도의 논의를 필요로 하므로 뒤에서 다시 다루어질 것이다.

117) 농업 및 섬유산업의 자유무역조치는 상대적으로 경쟁력 있는 개발도상국에 대한 선진국의 양보로 알려져 있다. 하지만 보호주의 유예기간이 10년으로 최장이며, 이마저도 마지막 해에 집중되어 그 이전에는 여전히 높은 관세 등 보호주의정책이 실행되었다. 보호주의정책으로는 관세정책 외에도 반덤핑정책, 보조금정책등이 있다. 이러한 정책의 실행제한도 선진국이 경쟁력이 있는 공산품에 대해서는 개발도상국에 대해 매우 엄격히 적용하는 반면 개발도상국이 경쟁력이 있는 농업 및 일부 공산품에 대해서는 선진국의 자유무역추진은 느슨하게 추진되고 있는 것이다(Khor, 2000; pp.30-31).

사실은 자유무역주의자의 주장이 결국 선진국의 견해라는 점을 보여준다. 실제로 무역자유화는 비록 그 나라 정부가 수입의 자유화를 결정할 수는 있지만 상응하는 수출 속도는 조절할 수 없다는 점에서 자국경제의 성장과 국제수지의 안정화에 기여하지 않을 수 있기 때문에 일국 내 경제가 충분히 성숙하지 않으면 쉽게 채택하기 어렵다. 수출의 증가는 사실상 국내 하부구조의 발전과 세계시장의 변화에 의존하므로 시간을 소요하기 때문이다(Rodrik, 1999).

셋째, WTO의 실천은 항상 대중적 반란을 야기했다. 현재 WTO의 자유무역 프로젝트는 사실상 1999년 시애틀에 열린 WTO 각료회의의 실패(대중적 반세계화 시위에 의해 야기된)를 통하여 다소 제동이 걸린 상태이다. 이러한 제동은 이른바 선진국간 밀실 논의에서 개도국이 소외된 것, 새롭게 자유무역 의제로 제기되는 투자, 경쟁정책, 정부구매, 노동, 환경이슈 등이 실제로는 선진국의 보호주의 장치로 변질되고 있는 것의 항의인 것이다. 이와 같이 자유무역주의는 경제학의 이론적 교의와는 무관하게, 실제의 정치경제적 협상과정에서는 국가간 이해관계에 의해 변질되고 경우에 따라서는 보호주의의 또 다른 이름으로 사용되고 있는 형편이다. 제도주의 정치경제학은 이러한 접점을 강조하여 WTO의 실천에 깔린 이론적 허구성과 정치적 속성을 비판한다.

3. IMF의 문제 : 금융의 글로벌라이제이션과 세계금융시장의 위기

금융 글로벌라이제이션은 글로벌자본주의에서 무역과 투자의 세계화에 비해 훨씬 현저하게 나타나는 현상이다. 이러한 현상을 야기한 요인으로는 (1) 선진국에서 시작하였지만 이후에 개발도상국으로까지 번진 각국의 경쟁적인 금융탈규제와 자율화 정책이라는 이른바 이완경쟁(competition in laxity), (2) 자금의 국제간 대량 이동을 촉진시킨 기술혁신, (3) 파생금융상품과 같은 새로운 금융수단과 헤지펀드와 같은 새로운 금융기관의 등장, (4) 고정환율제도의 붕괴와 외환에 대한 투기를 들 수 있다(Cosh, Huges & Singh, 1992: 19).

글로벌자본주의의 지배조류가 된 금융글로벌라이제이션은 세계경제의 후생증가와 경제발전을 촉진시킬 것이라는 주류 발전경제학의 믿음과는 다르게 저성장 및 연쇄적인 금융위기로 인한 금융시장의 과잉변동성(volatility)을 빈번하게 야기시켰다. 이러한 과잉변동성은 신고전파 정치경제학에서 예측한 것과는 대립하는 것임에도 불구하고 연쇄적인 각 국의 금융위기[118]에 대응하여 IMF와 세계은행 등의 브레튼우즈기관들은 신정통파의 교리에 따라 반응하였다. IMF와 세계은행은 금융위기에 직면한 각 나라에 구제금융을 제공하면서 이른바 "구조조정정책(structural adjustment policies)"을 요구하였는데, 이러한 정책은 어떤 나라에도 천편일률적으로 적용되는 것이었다. 그것은 통화재정의 긴축, 고이자율과 더불어 금융규제 완화 및 통화가치의 절하였다. 그러나 비정통파적 접근에 따르면 이 시기의 금융위기는 지출을 줄임으로써 해결되는 플로의 문제가 아니라, 스톡의 문제, 즉 유동성의 문제이기 때문에, 긴축정책은 그 나라 경제의 자산 가치를 폭락시키고 이러한 자산의 폭락이 고이자율정책과 맞물려 결국 유동성 위기(liquidity crisis)가 경제 전반의 금융위기(solvency crisis)로 전환되었다.

금융위기에 대한 브레튼우즈기관들의 대응으로 인해 금융위기가 더욱 악화되자 초기의 "워싱턴컨센서스" 보다 완화되고 현실화한 "포스트워싱턴컨센서스"가 등장하였으며, 이어서 국제금융질서를 개혁하기 위한 많은 대안들이 나타났다. 국제금융질서 개혁을 둘러싼 쟁점들로는 (1) 투명성의 증대, (2) 금융규제의 도입과 감독, (3) 각국 정책의 감시, (4) 자본계정에 대한 통제, (5) 환율제도 개혁, (6) 국제적 유동성의 공급, (7) 체계적인 부채 워크아웃 등이 있는데, 여기에도 신자유주의적 요소와 대안적 요소들이 혼재되어 있다(Stiglitz, 1998b: 184-190). 그러나 국제금융기구들은 이러한 새로운 개혁에 대해서도 여전히 최소한의 변화와 점진주의적 접근을 고수하고 있다. 예를 들면 국제금융질서의 제도개혁에 대해 논하고 있는 IMF의 보고서(1999)는 국제표준과 투명성 증대, 금융규제와 감독이라는 (1)~(3)의 요소를 집중적으로 강조하고 있으나, 여전히 금융불안정성에 대한 체계적 접근을 무시한다. 이러한 개혁안들은 금융위기를 겪고 있는 나라들에 대해 보다 엄격한 금융규제를 수행할 것을 권고하지만, 동시에 금융개방은 여전히 유지하도록 권고한다. 하지만 국제적 차원

---

118) 이러한 금융위기는 1980년대의 라틴아메리카 외채위기, 1992년의 유럽각국의 위기, 1994년 멕시코 위기, 1997년 아시아 위기를 거쳐 다시 러시아와 라틴아메리카 나라들로 번져갔다(UNCTAD, 1998). 자본시장의 변동성의 예로는 1987년의 주식대폭락을 들 수 있지만, 현재의 주식시장은 1987년의 낙폭을 무색케할 정도의 과잉변동성이 일상화되어 있다.

에서의 자본흐름에 대한 금융규제, 위기시에 국제유동성의 적절한 공급, 체계적인 부채 워크아웃 등 뿐 아니라, 새로운 제도에 관한 아이디어[119]들은 이런 기관들에 의해서는 거의 논의되지 않고 있다.

글로벌자본주의에서의 금융자율화와 관련하여 제기되는 문제점을 살펴보면 다음과 같다.

우선 자유무역과 자유로운 자본이동은 서로 양립할 수 없다는 믿음을 가지며, 금융시장의 원천적 불안정성을 인정하고, 케인즈적 정부개입을 용인하며 고정환율제도와 자본통제를 인정하는 구정통파적 케인즈적 입장(Helleiner, 1994)과 대립하는 신고전파정치경제학에 입각한 신정통파는 효율시장가설에 따라 금융부문은 실물부문을 엄격히 반영할 것이라는 믿음을 가지고 세계단일시장의 형성, 국가의 후퇴, 시장의 강조는 세계경제의 후생을 궁극적으로 증가시키고 결국 세계경제의 성장도 증가시킬 것이라고 주장하였다. 하지만 신정통의 교리를 받아들여 추진된 신자유주의적 금융질서의 성과는 높지 않았다. 즉 금융의 글로벌라이제이션이 경제성장의 촉진제가 되지 못했다. 실제의 경제성장을 반영하는 지수이면서 세계경제의 통합을 보여주는 수출량에 비교한 국제 외환거래의 비율은 1977년에 비해 무려 3.5배에서 64배로 증가하였음에도 OECD 국가들의 연간 실질 GDP 성장률이 점차 둔화되는 것이 그 증거가 될 수 있다(Felix, 1998: 172-174).

둘째, 글로벌자본주의에서 금융부문이 높은 성장을 구가한 것은 사실이다. 하지만 이러한 성장이 실물부문과 깊은 연관을 맺지 못하였다는 점도 비판된다. 펠릭스는 금융부문을 나타내는 FIRE(finance, insurance and real estate) 부문과 실물부문을 나타내는 비FIRE 부문의 성장 비교를 통해서 FRIE의 GDP 비중은

---

119) 이러한 아이디어로서는 (1) 과잉신용팽창을 억제하기 위한 International Credit Insurance Corporation 이라는 조지 소로스의 제안, (2) 상업은행, 보험, 증권 회사의 국제적 활동의 표준을 제시하고 규제하기 위한 Board of Overseers of Major International Institutions and Markets라는 Henry Kaufman의 제안 및 이와 유사한 World Financial Authority안, (3) 세계적 차원의 최종심의 대부자 역할을 할 세계중앙은행, (4)미국의 파산법 제11조(챕터11조)와 같은 규정을 국제적으로 적용하자는 안, (5) 달러, 엔, 유로의 3국통화를 중심으로 타깃 존 형식으로 환율을 관리하자는 안(Paul Vocker, George Soros), (6) 단기자본의 이동성과 환율을 규제하기 위한 토빈세(Tobin-Tax)안 등이 있다 (Yilmaz, 2000; pp.3-4).

1955년 이래로 지속적으로 증가했음에 비해[이는 금융심화(financial deepening)를 보여준다], 비FIRE의 증가율은 1970년대까지는 병행 증가하였으나, 이후부터는 총GDP 증가율보다 낮아짐을 보여준다(Felix, 1998: 175). FIRE를 금융부문, 비FIRE를 실물부분으로 볼 때, 1970년대부터는 금융부문의 성장이 실질부문 성장에 기여하지 않음을 보여주는 것으로 해석될 수 있는 것이다.

셋째, 금융의 발전이 실물의 성장에 큰 영향을 주지 못한 반면 금융위기는 더욱 강화시켰다. 그러나 금융위기의 동학을 살펴보면 금융개방을 한 나라는 지속적인 금융위기에 노출된 반면, 금융개방을 하지 않은 나라는 금융위기의 전염으로부터 비교적 절연된다는 특징을 보여주므로, 제도학파 정치경제학은 금융위기의 해소에서 정치적 해결의 필요성을 강조한다. 금융위기를 해소하기 위한 국제금융질서 개혁은 필요하나, 선진국 특히 미국의 이해관계 뿐 아니라, 국제자본의 증가한 이동성으로 말미암은 퇴장의 선택가능성(exit option)으로 인해 각 나라가 개별적으로 취할 수 있는 정책 독자성의 영역은 점차 줄어가고 있다. 이는 구조적 제약이라고 볼 수 있다. 하지만 그럼에도 불구하고 여전히 글로벌자본주의에서 금융통제가 금융위기 차단에 효과가 있음에 주목한다. 예를 들어 중국과 인도의 경우에는 점진적으로 개방하여, 상대적으로 금융부문을 통제하고 있는 반면, 남미의 각 나라들은 급진적 개방을 하여 금융부문을 효과적으로 통제하지 못하였던 것이다. 이러한 결과 중국, 인도의 경우는 세계적 금융위기에 상대적으로 절연되어 있는 반면, 남미 각 나라들은 지속적인 금융불안정성에 시달리게 되었던 것이다. 이러한 사례들은 국제적 자본이동에 대한 국가적 차원, 지역적 차원의 통제력을 상실할수록 금융위기의 가능성은 더욱 높아진다는 것을 암시한다. 심지어는 글로벌 자본의 이동성은 선진국 정부조차도 통제할 수 있는 범위를 넘어섰기 때문에 규제에 대한 필요성은 점차 증대하고 있다고도 볼 수 있다. 그 하나의 사례가 HLI(Highly Leveraged Institutions: 헤지펀드와 같은 투기자본)에 대한 규제의 공통적 인식이다. 1998년 롱텀캐피털(LTCM)의 파산은 이러한 필요성을 알려준 극명한 사례였다.

넷째, 미국은 국제적으로는 금융자율화를 강조하지만, 국내적으로는 그렇지 않았다는 점을 들어 정치적 차원의 중요성을 강조한다. 미국은 1990년대 은행 위기가 발생할 때 단기이자율을 낮춰 실질수준으로는 (−) 수준으로까지 내렸다. 이러한 낮은 이자율은 높은 유동성을 공급하여 은행위기를 극복하는데 결정적인 역할을 했다는 것이다(UNCTAD, 1998: 81). 미국이 1990년대 은행위기를 겪었을 때는 금융자유화 주장과는 반대로 취했으므로 IMF의 정책이 단순히 신고전파의 교리를 순수히 따랐다고 생각하기가 어렵다. IMF의 위기처방이 가진 모순적 속성은 그러한 정책을 정치경제학적 시각에서 볼 필요성을 제기한다. 국제사회가 연속적 금융위기를 잘 대처하지 못하고 있다는 것은 단순히 기술적 이론적 어려움을 반영하는 것일 뿐 아니라 이해관계의 갈등과 정치적 제약을 보여주기 때문이다. 더욱이 미국은 브레튼우즈기관의 대주주로서 시스템 개혁보다는 개별사안에 대한 개별적 접근이라는 접근법을 더 선호한다. 왜냐하면 이를 통해서만 미국이 개입할 수 있는 재량적 여지가 커질 것이기 때문이다(Yilmaz, 2000).

다섯째, 국제금융기구 및 국제기구간의 시각차에 주목하여 이를 활용하려는 시도를 하고 있다. 세계은행과 IMF와 같은 브레튼우즈기관에 비해 UN 기관들은 비교적 개발도상국에 우호적인 연구결과를 도출한다. 이러한 견해들은 앞에서 논의된 국제금융제도 개혁에 관한 논의 중에서 (4)~(6)까지의 후반부를 더욱 강조한다. 이러한 견해는 결국 자유로운 국제금융자본의 흐름에 대한 통제와 각 나라의 경제적 자율성의 확보, 금융위기 시에 적극적인 개입정책 등을 담고 있다. 환율제도에 대해서도 완전한 변동환율제, 연동환율제, 통화위원회와 같은 완전한 고정환율제 등의 어떤 제도가 중요한 것이 아니라 어떤 환율제도 하에서도 자본통제를 할 수 없다면 금융불안정성을 막을 길이 없다는 인식을 하고 있다(UNCTAD, 1999: 130). 또한 국제금융자본의 투기적 공격으로 야기된 금융위기 시에 시장의 신뢰를 회복하기 위한 국내정책(통화 정책, 이자율 정책 등), 달러준비금의 확보, 유동성 공급을 위한 국제적 최종대부자 역할 등을 대안으로 생각할 수 있지만 실제로 가능하지 못하기 때문에, 결국은 질서 있는 워크아웃(orderly workout)이라는 대안으로 갈 수밖에 없다고 보고 있다. 이러한 워크아웃은 부채동결(a debt standstill)과 자본통제(capital controls) 라는 두 가지 정책을 구성요소로 한다(UNCTAD, 1998: 89-93). 이는 부채국가에게 당장 지급을 강요하는 대신, 거시경제 회복을 통한 부채지급을 가능하도록 숨통을 터주는 역할을 할 것인데, 이는 미국파산법의 제11조(챕터11)를 국제적 수준에서 적용한 것이나 마찬가지인 것이다. IMF 같은 기관은 부채를 동결하고, 대신 운전자금을 대출해줌으로써 구제금융(bail-out)보다 훨씬 적은 비용을 지불하고 문제를 해결할 수도 있을 것이다. 또한 개별 국가가 피해를 느끼지 않고 자본통제를 가능하게 하는 세계경제 차원의 조치도 필요한데, 이를 위해서는 IMF가 각 국 정부에 강요하고 있는 자본계정의 태환성(convertibility)을 중단하거나 줄여야 할 것이다.[120]

국제금융제도의 개혁에 관한 이러한 논쟁의 핵심 반대자는 국제민간금융자본과 미국이다. 국제 민간자본은 긴급채무동결조항(Emergency Standstill Clause)을 IMF에 의해 강제조항으로 하자는 캐나다의 제안을 반대하고 채무동결이나 상환연장(roll over) 협상은 자발적 참여로 해야 한다고 주장하며, 금융위기에 대한 준칙주의 시스템을 설립하자는 캐나다와 영국의 안은 미국이 반대하였다. 사실상 IMF 등의 국제금융기구 내에서의 분쟁해결은 무역부문의 WTO 내에서보다도 발달하지 못하였으므로 이 문제는 결국 IMF와 같은 브레튼우즈기관의 지배구조의 문제로까지 비화될 전망이다.

4. OECD, WTO의 투자자율화 : TRIMs, MAI, MIA

글로벌자본주의의 세 번째 쟁점은 투자자율화(investment liberalization)와 관련된다. 국내 경제에 유입되는 해외자본은 크게 해외직접투자(FDI), 증권시장에 들어오는 포트폴리오 투자, 해외차입과 신용, 투기자금으로 나눌 수 있을 것이다. 이 중에서 FDI와 포트폴리오투자가 이 영역에 속할 수 있다.[121] 투자자

---

120) 자본통제가 反시장적이라는 통념에도 불구하고 1960년대 이후 국내 기업의 채권에 대한 외국인의 구매 통제 등을 실시한 독일, 스위스 등을 비롯하여 실제로 자본통제는 최근까지 중국, 인도, 말레이시아, 칠레, 싱가포르, 대만, 콜롬비아 등 여러나라에서도 빈번하게 이루어졌다. 또한 자본통제는 여러 형태를 띨 수도 있다. FDI, 주식시장에 대한 면허제도, 외국인주식 취득한도제, 해외시장에서 주식발행의 허가제, 국내 해외 기업에 대한 차별적 규제 등이 있다(Crotty & Epstein, 1996). 반면 IMF는 자본통제에 대해 여전히 유보적 태도를 보여준다. "실행위원회의 일부는 위기 시에 자본유출에 대한 통제는 긍정적 효과를 낳을 수 있으리라고 보았다. 자본유입에 대한 통제는 유입자본의 구성을 장기자본 비중을 보다 높이는 쪽으로 유도할 것으로 보았다(IMF, 1999, 26항)" 그러나 동 문서 27항은 자본유출의 잠재적 불안정성에 대비하기 위해 국제사회는 (자본통제보다) "건전성 규제과 감독(prudential regulation and supervision)을 강화해야 한다"고 주장한다.

121) 글로벌자본주의에서 FDI와 포트폴리오투자는 사실상 질적 구별이 어렵다. 편의적

유화와 관련한 협상으로는 OECD 내에서 이루어진 다자간투자협정(MAI: Multilateral Agreement on Investment)이 있고, 선진국들이 1995년과 1996년에 WTO에서 제기한 다자간투자협정(MIA: Multilateral Investment Agreement)이 있다. 특히 MIA는 다자간무역협상의 의제로 투자를 다루어야 한다는 점을 명시하고 있어 선진국과 개발도상국 사이의 논란이 되었던 부분이었다. 비록 시에틀 회의의 무산으로 투자협정의 프로그램이 시작되지 않았지만 내부 워킹그룹 간에 곧 연구가 진행될 것이다. 두 협상은 기본적으로 유사한 목적과 수단을 가지고 있다. 즉 투자유치국(host country)의 정부가 국제투자자의 권리를 보호하는 것에 목적을 가지고 있으며, 그 수단으로는 해외투자의 진입 자유, 완전한 소유권 행사, 내국인 대우, 과실송금의 자유, 소유권의 보호, 민영화에서 내국인 대우 등을 포함한다. WTO에 제안된 내용은 OECD 안 보다는 다소 온건하다. 이 안은 포지티브리스트(positive list) 접근법과 자유화의 대상을 모든 해외투자가 아닌 FDI에만 한정하는 등의 차이를 가지고 있다.

비록 FDI에 대한 개발도상국의 태도가 다른 자본유입에 비해 우호적인 것은 사실이지만, FDI가 항상 개발도상국의 경제발전에 기여하는 것은 아니다. 여기에도 정치적, 제도적 요인의 중요성이 강조될 필요가 있다.

첫째, 그것은 자본유치국 내부의 거시경제적 조건에 의존한다. FDI가 글로벌 자본주의에서 그 비중을 높이고 있음은 재론의 여지가 없다. 그럼에도 불구하고 FDI의 흐름이 모두 개발도상국으로 향하고 있는 것은 아니다. 즉 대부분의 FDI는 선진국끼리, 또는 일부 소수의 개발도상국에 집중된다. FDI의 유인에 대해서는 FDI 친화적 정책, 즉 투자자율화정책 자체가 FDI를 유인하는 것이 아니라, 투자유치국의 거시경제적 조건(시장 및 성장 전망)에 의해 더 유인된다는 연구결과가 있다(Caves, 1996). 다른 한편 FDI의 성과에 대해서 볼 때 FDI의 증가가 그 나라 경제의 성장에 도움이 되는가에 대해서도 의문이 있다. 특히 FDI가 수출과 깊은 관계가 있으리라고 종종 상정되지만 최근 FDI의 투자가 부품의 해외의존 심화 및 서비스 부문 집중에 따라 수출과의 연관성도 약화되는 경향도 보인다(UNCTAD, 1999: 115-123). 또한 FDI의 투자수익이 주로 금융

으로 10% 이상의 주식 지분 취득은 FDI로 구분한다. 이에 비해 TNC에는 주식취득 등의 직접 투자를 통하지 않고서도 라이센싱, 아웃소싱 등의 유의미한 경제활동을 하는 기업이 포함될 수 있다(Crotty, Epstein & Kelly, 1998, p.117 footnote 1 참조).

시장에 재투자됨으로써 오히려 거시적 불안정성을 야기할 수도 있다 (UNCTAD, 1997). FDI의 거시적 효과에 대한 일반적 결론은 FDI가 그 자체 그 나라 경제에 피해를 주는 것은 아니지만, 그 역도 인정할 수 없다는 것이다. 즉 FDI의 효과는 그 나라 경제의 거시적 조건 및 정책에 상당정도 좌우된다는 것이다. 크로티, 엡스타인과 켈리(Crotty, Epstein & Kelly, 1998)에 의하면 FDI의 성과는 세 가지 구조적 요소에 의존한다. 즉 유치국의 총수요 수준이 높은가, 경쟁이 지나치게 출혈적이고 무제한적이지 않은가, FDI에 대한 정부규제가 적절하고 효율적인가에 달려있다. 이러한 세 가지 조건이 확보된다면 FDI는 투자유치국에 긍정적인 영향을 줄 수 있지만, 글로벌자본주의와 여기서 유래한 금융위기에 대한 IMF의 처방은 바로 이 세 조건을 모두 열악하게 바꾼다는 것이다. 또한 이들은 높은 수요, 경쟁규제, 정부개입을 특징으로 하는 자본주의 황금기에는 FDI가 경제성장에 기여하였지만, 그 반대를 특징으로 하는 현재의 글로벌자본주의에서는 FDI가 경제성장에 기여하지 못한다는 함의를 도출한다. 따라서 성공적 FDI의 유치를 위해서라도 건전한 거시경제가 필수적이다.

둘째, FDI가 긍정적 효과를 갖기 위해서는 국제적 협력이 필요하다는 점이다. FDI가 실제로 투자유치국에 도움이 되기 위해 정부가 취할 수 있는 정책으로는 해외기업(TNC)의 진입에 대한 적절한 규제와 국내기업에 대한 우대 정책, FDI로 인한 수지악화를 방지하기 위한 정책(FDI 산출물 중 수출의 비율 증가, 부품현지화규정, 이윤의 재투자 규정) 등을 들 수 있다. 그러나 국내 차원에 한정된 규제정책은 글로벌자본주의 하에서 비현실적인 대안이 될 가능성이 높다. 따라서 국제적 투자 규범과 규칙을 개선하려는 노력이 더욱 중요하다. 이러한 정책을 각 나라가 협조적으로 추진하려는 노력의 결실은 UN Center on Transnational Corporation 하의 UN Commission on Transnational Corporation에서 1982년부터 1990년대 초반까지 논의된 UN Code of Conduct on Transnational Corporations(UNCTC, 1990)이다. 이 규정은 투자유치국과 TNC의 권리와 의무 상의 충돌을 조화, 균형잡게 해주려고 시도한다. 이 규정은 특히 단순히 경제적 문제만을 취급하는 것이 아니라 정치적 차원(주권, 인권), 경제적 차원(이전가격, 국제수지, 기술이전), 사회적 차원(사회적 가치, 소비자 보호, 환경 보호)같은 이슈를 포괄하고, 국제적 협력 과정에서 도출된 것이다.[122] UN 중심의 투자

---

122) 유사한 시도로는 UNCTAD-based Set of Multilaterally Agreed Equitable Principles and

자율화에 대한 대안설정의 노력은 비록 강제규정이 아닌 제안 차원에 머물러 있지만 주목할 필요가 있는 부분이라고 할 수 있다.

5. WTO의 지적재산권 이슈 : TRIPs

TRIPs(Trade-Related Intellectual Property Rights)는 1995년 WTO 구성 시 자유무역협상의 일부로 채택된 것이다. 따라서 이는 무역에 관한 이슈로 취급할 수도 있지만, 사안 자체는 지적재산권에 대한 것으로서 어떤 의미에서는 자유무역과 다른 주제라고 할 수도 있을 뿐더러, 기존의 자율화 대상이었던 상품, 금융, 투자 등과 달리 완전히 새로운 지식 또는 기술을 대상으로 한다는 점에서 글로벌자본주의의 지향을 보여주는 중요한 주제이므로 독립해서 다룰 가치가 있다.

지적재산권은 특허, 저작권, 상표권(trademark), 상품생산과 관련한 지형(예: 샴페인), 의장권 등을 포괄한다. TRIPs는 WTO 회원국들이 지적재산권을 존중하지 않는 나라들에 대한 제제를 가능하도록 한다. 이중에서도 특허에 관한 규정이 제일 논란이 되어왔다. 특허가능성(patentability), 특허권리(patentee rights)의 범위와 정도가 이에 관련된다. 그리하여 WTO 회원국들은 이러한 특허권에 대해 상호 최혜국대우를 해야 한다. TRIPs 조항(27.3b)에 의하면 진단, 치료, 수술의 방법, 식물, 동물과 이를 생산하기 위한 본질적으로 생물학적인 방법은 특허의 대상이 될 수 없지만, 미생물조직(micro-organism), 비생물, 미생물적 과정은 특허의 대상이 된다.[123] 이 경우는 생산물 뿐 아니라 생산방식까지

Rules for the Control of Restrictive Business Practices(1980년 UN총회에서 채택), International Code of Conduct on the Transfer of Technology 초안, ILO Tripartite Declaration of Principles Concerning Multinational Enterprises and Social Policy(1977), WHO-based International Code of Marketing of Breast-Milk Substitutes(1981), Guidelines for Consumer Protection (1985년 UN 결의안에 기초) 등이 있다(Khor, 2000, pp.87-88).

123) 조항 27.3 (b)는 다음과 같다. "회원국은 미생물조직을 제외한 식물과 동물의 특허권을 배제할 수 있고, 비생물학적, 미생물학적 공정 외의 식물과 동물 생산을 위한 본질적으로 생물학적 과정에 대한 특허권도 배제할 수 있다. 그러나 회원국들은 식물종류(plant varieties)에 대한 보호는 특허권 또는 이에 상응하는 체제 또는 양자의 결합을 통해 그 권리를 보호해야 한다. 이 하위조항은 WTO 협의가 시작된 후 4년간

특허의 대상이 될 수 있다. 특히 공정특허일 경우에는 특허침해 소송에서 증명책임은 특허권자가 아니라 침해자에게 있다. 최소 특허기간은 종전의 17년 정도에서 20년까지 증가하였다. 특허권 역시 강제 라이센싱이나 공공의 이익과 국가안보를 위해서는 정부에 의해 유보될 수 있다. 하지만 유보가능한 조건 자체가 매우 협소해졌다. 이에 따르면 유예기간은 개발도상국의 경우 5년(따라서 2000년에 만료), 최빈국(LDC: the least developed countries)의 경우는 10년의 유예기간(따라서 2005년에 만료)을 가진다(Chang, 2001: 7).

지적재산권에 관한 논의는 결국 상품, 자본의 자유화에 이어 지식과 같은 특수한(외부성있는, 공공재적인) 생산의 요소도 글로벌자본주의에 포섭하려는 과정인 것이다. 이러한 논리가 어떤 경제학적 쟁점을 가지고 있는지를 살펴볼 필요가 있다.

첫째, 지적재산권 강화가 경제성장에 도움이 되리라는 주장과 달리 지적재산권 강화과정은 미국의 입김에 의한 것이라는 점이 주목된다. 지적재산권의 국제적 강화는 국내의 기술혁신에 인센티브를 줄 뿐 아니라 종종 개발도상국의 성장에 도움이 된다고 종종 주장된다. 하지만 장하준(2001)에 따르면 선진국의 역사 속에서조차 지적재산권은 자본주의 초기에는 종종 의도적으로 무시되었으며 지적재산권을 현재와 같은 강도로 강조하게 된 것은 불과 최근의 일이었다. 혁신기술 자체는 특허와 같은 인위적 장벽이 없다고 하더라도, 남이 그것을 모방하는 데 시간이 드는 점, 초기 혁신자의 명성으로 인한 이득, 초기혁신자가 생산을 먼저 했기 때문에 얻게 되는 상대적 단위생산원가의 절감 등의 자연적 독점 메커니즘으로 인해 독점적 이윤을 얻게 되므로 특허제도 없이도 혁신이익(초과이윤)은 가능하였다. 다른 한편 선진국가들 조차 극히 최근까지도 지적재산권 자체를 강화하지 않고 다소간의 지적재산권 침해는 자본주의 발전과정에서 불가피한 것으로 보았다는 것이다. 특히 국제적 차원에서는 1970년대 NIEO(the New International Economic Order)을 위해 G77개국이 모여 국제적 IPR 체제를 개혁하여, 배타적인 강제적 라이센싱, 개발도상국에 대한 라이센싱 수수료의 인하, 개발도상국 개발자에 대한 우선권의 연장, 개발도상국의 라이센스 무효허용 등을 포함함으로써 개발도상국으로 기술이전을 보다 쉽게하려는 시도도 있었다. 그러나 1980년대 들어서면서 미국 정부는 무역협상에서

검토의 시기를 거친다."(http:\\www.wto.org)

미국기업의 지적재산권을 강화하려는 움직임을 보였고, 미국무역대표부(USTR: US Trade Representative)는 헝가리, 한국, 멕시코, 싱가폴, 타이완 등과의 쌍무협상의 의제로 지적재산권을 다루었다. 이어 1986년 미국은 TRIPs를 우루과이 라운드의 의제로 삼을 것을 요구하였다. 이는 미국이 자국 내 기업의 이익을 대변한 결과이다.

둘째, 지적재산권의 강화로 인해 개발도상국으로의 기술이전은 더욱 지체되며, 개발도상국의 사회적 후생이 감소될 수 있다. 지적재산권의 강화의 긍정적 효과로서 제시되는 경로로는 지적재산권의 강화가 지식선달 과정을 명시화하여 단순히 결과만을 배우는 것이 아니라 과정(배우는 것을 배운다)을 배운다는 것이다. 그러나 이는 어느 정도의 지식습득을 가진 기술적 수준에 도달할 것을 전제한다. 또는 선진국의 지적재산권의 강화는 보다 높은 수준의 개발도상국으로의 기술이전은 막을지 모르나, 이보다 훨씬 후진적(따라서 지적재산권의 영역에서 벗어나있다)인 최빈국의 기술이전은 더 싸게 만들 것이라는 주장이 있다. 하지만 일반적으로는 기술이전의 비용을 높이며, 그 결과 개발도상국 일반에서 기술이전이 이전에 비해 지체될 것이라는 점은 분명하다. IPR에 반대하는 제도주의 정치경제학의 입장은 그러한 피해로 기술이전의 지체 외에도 지적재산권과 관련된 소비재가격의 상승으로 인한 사회적 후생이 감소한다는 점이다. 예를 들어 TRIPs 이전에는 각 나라에서 그 나라의 특수사정에 맞추어 일정 산품에 대한 지적재산권의 실행을 유보할 수 있다. AIDS가 창궐하는 아프리카 국가의 경우 AIDS 약품에 대해 지적재산권을 유보함으로써 AIDS 약값을 떨어뜨릴 수 있을 것이다. 그러나 TRIPs가 실행되면 지적재산권 보호를 국제수준에 맞춰야 하므로 그 나라의 기근과 보건에 긴요한 약품 및 음식품의 가격이 상승하게 될 것이다(Khor, 2001: 2).[124]

셋째, TRIPs 규정은 다자간환경협정(multilateral environment agreement: MEA)과 결합하면 매우 복잡한 양상을 띤다. 환경라운드, 노동라운드 등은 한편으로

---

124) 예를들어 미국에서 AIDS 일년치 약값은 10,000에서 15,000달러인데 반해, 인도에서의 비브랜드(generic: 성분,제조법은 같으나 브랜드가 없음) 약값은 300달러에 불과하다. 물론 국가긴급 사태에 특허권을 유보하고 라이선스를 강요하는 '강제라이센싱'이 TRIPs 규정에 허용되어 있다. 하지만 실제 남아프리카공화국이 AIDS 약에 대해 이 제도를 이용했을 때 30개의 다국적기업으로부터 소송을 당하였다.

는 보다 나은 환경과 보다 나은 노동조건의 개선이라는 명분 위에 있는 반면, 다른 한편으로는 선진국 기업의 이익을 대변하고 있기 때문이다. TRIPs나 MEA 는 모두 개발도상국을 위한 유예조건 등을 갖추고 있지만 문제는 실제 적용과 정이 어떠하냐는 것이다. 예를 들어 냉장고의 냉매로서 환경에 악영향을 끼치는 CFC를 중단하고, 환경친화적인 HFC 134a를 생산하자는 협정은 TRIPs가 없는 상황에서는 매우 진보적이지만, TRIPs 하에서는 환경친화냉매를 생산할 수 없는 기업(주로 개발도상국기업)에게는 치명적인 조건이 된다. TRIPs 하에서는 신물질 생산의 특허를 가진 기업에 종속될 수밖에 없는 것이다. TRIPs 는 결국 독점을 허용하는 것이므로 높은 비용을 요구할 것이다. 결과적으로 개발도상국의 소비자가 큰 피해를 보게 된다.

넷째, 뿐만 아니라 TRIPs 규정은 선진국 기업의 생물학적 불법행위(biopiracy) 를 증대시킨다. 선진국 기업은 개발도상국에서 전통적으로 오랜동안 사용되던 제약기법, 또는 농업생산물을 일정한 가공 혹은 그대로 특허권으로 확보한 다음, TRIPs 규정을 이용하여 다시 그 원산지인 개발도상국에 라이센싱을 강요할 수가 있는 것이다. 그리하여 TRIPs 규정은 CBD(Convention on Biological Diversity: 생물학적 다양성을 위한 협회)와의 충돌로 이어진다. CBD 협정서 제16.5항은 CBD의 강조를 준수하는 조항이 있지만 이 역시 유보조항을 가지고 있어, 실제로는 지적재산권을 존중하도록 해석되고 있다.[125]

비판적 시각에 따르면 TRIPs 협정은 나름대로의 유보조항이 있지만, 결국 전체적으로는 개발도상국의 이익과 전통적 생산, 환경, 생물학적 보호, 주권에 피해를 주는 것으로 해석된다. 따라서 이러한 협정은 유보되거나 개혁되어야 하며, 그 내용의 해석조차도 다르게 되어야 한다(Khor, 2002). 하지만 이러한 과정 자체는 바로 국가간 역관계, 또는 한 나라 내에서의 역관계에 많이 좌우될 것이다. 이러한 요소가 글로벌자본주의에서 정치경제학적 측면이 된다.

---

125) 제16.5항은 다음과 같다. "협상 당사국은 특허 및 다른 지적재산권이 이 협회(CBD- 인용자)에 영향을 미출 수 있다는 것을 이해하므로, 지적재산권에 관한 규정들이 이 협회를 지지하고, 그 목적에 반하지 않도록 국내적, 국제적 법규를 만들도록 서로 협력할 것이다." 하지만 16.2항은 이러한 기술이전 등은 "공정하고, 가장 우호적인 기준"에서 이루어져야 하며, "이러한 기술에 대한 접근과 이전은 지적재산권의 적절하고 실제적인 보호와 일치하는 조건에서 이루어져야 한다."라고 못박고 있다. (http:\\www.biodiv.org/convention/articles.asp)

6. 결론

지금까지 살펴본 글로벌자본주의 하에서의 통상쟁점들은 단순히 글로벌자본주의에 대한 구조적 분석만으로는 이해할 수 없다. 또한 동시에 통상쟁점에 대한 사실 자체에만 매몰되어서는 통상쟁점의 장기적 추세를 이해할 수 없을 것이다. 따라서 이 글은 통상쟁점을 거시경제학적 맥락에서 정리, 분석해보고자 하였다. 이러한 시도는 글로벌자본주의가 가진 두 측면, 즉 구조와 행위의 두 영역을 어떻게 구체적으로 접목할 것인가라는 쟁점을 제기한다. 이를 위해서는 우선, 글로벌자본주의의 주요 주체인 글로벌기업, 글로벌금융과 이를 지원하는 선진국 정부의 세계화 담론에 대한 분석 뿐 아니라 이에 대항하는 반세계화 담론의 분석도 필요하다. 이러한 반세계화 담론의 분석을 통해서 행위의 수준에서 대립하는 담론체계들에 대한 분석이 완성될 것이다. 둘째로는 어떻게 해서 세계화담론이 반세계화 담론을 압도하여 하나의 구조적 경향으로 현실화하는가(또는 이러한 현실화에 실패하는가)에 대한 방법론적 천착이 더욱 필요한 것으로 보인다. 이러한 관점은 글로벌자본주의로 인해 한 나라 경제가 발전하거나 저발전하게 된다는 숙명론적 결론을 거부하고, 오히려 각 나라의 고유한 발전전략과 글로벌자본주의에 대한 대응을 수립해야 한다는 함의를 제시한다.

7. 탐구학습

1) Florizelle B. Lisser, USTR 부담당관과의 미팅 내용을 보고 토론하라

설명 : 아프리카와 같은 최빈국의 산업화를 지원하기 위한 AGOA, MCA(Millenium Challenge Account)에 대한 설명. 무관세 등의 시장 개방 지원을 함에도 불구하고 공급측 제약(supply constraint)이 있음을 발견함.

조셉 : 두 가지 질문을 하겠다. 첫째는 최빈국 발전을 지원한다고 하지만, 지원 조건으로 민영화를 요구하고 있어서 간접자본(전력, 도로 등)에 민영화가 많이 이루어졌고 그 결과 필요한 사회간접자본의 공급이 원활할 수 있을지에 대해 의문이 있다. 두 번째 문제는 후진국 발전을 누가 해야 하느냐 (선진국이

하느냐, 후진국이 하느냐)는 이니셔티브의 문제가 있지 않을까?

담당관 : 민영화가 자원의 효율적 배분을 배분하고 특히 해외 자본이 들어올 유인을 준다는 점에서 중요하다고 믿는다. 토론자는 국가가 이 과업을 더 잘 수행할 수 있다고 생각하고 있는 것 같은데 이 점은 흥미로운 견해다.

부불 : AGOA, MCA와 같은 프로그램의 선정기준이 뭔가? 그러한 지원의 선정기준으로 제시되는 좋은 지배구조의 의미가 뭔가? 특히 민영화와 equatability간에는 충돌이 있을 텐데 민영화가 소득분배의 평등도 보장한다고 주장할 수 있을까?

담당관 : 민영화와 소득분배간의 충돌은 어느 정도 있을 것으로 생각한다. 그러나 항상 그렇다고 보기는 어렵다.

부시라 : 파키스탄과 미국의 관계는 현재 대 테러 전쟁으로 동맹관계가 아닌가? 아이러니 하게도 미국은 파키스탄이 군사정권일 때 지원을 했고 민주정권일 때는 경제제제를 했다. 이번 대 테러전쟁으로 파키스탄에 지원되는 30억 달러의 단 2백만 달러만 사회정책으로 사용되고 나머지는 모두 군비로 지원된다. 그러니까 미국의 지원이 사실상 후진국의 발전을 위해 지불되고 있다고 보기 어렵다. 테러와 빈곤은 같이 가는 것이다.

담당관 : 동의한다. 빈곤이 심해지면 정상적인 상황에서 생각할 수 없는 일도 하게 된다. 매우 이해할 수 있는 일이다. 따라서 안보에 경제적 안보(economic security)의 중요성도 무시할 수 없다.

2) 아래의 자료를 읽고 이 문서의 주요내용에 대해 토론하라.

1998년 9월 24일
발 신 : 이규성 재경부 장관
수 신 : 제임스 울펀손 IBRD 총재

제 목 : 2차 구조조정 차관

3. 우리는 구조 개혁 프로그램의 입안과 시행 과정에서 '경제재건차관 (ERL)'과 '구조조정 차관(SAL)'을 통해 세계은행으로부터 중요한 지원을

받았습니다. 지난 몇 주 동안 우리는 세계은행 측과 깊은 논의를 가졌고 개혁의 다음 단계에 대한 공동의 이해에 도달했습니다. 세계은행과 합의된 개혁 프로그램에 따라 우리가 추진할 정책 과제들은 별첨된 정책 매트릭스에 명시되어 있습니다. 이 자료에서 볼 수 있듯이 우리가 추진할 과제/행동들은 강력하고 포괄적인 개혁 프로그램입니다. 우리는 '2차 구조조정 차관'을 통해 이 프로그램에 대한 세계은행의 지원을 요청합니다.

4. 정책 매트릭스에 기술되어 있는 프로그램은 이전의 차관 하에서 이루어진 성과를 바탕으로 금융 부문 개혁, 기업 부문 구조조정, 노동시장 개혁과 사회안전망 강화 등 3개 주요 정책 영역에서 개혁의 심화를 추구하고 있습니다. 이번 프로그램은 모든 영역에서 상당한 가시적인 행동을 포함하고 있습니다. 구체적인 내용은 정책 매트릭스를 통해 제시되고 있지만 여기에서 개혁 프로그램의 몇몇 중요한 요소들을 강조하고자 합니다.

8. 정부는 '1차 구조조정 차관(SAL I)' 과정에서 확보된 공동이해를 바탕으로 국유기업에 대한 대대적인 개혁과 사유화 프로그램을 착수하였습니다. 이 프로그램에는 주요 사회간접자본(infrastructure) 부문을 개방하여 민간 참여를 추구하는 것을 포함하고 있습니다. 이와 관련하여 우리 정책의 주요 초점은 계획된 사유화가 투명하고 경쟁적인 틀 내에서 이루어지고 최대한의 효율성 혜택을 이루기 위한 사유화 대상 사회간접자본 부문들에서의 규제 및 제도 개혁의 실시입니다.

11. 정부는 위에서 밝힌 개혁 프로그램을 시행해 나가는 과정에서 세계은행과 긴밀하게 협력할 것입니다. 개혁의 진행에 대한 감시(monitoring)가 원활하게 될 수 있도록 우리는 정책 매트릭스에 기술되어 있는 구조개혁 프로그램의 해당 부분에서의 정책 시행에 관한 정보를 시의적절하게 제공할 것입니다. 정책 매트릭스에 확립되어 있는 틀 속에서 진행되

는 기업 부채 조정의 진행 경과에 대해서는 세계은행과 합의한 주기와 형식에 따라 정기적인 정보를 제공할 것입니다. 금융 부문에 대해서는 '경제재건차관(ERL)' 하에 합의된 바대로 주요 지표에 대한 정기적인 정보를 제공할 것입니다. 그리고 구조조정차관 하에 합의된 정책 개혁의 성과에 대한 감시를 원활하게 하기 위하여 선별된 지표와 그외 세계은행이 제시하는 지표에 대한 정보를 제공할 것입니다.

13. 우리의 개혁 프로그램에 대한 사회적 인식을 도모하기 위하여 세계은행과 합의된 프로그램을 비롯하여 이 서한과 별첨된 정책 매트릭스와 부속 문서의 전문을 완전히 공개할 것입니다.

[출처 : http://www.worldbank.org/html/extdr/offrep/eap/krsalii/krsalii.html]

정책 매트릭스의 "국유 기업의 개혁과 사유화" 부분

목표
정 책 조 치

1차 지급 조건
2차 지급 조건

국유기업 구조조정과 지배구조(governance) 개혁
국가 통제하에 남거나 점진적으로 사유화될 국유기업들이 효율적이고 책임성 있게 운영될 수 있도록 한다.
정책, 규제, 소유 기능 등 국유기업의 경영 구조를 개선하기 위한 정부투자기관관리기본법 재검토할 것.
국유기업의 경영 구조 개선을 위한 법안을 국회에 제출할 것.

일반 사유화 프로그램

정부가 제안하고 있는 사유화와 국유기업 개혁 프로그램이 건전한 틀 내에서 이행될 수 있도록 한다.

매각 대상 국유기업 지정, 매각 예정 주식 또는 자산의 규모, 그리고 제안하는 매각 완료를 위한 방법과 목표 일정을 포함한 사유화 프로그램 발표.

사유화 프로그램을 수행하기 위한 대책반의 지원을 받는 운영위원회 설치. 이를 위한 법안 제개정 검토할 것.

사유화 법의 개정 법률안을 포함한 제반 필요한 사유화 관련 법안 국회 제출할 것.

사회간접자본 부분

사회간접자본 서비스 제공에 민간의 참여를 증대하기 위한 규제 및 제도 틀 개선.

보다 경쟁적 시장 구조로의 이행에 대한 우선 순위 확정과 적절한 규제 구조 확립 그리고 구조, 규제 소유 개혁의 순서 등을 포함하는 사회간접자본 부분의 사유화와 국유기업 개혁에 관한 구조, 규제, 제도적 사안에 대한 세계은행이 수용할 만한 총체적 전략 채택 및 발표 할 것.

새롭게 실시되는 사회간접자본 프로젝트에 민간 참여 증진을 위한 규제 및 제도적 틀의 개혁을 위한 연구 실시할 것.

전략 문서에 명시된 원칙에 기초한 사회간접자본 부분의 사유화와 국유기업 개혁 시행의 만족할 만한 진행할 것.

제안하는 개혁의 주요 내용 발표할 것.

통신

가격 책정, 연결 체계, 보편적 서비스 틀의 개혁과 독립적인 규제 기구 설치를 위한 연구 실시할 것.

한국통신의 추가적 사유화 이전에, 또는 이와 무관하게 12월 15일 이전에 개혁 시행 일정을 포함한 제안하는 개혁의 주요 내용 발표할 것.

전력

독립적인 규제 기구의 확립을 포함한 전력 부분의 구조 및 규제 개혁에 대한 연구 실시할 것.

개혁 시행 일정을 포함한 제안하는 구조 및 규제 개혁의 주요 내용 발표할 것.

가스

독립적인 규제 기구의 확립을 포함한 전력 부분의 구조 및 규제 개혁에 대한 연구 실시할 것.

12월 15일까지 초벌 연구 결과 발표할 것. 한국가스공사(KOGAS)의 추가적인 개혁을 추진하기 전에 개혁 시행 일정을 포함한 제안하는 구조 및 규제 개혁의 주요 내용을 발표할 것.

별도로 표시되지 된 경우를 제외하고 1차 지급분에 해당되는 조치들은 차관 승인 요청을 이사회에 제출하기 전에 시행 완료되어야 하고, 2차 지급분에 해당되는 조치들은 2차 지급분이 지급되기 전에 시행 완료되어야 한다.

2차 구조조정 차관 정책 매트릭스의 부속 문서

이사회 제출 및 2차 지급분 지급의 조건

2차 구조조정 차관이 지원하는 정책 조치의 전체 프로그램은 '2차 구조조정 정책 매트릭스'에 명시되어 있다. 이 전체 프로그램 중에서 이사회 제출과 2차분 지급의 조건이 되는 주요 정책 과제 이행 일부분을 별도로 확정하였다. 이러한 특별히 파악된 정책 과제 외에 전체 프로그램이 전체적으로 만족스럽게 이행되는 것을 일반 조건으로 삼는다.

이사회 제출의 조건

[...]

* 보다 경쟁적 시장 구조로의 이행에 대한 우선 순위 확정과 적절한 규제 구조 확립 그리고 구조, 규제 소유 개혁의 순서 등을 포함하는 사회간접자본 부분의 사유화와 국유기업 개혁에 관한 구조, 규제, 제도적 사안에 대한 세세은행이 수용할 만한 총체적 전략 채택 및 발표할 것.
[...]

Korea Structural Adjustment Loan II

Approved by the World Bank Board on Thursday, October 22, 1998

한국 2차 구조조정 차관, 세계은행 이사회, 1998년 10월 22일 승인

<참고> 세계은행으로부터의 차관도입 현황
- 경제재건차관(ERL) 30억불: 97.12.23
- 구조조정차관(SAL) 20억불: 98. 3.27
- 구조조정차관Ⅱ(SALⅡ) 20억불: 99.5.11

제11장

금융산업
금융산업의 개혁방향

이 장은 미국의 금융산업 진화과정을 살펴봄으로써 우리나라의 금융개혁에 주는 시사점을 찾고자 한다. 미국의 금융질서는 70년대의 위기를 거치면서 금융자본이 주도하는 금융세계화에 적응함으로써 외관상 강고함을 보이고 있지만, 내적 불안정의 요소를 확대생산하고 있다는 점, 또한 미국의 금융질서는 자유주의적 이상만이 지배했던 사회가 아니며, 금융질서 생성의 특수성으로 인해 우리가 쉽게 모방하기 어려운 모범이라는 점을 보인다. 미국자본주의의 난점과 미국자본주의의 특수성을 이해함으로써 글로벌자본주의하에서도 하나의 자본주의가 아니라 여러 가지 자본주의가 가능하며 이러한 다양한 자본주의를 낳는 배경은 자본주의 생성의 역사적, 사회적, 제도적 조건의 특수성이라는 인식이 가능해진다. 현재의 금융산업 구조조정 논의에는 이러한 이해가 결여되어 있다고 생각된다.

1. 문제제기

우리 경제는 현재 급격한 구조조정의 과정에 있다. 정부는 이 구조조정을 우리나라 경제 체질을 변화시킬 중요한 전기로 간주하고 있다. 우리 경제가 큰 전환기를 필요로 한다는 점에 대해서는 현재 이견이 없다. 문제는 어떤 방향으로 가야 하느냐 인데 1997년 경제 위기 이후 이른바 '신자유주의'적

구조조정이 더욱 가속적으로 추진되고 있는 것으로 보인다. 신자유주의적 구조조정이란 자본의 세계화에 조응하는 구조조정이며, 구조조정의 잣대는 글로벌 자본의 국제표준(global standard)이 된다.

위기 이후 우리나라 금융산업의 구조조정 과정은 금융개방과 규제완화(시장원리의 도입)라는 틀을 고수하고 있다. 이러한 골격은 위기 이전과 다를 바 없지만, 좀 더 세부적으로 보면, 금융개방의 정도와 폭이 급진적이고 자본시장에 대한 개방으로 인해 기존의 은행 중심적 금융산업이 자본시장 중심적 금융산업으로 전환되는 경향을 보여주고 있다.126)

다른 한편 은행은 기업구조조정의 주체로서 부각되고 있지만, BIS 비율 제한 등으로 경제발전을 위한 자금중개라는 본연의 역할을 수행하지 못하고 있는 형편이다. 또한 은행구조조정 과정이 주식시장의 개방과 맞물려 진행되었으므로 현재 우리나라의 주요 민간은행들도 외국인이 대주주인 경우가 많고 다수의 우량 기업들도 외국인 지분이 급격히 늘어나 있으며 증시에도 외국인의 비중이 매우 높다.127)

이러한 상황에서 우리나라의 자본시장 중심의 금융제도 개혁이 과연 한국의 경제발전을 위한 생산적 자본동원이라는 역할을 수행할 수 있느냐는 의문이 제기되고 있다. 이 문제는 현재 진행 중인 금융 구조조정 과정이 미국식 금융제도를 모방하고 있다는 사실과 관련하여, 한국 경제에 미국식 금융제도의 이식의 성공가능성에 관한 쟁점이기도 하다. 따라서 이 문제를 올바로 분석하기 위해서는 미국 금융제도가 어떻게 성장, 진화하게 되었는가를 살펴볼 필요가

---

126) 1997년 우리나라의 외환위기 이후 IMF는 구제금융을 지원하면서 부실 채권을 포함한 부실 금융기관의 조속 정리, 금융규제의 대폭 완화를 통한 금융의 상업성 강화 및 건전성 감독 강화, 자본시장의 활성화, 자본 자유화를 통한 외자유입을 정책 권고하였다. 우리나라의 금융산업 구조조정에 대한 이러한 권고는 결국 동아시아 모델 또는 일본, 독일식의 금융질서를 영미식 금융질서로 바꾸는 것이라는 점에 대해서는 광범위한 합의가 이루어져 있다(이덕훈 외, 1998; 좌승희, 1998).

127) 따라서 현재의 금융구조조정과정은 외관상 경제 위기 이전의 금융구조조정과 비슷하지만 그 본질에서는 결정적으로 다르다. 왜냐하면 위기 이전의 금융산업의 개편 논의는 통제된 개방정책이라는 특징을 지니고 있었고 재벌이 주도하였지만, 위기 이후에는 자본시장을 완전히 개방하고 국제표준을 받아들임으로써 주도권이 해외 금융자본에 있기 때문이다.

있다.

미국의 금융제도의 특징으로 지적되는 것은 자본시장 중심의 금융제도 (capital market-based finance)라는 특징과 시장계약적 은행제도(arm's length banking)라는 점이다. 기존의 연구들은 미국 금융제도에서 나타나는 이러한 자본시장의 주도적 역할을 바라보는데 두 가지의 시각을 가지고 있다고 할 수 있다. 첫째는 미국에서 자본시장의 성장은 자본시장의 효율성에 기인한다는 시각이고, 둘째는 다른 자본주의 국가와 비교한 미국적인 특징(헤게모니 국가, 세계화폐의 공급국가로서의 미국) 또는 1960년대 이후 등장한 글로벌자본주의의 특징적 추세(세계자본주의 전체의 동향)에 기인한다는 시각이다.

그러나 이러한 시각에서 결여된 것은 미국의 자본시장이 어떤 과정을 통해 그렇게 성장하게 되었는가라는 내적 동학에 대한 분석이다. 따라서 본 논문은 2차 대전 이후부터의 미국의 금융산업의 특징과 진화과정을 외적 요인과 내적 요인으로 나누어 분석하여 미국 금융산업의 외관상의 강고함의 원인과 그 강고함 뒤에 숨어 있는 취약성을 함께 살펴봄으로써 우리나라의 금융개혁에서 시사하는 점을 찾아보고자 한다.

2절은 세계 자본주의의 글로벌자본주의로의 변화에 미국의 거시경제가 조응함으로써 미국표준이 국제표준이 되는 과정을 살펴본다. 이 글은 현재 진행 중인 금융세계화를 자본주의의 장기 추세만으로 간주하는 것이 아니라 양차 대전과 대공황 이후의 브레튼우즈 체제의 반작용으로 파악하고자 한다. 그리하여 브레튼우즈 체제의 산업자본 우위의 세계 경제 질서가, 금융자본 우위로 바뀌는 것에서 현재의 금융세계화의 본질을 찾는다. 미국자본주의는 자국의 경제구조를 금융자본 우위의 질서로 바꾸어 금융세계화의 과정에 적응함으로써, 70년대 이후 상실된 헤게모니 국가로서의 지위를 회복할 수 있었다. 이 과정에서 미국의 금융제도는 1980년대~90년대에 미국 거시경제에서 강력한 산업부문으로 재활(再活)하였던 것이다. 따라서 미국 금융제도의 외관상 강고함은 세계 국민국가 중에서 유일하고, 일시적일 것이라는 예상이 가능하다. 미국 거시경제가 세계 경제에서 점하는 지위는 바로 미국 금융산업이 가지는 외적 특수성을 이룬다.

3절은 미국에서 금융산업 성장의 내적 동학을 살펴보려고 한다. 미국 금융산업의 특징은 바로 비은행금융기관(Non Bank Financial Institutions: NBFIs)을 중심으로 한 자본시장의 활황과 주주자본주의의 등장이다.[128] 이 절은 그러한 특징을 가진 미국 금융산업을 분석함으로써 자본시장 성장의 진정한 원인은 은행제도라는 점을 강조한다. 외관상 규제가 상대적으로 적은 비은행금융기관의 자산규모가 급격히 증가하고, 또한 은행과 비은행 금융기관의 제도적 차이는 점차 소멸하고 있지만 이는 자본시장이 보다 효율적으로 작동해서가 아니라 자본시장의 과잉변동성을 은행제도가 부담했기 때문에 가능한 것이었다. 결국 은행은 비은행금융기관의 새로운 금융상품들에 대해 '최종대부자'로서 기능함으로써 은행의 고유한 역할을 여전히 수행하고 있다.

또한 미국의 주주자본주의는 자본시장의 발달에 조응하는 기업지배구조이지만, 이는 80년대 이후의 현상이며 투자를 단기화하는 약점이 있다. 그럼에도 불구하고 미국 경제가 90년대 호황을 누린 것은 주식시장의 활황이 소비자의 자산을 증대시켜 자산효과를 통한 소비증대에 기인한 바가 컸다는 것이다. 이러한 자산효과 또한 저축의 상당부분을 자본시장으로 포섭한 미국 금융산업의 장기간에 걸친 진화의 결과로서 미국의 내적 특수성을 이룬다.

4절은 금융세계화를 수용함으로써 미국 경제가 헤게모니 국가로서의 지위를 유지하고, 동시에 미국 금융산업의 내적 동학에 의해 미국의 금융산업은 활황을 누리고 있지만 내면에서는 금융자본의 지배로부터 나타나는 난점이 있다는 점을 살펴보고자 한다. 브레튼우즈 체제에 조응하는 뉴딜형 은행제도와 대비하여 현재의 신자유주의적 금융질서에 조응하는 미국의 금융제도를 논의함으로써, 우리는 미국의 금융제도가 가진 내적 취약성을 볼 수 있다.

자본시장 중심으로 과도하게 팽창한 현재 미국의 금융산업의 모습은 60년대에 시작한 금융불안정성 경향의 진화과정이며, 금융의 팽창으로 인한 금융불안정성의 증대는 끊임없이 연방준비제도의 개입을 요구하였다. 80년대에 추진된 시장원리, 즉 금융규제완화 정책은 80년대와 90년대 초의 저축기관 위기로 인하여 재규제 정책으로 선회하게 된다.

2. 미국 금융산업의 외적 조건: 금융세계화

---

128) 여기서 비은행금융기관이라 함은 예금기관, 보험회사를 제외한 금융기관을 말한다. 따라서 연금기금, 증권회사, 투자은행, 금융회사, 부동산투자신탁(REITs) 등이 그 예가 될 것이다.

1997년 한국경제 위기는 세계적 금융위기의 한 부분이었다. 아시아 금융위기에 이어서 남미, 러시아 등 글로벌자본주의의 영향력이 미치는 곳에는 어디든지 금융위기가 발발했다. 따라서 1997년의 위기를 우리나라의 내적 문제에 기인한 것으로만 이해해서는 위기의 깊이와 넓이, 그 파장을 올바로 이해하기 어려울 것이다. 또한 위기의 역사를 보아도, 1990년대 말에만 나타난 현상도 아니다. 금융위기는 1980년대 개발도상국의 외채위기 등에서도 알 수 있듯이 1970년대 세계경제가 스태그플레이션을 겪은 이후 지속되고 반복되어 온 현상이었던 것이다. 1970년대 이후 세계경제는 이전과 어떤 점에서 차이가 있는가?

1) 글로벌자본주의 하에서의 금융 - 브레튼우즈 체제와의 차이

많은 사람들이 금융세계화를 주어진 현실, 불가피한 추세로 받아들이고 있지만, 국제금융의 역사를 고찰하면 현재 모습의 금융세계화는 1970년대부터 다시 시작한 현상이라고 보아야 할 것이다. 세계 금융, 통화 시스템의 역사는 1881년에서 1913년까지의 고전적 금본위제의 시대, 1919년부터 1938년의 전간기, 1947년부터 1971년까지의 브레튼우즈 체제, 그리고 이후의 변동환율제도로 나눌 수 있다.

특히 현대적 국제 금융 질서의 전사(前史)라고 할 수 있는 브레튼우즈 체제는 (1) 국민국가의 자율적 정책을 보장하고 (2) 국제 금융 질서의 안정성(환율안정과 경제성장)을 보장하기 위해 고안된 것이라는 점에서 중요한 특징을 가지고 있었다(Pringle. 1992). 주지하듯이 브레튼우즈 체제는 달러와 금의 태환성이 보장되는 금환본위제라는 고정환율제를 채택한 것이다. 이러한 브레튼우즈 체제의 본질적 특징은 자유무역(free trade) 질서를 확립하기 위해 자유로운 금융 질서(liberal financial order)를 포기했다는 점에 있다.129) 따라서 성공적인 자본주

---

129) 이 시기의 국제금융질서에 대한 전통적 시각은 브레튼우즈 체제가 개방된, 자유주의적 경제질서(open, liberal international economic order)였다는 것이다. 그러나 이 시기는 오히려 통합된 자유주의 질서(embedded liberal order)로서 파악해야 한다. 첫째, 1940년대는 1930년대의 세계적 공황과 사회주의 대두, 세계전쟁의 여파로 인하여 단순한 자유주의가 아니라, 케인지안적인 개입주의적 자유주의가 대세였다. 비록 은행가들은 여전히 자유주의 질서의 신봉자였으나 이 시기의 새로운 지도자들, 즉 정부관료, 산업자본가, 노조지도자들은 은행을 정치, 경제적 문제에서의 '주인'이 아니라, '종'으

의의 역사(이른바 자본주의 황금기, Golden Age of Capitalism)는 자유주의적 질서가 아니라 통합된 자유주의 질서, 즉 개입주의 질서와 깊이 연관되어 있었던 것이다.

브레튼우즈 체제 하에서는 금 1온스당 35달러로 환율이 고정된다. 물론 경우에 따라 조정 가능하도록 하여 개별 정부의 자율성을 어느 정도 보장하고 있으며 단기적 불균형에 대해서는 국제통화기금(IMF)가 완충작용을 하도록 하였다. 이는 금환본위제가 세계화폐인 달러의 부족으로 세계적 디플레이션으로 빠지는 것을 막기 위해서이다. 이러한 과정을 거쳐 브레튼우즈 체제는 안정적인 국제금융질서를 약 30여 년간 제공함으로써 오늘날의 금융세계화의 토대를 낳았다고 할 수 있다. 그러나 초기의 디플레이션에 대한 우려는 미국이 1950년대 후반 국제수지 적자로 돌아섬으로써 완화되었다가, 이 국제수지 적자의 지속적 유지 및 확대로 인하여 지나친 달러가 미국 밖에서 돌아다님으로써 달러가치가 하락하는 현상으로 이어졌다. 전자의 문제가 유동성 부족의 문제라고 한다면, 후자의 문제는 달러 신뢰도 하락의 문제로서 이를 유동성의 딜레마(liquidity dilemma)라고 부른다. 이 유동성의 딜레마가 브레튼우즈 체제의 내재적 문제였던 것이다.

우선, 1950년대부터 국제 민간 금융이 등장하기 시작하였는데 이는 당시의 국제질서가 안정적으로 성장하였기 때문이라고 할 수 있다. 즉 무역이 증가하고, 생산이 증가함에 따라 국제 금융에 대한 수요가 증가하였다(이는 브레튼우즈 초기에 유동성 부족을 초래했다). 그러나 1970년대 들어서 세계화폐로 사용된 달러가 미국으로 환류되지 않고 미국 밖에서 유통됨으로써 미국 내 금융규제완화의 중요한 압박요인으로 작용하였다(이는 유동성 과잉을 결과했다). 특히 이러한 요인 중에는 석유산유국이 벌어들인 달러(오일달러)가 개발도상국으로 흘러들어가는 현상, 미국 내에서의 은행산업에 대한 규제(예를 들어

로 간주했던 것이다. 둘째, 당시에 자유주의적 국제 금융질서가 최소한 단기적으로는 고정환율제 및 자유무역질서와 양립하지 않는다는 믿음이 있었고, 이 중에서 후자(고정환율제와 자유무역질서)를 선택했다. 셋째, 미국이 헤게모니 국가로서 세계경제를 주도하기 위해 개입주의를 선호했다. 넷째, 뉴욕의 은행가들이 자유주의적 금융질서를 선호하였으나 이들의 주도가 1947년의 유럽 경제위기를 초래함으로써 주도권을 잃게 되었다는 등의 이유가 제기되고 있다(Helleiner, 1994, 4-6)

Rugulation Q: 예금 이자율 상한을 정한 법률)로 인하여 해외로 유출된 달러가 국내로 유입되지 않는 현상(유로달러의 형성) 등이 있다.

그러나 유러달러의 성장은 결국 미국 정부의 국제금융에 대한 통제가능성이 점차 줄어드는 과정이었다. 1970년대 초반 미국은 세계화폐로서의 달러의 지위를 포기한다. 70년대 고정환율제, 금태환의 포기는 1974년 미국 프랭클린은행(Franklin National Bank)의 파산, 1982년 멕시코 외채 위기 등 매우 불안정한 시기를 거치면서 오늘날의 변동환율제도로 정착되었다.

변동환율제도에도 불구하고 세계적 금융공황은 비교적 잘 통제되고 미국의 달러는 여전히 세계화폐의 유일한 대용물로 사용되고 있다. 또한 미국의 거시경제는 지속적 수지적자에도 불구하고 성장을 유지했다. 미국의 국제수지 적자는 1950년대부터 시작하여 지금까지 확대되어 이어져 오기 때문에 만약 미국이 폐쇄경제였다면 국내의 투자 및 소비가 줄어드는 이른바 구축효과(crowding out effect)가 나타났을 것이다. 그러나 실제로는 그런 현상이 나타나지 않았는데 이는 미국이 세계 경제의 헤게모니 국가로서 국제수지 적자분을 해외 자본(달러로 표시된)의 유입을 통해 보완할 수 있었기 때문에 가능하였다. 이는 마치 한 나라 정부가 정부지폐를 적절히 발행하면 주조차익(seigniorage)을 확보할 수 있는 것과 같은 과정이다(이병천, 2000: 33). 어떻게 해서 미국은 브레튼우즈 체제의 붕괴에도 불구하고 지속적으로 달러를 세계화폐로서 자리매김할 수 있었는가? 이는 미국의 거시경제가 국제금융자본에 조응함으로써 얻어진 것이다. 즉 1980년대 초반 미국은 폴 보커를 연방준비위원회의 의장으로 임명하여 강한 달러, 고금리 정책을 지속적으로 취함으로써 달러의 금환본위제를 포기함에도 불구하고 여전히 국제수지 적자를 자본 유입을 통해 보완하는데 성공했던 것이다. 이러한 정책의 중요한 전제는 달러 및 미국 헤게모니의 유지인데, 이는 곧 달러가 국제금융자본의 이해에 맞게 운영되어야 한다는 점을 의미하였다.

다시 말하면 1980년대부터 시작한 미국의 신자유주의적 정책들은 거시경제 전체의 이익을 반영하는 것이 아니라 특히 금융자본의 이해를 반영하는 것이었고 강한 금융산업의 기반이 되었다. 그러나 고달러 정책을 유지하기 위해서는 고금리를 유지해야 했고, 고금리는 국내의 산업자본의 기반을 잠식시키는 이중의 칼날이었다. 국내의 산업 중 첨단산업이 아닌 부분은 점차 기반을 상실하며, 따라서 이 부문에 고용된 노동자 역시 하향 평준화 과정을 감수하여야 했다.

　이와 같은 해석에 따르면 현재의 금융세계화는 첫째, 자본주의 전 역사를 통해서 관철된 경향이 아니라 관리된 자유주의(embedded liberalism)의 부산물이며, 둘째, 산업자본의 이해를 대변한 브레튼우즈 체제라는 자본주의 전성기의 국제금융질서와는 상반되게 금융자본의 이해를 대변하고, 셋째, 미국이라는 거대한 개방경제와 밀접히 연관된 경향이다. 때문에 현재의 금융세계화와 1980년대부터 지금까지 이어지는 전 세계적인 저성장 경향[130]은 밀접히 연관되어 있으며, 저성장이 국내경제에 미치는 파괴적 결과를 회피하기 위해 미국은 국제표준(global standard)을 절실히 원할 수밖에 없었다.

　미국의 특수성은 미국 외의 기타 나라들은 종속적으로 세계화를 겪고 있지만, 미국의 달러가 세계화폐로 기능하는 특수한, 유일한 조건 하에서 세계화를 겪고 있다는 점이다. 미국의 경우에 글로벌한 정책 통제(예를 들어 IMF등에서 제시되는 국제 표준에 조응하는 거시정책)은 국가의 영역을 넘어선 것이라기보다는 국가의 이해를 표현한 것이라고 볼 수 있다. 따라서 미국은 스스로 세계화를 추진하고 그 이익을 향유할 수 있는 유일한 나라이다.

2) 금융세계화의 본질: 글로벌 금융자본의 지배

　그러나 미국의 자율성은 진정한 자율성일까? 미국은 정부의 자율성을 가지고 있는 듯 보이지만 그 자율성은 글로벌 금융자본에 조응함으로써만 가능하였다. 여기서 제기되는 두 번째 쟁점은 바로 글로벌 금융자본과 산업자본의 관계 및 대립이다. 일부의 논자들은 20세기 초반 독일에서 산업자본과 금융자본의 결합으로 독점적 금융자본이 등장한 것처럼, 세계경제에도 글로벌 금융자본과 글로벌 산업자본의 통합이 발생할 것으로 보았으나 실제 나타나고 있

---

130) Maddison(1995)에 의하면 1950년부터 73년까지의 세계경제는 4.9% 성장하였으나, 1973년부터 1992년까지 세계경제는 3% 성장하였다. 1990년대에는 미국의 성장이 눈에 띄게 회복되었지만, 이 현상은 다소간 논의를 필요로 한다. 첫째, 미국을 제외하고 대부분의 경제는 저성장과 금융위기를 겪었다. 1992년부터 1998년까지 세계경제의 성장률은 2.5%였다. 둘째, 미국의 저실업률은 높은 파트타임 노동자, 소득분배의 악화 문제를 가리고 있다. 이러한 점을 고려하면 세계 경제는 1950년대, 1960년대와 비교하여 상대적으로 저성장을 겪었다고 보아야 할 것이다.

는 현상은 오히려 글로벌 금융자본의 자립화 및 이의 투기화라고 생각된다.

이러한 현상은 사실상 생산자본 또는 산업자본의 세계화 논리와 금융자본의 세계화 논리가 다르기 때문이다. 산업자본은 생산, 성장을 선호하는 반면, 금융자본은 자본이득을 선호한다. 그리하여 산업자본은 세계화할 때 해외직접투자(FDI)를 선호하지만, 금융자본은 세계화할 때 포트폴리오투자(증권, 채권 등)를 선호한다. 원래 자본주의적 생산은 산업자본가, 또는 경영자와 금융자본가, 또는 주주의 결합을 통해서 이루어진다. 즉 도전적인 기업가 정신과 자금이 필수적인 것이다. 자본주의 생산이 심화됨에 따라 이러한 기능적 분리는 인적, 조직적 분리로 나타났으며 그 결과가 산업자본이라는 주체와 금융자본(은행 등)이라는 주체이다. 이 두 종류의 자본은 때와 장소에 따라 어떤 때는 통합되기도 하고, 독립되기도 하는 등 일관된 경향을 보인 것은 아닌데 아무튼 두 종류의 자본이 서로 결합하는 방식은 사회적, 역사적 배경에 따라 상이하게 나타났다.

그러나 1970년대 이후의 금융세계화로 인해 기업의 자금조달 과정은 은행을 통한 간접금융으로부터 채권, 주식 등과 같이 직접금융으로 전환되었다. 여기에는 연금기금, 뮤추얼펀드, 보험회사, 헤지펀드 등과 같은 기관투자가들의 포트폴리오투자의 비중이 급격히 증가한 것에 기인한다(Cosh, Hughes, Singh, 1992). 이러한 과정을 거쳐 지배적 자본조달 과정이 은행 중심의 금융질서에서 자본시장 중심의 금융질서로 재편되었던 것이다. 이 과정에서 국제 금융자본은 자립화하게 되었다.[131] 1970년대까지의 국제금융자본의 세계화는 실물자본을 뒤따르는 방식이었지만 1980년대 이후부터는 금융영업 자체가 세계화되었다.

국제금융자본의 자립화는 투기화와 병행되었다. 1990대의 연간 교역량은 전체 외환거래량의 15%에 불과하였다. 그 나머지는 외환시장 조성 및 환차익을 노린 순수 금융거래인 것이다. 여기에 각종 금융혁신으로 인해 환위험의

---

131) 그러나 일반의 통념과 달리, 국제 금융시장의 자본조달 과정에서 주식시장의 역할은 그렇게 크지 않다. 직접금융시장의 역할이 증대하였지만 이는 대부분 채권시장의 역할 증대를 의미한다. 일례를 들면 1986년 세계 금융시장의 자금조달 액 3895억 달러 중 채권은 2281억 달러, 신디케이트론은 528억 달러였는데 반해, 주식은 117억 달러에 불과했다(OECD, Financial Market Trends, various issues).

회피와 외환 투기를 목표로 하는 선물환거래, 각종 통화옵션 등이 발달하여 국제금융자본의 투기성이 극대화되었다(이찬근, 1998).

그러나 직접금융(자본)시장의 발달은 "이윤의 재투자"를 통한 성장보다는 "다운사이징과 아웃소싱"을 통한 효율성을 추구하는 경향을 가진다. 즉 주식시장은 기업행동의 주요 변수를 주가수익 극대화에 맞추게 하고, 이윤분배 과정에서 배당을 강조하며 재투자할 경우에도 주로 자본절약적인 조직혁신 투자에 집중하도록 한다. 80년대 이후 지배주주로 부각되기 시작한 기관투자자들은 이를 위해 이윤분배 뿐 아니라 고용과정에도 개입하는 등 경영에 광범위하게 개입한다(전창환, 1999). 또한 주식시장은 생산자본의 기업활동의 평가를 시간적으로 선행하는, 미래가치의 사전실현(prevalidation) 기능도 하기 때문에 생산주기와 혁신의 주기가 급격히 단축되는 효과도 가진다. 이는 금융자본에 산업자본이 종속되게 하는 메커니즘을 이루게 되는 것이다. 그리하여 자본시장 중심의 금융질서는 투자의 단기주의를 초래하고 금융시장의 변동성을 강화시켜 장기성장의 잠재력을 고갈시킨다.

한편 국제 금융질서가 브레튼우즈 체제에서 글로벌자본주의로 변화하는 과정은 아시아 자본주의의 성장에도 크게 영향을 미쳤다. 한국, 대만 등을 포괄하는 동아시아의 경제성장(1960-70년대 제1기 동아시아 개도국의 발전)과 중국, 인도네시아, 태국 등을 포괄하는 동남아시아의 경제성장(1990년대 제2기 동아시아 개도국의 발전)으로 대별할 수 있는 동아시아 자본주의는 금융세계화의 전, 후에 일어났기 때문에 자본주의 발전의 양상이 달랐다.

전자의 경우 전통산업을 중심으로 단계적으로 사다리를 타고 올라가는 발전형태(雁行形, flying geese)를 보이는 반면, 후자의 경우 외국인 직접투자를 이용한 입체적 성장의 형태를 보였다. 전자의 경우에는 해외직접투자를 유치하기보다는 내자 및 외자를 동원하여 수출위주로 성장하였으며, 경공업 중심에서 중화학공업으로 순차적으로 고도화되는 과정을 밟았다. 이에 필요한 자본을 동원하는 데는 은행 중심의 금융질서가 큰 역할을 하였고, 이로 인하여 차입경영의 형태를 보이게 된다. 반면 1990년대에 급속히 발전한 동남아시아의 경우 해외 다국적 기업의 직접투자를 통해 산업발전이 이루어졌다. 따라서 성숙산업, 기존산업, 첨단산업 가리지 않고 동시에 진행되었으며 제1기 동아시아의 성장보다도 더 높은 성장을 구가할 수 있었다. 따라서 제2기 동아시아 국가들은 초기부터 세계화 현상이 두드러질 수밖에 없었던 것이다. 이 과정은 결국제2기 동아시아 국가들이 세계화한 국제금융의 동학에 종속될 수밖에 없는 과정이기도 했다. 1997년의 아시아 위기는 바로 제2기 동아시아 국가의 금융위기에서 출발하여, 국제금융에의 종속은 덜 하지만 차입경제라는 특징을 가지고 있던 한국으로 감염되었던 것이다.[132] 한국의 금융위기를 비롯한 아시아 위기는 결국 미시적 효율성 제고를 담보로 진행된 금융세계화가 거시적 불안정성의 증가와 성장의 약화를 야기 시키는 사례가 된다.

결국 브레튼우즈 체제부터 현재까지의 국제 금융 질서의 변화는 (1) 산업자본의 우위에서 기관투자가 중심의 금융자본의 우위로 바뀌는 과정이면서, (2) 이 금융의 세계화 과정은 미국이 자본시장 중심적 금융질서를 더욱 강화해가는 것과 이해가 일치하는 과정이기도 하다. 즉 '금융자본 중심으로 재편된' 미국의 이해가 글로벌자본주의의 이해와 일치했던 것이다. 그러나 이러한 세계화 과정은 (1) 전 세계적 저성장을 장기화시키고, (2) 세계 경제의 변동성을 강화시켰다. 따라서 세계경제의 금융자본화에 금융자본 중심의 미국 경제가 조응함으로써 미국적 표준이 국제표준이 되었지만, 이러한 국제표준은 세계 경제의 성장 기반을 침식하는 자기 모순성을 가지고 있다.

3. 미국 금융산업의 내적 특수성: 자본시장의 발달과 주주자본주의

미국 금융산업의 특징은 자본주의 황금기의 종식과 글로벌자본주의의 등장 또는 패권국가로서의 미국의 특수 지위라는 외적 요인만으로 설명할 수 없는

---

132) 물론 1997년의 아시아 위기는 금융적 요인만으로는 설명되지 않는다. 글로벌 금융 자본의 자립화와 투기화가 주요한 원인인 것은 틀림없지만, 실물적 요인 역시 상당히 중요하게 기여하였다. 기관투자가 위주의 금융자본이 주도하는 금융세계화를 배경으로 하여 나타난 금융자본과 산업자본의 괴리 및 이로 인한 외환시장의 과잉변동성외에도 동남아시아에 위치한 다국적 기업을 포함하여 전 세계의 대기업들이 과잉생산의 예상하에서도 어쩔 수 없이 진행한 과잉투자(미시적 합리성이 거시적 불합리성을 낳는 과정이다)로 인한 기업 수익성의 저하가 그 실물적 원인이 된다. 그러나 금융적 요인은 위기 이후에도 큰 영향을 미치게 되었는데, 위기에 대응한 IMF 등과 같은 국제적 조절기구가 긴축, 개방, 급진적 개혁이라는 전통적 처방을 통하여 위기는 전염되고 더욱 악화되었던 것이다.(신장섭, 1999).

역사적, 제도적 배경을 가지고 있다. 그것이 바로 내적 동인의 문제이다. 이
절은 우선 미국 금융산업의 특징을 살펴보고, 미국 내에서 자본시장의 성장의
원인과 주주자본주의의 실체를 살펴보기로 한다.

1) 다양한 금융제도

금융산업은 전통적으로 규제가 매우 심한 산업 영역이었다. 왜냐하면 자본
주의 역사에서 경제공황은 대개 금융산업에서 시작하였고, 금융위기는 경기둔
화(reccession)를 경기침체(depression) 또는 파국(crash)으로 몰고가는 주요한 기제
였기 때문이다. 금융산업 자체는 또한 전염성이 강하여 금융산업 내부의 취약
한 한 부분이 무너지면 건전한 다른 부분도 같이 무너지는 경향을 가지고 있다.
따라서 금융산업은 다른 부문과 달리 역사적, 제도적 조건에 따라 다양한 특징
을 가지며 그러한 특징이 자본주의의 세계화 경향에도 불구하고 유지되는 경
향도 보이고 있다.

현대 자본주의의 금융제도는 크게 두 가지로 나뉜다. 금융제도를 자본시장
중심(capital market-based finance 또는 securities-based finance)적인가, 은행 중심
(bank-based system of relationship finance)적인가라는 기준에 의해 분류하면 미국
은 전자에 속한다. 그러나 금융제도의 중요 축을 이루는 은행제도 또한 여러
가지로 나눠진다. 특히 은행의 경영이 의무적 계약(obligational contract)에 의존
하는가, 시장 계약(arm's length contract)에 의존하는가의 관점에 따라 분류하면
미국 은행제도는 시장 계약 중심이다. 여기서 자본시장 중심 금융제도와 시장
계약 중심의 은행제도를 앵글로색슨적 금융제도(영국, 미국형)라고 부르고, 은
행 중심 금융제도와 의무적 계약의 은행제도를 대륙적 금융제도(독일, 일본형)
라고도 부른다(Levine, 1997).

1990년대에 들어서 자본시장 중심적 제도의 우월성을 주장하는 견해가 증가
하고 있지만, 은행 중심 금융제도 또한 장점을 가지고 있다. 은행 중심 금융제도
는 안정적 대부자-채무자 관계에 입각한 장기투자에 강점이 있고 정보비대칭
(非對稱)성 문제를 약화시킴으로써 거래비용을 줄일 수 있다(Stiglitz. 1992; 조복
현, 2000). 따라서 어떤 금융 제도가 더 우월한가에 대해서 선험적으로 대답하
기는 매우 어렵다. 더구나 은행제도만 보아도, 매우 다양한 은행제도가 존재하
며 은행제도의 효율성은 제도의 형태에 의존하지 않는다.

은행은 저축을 모아 대출을 함으로써 예금이자율과 대출이자율의 차액을 이윤으로 하는 기업이라고 할 수 있다. 대출은 필연적으로 반복거래(repeated transaction)을 수반하며 이런 의미에서는 채무자(기업)과 대출자(은행) 사이에는 특수한 관계가 형성된다. 그러므로 일반적으로는 은행제도는 어떠한 은행제도이든지 관계적 금융(relationship banking)의 형태를 띤다고 할 것이다. 하지만 은행제도는 그 나라의 전체적 금융제도의 틀 속에서 작동하기 때문에 다른 금융기관과의 관계 속에서 나라마다 다른 특징을 가지게 된다.

이러한 은행제도는 첫째, 은행이 증권업과 같은 다른 형태의 금융영역에 들어갈 수 있느냐는 규제적 차원, 둘째, 은행의 소유구조는 어떠한가는 소유적 차원, 셋째, 은행이 채무자를 어떻게 감시하는가의 대출관리의 차원으로 나누어 구별할 수 있다.

이러한 구별에 따르면 독일은 은행이 증권업, 은행업의 모든 금융업무가 가능한 겸업주의, 은행이 기업의 주식을 소유하며, 기업의 이사회 파견, 경영권 행사 등에서 깊이 관여하고, 채무기업에 대한 사전적, 대출 중, 사후적 감시를 통합하여 실시한다는 점에서 가장 산업자본과 깊이 결합되어 있는 이른바 겸업은행제도(universal banking)으로 불린다. 한편 일본은 은행과 기업의 상호출자가 가능하지만 평상시에는 기업의 경영권에 개입하지 않고, 위기 시에만 주거래은행이 책임을 지고 사후적 감시를 실시하는 메인뱅크(main bank)제도로 규정된다.

이에 반해 미국식의 은행제도는 시장계약적 은행제도(arm's length banking)인데 여기서는 은행업과 증권업이 분리되며, 파산한 기업에 대한 경영관여는 거부된다. 채무자의 신용상태에 대해서는 은행이 아닌 다른 제3의 평가기관이 개입하여 평가하기 때문에 은행 운영은 비교적 자율적이긴 하나 궁극적인 지배구조의 통제권은 주식시장에 있다. (Aoki, et. al. 1994: 36-42).

<표 11-1>은 미국 금융산업의 구조를 정리한 것이다. 금융기관 중 예금기관은 은행조직으로서 기업에 대한 "대출"를 위주로 하는 간접금융기관이며, 투자은행 등은 기업에 대한 "투자"를 위주로 하는 직접금융기관이다. 1933년 글래스-스티걸 법을 기초로 하는 뉴딜형 금융조직 하에서 은행은 예금/대출(간접금융)에만, 투자은행은 증권투자(직접금융)에만 전문화하는 전업구조를 갖추고 있었다. 그리하여 은행은 자산과 부채의 운용에서 저축과 대출에 의존하는 경영방식을 유지하였다. 그러나 70년대의 경제위기를 거치면서 대규모 합병이

발생하였는데 이러한 합병과정을 통해서 기존의 전업구조가 서서히 붕괴하고 은행이 주식시장, 채권 시장에 개입할 수 있게 된다. 이러한 경향은 자본시장의 급격한 발달을 초래했다(Dymski, 1999). 이러한 변화를 알려주는 주요한 지표의 사례를 살펴보자. <그림 11-1>은 <표 11-1>에 있는 금융기관 중 뮤추얼 펀드 의 성장을 보여준다. 1994년 말 뮤추얼 펀드의 자산은 2.16조 달러로 미국 은행 전체 자산 4.01조 달러의 반을 넘었는데 이는 2차 대전 이후의 역사적 과정에서 비추어 볼 때 매우 급격한 규모의 성장이다. 이러한 자본시장의 급성장은 어디 에서 기인하는가?

<표 11-1> 미국의 금융제도

종류	예
증권시장기관	투자은행, 증권 회사(brokage firms), 각종 금융상품의 거래소
투자기관	뮤추얼 펀드(mutual fund), 금융회사
계약저축기관	보험회사, 연금기금(pension fund)
예금기관	상업은행, 저축기관(savings and loan associations), 신용협동조합(credit union)
정부금융기관	연방저축공사(FNMA), 정부저당금고(GNMA), 연방주택금융저당공사(FHLMC)

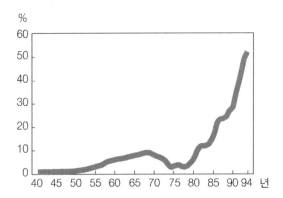

<그림 11-1> 1940-94년 동안 미국 은행산업의 자산 대비 뮤추얼 펀드 자산의 비율

* 출전: Investment Company Institute and FDIC

둘째의 내적 특수성은 주주자본주의의 등장이다. 즉 금융산업의 구조 전환은 '경영자 자본주의' 체제(managerial capitalism 또는 managerial control: Chandler, 1990)가 '주식소유자 자본주의'(shareholders' capitalism 또는 stockholder control: Jensen, 1986, 1988)로 전환되는 것과 시기가 일치한다. 주식소유자 자본주의에서는 기업의 자본유입과 성과배분이 주식소유자를 중심으로 진행된다. 이러한 조건하에서는 장기적 전망으로 투자하는 기업은 현재가치가 주식가치보다 높으므로 (배당은 작다) 합병의 대상이 된다. 이러한 합병운동이 지속되면 기업의 경영방침은 단기 실적 위주로 변화하며, 규모보다는 효율을 추구하지 않을 수 없게 된다. 주식시장은 자본주의 국가 어디에나 있지만 미국의 주주자본주의는 잦은 인수합병 운동을 통해 기업의 지배구조를 통제한다는 점에서 다른 나라와 구분된다. 이것이 현재 우리가 관찰하는 미국식 기업의 본질이다. 뒤에서 이 문제를 살펴볼 것이다.

2) 자본시장 성장에서 은행의 역할

미국에서의 자본시장의 성장은 잘 알려져 있다. <표 11-2>은 1977년에서 1983년까지, 그리고 1984년에서 1989년까지 미국의 비금융기업의 부채 구조인데 이에 따르면 80년대를 기점으로 부채의 구성(주식을 통한 자본 동원은 제외)에서 자본시장을 통한 직접금융의 비중이 급격히 증가한 반면, 은행을 통한 간접금융의 비중이 줄어듦을 알 수 있다.

<표 11-2> 미국 비금융기업의 부채 구성(1977-1989)

	1977-1983	1984-1999
총 부채액(10억달러)	$473.9	$1020.0
은행 대출	36.6%	18.2%
금융회사 대출	7.8%	7.8%
기업어음	5.2%	6.6%
회사채	30.5%	54.2%
면세채	14.7%	3.1%
모기지(담보대출)	-4.4%	4.5%
기타	9.6%	5.6%
합계	100%	100%

* 출전: Board of Governors of the Federal Reserve System

그렇다면 자본시장은 어떠한 조건하에서 성장하였는가? 미국은 1933년의 글래스스티걸 법(Glass-Steagall Act)에 의해 은행업무와 증권업무가 분리되었으므로, 자본시장의 발달은 은행에 대한 규제와 함께 진행되었다. 은행은 대출해 주는 회사의 주식 등을 소유할 수 없었으므로 은행의 대출은 시장의 원리와 신용의 객관적 평가에 의해서만 이루어졌으며 일본이나 독일에서 보여졌던 것과 같은 인내하는 자본으로 기능하지 않았다.

다른 한편 미국의 대기업은 발달된 자본시장을 통해 필요한 자본을 스스로 동원할 수 있었다. 그러나 기관투자가들이 증가힘에 따리 2차 자본시장의 성장 등 금융시장의 증권화 경향은 더욱 강화되었고 이는 겸업주의를 촉진시키는 요인이 되었다. 결국 증권업에만 특화된 투자은행들과 은행업에만 특화된 은행이 서로 업무를 통합시키는 경향을 가져왔다.

그렇다면 직접금융의 증가, 즉 탈은행(disintermediation) 현상의 원인은 무엇인가? 본 논문에서는 이 변화의 촉매제로서 은행의 비은행금융기관(NBFIs)에 대한 최종대부자 기능을 중시한다. 원래 최종대부자(lender of last resort)라는 개념은 중앙은행의 역할의 하나이다. 최종대부자란 '은행제도의 안정적 기능을 위해, 은행제도에 유동성을 공급하는 기능'을 의미하는 것으로 중앙은행의 고유기능이다. 중앙은행은 국가의 통화정책의 주요 축으로 자리 잡은 2차 대전 이후 거시적 기능과 미시적 기능을 수행하여 왔다. 거시적 기능이라 함은 통화 정책을 수행하며 이자율 정책, 통화량 정책, 인플레이션 정책, 환율 정책을 펴는 것이며, 미시적 기능이라 함은 금유제도를 규제, 감독, 보호하여 은행 및 기타 금융기관의 안정성을 확보하는 일이다. 금융기관이 가진 원천적 불안정성 경향으로 인해 중앙은행은 은행제도가 불안정해 질 때, 특히 일시적 유동성 위기가 은행제도 전체의 붕괴를 초래하지 않도록 유동성을 공급해주는 역할을 수행하게 되는데 이것이 최종대부자인 것이다(정운찬, 1995).

그러나 본 논문에서의 은행의 '최종대부자' 기능이란 중앙은행이 은행제도에 대해 가지는 유사한 역할을 은행이 비은행금융기관에 대해 가진다는 점을 지시하고 있다. 실제로는 '최종적' 대부자가 아니지만 비은행금융기관의 유동성 위기에 대해 가지는 지불보증 기능이 중앙은행이 상업은행에 대해 가지는 최종대부자 기능과 매우 유사하므로 비유적으로 사용된 것이다.

1960년대 이래의 미국 금융의 불안정성 경향으로 인한 은행의 지속적 개입은 바로 은행제도로 하여금 양적 비중의 감소에도 불구하고 질적 중요성이 더욱 높아지게 한 배경이 된다. 왜냐하면 증권시장을 포함한 자본시장의 발달, 2차 시장의 발달 등 주주자본주의의 배경이 되는 비은행금융기관의 성장은 은행제도가 최종대부자로서 지불보증을 하였던 관행과 관련이 되기 때문이다.

1966년 규제완화 때 연방준비제도가 개입하여 은행의 재할인을 무제한으로 허용하여 CD 시장의 경색을 완화하였으며, 1970년의 기업어음(commercial paper)시장의 경색으로 발발한 유동성위기 때에도 상업은행의 연방준비제도를 통한 재할인을 허용함으로써 기업어음 시장을 보호하였다.[133] 이는 1974년 부동산시장의 붕괴로 건설산업의 자금조달 수단이었던 REITs(부동산투자신탁: Real Estate Investment Trusts)의 상환요구로 위기에 빠진 프랭클린은행이 도산하였을 때도 적용되었고, 1982년 멕시코 페소 위기로 1984년 컨티넨탈 일리노이 은행이 도산하였을 때도 적용되었다. 특히 프랭클린 은행 때는 예금보험 상한 이상의 예금도 보호하였을 뿐 아니라 해외의 예금조차 보호하여 은행의 모든 예금이 보호되었던 것이다. 특히 컨티넨탈 일리노이 은행의 위기 시에는 금융산업에 미칠 파장을 우려하여 미국예금보험조합이 이를 국유화하여 전 예금에 대해 지불보증을 할 정도였다.[134]

60년대 전반의 CD 시장의 성장은 은행이 1966년 투자붐에 자본을 공급하는 과정에서 나타난 것으로 화폐시장에 개입하는 대형은행을 낳았다. 그러나 연방준비위원회가 보유한 준비금을 줄이자 은행의 대출기반이 축소되었고 이것

---

133) 1966년의 신용경색 때 기업의 외부자금 비율은 이전의 1.4-6.6%에서 15.2%로 급증하였지만, 1970년 유동성위기 때는 29.3%까지 증가하였다. 기업의 외부자금 비율의 급증은 비교적 외부자금 비율이 낮은 미국 기업의 기준으로 보아 기업금융의 높은 취약성과 당시의 투기적 활황을 보여준다(Minsky, 1985, p.88, p.92).

134) 1970년에 Penn Central Railroad 사가 기업어음의 부도에 직면하였을 때, 연준은 투자자가 이 시장에서 탈출하고 상업은행은 단기부채에 자본을 공급을 위한 유동성 부족을 우려하여 10만 달러 이상의 CD에 대한 예금이자율 상한을 철폐하였다. 이는 물론 Regulation Q의 점진적 해체를 의미하는 것이었지만, 여전히 비은행금융기관과 비교하여 은행의 규제는 더욱 심하였으나 경쟁의 조건은 더욱 열악하였다(Golter, 1996). 이러한 상황에도 불구하고 불균등한 상태가 오래 유지된 것은 은행의 특수한 역할 때문이다. 은행은 예금에 대해 지불준비금을 보유해야 했고, 예금보험금도 지급해야 하는 등 추가적 비용지출을 해야 했는데 이는 은행제도가 비은행금융제도의 기층에 놓여 전체 금융제도의 안정성을 책임지고 있기 때문이었다.

이 신호가 되어 CD의 환매요구가 급증하여 CD시장에 위기가 발생하게 된다. 이때 연방준비위원회는 신용위기를 타개하기 위해 CD의 환매에 필요한 자금을 연방준비은행으로부터의 재할인하는 것을 무제한 허용하여 최종대부자 기능을 함으로써 화폐시장을 안정시켰는데 이러한 행위 자체가 CD의 지급을 보증한 것이나 마찬가지가 된 것이다(Minsky, 1985: 90). 1970년의 유동성위기는 기업어음(CP) 시장에서 발생했다. 기업어음은 지급보증이 되지 않은 회사채라고 할 수 있는데 GMAC(General Motors Acceptance Corporation)과 같은 대형 금융회사(finance company)들이 발행하고 화폐시장에서 유통되었다. 기업어음은 60년대 초반 CD가 한 역할, 즉 기업의 외부금융의 주요 자금원천 기능을 수행하였는데 이 역시 연방준비위원회가 인플레이션을 우려하여 통화량을 줄이려고 하자 환매요구가 급증하여 금융회사들이 도산의 위기에 처하게 되었다. 이때 역시 연방준비위원회는 재할인을 허용하였고 공개시장조작을 통해 은행조직에 유동성을 공급하여 기업어음 시장을 보호하였던 것이다. 결국 연방준비위원회가 금융위기를 회피하기 위해 취했던 최종대부자로서의 기능은 은행으로 하여금 금융회사들에 대해 최종대부자 기능을 하도록 강요한 것이 되었고 이 이후 기업어음 시장은 제도화되었다. 반면 은행들이 보유한 기업어음은 은행의 숨겨진 부채가 되었던 것이다(Minsky, 1985: 92). 1970년대 초에는 REITs가 등장하여 비슷한 과정을 밟게 된다. 건설산업에 자금을 공급하는 REITs는 1974년에 정점을 이루게 되는데 건설, 부동산 등 장기투자에 필요한 자금을 단기차입함으로써 이자율 변동에 매우 취약한 구조를 가지고 있었다. 당시 REITs의 유일한 자금공급원은 은행으로서 부동산의 과열이 붕괴하자 REITs는 도산의 위기에 처하게 되었다. 이때 또한 은행이 공개시장조작을 통해 REITs에 자금을 공급하게 되었던 것이다. 따라서 각 시기마다 비은행금융기관의 부도, 도산시 은행제도가 최종대부자로서 보증함으로써 비은행금융기관과 자본시장은 지속적으로 성장할 수 있게 되었다(Minsky, 1985: 64).

이 과정은 80년대와 90년대까지도 이어져서 70년대 시작한 비은행금융회사와 자본시장이 급성장하는 배경이 되었다. 오늘날 금융회사들이 미국에서 비은행금융기관 중 제일 큰 규모의 회사로 성장하게 되는 것에는 MMMF(Money Market Mutual Funds)의 기여 또한 막대하였다. 금융회사들은 필요한 자금을 주로 은행이나 MMMF에서 빌리고, 직접 기업어음을 투자자에게 매각하기도 하였다. 그리하여 1980년에는 일반은행의 자산에 대하여 금융회사의 자산이

15.8%였으나, 1992년에는 26.1%로 증가하였던 것이다. 또한 금융회사의 기업어음의 은행의 예금에 대한 비중은 동일기간 8%에서 24.2%로 증가했다 (D'Arista & Schlesinger, 1993: 158). 60년대와 70년대에 이미 기업어음에 대한 은행의 지급보증은 제도화된 반면, 기업어음을 발행하는 금융회사들은 예금보험금 지불 등 은행제도의 규제를 받지 않았기 때문에 훨씬 유리한 조건에서 경쟁할 수 있게 된다. 이러한 금융회사 또한 1990년대 초 대규모 부도 위기에 처하게 된다. 1992년 가을 많은 금융회사가 모회사의 경영에 영향을 받았는데, 예를 들어 WCC(Westinghouse Credit Corporation)은 Westinghouse Electric Company 의 경영압박으로 매각되고, CFC(Chrysler First Consumer) 역시 모회사인 크라이슬러의 경영압박으로 매각되었으며, 같은 자동차 계열인 포드의 FMCC(Ford Motor Credit Corporation), GMAC 역시 신용등급의 하락을 겪었다. 특히 GECC(General Electric Capital Corp.)는 상업부동산의 폭락으로 손실을 크게 보았다(D'Arista & Schlesinger, 1993: 182).

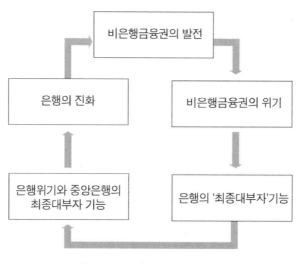

<그림 11-2> 은행의 '최종대부자' 기능

<그림 11-2>에서 설명하고 있듯이, 규제대상이 아닌 비은행금융회사들이 금융불안정성의 주요 계기로 작용하고 있고, 이 때마다 은행이 지급보증을 서 주었던 것이다. 이는 다시 은행제도의 취약성을 초래하며, 결국에는 연방준

비제도의 개입을 초래한다. 결국 나타난 것은 비은행금융산업의 금융상품이 사회적으로 사후 승인되는 과정이라 할 수 있다. 이는 비은행금융상품과 자본시장의 급성장을 낳았다.

3) 주주자본주의

미국 금융산업과 관련하여 제기되는 두 번째 쟁점은 주주자본주의로서의 미국 사회에 대한 이해이다. 즉 미국형 금융제도가 주식시장의 발달을 토대로 효율적인 자본동원을 하고 있다는 생각이 그것이다. 따라서 우리나라의 금융제도 개혁에서 주식시장이 활성화하면 산업발전에 필요한 자본이 동원이 효율화될 것이라는 생각을 낳았다.

앵글로색슨 형 금융제도 하에서는 일반적으로 직접금융시장이 발달하였다. 그러나 직접 금융 중 주식시장이 생산적 투자에 자금조달하는 비중은 의외로 낮다. 따라서 자기자금 조달 비중이 높게 된다<표 11-3 참조>. 왜냐하면 자본

<표 11-3> 비금융기업의 자금조달 비중의 국제 비교(미국, 독일, 일본; 단위 %)

년도	미국				독일				일본			
	내부자본비율	외부자본비율	부채	증권	내부자본비율	외부자본비율	부채	증권	내부자본비율	외부자본비율	부채	증권
62-64	76	24	11.3	7.9	66.5	33.5	22.8	5	39.4	60.6	46.6	11
65-69	67.9	32.1	18.8	13.9	68.8	31.2	20.8	4.1	50.1	49.9	43.2	5.6
70-74	55.1	44.9	25.6	18	58.5	41.5	28.1	3.2	41.6	58.4	50	5.7
75-79	69.7	30.3	16.3	14	72.6	27.4	22.3	1.6	50.6	49.4	41.5	7.5
80-84	74.2	25.8	15.5	9.5	75.4	24.6	21.6	3	59	41	35	6.2
85-89	85.4	14.6	14	-1.3	78.6	21.4	16.5	4.9	52.3	47.7	32.1	11

* 출전: Aoki, 1994, p.37에서 재인용

시장 자체는 현재 0의 수익률을 낳는 투자 프로젝트들에 대해 과연 장기수익성이 있느냐 없느냐에 대해 평가할 수단이 없기 때문이다. 주식시장은 항상 사후적 결과만 알 뿐이다.[135]

그러나 주주자본주의의 현상은 미국 자본주의 기업지배구조가 가진 원래부터의 특징이 아니다. 미국에서 기업활동에서 주주가치를 배타적으로 강조한 것은 레이건 행정부가 등장한 80년대 이후의 최근 현상이다.[136] 1960년대와

---

135) 반면 은행은 장기지속거래를 통해 사업 프로젝트의 특수정보를 취득할 수 있고, 비록 현재 수익률이 없는 프로젝트에 대해서도 그 장기수익률에 대한 평가가 가능하다. 따라서 은행중심 경제는 자기자본 비율이 낮은데 이에 대해서는 은행중심 경제가 투자에 적극적이라는 평가도 가능하다. 결국 '차입경제'가 항상 비효율은 뜻하지 않는다.

136) 이론적으로도 기업 지배구조의 통제 방안으로 주식시장과 M&A 시장을 활용하는 것 역시 1980년대에 등장하였다. 이러한 이해에 따르면 기업인수합병과정은 기업에 과잉유보된 이윤을 주주에게 되돌릴 수 있는 주요한 방법이자 효율적 투자를 강제하며 주주주권을 회복하는 방법이다(Sheifer and Vishiny, 1988; Jensen, 1988, 1986 등). 반면 이에 대해 비판적인 논의는 유행처럼 번진 인수합병의 물결은 사실상 기업가치를 증가시키지 못했으며 심지어는 주식의 가치조차도 극대화하지 못했고, 인수추진자들만이 이익을 극대화시켰다고 보았다(Scheler, 1988; Goldstein, 1991 등). 이 쟁점은 또한 인수과정이 일어나는 장소인 자본시장이 효율적인가의 문제로 이어졌다. 이 두 번째 쟁점에 대해서는 효율시장가설(Fama, 1991)을 중심으로 논란이 제기되었는데 기업인수의 효율성을 강조하는 견해는 이에 입각하여 유휴현금이론(Jensen, 1978; 1986 등)을 제시하였다. 이에 따르면 이윤의 기업유보를 통해 주주로의 이윤배당을 방해하는 경영자는 주식시장의 동학에 의해 제약된다. 그리하여 기업 이윤 중 "양의 투자가치기회"에로의 투자금을 제외한 차액인 유휴현금이 자본시장의 효율성에 의해 주주에게 배당되는 메커니즘이 바로 기업 인수합병과정이라는 것이다. 그러나 효율시장이론에 대한 비판은 금융시장이 합리적 개인에 의해 지배되는 것이 아니라 상호예상과 군중심리 등에 의해 지배되므로 자본시장이 기초하리라고 생각되는 이윤, 배당 등 실질가치(fundamentals)를 반영하지 않는다고 본다. 이러한 견해로는 노이즈거래자이론(noise trander theory:Shleifer and Summers, 1990 등)라고 불리는 입장과 포스트케인지안의 견해(Crotty and Goldstein, 1993 등)가 있다. 화폐금융론의 교과서적 차원에서는 효율시장가설이 채택되고 있지만, 1987년의 주식시장 폭락 등의 역사적 과정으로 인해 많은 경제학자들도 효율시장가설의 전체 주장에는 동의하지 않는다. 따라

1970년대는 미국 기업의 지배구조는 경영자자본주의로 규정되는데 이 시기를 거치면서 미국기업은 비대해지고 관료화되어 과잉집중되는 문제와 일본기업과의 혁신경쟁에서 뒤지는 문제를 안고 있었다(조영철, 2001). 한편 동 시기 미국의 가계는 금융자산 중 저축보다 계약저축인 기금(뮤튜얼펀드, 각종 공, 사적 연금기금, 보험회사)에 대한 투자의 비중을 늘리고 있었다(O'Sullivan, 2000, 156). 기금을 통해 형성된 기관투자가는 개인투자가보다 시장조성의 힘을 훨씬 크게 가지고 있었기 때문에 인수합병 등의 문제에서부터 일상적인 기업경영에까지 영향을 행사하기 시작했다. 이 시기 미국의 금융회사들은 채권발행 등을 통한 장기투자보다, 수수료와 자본이득을 추구하였다. 점차 각종 투자기금은 주식의 비중을 높이기 시작했고, 주식 비중에 대한 규제 역시 완화됨에 따라 은행 예금에서 기금으로의 가계 저축의 이행은 더욱 진행되었다. 이러한 과정은 단순히 미국 국내적 동학에 의해서만 추동된 것은 아니고 미국이 세계화폐로 기능하는 달러를 동시에 국내화폐로 사용함에 따라 경제가 개방되어 있기 때문에 미국외의 달러(유러달러)의 급증에도 영향을 받은 것이다.

경영자 자본주의에서 주주 자본주의로 기업 지배구조가 변화함에 따라 기업 최고경영자의 경영목표는 이제 유보와 재투자를 통한 성장이 아니라, 다운사이징과 분배가 되었다. 상실된 직무(job loss)를 총 노동력으로 나눈 직무감소율은 경제가 호황이었던 1990년대에 오히려 1980년대의 10%대보다 훨씬 높은 15%대를 기록하였다(Lazonick & O'Sullivan, 2000). 직무의 감소는 대기업일수록 심하였다. 한편에는 직무감소가 나타나는 반면, 다른 한편에는 경제의 호황에 조응하여 새로운 직장이 창출되었다. 1992-1996년까지 미국에서 새로이 창출된 직장은 1천100만여 개인데, 500인 이상의 대기업의 경우 오히려 직장이 감소하여 동 기간 65만개의 직장이 없어졌다(www.sba.gov). 노동자들은 일단 직장에서 해고되면 재고용되는데 상당한 시일이 걸리며 재고용시에 전의 임금보다 평균 13%는 덜 받는 것으로 보고 되었다. 다운사이징이 필연적으로 노동자의 대량해고를 낳았다면, 주주로의 이윤 분배는 장기성장잠재력을 잠식하는 것이었다.

그러나 주주로의 이윤 분배는 주식시장에서 그 회사가 높은 주식가치로 평가받는데 매우 중요한 과정이기 때문에 현재의 미국 경제를 유지하기 위해

서 금융시장의 실패의 여러 요인들에 대한 논의가 이후 발전되었다(안현효, 1998).

서는 피할 수 없다. 따라서 기업의 이윤은 경향적으로 저하하는데도 기업의 이윤분배율은 더욱 늘어나는 현상이 나타나게 되었던 것이다. 주식 가격의 유지는 기업이 향후 주식시장에서 자본 조달하는데도 필요할 뿐 아니라, 가계의 부의 구성에서 주식의 비중이 높아졌기 때문에 거시경제에서 소비 수준을 유지하기 위해서도 필요해진다. 따라서 미국의 경제에서는 주식시장이 활황일 것, 외국에서이건 국내에서이건 주식시장으로 끊임없이 자금이 유입되어야만 미국 경제가 활성화될 수 있는 것이다.

<표 11-4> 자본주의 황금기와 신경제의 성과 비교 (미국)

시기구분	자본주의 황금기	신자유주의시대	신경제
기간	1959-1973	1980-1999	1996-1999
GDP 성장률	4.2%	3%	4.1%
실업률	4.8%	6.6%	5% 이하
생산성	2.9%	1.3%(생산성 계측 수정이전)	2.8%

* 출전: www.bls.gov

물론 이러한 과정이 항상 성장을 제약하는 것은 아니다. 자본시장 중심의 금융질서는 1980년대 이후의 미국경제를 특징짓는 요소인데, 성장제약적 특성만으로는 1990년대의 미국 경제의 호황(이른바 '신경제' 기간)이 설명되지 않는다. <표 11-4>의 현상을 설명하기 위해서는 자본시장 중심의 금융질서의 성장촉진적 논리를 발견할 필요가 있다. 이러한 설명에 따르면 비록 자본시장 중심적 금융에도 성장이 가능한 선순환의 메커니즘이 있다는 것이다. 이는 소비자의 '자산 효과'에 기초하고 있다.

예를 들어 <표 11-5>에서 보는 바와 같이 미국의 가계는 재산의 60% 이상을 장기계약저축(기관투자가를 통한 주식투자)에 가입하고 있다(Edward, 1996). 이러한 상황에서 주식시장의 활황은 주식 자산 가치를 증가시키고 가계의 富를 증가시켜 소비를 늘림으로써 비록 임금소득이 정체하거나 떨어지더라도 자산소득으로 인해 소비증가와 투자증가가 가능해진다는 것이다(강남훈, 2000). 따라서 가계의 부가 증가한 것은 새로운 재화, 서비스가 증가에 기인한 것이 아니라, 일반물가상승보다 더 급속히 증가한 토지, 부동산 등의 자산 및 주식 등의 금융자산가격의 상승에 기인한 것이다. 즉 이때의 수입은 자본이득(capital gain)에 대한 기대로부터 형성되었다(Aglietta, 1995: 33). 미국에서 1993년에서

1999년 기간 동안 소비가 GDP 증가에 기여한 비중은 67%로 1960년대의 62% 대를 훨씬 뛰어 넘는다(Pollin, 2000: 29). 이는 바로 주식시장의 활황에 기인한 것으로 1998년 한해 동안의 자본이득은 4400억 달러에 달한다고 한다. 이는 다운사이징, 잦은 해고, 소득 격차의 심화 등 미국경제의 구조적 문제에도 불구하고 경제가 나름대로 호황을 구가할 수 있었던 배경으로 이해된다.

<표 11-5> 미국과 일본의 가계 금융 자산 구성(1999년, 단위 %)

	미국	일본
현금과 예금	10.0	55.1
보험, 연금	31.9	26.9
주식	36.2	8.7
채권	8.5	3.8
투자신탁	11.3	2.2
기타	2.1	3.3
합계	100	100
총액	34.9 trillion $	1365 trillion yen

* 출전: Federal Reserve Board, Flow of Funds Accounts of the U.S. (Fourth Quarter, 1999), 2000 March 10; The Bank of Japan, Flow of Funds Accounts, Research and Statistics Department, BOJ, 2000 March 31

이와 같이 미국의 주주자본주의적 특징은 한편으로는 미국 고유의 역사적, 사회적 배경을 안고 있는 것이면서 다른 한편으로는 그 자체가 1970년대와 80년대의 미국의 거시경제 구조조정을 거치면서 나타난 현상이다. 더욱이 미국 자본주의의 이와 같은 특수성으로 인해 이러한 체제는 다른 나라에 쉽게 이식될 수 없었다. 이는 1980년대부터 미국식 표준을 수용한 수많은 나라들의 경제적 성과를 통해서도 쉽게 이해할 수 있다. 예를 들면 남미는 70년대부터 지속적으로 개방정책을 추진해오고 있지만 금융부문이 산업부문의 동력이 되기는커녕 반복적인 경기변동의 원인이 되었고, 구 공산주의 국가들의 급격한 시장화 역시 실패하였다(반면 시장을 통제하면서 도입한 중국의 경우 훨씬 안정적 성장을 보여줌에 주목하라). 단순하게 평가할 수는 없지만 미국을 제외하고 전 세계의 어떤 나라도 금융자본이 제시하는 국제표준의 도입에 따른 이득(자산효과와 같은)을 향유하고 있는 것 같지는 않다. 왜냐하면 이러한 나라들에서는 가계의 저축이 연기금과 같은 형태로 자본시장에 투입되는 것이 아니라 은행의 예금의 형태로 되어 있었고, 해당국의 화폐가치가 달러와 같이 안정적일 수 있는 조건을 갖추지 못했기 때문이다.

4. 미국 은행산업의 변화: 금융 불안정성의 심화

2절에서는 글로벌자본주의의 전개가 어떻게 미국표준을 국제표준으로 만들었는가를 살펴보고 개방으로 특징 지워지는 국제표준이 어떤 내적 한계를 지니는지를 살펴보았고, 3절에서는 미국 금융산업의 국내적 특수성을 살펴보았다. 이와 같이 미국 금융신업의 성장 배경에는 글로벌자본주의 시대의 달러의 국제화폐 지위와 관련된 국제적 차원의 원인, 비은행금융기관(따라서 자본시장)을 성장시킨 상업은행의 최종대부자 역할, 80년대부터 M&A 시장과 주식시장을 중심으로 제기된 기업지배구조에서 주주자본주의로의 변화 등 국내적 원인이 복합적으로 작용한 것이다. 그러나 이러한 특징을 지니는 미국의 금융산업과 은행산업은 과연 안정적인 성장의 촉매로서 작용할 수 있을까? 이 절에서는 미국 금융 중에서 은행산업에 좀 더 초점을 맞추어 미국 은행산업에서 경쟁의 제한, 은행과 비은행의 분업주의에서 규제완화와 겸업주의로 진화하는 과정을 살펴봄으로써 미국의 금융산업에 내재한 모순을 살펴보기로 한다. 이러한 진화의 과정은 미국의 역사적 특수성을 반영한 것임과 동시에, 자본주의에서 금융의 불안정성이 더욱 심화되는 과정이기도 하였다.

1) 미국의 은행제도 - 뉴딜형 은행제도와의 비교

1930년대 이후의 미국식 은행제도는 겸업금지 및 이자율 규제 등 각종 규제조항에 의해 특징 지워지는데 이 규제조항은 미국식 은행제도가 가지리라 상정되는 자유방임적 특징과는 다른 특징이다. 물론 이는 규제와 보호(1930년대 -60년대) → 규제완화와 보호 (1960년대~1980년대) → 재규제(1990년대)라는 역사적 진화과정을 거쳤다. 금융구조가 자본시장 위주로 변화하는 과정은 곧 은행의 경영방식이 이에 의존하는 것으로 변화하는 과정이었다. 즉 자산의 운용방식이 기존의 대부 위주에서 자본시장에 대한 투자(예를 들면 저축예금구좌, 당좌예금구좌와 별도로 개설되는 MMMF 구좌)로 전환된 것이다. 이것이 뉴딜형 은행전략과 구분되는 글로벌 시대의 새로운 은행전략이다. 이 경우 은행은 비(非)은행 금융기관과 구분 지워지지 않으며 다른 기업과 마찬가지로 합병의 물결에 휩싸이게 되었던 것이다.

미국의 은행제도는 비슷한 역사를 가진 선진자본주의 국가의 은행제도와 비교하여 전형이라고 말할 수 있는 보편성을 가지고 있질 못하다. 미국 은행제도는 설립초기부터 빈번한 도산과 영세성으로 특징 지워지기 때문이다. 이러한 특수성은 미국의 자유주의 전통에 기인하는 것으로 해석되기도 한다(박경로, 1993). 그러나 바로 이 이유로 인해 20세기 초에 중앙은행 격인 연방준비세도(1914)가 만들어지기 전까지는 중앙은행(central bank)도 없고, 자유은행주의(free banking)도 아닌 독특한 상황을 유지해왔다.

1930년대 대공황 이후의 가장 큰 변화는 금융산업에서 경쟁제한(restriction of competition)와 보호(protection)를 모두 도입하였다는 점이다. 경쟁의 규제는 첫째, 이자율의 통제(Regulation Q)를 통해 저금리 정책을 일관되게 유지했다는 것, 둘째, 겸업금지(compartmentalization)을 통해 금융기관을 투자은행과 저축기관으로 엄격히 분리했다는 것, 셋째, 주간(州間)은행을 금지시켜 한 지역 내에서만 독점적으로 영업활동을 하도록 했다는 것으로 요약된다. 또한 은행(commercial banking)과 비은행(whole sale banking)을 구분한 후, 은행 등 저축기관의 예금에 대해서는 FDIC 등을 통해 정부보호 제도를 도입하는 반면, 주식인수나 매매를 금지시켰다. 정부보호의 대상이 되는 저축기관은 다시 단기저축을 기업대출로 특화하는 은행(banking)과 소비자 신용에 특화하는 신용조합(credit union), 단기저축으로 장기 주택대출에 집중하는 대부조합(thrifts)으로 나뉘어졌다. 은행은 단기저축으로 장기대출을 한다(borrow short and lend long)이라는 전통적 전략에 따라 소액저축을 집중시켜 집중된 예금의 한도 내에서 대출함으로써 산업발전에 자금을 공급하는 본연의 기능을 수행했던 것이다.

당시의 은행은 30년대 공황의 경험으로 인해 안정성에 역점을 두어 운영되었다. 따라서 이때의 전략을 건전성충실의 원리(Prudent person principle)라고 부르는데, 이는 저축자의 자금을 대리하는 기관으로서 은행을 보는 당시의 시각을 잘 대변해준다. 여기에는 이자율에 상한이 있어 이자율을 매개로 한 경쟁은 금지되었으며 단지 비가격경쟁을 통해서만 시장을 확대할 수 있었다. 또한 은행업으로의 진입이 제한되어 있어 일종의 독과점 상태에 있었다. 이런 조건 하에서 은행은 지역에 기반을 두어 가능한 많은 점포와 가능한 많은 고객을 유치하려고 노력하게 되었다. 이는 당시 미국 경제의 건전한 성장과 맞물려 극히 낮은 부도율을 결과하는 등 상당한 성과를 거두었다. 또한 이자율의 상한 통제는 주택대출에 특화된 대부조합으로 하여금 30년되는 장기 주택대출을 많이 공급하도록 하여 전후 미국의 중산층의 주택보유율을 높이는데 일조하였다(Wolfson, 1993: 136).

여기서 특징적인 것은 당시의 은행은 현재의 미국은행과 달리 대출거래, 계좌관리 등에서 수수료를 높게 매기지 않았다는 것이다. 이러한 낮은 수수료는 거액저축자로부터 소액저축자로 보조를 하는 것과 같은 효과를 낳았다. 이를 '뉴딜형 은행제도'라고 부를 수 있다.

그러나 이러한 안정적인 은행제도의 발전은 1966년 최초의 신용경색(credit crunch)이 발생함으로써 질적으로 변화하게 된다. 1960년대부터 미국경제의 여건이 악화되고, 증권회사가 거액 저축자를 유인함으로써 탈은행 현상이 심화되자 은행은 예금이 부족해졌고 부족한 예금을 다른 소형은행에서 재대출하거나 화폐시장 또는 자본시장에서 동원하는 이른바 부채관리전략(liability manage-ment strategy)을 채택한다. 이러한 전략에서 중요한 수단은 CD(Certificate of Deposit: 양도성예금증서), RP(Repurchase Agreement: 환매조건부채권), 해외로부터의 차입 등이다. 이러한 신종 금융상품들은 은행에게 현금으로의 대체를 비교적 용이하게 해주었고 은행은 지불요구에 대응할 준비금을 줄이면서도, 은행에 예치된 예금의 한도를 넘어서는 범위까지 대출하게 되어 동적인 성장을 누리게 되었다. 다시 말하면 실물부문에서의 호황 → 예금의 증가 → 투자의 증가라는 인과관계가, 대출의 증가 → 투자의 증가 → 실물부문의 호황이라는 인과관계로 바뀌게 되었다. 그러나 부채관리에 의한 이러한 호순환은 이전과 비교하여 은행의 위험관리(position-making)에서 큰 취약성을 노정하는 것이었다. 60년대 초반까지 미국은행은 재무성증권을 보유함으로써 유사시의 현금요구에 준비하였는데(재무성증권은 은행의 자산이므로 자산관리가 되며, 재무성증권은 쉽게 매각가능하기 때문에 금융기관의 유동성이 증가되고 은행제도가 안정화된다), 60년대 이후부터는 연방준비은행에서 대출을 받아 유사시의 현금요구에 응하게 되었다(연방준비은행으로부터의 대출은 부채가 된다). 또한 CD, RP, 타 은행으로부터의 차입등과 같은 다양한 방법을 구사하게 되었는데 이는 은행의 자금원을 단기화하는 것으로서 불안정성을 더욱 심화하는 과정이었다. 이러한 위험관리의 변화는 은행제도를 우연한 충격에 대해 취약하게 만드는 것이면서, 다른 한편으로는 연방준비제도에의 의존도를 심화시키는 것이었다(Minsky, 1985: 88).

한편 70년대의 스태그플레이션은 탈은행 현상을 더욱 가중시켰다. 스태그플레이션으로 인플레이션 율이 높아지자 명목이자율이 올랐고 이는 규제된 예금이자율 수준으로 예금을 유치하는 은행에 매우 불리하게 작용하였다. 또한 채권시장, 기업어음시장(Commercial Paper)이 활성화되어 과거에는 은행의 고객이었던 건실한 대기업이 직접금융시장에서 자금을 조달하는 경우가 많아졌다. 그러므로 은행은 직접신용에 접근 가능한 대기업대출과 비은행금융기관을 선택할 수 있는 부유한 저축자를 둘러싸고 도매금융기관인 비은행금융기관과 경쟁하는 처지에 놓이게 된 것이다. 이러한 경쟁의 중요한 경로가 MMMF였다. MMMF는 예금보호가 되지 않는 자본시장에서 발행되었지만 다른 뮤츄얼 펀드보다 더 안정적이었고 소액저축자도 활용할 수 있었고, 쉽게 현금화할 수도 있었으며 은행에서 적용되는 이자율 상한에 저촉되지 않아 높은 수익률을 누릴 수 있었다.

1980년대가 되자 은행산업은 비은행금융산업에 비해 매우 불리한 위치에 처하게 되었다. 은행과 대부조합 등 저축기관은 여전히 규제의 대상이었으므로 규제가 없는 비은행금융기관으로부터의 경쟁에 대해서는 대응할 수 없었던 것이다. 그리하여 80년대 수차례의 관련 은행법안137)에 의해 이자율의 제한이 완화되고, 일반 금융시장에도 참여할 수 있게 되었으며 주식인수, 자본시장 등에 참여하게 된다. 그러나 이 과정은 규제는 완화되면서 보호는 여전히 유지

---

137) 1980년 예금기관 규제완화와 통화관리법(DIDMCA: Depository Institution Deregulation and Monetary Control Act)에서는 이자율상한정책(Regulation Q)를 철폐하고, 1982년 간-세인트 저메인법(The Garn-St. Germain Act)에서는 대부조합의 영업제한을 철폐하였다. 반면 80년대 말부터는 은행산업에 대한 재규제의 움직임이 본격화되었다. 1989년의 금융기관 개혁, 구제, 강화법(Financial Institutions Reform, Recovery and Enforcement Act: FIRREA)에서는 80년대 급증했던 도산 은행과 대부조합의 인수를 촉진할 수 있는 제도를 정비하였으며, 1991년의 예금보험공사개선법(Federal Deposit Insurance Corporation Improvement Act)에서는 예금보험공사의 재정을 확충하고 은행산업의 건전화를 위하여 규제를 강화하였다. 반면 1994년의 주간영업 미 주간지점법(Interstate Banking and Branching Act, 또는 Riegle-Neal 법이라고도 한다)에서는 은행지주회사가 다른 주의 은행을 매수하는 것을 허용함으로써 주간영업의 제한을 완화하였다.

되는 상황이었다. 왜냐하면 은행산업은 특성상 위기가 발발할 때 국가, 특히 중앙은행이 최종대부자(lender of last resort)로서 개입하지 않으면 안 되었기 때문이다.138)

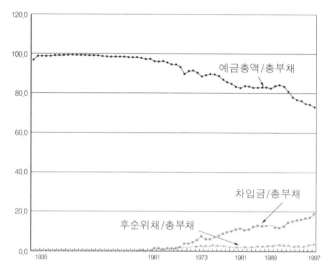

<그림 11-3> 은행의 대차대조표 상의 부채의 구성: 예금과 차입금의 비중
* 자료: FDIC, Historial Data on Commercial Banks

이 과정에서 <그림 11-3>에서 알 수 있듯이 은행의 대차대조표에는 점차 대기업에 대한 증권화 대출 또는 재무성 증권 등과 같은 증권화 자산 (security-like assets)과 부유고객을 대상으로 한 MMMF 구좌와 자본시장 또는 다른 은행에서 빌린 자금 등 증권화 부채(security-like liabilities)의 비중이 증가하게 되었다. 이는 결국 은행이 외부 위험에 취약하게 되는 구조로 변화하는 것을 의미한다.

문제는 은행만이 아니었다. 또 다른 저축기관인 대부조합 역시 탈은행현상

---

138) 중앙은행의 은행제도에 대한 개입은 크게 통화정책을 통한 거시적 개입과 은행안 정성을 유지하기 위한 미시적 개입으로서의 최종대부자 기능이 있다. 금융불안정성 가설의 주장자인 민스키(H. Minsky)는 중앙은행의 통화량 조절 기능은 현대자본주의 에서 이 제약을 회피하려는 복잡한 금융상품으로 인하여 제대로 수행할 수 없는 반면, 남는 것은 최종대부자로서의 기능이라고 본다. 중앙은행의 최종대부자 기능에 대해서는 정운찬(1995) 참조.

의 희생물이었다. 이자율 상승이라는 문제에 직면한 대부조합을 위하여 미국 의회는 간-세인트 저메인법(The Garn-St Germain Act: 1982)을 제정하여 장기 주택대출에만 대출하도록 했던 대부조합의 업무제한을 해제하였다. 이는 레이건행정부의 규제완화 정책과 맞물려 대부조합의 정크본드 투자 등 투기적 행동을 부추기고 80년대의 저축대부조합 위기를 낳았다. 다행히도 은행 산업 자체는 비록 소형은행은 지속적으로 파산하였지만 저축대부조합과 같은 정도의 위기는 모면할 수 있었다. 이는 당시 은행이 건전했기 때문이 아니라 미국 당국이 은행의 위기만은 막겠다는 강력한 개입의지를 가지고 있었기 때문이었다. 은행의 위기는 1982년의 멕시코 외채위기를 계기로 폭발할 잠재력을 가지고 있었는데 정부가 주도한 금융시장의 적극적 개입으로 위기를 모면하였던 것이다.

1990년대 들어서면서 미국 은행 전략은 몇 가지의 새로운 특징을 보여준다. 첫째는 수수료기반전략(fee-based strategy)이고, 둘째 새로운 대출 시장(new area for loan growth)의 개발, 셋째, 부유층소매전략(upscale retail banking)이다.

우선 수수료기반전략은 대출창출, 대출매각, 결제 등에서 수수료를 징수하는 경우를 말한다. 2차자본시장의 발달과 은행의 규제완화로 말미암아 은행의 영업범위가 다각화했기 때문에 수수료창출이 가능한 영업범위는 주식인수업무, 신용대출, 결제 등 매우 확대된 것이 그러한 전략의 기반이다. <그림 11-4>는 80년대부터 미국 은행은 비이자수입 비중이 증가함으로써, 수수료전략이 채택됨을 보여주고 있다. 하지만 이러한 전략에는 내적 모순이 있다.

우선 수수료를 둘러싼 타은행 및 비은행금융기관과의 경쟁으로 말미암아 상당한 규모를 필요로 한다는 점이다. 뿐만 아니라 이러한 전략은 은행이 고객을 대표한 위험헤징에 머물지 않고 스스로 이익을 창출하기 위해 위험을 높은 위험과 변동하는 수익률을 감수하는 전략을 추구하기 때문에 외부위험에 더욱 취약할 것이다(Wolfson, 1993, 140-141). 따라서 이러한 전략은 대형 상업은행(money-center banks)만이 취할 수 있는 전략이었고, 그것도 극심한 경쟁에 직면해야 하는 전략이었다.

둘째, 대출 부문에서도 기존의 사업대출에만 국한하지 않고, 개발도상국(LDCs) 대출, 석유산업 대출, 상업부동산 대출, M&A 대출 등으로 대출 선을 다변화하였다. 그러나 이 모든 새로운 대출 시장은 미국의 상업은행을 위기로 몰아넣었다(Seidman, 1996).

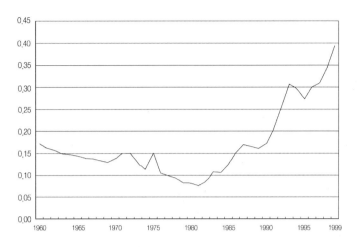

<그림 11-4> 미국 은행의 수입 중 이자소득과 비이자소득의 비율
(비이자소득/이자소득*100) (1960-1999)
자료 : FDIC, Historial Data on Commercial Banks

셋째, 또한 미국의 대형 은행들은 수수료기반의 전략 외에도 부유층소매전략을 채택하고 있다. 기존의 소매금융의 대상은 부유층, 중산층, 저소득층으로 광범위한 반면 최근의 미국 대형 은행은 부유층을 대상으로 한 영업전략을 채택하고 있다. 이는 한편으로는 소매금융의 수익성이 여전히 높다는 것, 즉 은행의 고유한 업무는 은행의 강점(고객과의 반복거래라는 관계)에 기초한 업무라는 점을 보여줌과 동시에, 다른 한편으로는 소득분배의 불평등을 더욱 심화시키는 전략이기도 하다. 이러한 전략 하에서 경제적 하층은 금융적으로 배제(financial exclusion)되었다. 통계에 의하면 모든 가계 중 통장을 보유한 가계의 비율이 1977년에는 90.5%였지만 1989년에는 86.5%로 떨어졌고, 특히 최하위 소득계층(6개로의 계층 분류에서 제6번째 계층)의 그 비율은 1977년의 70.3%에서 1989년의 59%로 떨어졌다(Caskey and Peterson, 1994).[139]

---

139) 이러한 전략은 채무자에 대한 신용평가에서 표준화된 신용평가의 도입을 초래한다. 최근 우리나라 은행들도 도입하고 있는 것과 같이 일정한 조건을 입력하면 자동으로 얼마정도의 신용이 해당 채무자의 통장으로 입금되는 식이다. 그러나 이러한 자격을 갖춘 고객은 이전의 뉴딜형 은행의 고객에 비하면 현저히 제한된다. 이러한 계층에 대해서는 은행은 특별이자율과 수수료 면제 등 각종 유인책으로 경쟁하는 반면, 이러

2) 1990년대의 미국 은행산업에 대한 평가

이제 미국 은행산업이 취하는 새로운 전략과 이에 따른 새로운 위험을 평가해보자. 우선 뉴딜은행 제도 이후의 미국 은행제도는 위험 관리에서 국가의 보호와 규제완화로 특징 지워진다. 즉 이 시기 완화된 은행산업 규제로 인하여 발생한 은행위기를 처리하는 과정에서 예금보험의 수준이 상향 조정되고 2차 저당대출 시장도 국가의 보증으로 인하여 활성화되었으며 연방준비기금의 최종대부자 기능도 강화되었던 것이다. 이는 결국 어떤 금융상품이던지 개발되기만 하면 사실상 지급이 보장되는 결과를 낳았고, 규제 없는 보호만 초래하여 이른바 도덕적 해이(moral hazard) 현상을 야기하였다. <그림 11-5>는 미국 은행산업이 규제와 보호 정책에서 규제 없는 보호정책으로 전환함으로써 불확실성과 불안정화의 경로를 걷게 되는 것을 보여주고 있다.

이와 같은 은행의 위기로 인하여 90년대 들어서서는 재규제의 움직임이 나타났으며 은행제도의 개선에 대한 논의를 야기했다. 논의는 한편으로는 자유방임주의자, 다른 한편으로는 공공개입주의자의 견해로 나뉘어 진다. 전자에 의하면 뉴딜시대의 규제정책은 글로벌자본주의 시대에 맞지 않으므로 재규제를 도입하는 것은 타당하지 않으며 동시에 보호정책은 도덕적 해이 현상을 야기하므로 은행산업 자체를 완전히 경쟁상태로 바꾸어야 한다는 것이다.[140]

반면 후자는 미국의 은행제도는 연방준비제도의 최종대부자 기능을 포기할수 없으며, 대신 사회적 규제를 도입하여 은행산업의 도덕적 해이 현상을 방지해야 한다고 주장한다. 왜냐하면 현재의 은행제도의 상태에서는 은행제도가 가진 국가경제적 중요성으로 말미암아 은행위기에 대해 중앙은행의 개입이 불가피하게 되는데 이 경우 은행제도는 손실을 새로이 사회화시키는 결과만을

한 계층에 들지 못한 계층에 대해서는 보다 높은 수수료를 부과한다. 또한 이전에는 다양한 소기업과 소수계층, 빈곤층 중에서 신용을 평가할 수 있는 전문적 능력을 지닌 대출직원들이 점차 해고되어 없어져가고 있다. 이는 은행이 비은행금융기관에 비해 가진 강점을 스스로 잠식하는 결과를 초래하였다. 왜냐하면 원래 은행은 소액단 기저축을 집중시켜 장기투자로 매개하는 것에 특화되어 있었기 때문이다.

140) 한편 자유방임주의적 견해는 시장원리를 존중하자는 원칙을 넘어서면 다시 몇 가지로 나뉜다. 우선 주류적 견해로는 재무성견해(U.S. Treasury, 1991)이 있고, 자유은행주의자의 전통을 이은 협소은행주의도 있다. 이에 대해서는 안현효(1998) 참조

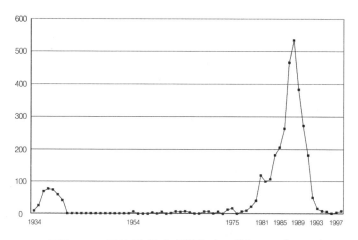

<그림 11-5> 도산 및 구제 은행의 수 (미국, 1934년-1999년)

자료: FDIC, Historical Data on Commercial Banks
* 1980년 이후에는 저축대부조합이 포함.

낳기 때문이다. 결국 손실의 사회화는 국민경제 차원에서는 인플레이션 압력
으로 나타날 것이다. 그러나 도덕적 해이 현상은 단순히 보호에 따른 은행의
전략의 진화라는 차원에서 접근할 수 없으며(따라서 중앙은행의 보호가 없어
야 한다는 주장으로 이어질 수 없다) 은행제도가 내적으로 가지는 불안정성의
경향을 이해하고 이러한 불안정성을 사회적으로 규제하여야 한다는 결론으로
이어진다(Dymski, Epstein, Pollin (eds.), 1993).

1990년대 이후의 재규제의 도입과 이 과정에서 전개된 논쟁을 살펴보면,
미국의 은행산업이 시장원리, 즉 규제완화와 경쟁의 심화로 특징지워진다는
것은 단순한 이해에 불과함을 알 수 있다. 은행산업은 다른 나라의 경우와
마찬가지로 규제와 경쟁제한의 대상이었으며 지금도 그러하다.[141]

미국 은행산업의 복잡성에 대한 또 다른 예로는 우리에게 친숙한 대형은행
과 달리, 잘 알려져 있지 않으나 숫적으로 다수인 이른바 커뮤니티은행의 경영
전략이다. 이는 적소은행전략(niche banking)이라 불리운다. 미국은행은 역사적

---

141) 90년대 이후의 재규제(reregulation)은 건전성규제(prudential regulation)이라는 점에서
이전과 다르다고 볼 수도 있다. 그러나 이자율 자유화 정책을 제외하면 중앙은행의
규제와 개입정책은 크게 달라진 것이 아니다. 즉 은행감독, 규제, 개입은 중앙은행의
최종대부자 기능의 하부 기능으로 파악해야 할 것이다.

배경으로 인해 소형은행들이 매우 많다. 일례로 캘리포니아의 경우 400개의 은행이 있지만, 자산 20억 달러 이상의 은행은 12개에 불과하다. 자산이 1천만 달러인 은행 역시 무려 40%가 넘는다. 이러한 소규모 은행은 지역은행(community banks)라고 부르는데, 이러한 은행들의 경우 대형은행이 무시한 적소시장을 공략함으로써 성장의 기반을 닦았다.[142] 이러한 은행들은 과거 뉴딜형 은행이 했던 고유의 업무를 자신의 강점으로 삼아 지속적으로 성장하고 있는 것이다. 물론 이러한 은행들 역시 극심한 합병의 대상이 되기 때문에 단순하게 평가할 수는 없을 것이다. 그러나 최소한 미국은행들이 자본시장에의 침투를 통해서만 생존하려 하지는 않는다는 점을 알기에는 충분하다.

마지막으로 미국 주류은행(money-center banks)의 새로운 전략은 일정한 한계를 가진다는 점도 인식되어야 한다. 즉 아이러니 하게도 대형 은행들의 전략은 은행 고유의 영역을 점점 잠식하여 은행의 자기 기반 자체를 위협한다. 왜냐하면 대형 은행들이 채택한 표준화된 신용평가와 표준화된 금융상품은 결국 월스트리트를 중심으로 한 도매금융(비은행금융)기관이 더 경쟁력을 가진 분야이기 때문이다. 따라서 은행의 상대적 강점은 훼손되는데 이는 마치 장인생산(은행의 고유한 업무형태)에서 대량생산(자본시장의 업무형태)으로 모두가 이전하고 있는 것과 같다. 뿐만 아니라 수수료기반 전략은 치열한 경쟁으로 인해 수수료를 0의 수준으로 떨어뜨릴 것이기 때문에 안정적인 경영전략이라고 할 수는 없을 것이다(Dymski. 1999).

은행 역시 자본주의적 기업이므로 이윤극대화를 해야 하며, 주주자본주의적 여건 속에서는 주주이득의 극대화를 추구해야 한다. 하지만 은행은 이러한 하나의 목적만을 가지는 것은 아니며, 화폐의 창조, 지불제도의 안정적 유지, 안정적 생산을 위한 자금중개(동원)라는 사회적 역할을 수행해야 하는 것이다. 한편으로는 전자의 경향으로부터 금융불안정성의 경향이 나타나며, 다른 한편으로는 이러한 경향이 현재화하는 것을 막기 위해 중앙은행이 최종대부자로서 개입하는 과정은 서로 상승하면서 자본시장을 성숙시켰던 것이다. 이와 같이 미국의 은행산업의 진화과정은 보다 효율적인 과정을 찾아가는 단선적인

---

142) 이러한 경영의 대표적 사례로서는 소수계은행의 경우가 있다. 중국계은행, 한국계 은행, 남미계은행으로 대표되는 이러한 소수계은행들은 관계적 금융(relationship banking)을 통해 생존, 성장해왔다(Ahn and Hong, 2000)

과정이 아니었고, 은행위기와 맞물리면서 전개된 복잡한 과정이었다. 또 이 과정은 금융적 불안정성이라는 내적 모순을 전개하는 과정이기도 했다. 미국 은행산업이 보여주는 이러한 측면(금융불안정성 경향)은 미국 금융산업이 다른 나라의 금융산업과 공유하는 일반성이라고 할 수 있다. 미국 금융산업에서 나타나는 불안정성 경향이라는 일반성은 국제표준이 효율성과 거시경제의 안정적 성장을 보장할 것이라는 생각과 대립한다.

5. 결론 : 금융구조조정에의 함의

본 논문은 미국의 금융산업을 살펴보면서, 미국의 금융산업의 경쟁력은 (1) 미국 금융자본의 세계경제 상에서의 지위, (2) 미국 금융산업 내에서 은행산업과 비은행 금융산업의 긴밀한 연결 등에 의해 발생하였다는 미국 금융산업의 다른 나라에 비교한 특수성의 측면을 강조하였다. 그럼에도 불구하고 미국의 은행산업의 진화과정에 대한 분석을 통해서는 오히려 미국의 금융산업이 다른 나라와 비교하여 파악되는 보편성으로서 금융 불안정성 경향을 찾을 수 있었다. 이러한 본 논문의 분석은 우리나라의 금융구조조정에 어떤 함의를 가지는가?

첫째 글로벌 금융자본이 강요하는 국제표준은 세계경제에서 헤게모니를 장악하고 있는 미국 금융자본의 표준인데, 이러한 표준이 유효하기 위한 환경은 매우 특수하다는 점이다. 국제표준은 국제적으로, 국내적으로 특수한 금융여건을 가진 미국경제에는 적합하나, 이와 다른 금융여건을 가진 다른 나라에는 쉽게 적용하기 어려울 것이다. 2절에서 이점을 강조하여, 자본주의 황금기가 종식되고 글로벌자본주의로가 등장하는 시기 미국의 금융자본의 헤게모니(달러 헤게모니를 포함하여)는 계속 유지되었다는 점을 강조하였다.

그러나 글로벌 금융자본이 지배하는 세계 경제는 지속적으로 저성장-고효율을 추구할 것이므로 국민경제적 차원에서는 사회적 비용이 많이 발생할 것이다. 미시적 효율을 추구하면 할수록 사회적 비효율은 더욱 증가하여 장기성장 잠재력을 고갈시키게 된다. 따라서 이러한 사회적 비용을 줄이기 위해서는 글로벌 자본의 영향력을 차단할 수 있는 제도적 장치를 마련할 필요가 있다. 산출 대비 비용의 문제로서 효율성을 바라본다 할지라도, 사회 전체적인 차원에서 안정적 성장이 지속되지 않는다면 상당한 규모의 사회적 비용을 감수해야 한다. 이 경우 미시적, 개별적 효율성은 사회적 차원의 효율성을 담보할 수 없게 된다. 글로벌 금융자본의 논리에서는 안정성보다는 변동성이 더욱 강화될 것이므로 급격한 개방과 무리한 해외매각을 목표로 은행구조조정이 진행되어서는 안 될 것이다. 90년대 미국식 금융질서를 도입한 유럽과 일본 등은 금융시장에 의해 부과된 신용제약으로 은행들이 적극적 대부를 꺼렸으며 이는 기업의 자기자본비율을 개선시켰다. 그러나 이는 동시에 저성장과 주기적 불안정성이라는 부작용을 초래하는 것이었다.

둘째 우리 경제의 장기성장 잠재력을 보호하기 위해서는 자본시장 중심의 금융보다, 은행 중심 금융의 강점을 확보할 필요가 있다. 자본시장 중심의 금융은 미국에서만 유지 가능한 형태이며 이 마저도 은행의 지속적인 '최종대부자'로서의 기여가 없다면 유지하기 어렵다는 점을 3절에서 살펴보았다. 오히려 은행제도가 확고하게 뿌리내린 경제에서는 자본시장도 건전하게 발전할 가능성을 가지고 있다. 왜냐하면 은행이야 말로 한 나라의 화폐금융질서의 하부구조를 이루기 때문이다.

미국의 금융제도에서 은행의 역할이 축소되고 있다고 알려져 있지만 은행제도의 역할과 기능, 사회적 의무 등은 결코 축소되고 있는 것이 아니다. 은행이 아닌 어떤 제도도 은행이 해왔던 중요한 역할 - 화폐창조, 금융중개, 지불/결제의 역할 -을 대신할 수 없기 때문이다. 사실상 뉴딜은행제도 이후 미국의 금융산업은 자본시장, 이차시장의 발달로 특징 지워지지만 이러한 이차시장과 자본시장의 발달은 은행이 이러한 비은행금융기관의 지급을 보장하고, 또한 은행이 위기에 빠질 때 연방준비제도나 연방예금보험공사의 최종대부자로서의 역할을 충실히 수행하였기 때문에 가능한 것이었다. 이러한 진화의 과정에서 나타난 도덕적 해이의 문제가 은행제도 자체의 고유한 기능의 필요성을 없애지는 않는다. 만약 현재의 은행제도가 그러한 역할을 못한다면 그러한 기능을 하는 새로운 제도가 개발되어야 하기 때문이다(D'Arista & Schlesinger, 1993, 160).

셋째, 은행제도에서는 이른바 외관상의 앵글로색슨적 은행제도 보다 관계적 은행제도(relationship banking)의 장점을 살리려는 노력이 필요하다는 점이다. 특히 지속가능한 장기성장 잠재력을 유지하기 위해서는 단순한 경제적 효율성보다는 인적, 사회적 요인을 감안한 사회적 효율성을 추구할 필요가 있다는 점을 강조한다. 1990년대 들어서 미국 은행산업에 재규제 논의가 활성화되고 있는 것도 결국은 은행산업은 단순히 시장에만 맡겨 운영할 수가 없다는 점을 반영하고 있다.

또한 은행의 경영전략에서 관계적 금융의 단점에 대해서는 선험적으로 판단할 수 없다. 예컨대 관계중심의 은행제도가 필연적으로 정보의 투명성을 억제하고, 도덕적 해이를 초래하는 것이 아니다. 정보의 투명성과 철저한 감독, 부조리의 방지 등은 시장에 의해 보장되는 것이 아니라 그 나라의 문화수준, 사회적 의식, 보다 고도화한 제도 등에 의해 보장되는 것이다. 예를 들어 미국에서도 주식시장, 은행감독에서 요구되는 정보 공개 의무는 모두 법에 의해 부과되고 구체적 감시, 감독에 의해 실천된다.

질서를 진화시키는 이러한 요소들은 물적 자본과 대비하여 사회 자본(social capital)이라고 부를 수 있다. 이때 자본은 순수하게 경제적으로만 정의되지 않으며, 효율성도 순수하게 사적으로만 정의되지 않는다.143) 사회자본에 관한 최근의 연구에 의하면 사회자본은 신뢰(trust)를 형성함으로써 시장제도에 있는 비효율성(시장 실패의 요인들)을 보완한다.

그러므로 현재 우리나라처럼 정부(또는 재벌)와 유착된 은행제도의 문제로 제기되는 집단 특수적인 위험에의 노출, 연성 예산제약으로 인한 사전, 사후적 감시의 비효율성 등은 시장에 의해서가 아니라, 시민적 참여(civic engagement)에 의해 개선될 수 있을 것이다. 이러한 시민적 참여에는 각종의 이해당사자(노조, 은행경영자, 정부, 주주) 뿐 아니라 국민 일반(시민단체, 전문가)를 포함할 수 있어야 한다. 우리에게 중요한 것은 자본주의 일반, 또는 글로벌자본주의가 아니라 그 사회에 뿌리박은 자본주의, 한 나라의 자본주의이다. 결국 경제는 단순히 돈과 숫자의 문제가 아니고 사람의 문제인 것이다.

---

143) 사회자본은 경제활동을 촉진하는 윤리적 규준, 습관, 이해들로서, 사회에 주어져 있는 사회적 덕목, 사회적 규범을 개인이 습득함으로써 얻어진다(Coleman, 2000). 기업 간 네트워크를 연구하는 경영, 사회학에서는 사회자본이 경제활동에 기여하는 차원을 강조하는데, 이들에 따르면 사회자본은 물적, 인적 자본과 구별되어 시장거래를 촉진시키는 또 다른 요소이다(Nohria, and Eccles (eds.), 1992; Putman, 1994). 최근 사회자본에 대한 연구는 문화적, 의식적 차원에서 제도적 차원에 대한 연구로 진행되어 어떻게 한 사회의 문화적, 제도적 접합이 경제성장으로 연결되는가에 대한 탐구로 이어지고 있다(Gaute. 2000).

6. 탐구학습

1) 최근 5년간의 우리나라의 투자율을 찾고, 투자율이 낮은 이유를 금융산업과의 관계를 통해 논의하라.

제12장

주택금융
주택금융의 전개와 향후 추이

이 장은 정부주도적 주택금융에서 시장의존적 주택금융으로의 변화의 이유와 변화의 근거에 대한 논의를 20세기 말 글로벌자본주의의 맥락에서 검토한다. 현재 한국의 주택금융은 시장원리의 대폭 도입, 자본시장과의 연계 강화를 내용으로 하는 대대적인 변화의 와중에 있다고 할 수 있다. 이 글은 현재 진행 중인 주택금융의 변화는 기존의 주택금융의 실패에 기인하는 것도 아니고, 새로운 주택금융이 더 우월해서도 아니라 한국의 거시경제가 자율화, 개방화하는 과정에서 같이 움직여 가는 과정으로 파악해야 한다고 주장한다. 그러나 이러한 변화는 구조적 필연성으로 파악하기 보다는, 글로벌자본주의의 확산에 따른 정치경제적 과정으로 파악해야 할 것이다. 그리하여 이 논문에서 필자는 시장의존적 주택금융 체제가 현재 우리가 안고 있는 주택문제를 해결할 수 있다는 시각의 난점을 지적하고, 기존의 국가주도적 주택금융 체제의 문제와 새로운 시장의존적 주택금융 체제의 문제를 모두 해결할 수 있는 대안적 체제를 모색할 필요성을 제기한다.

1. 문제제기

우리나라의 주택금융과 주택정책은 현재 급격히 변화하고 있다. 1980년대 이전까지 주택금융은 정부주도의 경제개발전략과 맞물린 하나의 부산물에 불과하였다. 따라서 정부는 주택금융에 깊히 개입했고 주택금융의 공적 성격을 강조하였다. 하지만 1980년대에 시작된 자유화(liberalization)정책은 점진적으로 80년대와 90년대에 걸쳐 주택금융에도 같은 방향의 영향을 미치기 시작했다. 그리하여 현재 한국의 주택금융은 시장원리의 대폭 도입, 자본시장과의 연계 강화를 내용으로 하는 대대적인 변화의 와중에 있다고 할 수 있다. 이 장은 이러한 변화는 왜 발생했는가를 추적하면서, 기존의 주택금융 체제가 실패했으며 새로운 시장 주도의 주택금융 질서가 더욱 우월하다는 주장에 대해 평가하고자 한다. 이러한 전제 하에서 주택금융의 시장원리 도입은 한국의 주택문제를 해결하는데 매우 중요한 정책방향이라는 논의가 나온다. [144]

이 글은 주택금융 변화의 원인을 분석하여 '주택금융의 변화는 기존의 주택금융의 실패에 기인하는 것도 아니고, 새로운 주택금융이 더 우월해서도 아니며 다름 아니라 한국의 거시경제가 자율화, 개방화하는 과정에서 같이 움직여 가는 과정으로 파악해야 한다'고 주장한다. 2절에서는 기존의 주택금융의 특징과 우리나라의 주택금융이 현재 어떻게 변화하고 있는가라는 문제를 간략히 살펴본다. 여기서는 급속한 산업화 시기 주택금융의 특징과 자율화 시기 주택금융의 특징을 구분하여 그 이행과정을 살펴본다. 3절에서는 이러한 주택금융 질서 변화의 동력이 무엇인가의 문제를 정부주도적 주택금융정책이 실패했는가, 아니면 시장중심적 정책이 효과적인가, 아니면 글로벌라이제이션에 피동적으로 따라간 결과인가를 해답들을 하나씩 검토하고자 한다. 4절은 앞의 분석을 토대로 하여 한국의 주택금융이 금융산업에 종속되어 가고 있음을 밝히고, 주택금융은 그 자체의 필요와 동학을 찾아야 함을 역설하고 있다.

---

144) 한국의 주택금융에 대한 국내외의 연구들은 1990년대에 들어서면서 비로소 급격히 증가하였다. 1990년대 한국 주택금융에 대한 연구의 증가는 변화하는 금융환경 및 주택금융 시장의 반영이라고 생각된다. 대부분의 논의들은 대체로 기존 주택금융 체제의 성과를 비판하고, 새로운 주택금융 체제로서 시장의존적 질서를 옹호하고 있다. 1990년대 이루어진 한국의 주택금융에 관한 연구로는 김경환(1990, 1997), 김정호 외(1990), 이규방(1990), 국토개발연구원(1992), Puschra, Werner and Kim(1993), Chung and Lee(1996), J.H. Lee(1997), 그리고 Lee and Lee(1998) 등 다수가 있다.

2. 주택금융 시장의 변화

근대화 정책 이후 한국의 주택금융은 두 가지의 발전단계를 거쳤다. 첫 번째 단계는 1960년대 이후부터 1980년대 말까지 지속된 경향으로 강력한 국가 통제 하에서 운영된 이른바 국가 주도적 체제이며, 두 번째 단계는 시장에 기반을 둔 체제로 이행하는 과정으로서 1980년대 말부터 현재까지 이어지는 과정이다.

1) 국가주도적 산업화 단계에서의 정부 주도형 주택금융의 특징

산업화 단계 초기에 주택금융과 주택정책은 정부의 강력한 통제하에 있었다. 뿐만 아니라 정부는 수출주도형 산업화를 강조하고 있었기 때문에 내수 비중이 큰 주택 부문은 산업화 정책의 주요 내용이 되지 못했다. 산업화가 지속되고 주택문제가 심각해지는 1970년대부터 주택정책은 적극적인 양상을 띠기 시작했으며 이러한 주택공급정책에서 주택금융의 역할이 점차 중요한 비중을 차지하게 되었다. 이 시기 즉 산업화 단계의 주택금융은 (1) 공식 부문에서 공적 금융의 비중이 매우 크고 (2) 자본시장으로부터 분리된 독자적 주택금융시장을 가지고 있다는 것, (3) 마지막으로 전세 같은 비공식 부문의 주택금융의 비중이 매우 높다는 세 가지 특징을 가지고 있었다.

우선 첫째의 특징을 보자. 공식적 주택금융 제도는 1967년 국영은행인 한국주택은행을 설립하면서 시작하는데, 한국주택은행은 1997년 민영화될 때까지 주택금융에서 독점적 공급자로서 위치 지워졌다. 정부는 다른 상업은행이 주택관련 저축상품을 팔지 못하게 함으로써 주택은행이 자금의 공급 뿐 아니라 자금의 동원까지 독점하도록 했다. 물론 이에 대한 대가로서 주택은행은 주택금융관련 이자율에서 자율적 결정권이 없었고 정부의 주택정책에 따라 특별히 낮은 이자율로서 저축을 받고, 대출을 해주어야 했다. 뿐만 아니라 한국주택은행의 대출 포트폴리오 중 80% 이상은 의무적으로 주택관련 대출이어야 했다.[145] 그런데 독점적이고 공적인 주택 금융기관의 설립은 단지 우리나라만의

---

145) 하지만 특기할 사실은 한국주택은행의 주택관련 대출은 극도로 통제된 이자율(이른바 역마진 현상)에도 불구하고 매우 수지맞는 사업이었다는 점이다. 왜냐하면 1990년대 후반까지는 주택금융 대출의 부도율은 매우 낮았기 때문이다. 이는 두 가지

특징이 아니다. 즉 미국과 일본에서도 전후 주택정책을 펼 때 공적 금융기관의 역할이 중요한 기능을 수행했던 것이다.146)

두 번째 특징은 주택금융이 자본시장 일반과 분리되었다는 점이다. 따라서 주택금융, 또는 저당대출(모게지론)은 주택의 실수요자들의 저축을 동원하여 이루어졌다. 이렇게 되면 주택금융 시장은 채권 시장 등과 같은 자본시장과도 분리될 뿐 아니라 다른 일반적 금융시장과도 분리된다. 이 역시 우리나라만의 고유한 특징이라고 할 수 없고 다른 선진국에서도 발견되는 현상이다. 미국에서는 저축대부조합(Savings and Loans Associations)이 이러한 역할을 수행하였다. 주택대부조합은 부동산 및 주택대출 등의 장기대출만을 전문으로 하고 이를 위한 자금동원은 조합원들의 지분, 저축에 의존하였다. 그러나 우리나라는 그 정도가 심하여 정부는 주로 산업발전에 자금을 동원하기 위해 주택금융의 발전을 억압하였다고 할 수 있다. 정부가 정한 주택관련 저축을 통해서만 주택대출을 받을 수 있도록 하였고, 주택공급을 위한 자금동원을 위해서는 여러 종류의 국채(주택채권)를 강제로 매각하는 방식을 동원하였다. 147)

주택은행의 자금원천과 주택은행에서 위탁 운영하고 있는 국민주택기금(National Housing Fund: NHF)의 자금원천을 비교한 자료에 의하면 주택금융이 변화하기 전인 1986년 경에, 민간금융의 대표격인 한국주택은행의 자금원천은 53%가 직접 주택관련 저축으로부터 유래하였다.148) 이는 주택 건설 자금 및

원인에서 기인한다. 첫째 주택금융의 비율은 주택가격의 20%정도에 머물러 설사 주택이 경매처분되더라도 원금회수가 용이했다. 둘째, IMF 경제위기 이전까지 우리 나라의 주택시장은 계속된 인플레이션으로 주택의 가치가 계속 상승했기 때문에 주택의 구매로부터 부도가 나는 경우는 거의 없었다는 점이다. 이와 같이 한국주택은 행의 주택금융이 매우 안정적이고, 수익성이 높았다는 점은 IMF 전후로 주택은행의 경영성과를 보면 알 수 있다. 주택은행은 당시 BIS 비율 8%를 맞추는 몇 안되는 은행 중의 하나였다.

146) Dymski(2000), Dymski and Dorene(1999), Balchin(1996) 참조.

147) 국채발행은 국민주택기금(NHF)의 주된 자금원 중의 하나였다. 제1종 주택채권은 5년 만기 5%의 고정이자를 지급하는 것으로 자격증 등을 취득하는 개인에게 강제로 매각되었으며, 제2종 주택채권은 20년 만기, 3%의 고정이자를 지급하는 것으로 정부 가 투기 지역으로 공시한 지역에서 아파트 등 신규 주택을 구입할 경우에 강제 매각되 었다. 따라서 이러한 국채의 발행은 자본시장에서 소화된 것이 아니었다.

주택 융자 등이 주택을 필요로 하는 최종 소비자의 저축에서 대부분 동원되었다는 것이다. 한편 공적 금융을 대표하는 국민주택기금은 1987년의 경우 79%가 각종 채권 수입에 의존하고 있으나 이 채권은 자본시장에서 매각된 것이 아니다. 이는 민간 금융시장이 발달하지 못한 것에 기인한 것이기도 하지만, 공적 주택 금융의 자금 원천이 재정(財政)에서 오지 않는다는 우리나라의 독특한 "공적 특성"에 기이한 점도 있다는 점에서 다른 여타의 나라에서의 분리주의 원칙과는 구분된다. 이를 통해 볼 때, 우리는 정부 주도의 비시장적 "공적" 체제는 단지 정부가 예금을 보증하였다는 의미밖에 없다는 점을 알 수 있다. 사실상 주택의 구매 예정자는 그들 자신의 돈을 서로 공급하고 있었던 것이다.[149]

세 번째 특징은 우리나라의 주택금융에서 비공식 금융(informal housing finance)의 비중이 주택금융의 억압과 미발전 등의 상황을 고려하더라도 "비정상적일 정도"로 높다는 것이다. 이러한 비공식 금융의 높은 비중은 첫째, 전세에서 유래하고, 둘째, 아파트 선분양제도에서 유래한다. 이 두 제도는 아마도 주택금융이라고 보기 보다는 주택저축 체제라고 보아야 할지도 모른다. 이 두 체제는 국가주도의 주택금융 체제 하에서 부족한 주택금융자금을 보완하는 저축제도에 기반하고 있기 때문이다. 두 비공식 금융의 크기에 대한 통계는 비공식 금융의 속성으로 인하여 그다지 정확하지는 않다. 한 추계에 따르면 전세의 경우 공식금융(formal housing finance)의 1.6배 정도일 것으로 예상되고 (국토개발연구원, 1992: 64), 1993년과 1997년의 추계에 따르면 2배가 넘는다는 것이다(이중희, 허정수, 1993: 19; 윤주현, 1998: 49). 반면 아파트 선분양제의 규모는 공식금융의 3배 정도로 추산된다.(이중희, 조상형, 1995).[150]

---

148) 주택은행(1996) 참조.

149) 최소한 서구 여러나라에서 공적 자금은 정부의 직접적 재정지원이었다.

150) 지방 도시에 111,900천원에 분양 중인 D 아파트의 사례를 보면 입주예정일이 2001년 10월인데, 2000년 9월의 분양시 계약금은 22,380천원이며, 2000년 10월 1차 중도금을 16,785천원, 2001년 1월 2차 중도금 16,785천원, 2001년 4월 3차 중도금 16,785천원, 2001년 7월의 4차 중도금으로 16,785천원을 내고, 마지막 입주일 잔금인 22,380천원을 내도록 되어 있다. 즉 분양하는 새 아파트의 경우 선분양제로 인하여 주택건설 회사는 전체 판매가격의 80%가량을 구매 예정자로부터 받아서 건설하는 것이다.

2) 경제 위기 이전의 주택금융의 변화

이와 같은 세 가지 특징을 가지고 있는 한국의 주택금융 체제는 공업화와 경제환경의 변화에 따라 점차 변화하여 왔다. 우선 급격한 도시화와 노동계급의 급성장으로 인하여 도시 주택문제가 심각해지자 더 이상 이 문제를 도외시할 수 없게 되었다. 1970년대에 정부는 문제의 심각성을 인식하고 주택산업을 육성하기 시작했다. 1973년에는 주택채권의 강제 판매를 시작했고, 특히 저소득층을 위한 주택공급을 위해서 1981년 국민주택기금(NHF)을 만들었다. 국민주택기금은 저소득층의 주택공급에 필요한 두 개의 자금원천을 가지고 있다. 하나는 국민주택채권의 발행이고, 둘째는 국민주택청약저축(NHSSD)라는 특별 예금제도다. 국민주택청약저축의 소유자는 주택을 구입할 때 장기의 저리 대출을 받을 수 있는 권리를 가진다. 또 국민주택청약저축의 보유자는 신규 아파트의 구매에서 순위상의 우선권을 받았다.[151] 특히 1997년 위기 이전에 신규 아파트는 시중 가격보다 50-70%정도 싸게 팔리도록 정부가 가격을 규제하여 신규 아파트에 당첨되는 것 자체가 상당한 자본이득을 보장하게 했기 때문에 국민주택청약저축은 매우 인기있는 저축상품이었다. 주택은행은 민간은행으로서 더 큰 규모의 주택에 관한 금융을 다루고 국민주택기금은 공적금융으로서 저소득층 위주의 이른바 국민주택 규모의 주택에 대한 금융을 다루는 식으로 역할 분담이 이루어졌다.

두 번째 변화는 1970년대 이래로 전 산업 중에서 주택부문 자체가 차지하는 비중이 점차 커져가고 있다는 점이다. <그림 12-1>에서 보듯이, 1970년의 주택부문 투자는 GNP의 3% 였는데, 1973년에서 1988년 사이 3-7% 로 증가하였다. 고정자본 투자 중 주택부문 투자의 비율 역시 1974년대에는 26%를 달하고 있을 정도로 매우 높다. 이 수준은 선진국의 다른 나라와 비교해도 높은 수준으

---

151) 그러나 이 저축의 가입을 위해서는 무주택자여야 하고, 매달 일정 금액을 2년 이상 납입하여야 실평수 25평 이하(계약평수 31평-34평)의 신규 아파트에 대한 1순위권을 가진다. 이 저축의 저축이자율은 비교적 높은 10%이다(2000년 현재). 주택은행의 다른 주택관련 저축이 다른 상업은행에도 개방된 것에 비해, 이 저축상품은 주택은행에서만 취급한다. 이 제도는 신규아파트의 가격제한(분양가 제도)정책과 맞물려 있었기 때문에, 분양가가 자율화한 현재 시점에서는 유명무실한 제도가 되어가고 있다.

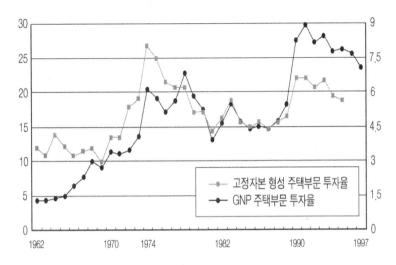

<그림 12-1> 고정자본 형성 대비 주택부문 투자율과 GNP 대비 주택부문 투자율

(1962-1997 단위 %)

출전: 한국주택은행, 월간 주택 경제 통계, [주택금융] 99년 가을호

참고: 공공부문=NHF+농협, 민간부문=주택은행+국민은행+기타

로, 1970년대가 되면 주택 부문은 내수 경제의 상당히 중요한 축으로서 등장한 다는 점을 보여주고 있다. 이는 높은 투자와 높은 저축률을 가지고 있는 한국경 제의 특징과 맞물려 경기 순환 과정에서 경기 조절의 수단으로 활용되기도 하였다. 즉 경기 침체기에 정부는 의도적으로 주택경기를 활성화시켜 경기 하강의 반전을 시도하였던 것이다(1975년과 1980년의 사례). 물론 정부에 의한 이러한 자의적 운영은 주택을 포함한 부동산 부문이 투기의 대상이 되게 한 중요한 원인 중의 하나다(Kim, W-J. 1997: 128-129).

공식 금융(formal housing finance) 중 민간 금융기관(private housing finance)의 역할은 전통적으로 매우 미미했으나 최근 들어 적극적인 역할을 부여받고 있 다. 1990년 후반, 국민은행 시티은행 등이 주택금융 시장에 참가하였고, 생명보 험 회사 역시 주택금융시장에 진출했다. 그러나 이들은 주로 중산층 이상의 고객만을 대상으로 하였기 때문에 큰 비중을 차지하지는 못했고, 이들의 참여 에도 불구하고 오히려 공적 금융(public housing finance)의 비중이 더 커지는 현상 을 발견할 수 있다.

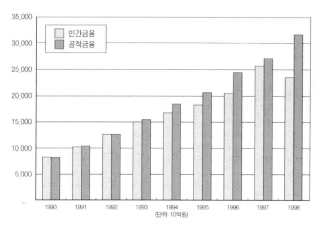

<그림 12-2> 공적 금융과 민간 금융의 규모 비중 추이

<그림 12-2>에서 보듯이 민간 금융의 규모는 1990년의 50%에서 1996년에는 45%로 떨어진다. 하지만 공적 금융에서 정부의 재정을 통한 기여가 미미했다. 자금 원천 중 국채(특히 제1종 국민주택채권) 발행액만이 상당히 안정적 수준을 유지하고 있는 것이다.

마지막으로 주목할 것은 시장화 경향에도 불구하고 정부의 주택은행과 국민주택기금에 대한 규제는 여전히 높았다는 사실이다. 주택 대출 이자율은 다른 이자율보다 매우 낮은 수준을 유지했는데, 3년 회사채 수익률과 비교하여 대출 이자율은 1998년의 경우 9%까지 차이가 났다. 공적 금융에서 운영되는 대출이자율은 3%에서 9.5% 정도 였다. 주택관련 저축의 이자율은 2%에서 12% 정도까지 있었다. 학자들은 이러한 이자율의 격차, 이른바 역마진 현상이 민간 주택금융 시장의 미발달을 가져온 주요 원인으로 지목하고 있지만, 주택금융 부문과 금융 부문 일반이 서로 괴리되어 있었으므로 역마진 현상이 주택금융 관련 기관에게 심각한 수익성 악화를 가져온 것으로는 보이지 않는다. 뿐만 아니라 주택금융 부문과 금융 부문 일반의 영역이 분리된 상황에서 낮은 대출이자율은 낮은 저축이자율과 연동되어 있었던 것이다. 이와 같은 낮은 이자율은 정부의 직접적 재정지원이 없는 상태에서 중산층 및 저소득층에 대한 정부지원의 간접적 형태였다. 물론 이러한 체제가 정부가 주장한대로 과연 저소득층에게 실제로 이익이 되었는가는 논란의 여지가 있다. 낮은 이자율, 유리한 대출 조건,

새 아파트에 대한 자격제한 등 저소득층에 대한 우대정책이 제공되긴 했으나 일정한 자격을 갖춘 모든 저소득층이 혜택을 본 것이 아니라 (높은 수요를 따라가지 못하는 공급으로 인해) 오직 일부만이 혜택을 받게 되었기 때문이다. 하지만 확실한 것은 이러한 체제가 주택금융의 비효율성을 보여준 것이 아니라 오히려 열악한 재정상태로도 나름대로는 성공적인 주택공급을 가능케 했다는 사실이다.

3) 주택금융의 최근의 변화 - 시장 기반적 주택 금융 체제의 확립

변화는 1980년대 후반부터 시작했다. 이러한 변화는 주택금융 시장을 통합적이고, 경쟁적으로 바꾸며, 시장에 기반하고, 주택금융 중 주택요소보다 금융을 강조하는 변화라고 할 수 있다(Lee and Lee, 1998: 8-9). 이러한 정책은 두 가지로 요약될 수 있다. 하나는 대출이자율 자율화, 상업은행의 주택금융 취급 허용 등 탈규제를 통해 1차 주택금융시장에 시장원리를 도입하는 것이고, 두 번째는 자본시장에 부동산 관련 자산을 유동시킴으로써 2차 주택금융시장을 육성하는 것이다. 두 번째의 정책은 개인의 자산 포트폴리오에서 주택관련 금융자산을 늘림으로서 첫 번째 정책을 보완한다. <표 12-1>은 이러한 이행과정을 요약한 것이다.

1997년 이전만 해도, 한국 경제에서 금융 부문은 정부에 의해 규제된 영역이었다. 개방과 탈규제에 대한 여러 정책이 발표되었지만 사실상 완전히 이루어진 것은 아니었다. 하지만 1997년 11월 21일 한국 정부가 IMF에 구제금융을 신청하면서 상황은 급변하였다. 자본이동의 완전한 자유화가 IMF 구제금융의 전제조건이었기 때문에 계획보다 더 빠른 자본시장 개방, 채권시장 개방이 이루어지게 되었다. 1998년 3월 주식시장이 외국인에게 개방되고, 외국은행의 설립이 자유화되었다. 한국 회사에 대한 외국인 투자의 제한도 1998년 5월 완전 철폐되었다. 국채와 회사채를 포함한 채권시장과 CP, CD 등의 화폐시장도 외국인에게 완전 개방되었다.

1997-1998년 경제 위기 시기에 발생한 이러한 변화들은 시장주도적 주택금융 제도의 변화에 반영되었다. 원래 위기 이전에 예정되었던 2차 주택저당 시장이 급속히 도입되었다. 부실한 주택저당 대출이 경제위기로 인해 급속히 늘어나 이를 유동화할 필요가 제기되었기 때문이다. 1999년 주택저당채권유동

화회사법은 이러한 과정을 촉진시키기 위해 제정되었다. 이 법에 의해 주택저당증권(MBS:Mortgage-Backed Securities)의 발행이 허용되었다. 이는 한국에서 2차 주택저당 시장의 형성을 알리는 것이다.[152] 따라서 최근의 경제 위기는 시장 개방, 특히 금융시장의 개방만을 촉진시킨 것이 아니라 주택금융의 탈규제를 더욱 가속화시켰다.

<표 12-1> 시장 기반적 주택 금융 체제의 확립

주택금융의 탈규제	2차 주택금융시장의 도입
1996. 12. 상업은행의 장기주택금융 공급 허용 1997. 주택할부금융(Installment finance companies) 영업시작 1997. 한국주택은행 민영화 주택금융의 조건과 이자율을 시장반응적으로 자율화 주택은행과 같은 주택금융기관의 특권과 규제를 철폐 장기 대출에 따른 대부자의 위험과 자금비용을 고려하여 낮은 주택대출 이자율의 상향 조정 주택금융 부여 자격으로서의 평형 제한 등 철폐	1997년 상업은행과 주택은행 모두 자본시장에서 주택관련 채권발행 허용 1998 "자산유동화에 관한 법률"을 통해서, 부실대출의 유동화 시도 1999. "주택저당채권 유동화 회사법"에 의해 한국주택채권저당유동화(주)(KoMoCo) 설립하여 2차주택저당 시장 개시 2000. 4. 주택저당증권(MBS) 4천억원 발행(NHF의 주택저당 대출을 기초 자산으로 발행) 2000. 9. MBS 2차 5천억원 발행 (발행조건 상동)

3. 주택금융 정책 변화의 원인에 대한 평가

이러한 변화는 일견 불가피한 변화인 것으로 보인다. 문제는 이러한 변화가 왜 일어나게 되었냐는 것이다. 서론의 접근법을 따라 볼 때, 세 가지 정도의

---

152) 미국식의 MBS를 발행하는 한국주택저당채권유동화(주)(Korea Mortgage Corp.)가 정부(건설교통부)와 민간금융회사(국민은행, 외환은행, 주택은행, 삼성생명)의 공동 투자로 설립되어 1999년 10월부터 사업을 개시하였다. (www.komoco.co.kr)

대답이 있을 수 있다. 첫째는 기존의 국가 주도적 주택금융정책이 실패했다는 것이다. 둘째는 새로운 자유주의적 주택금융정책이 더 우월하다는 것이다. 셋째는 경제의 세계화(globalization) 과정에 따른 정치경제적 과정이라는 것이다.

한국의 주택금융에 관한 많은 논의들은 현재의 변화를 한국의 주택문제를 해결하기 위한 불가피한 과정으로 보는 경향이 있는데, 본 논문에서 필자는 우리나라 주택금융의 이행은 한국 경제의 축적 과정 자체에 내재한 모순과 글로벌자본주의라는 국제적 환경으로부터 보아야 한다고 주장한다. 이 경우 이행은 주택문제에서 출발하는 것이 아니라 금융 일반의 요구, 한국 경제와 세계 경제의 관계에서 유래하는 것이기 때문에 이러한 이행으로부터 주택문제가 완화되거나 주택환경이 더 나아질 것이라는 결론이 꼭 나오게 되는 것은 아니다.

이 장의 첫 번째 절에서는 이전의 정부주도적 주택금융 정책이 (많은 논의에서 부당전제하는 것만큼) 그렇게 나빴던 것이 아니라는 점을 논의하고, 두 번째 절에서는 새로운 자유주의적 주택금융 정책이 주택문제를 해결할 것 같지 않다는 점을 논의하고, 마지막 절에서는 이러한 이행을 자본 축적과 관련한 정치경제적 과정으로서 묘사하고자 한다.

1) 정부주도적 산업화에서 주택금융 제도의 성과

기존의 주택(금융)정책의 문제로 제기되고 있는 것은 대략 세 가지 정도다. (1) 주택 공급의 부족을 해결할 수 없다. (2) 공적 주택금융이 전세 등으로 인해 매우 후진화되어 있다. (3) 주택산업에 공급할 자원이 부족하다. 이를 하나하나 살펴보기로 하자.[153]

산업화 초기에 우리나라의 주택공급 부족이 심각한 문제였다는 것은 사실이다. 이는 도시의 주택공급은 부족한 반면, 급격한 도시화로 인하여 도시의 주택수요가 급증하여 나타난 현상이었다. 정부의 주택정책은 2차 5개년 계획 기간 (1967-1972) 동안 점차 정립되기 시작하여 1972년 주택건설촉진법을 제정함으로써 본격화되었다. 이리하여 1960년대와 1970년대에 매년 5% 이상씩 주택공급이 증가하였다. 하지만 이러한 공급 역시 급격히 늘어나는 주택수요를

---

153) Chung and Lee(1996), Kang(1993), 국토개발연구원(1992) 참조

충족시키기는 역부족이었다. 급기야 1980년대 주택에 대한 투기가 심해지자 노태우 행정부(1988-1992)는 2백만 호 건설 정책을 추진하여 매년 40만호의 신규 아파트를 공급하였고 그 결과 주택보급률은 1990년의 71%에서 1997년의 92%로 증가했다. 물론 이 시기 양(量)위주의 주택공급 정책이 질(質)적 차원과 분배형평적 차원에서 비판받을 여지는 많다. 그러나 이 문제는 주택문제이지 주택금융의 문제는 아니다. 최소한 주택공급의 면에서 주택금융은 주택공급에 충분한 지원을 한 것으로 보인다. 즉 노태우 행정부는 주택 금융의 시장 원리 도입 없이도 주택 공급에 필요한 재원을 마련할 수 있었던 것이다.

두 번째 비판은 전세 제도 등으로 인하여 적절한 주택금융의 공급원이 차단되어 있다는 것이다. 60년대 나타나기 시작한 전세제도가 세계적으로 유래가 없는 독특한 제도인 것은 사실이며, 이러한 제도가 공식(formal) 주택 금융의 부족을 반영한 것도 사실이다. 또 주택금융 시장의 미발달은 정부의 수출주도 산업 부문으로 금융자원을 집중함으로써 나타난 현상이기도 하다. 다시 말해 전세와 같은 비공식 주택금융 체제는 일종의 '강제저축' 메커니즘이었다. 부동산에 대한 엄청난 투기와 급속한 주택가격의 앙등으로 인하여 (특히 1970년부터 1989년까지) 사람들은 자신의 주거수준을 유지하기 위해 급등하는 전세자금을 마련하기 위해 엄청난 돈을 저축해야 했던 것이다.

앞에서 지적한 바와 같이 전세 등과 같은 비공식 금융은 공식 금융에 비해 수배 이상의 규모이기 때문에 전세 자금이 공식 금융화한다면 상당한 규모의 주택금융이 공급되는 결과를 낳을 것이다. 그러나 문제는 실제 과정에서 전세 금융이 줄어드는 경향이 나타나지 않고 오히려 늘고 있다는 것이다. 일관된 추적 조사는 아니지만 1992년의 조사보다 최근의 조사에서 전세금융의 규모가 공식 금융에 비해 더 증가한 것으로 나타났다. 또한 전세와 월세의 비중 분포의 추이를 보면, 전자의 비중이 지속적으로 증가하는 것으로 나타나고 있다(이중희, 허정수, 1993: 17). 더구나 한국의 금융제도가 미국과 같은 자본시장적 제도 (capital market-based system)가 아니라 은행중심적 제도(bank-based system)라는 점에서 전세자금을 2차 저당대출 시장의 활성화를 통해 공식금융화한다는 것은 상당히 어려운 프로젝트라고 생각된다.[154]

게다가 미국의 경험이 한국의 주택금융 제도의 평가에 유일한 잣대가 될

---

154) 은행중심적 체제에 대해서는 Pollin (1993, 1995)와 Aoki et al. (1994)를 참조.

수 없다. 왜냐하면 미국의 주택금융 제도는 선진국 중에서 보편적인 것이 아니라 특수한 것인데, 이는 주택관련 대출에 대한 미국 정부의 암묵적 보증과 미국 달러의 세계 경제 상에서의 특수한 지위에 기인하기 때문이다.155) 다른 서방 국가들, 특히 유럽의 여러 나라들은, 미국식의 방식으로만 진행되고 있는 것은 아니다. 비록 상당한 정도로 시장 중심적 주택 정책이 채택되고 있는 것은 사실이나, 2차 주택저당 대출 시장이 미국과 같은 정도로 도입되어 있는 것이 아니며, 여전히 전국적 수준의 보호와 규제가 유지된다(Balchin, 1996).

마지막으로 주택금융 자체의 부족이라는 문제가 있다. 일견 보기에 한국의 주택금융은 다른 나라에 비해 낙후된 것으로 보인다. 예를 들어 GDP 대비 주택저당대출의 비율을 보면 미국과 영국은 50%가 넘고, 홍콩도 30%가 넘고 하물며 말레이시아도 20%인데 한국은 12.8%이다(Yoon, 1994: 67). GNP 대비 주택투자 비율이 미국과 일본이 각각 3.1%(1982년), 6.3%(1983년)인데 한국이 5.2%(1983년), 8.17%(1990년)로 상당히 높은 것을 감안하면 한국의 주택금융이 매우 낙후되었다고 평가될 만도 하다(Lim, 1996: 195-198). 이 때문에 정부는 전통적으로 주택건설을 위한 자금을 최종 소비자의 저축에서부터 직접 동원하였던 것이다. 하지만 다른 금융비율, 즉 국내 총 신용 중 주택신용이 차지하는 비율을 보면 다른 상황이 나타난다.

<표 12-2>에서 알 수 있듯이, 1995년 한국의 총 신용 중 주택신용의 비중은 26.4%인데, 미국의 그것은 24.2%이다. 왜 이런 현상이 나타나는가? <표 12-2>

<표 12-2> 한국과 미국의 금융비율 (1996) (단위 %)

	주택금융/총 신용	주택금융/GNP	총 신용/GNP
한국	26.4	12.8	48.4
미국	24.2	53.7	221.9

* 참고: 주택금융/총신용과 주택금융/GNP 비율에서 총신용/GNP 비율 역산

---

155) 1980년대와 1990년대의 FNMA(패니매)와, 또 다른 2차 주택저당 시장의 성공은 미국이 자본수지 상 흑자이고 무역수지상 적자라는 사실과 미국 달러가 세계화폐로서 가치저장기능을 수행한다는 사실에서 기인한다. 즉 미국 내의 자본시장으로 달러가 지속적으로 유입됨으로써 미국의 주택금융 제도가 비교적 잘 유지되었던 것이다(Dymski. 2000).

의 둘째 줄과 셋째 줄을 보면, 총생산 대비 신용창출 능력으로 평가할 수 있는 금융 심화 현상이 한국이 미국보다 낮기 때문이라는 점을 알 수 있다. 그런데 금융 심화란 주택 금융 시장의 문제가 아니라 금융 시장 자체의 문제다. 금융 시장의 저 발전 상태를 무시한다면 한국의 주택금융 제도의 신용제공 능력은 매우 뛰어나다고 보아야 하는 것이다.

우리나라의 주택금융이 개혁되어야 하는 것은 사실이나, 이는 2차 주택저당 시장의 도입을 통해서 해결되는 문제는 아닌 듯싶다. <표 12-3>는 많은 신용이 기업부문(41.5%)으로 흘러들어감으로써 오히려 정부가 국가의 금융창조 능력을 가계의 복지를 위해 쓰지 않았다는 점을 암시하고 있다.

요약하자면, 주택금융 체제의 이행은 주택 문제 자체에서는 찾을 수 없다. 정부 주도하의 주택금융체제 하에서 이 부분의 성과는 최소한 양적 차원에서는 상당히 성공적이었다. 주택 금융의 미발달이라는 문제 역시 국가 주도적, 은행 중심적 금융 체제의 맥락에서 이해되어야 한다. 주택금융 그 자체는 미발달하지 않았다는 것이다.

<표 12-3> 한국과 미국의 신용 분포 상황(1995년)

미국	정부부채	지자체부채	소비자신용	기업신용	저당대출	합계
	26.19	7.7	8.15	20.42	24.2	100

한국	정부부채	공공기관	금융부문	기업부문	합계	저당대출
	15.2	6.4	36.9	41.5	100	26.4

* 출전: Cho(1997, 272, 292). 한국 통계는 한국은행, 월간통계, 주택은행, 주택통계편람에서, 미국통계는 FRD, Flow of Funds에서 유래.
* 참고: 한국의 저당대출 통계는 주택통계편람에서 별도 추출.

2) 시장 중심적 정책 도입의 효과는?

만약 이전의 정부 주도적 주택금융 정책의 비효율성이 시장 중심적 정책의 도입을 필연화 시킨 것이 아니라면, 아마도 시장 중심적 정책이 더 효율적이고 우월해서 이러한 정책이 도입되는 것일까? 우리나라에 적용되기 시작한 새로운 정책들의 효과를 지금 논의하는 것은 시기상조인지도 모른다. 왜냐하면 그 효과가 나타나기에는 아직 너무 이르기 때문이다. 하지만 다른 나라의 경험을 통해 우리는 새로운 정책들의 효과를 어느 정도 유추할 수 있다. 여기서 시장 중심적 주택금융 제도는 주택금융 제도의 자율화(주택관련 신용기관의 민영화, 이자율 자율화, 겸업주의 허용 등)와 2차 주택저당 시장의 형성을 의미한다.

일반적으로 시장 중심적 주택금융 제도의 효과로는 (1) 금융위험의 수준을 낮출 수 있고 (2) 충분한 양의 주택금융을 공급할 수 있다라는 장점이 제시된다.156) 반면 일반적으로 이러한 장점 외에도 (1) 주택금융 시장의 불안정성이 증대한다. (2) 불평등이 증대한다. (3) 공적 부문이 축소된다는 등의 단점을 시장중심적 제도가 가지고 있다는 점은 잘 알려져 있다. 그러나 금융위험의 축소라는 점에서 볼 때, 대부자 위험은 줄어들지라도 채무자의 위험은 오히려 늘어나는 측면이 있으며, 주택금융의 양이 늘어난다고 해도 주택공급과 직접 이어지지 않는다. 이를 각각 논의해보자.

주택저당 대출은 장기대출이기 때문에 장기간 고정된 이자율로 채권을 보유함으로써 일종의 금융 위험에 노출된다. 이러한 위험으로는 이자율 위험, 유동성 위험, 상환 위험, 파산 위험 등이 있다.157) 만약 시장 중심적 주택금융제도의 한 구성요소인 2차 주택저당 대출 시장이 형성되면 장기인 주택저당 대출을 기본으로 하여 파생증권을 만들어 자본시장에 매각할 수 있다. <그림 12-3>에서 보듯이 주택저당증권 제도는 주택금융기관(originator)이 주택자금을 대출하고 취득한 주택저당채권을 만기 전 직접 또는 중개기관을 통해 투자가에게 매각하거나 이 저당채권을 담보로 증권을 발행하여 새로운 주택자금을 마련하는 제도다. 이는 결국 부동산 시장을 자본 시장에 통합시키는 것이다. 이 시장의 도입은 신용을 평가하고, 담보를 평가하는 능력을 증대시키고, 따라서 1차 저당대출 시장의 효율성을 증대시킨다고 알려져 있다(Renaud, 1997: 109). 이러한 시스템은 대부자(lender)의 위험을 감소시키는 것은 사실이다. 하지만 위험 자체

---

156) 이 두 가지 장점은 금융시장 효율성의 내용이 된다. 즉 금융시장의 효율성 증대는 동일한 양의 주택저당 대출이 실시되면서 금융위험이 낮아질 수 있거나, 동일한 금융 시장 위험의 상황하에서 더 많은 주택저당 대출이 실시될 수 있다면 달성된다.

157) 이자율 위험이란 대출 과정 중에 이자율이 변동함으로써 수익률에서 발생하는 위험이며, 파산 위험은 채무자가 파산하여 원금을 회수하지 못할 위험이며, 유동성 위험은 담보 자산이 부동산이기 때문에 쉽게 현금화하지 못하는 위험, 상환 위험이란 채무자가 대출을 조기 상환함으로써 수익을 올릴 수 없게 되는 상황을 말한다.

주택저당채권(mortgage)　　　　　주택저당증권(MBS)

| 주택자금
수요자 | 은행
(Originator) | 중개기관 | 2차 시장 | 투자가 |

주택자금

| (미국의 경우) | 저축대부조합
상호저축은행
신용조합
저당회사
상업은행
생명보험
기타 | 연방주택금융
저당공사
(FHLMC)
연방저축공사
(FNMA)
정부저당금고
(GNMA)
연금기금
신탁기금
생명보험 | | 저축대부조합
상호저축은행
연금기금
저당회사
생명보험
투자신탁
상업은행
개인
기업 |

<그림 12-3> 2차 주택금융 시장의 구조

는 없어지지 않고 분산되어 여러 사람의 손으로 넘어가거나 다른 곳으로 이전
될 뿐이다. 결국 이는 채무자(borrower)의 위험을 오히려 증대시키는 효과를
가진다. 이러한 채무자의 위험은 진입위험(entry risk), 거주위험(tenure risk), 재진
입위험(reentry risk)의 세 가지로 나누어 볼 수 있다. 여기서 진입위험이란 대출
을 받아 실질적으로 주택시장에 진입할 수 없을 위험이며, 거주위험이란 주택
에 거주하는 동안 담보로 잡힌 주택의 경매 등으로 퇴거하게 되는 위험이고,
재진입위험은 이렇게 퇴거한 가구가 새로이 주택시장에 쉽게 들어올 수 없게
되는 위험이다. 이러한 위험들은 주택저당 대출에서 불가피하게 수반되는 주
택 소비자인 채무자가 갖게 되는 위험이지만 2차 주택저당 대출 시장이 형성되
면 그 가능성은 더 높아지는 것이다. 왜냐하면 이제는 위험이 주택시장 자체에
서만 유래하는 것이 아니라, 금융시장 일반의 상황에 의해서도 나타날 것이기
때문이다. 이와 같은 대부자와 채무자의 금융위험을 모두 합한 "사회적 효율
성"(Dymski and Isenberg, 1999)이라는 개념을 도입하면 대부자의 위험감소와
채무자의 위험증대로 인하여 결국 전체적 금융위험에 어떤 영향을 줄지에 대
해 선험적으로는 알 수 없게 된다.

두 번째로 미국식의 주택저당 대출 체제가 주택금융의 양을 충분히 공급했는지도 논란의 여지가 있다. 즉 주택금융의 양은 무척 방대하지만 진정으로 주택을 필요로 하는 사람에게 공급했는가의 여부이다. 최근 25년간 미국의 주택금융은 엄청난 발전을 했다. 예를 들어 1987년 미국의 주택금융의 양은 1조9천억 달러 수준이었는데, 1995년에는 3조4천억 달러에 달했고 그 증가세도 견실했다. 그러나 <그림 12-5>의 자가주택보유율을 보면 약 64-65%에서 상당히 안정적 수준을 유지하고 있었다. 자가주택보유율은 주택관련 복지수준을 재는 좋은 척도는 아니지만 최소한 엄청나게 발전한 미국의 주택금융 산업이 자가주택공급에 큰 긍정적 영향을 끼친 것은 아니라는 점을 알 수 있다. 즉 증가한 주택금융 자금이 주택구입으로 흘러들어간 것이라기보다는 금융산업으로 흘러들어 갔으리라는 추측이 가능하다. 결국 미국의 주택금융 체제의 발전은 주택 부문 자체가 아니라, 자본시장과 금융시장을 향하고 있는 것이다(Ball. et. al. 1988).[158]

따라서 미국식의 주택금융 체제는 변동성, 형평성, 공공성 등의 문제점을 가지고 있다. 우선, 시장 중심적 주택금융 체제는 주택저당 대출의 양을 증가시키기는 하지만 저당대출 자체를 금융시장의 변동성(volatility)에 노출시킴으로써 주택금융 시장의 변동성을 증대시킨다. 80년대 미국의 저축대부조합의 위기, 일본의 주택전문 회사의 위기, 프랑스의 CFF(Credit Foncier de France)의 위기 역시 이러한 과잉변동성의 결과였고, 오스트레일리아의 금융 시장 자율화와 탈규제 실험에 대한 한 연구 역시 오스트레일리아에서도 이자율과 주택저당 대출의 양에서 과잉변동성이 발견되었고, 정부가 주택저당 대출 이자율을 통제할 수 없게 되었으며, 저당 대출의 총량 역시 경기순환을 따라 변화하였다고 보고하고 있다(Berry. 1996: 262-263). 즉 금융의 탈규제는 성숙한 경제에서조차

---

158) 역사적으로 볼 때, 미국의 주택정책은 자가주택 보유율을 높이는 방향으로 작용하였고, 1970년대 이전까지는 이러한 정책이 효과적으로 나타났으므로 자가주택 보유율이 상승하였던 것이다. 역사적으로 미국의 자가주택보유율은 1940년 43.6%, 1950년 55%, 1960년 61.9%, 1970년 62.9%, 1980년 64.4%, 1990년 64.2%라는 추세를 보여주고 있다. 여기서 1980년대와 1990년대의 자료를 비교할 때 이전의 역사적 추이에 비하여 현저히 안정적인 추세를 보여준다는 것에 주목된다. 주택금융은 80년대 이래 2-3배 증가했다는 점을 감안하면 1980년대 이후의 자가주택보유율이 상대적으로 안정되었다는 사실은 바로 주택금융이 주택문제에 기여한 바가 작다는 것을 반증하는 것이다.

근본적 문제들을 야기하였던 것이다.[159) 이러한 문제점은 잘 열려져 있는 사실이므로 건전성 유지를 증가시키고, 저당대출에 대한 보증제도를 활성화시켜야 한다는 대안이 제출되고 있다(예를 들어 Lee, 1997: 314 - 321). 문제는 이러한 보완책이 금융 탈규제화로 고삐 풀린 상태에서는 잘 작동하지 않는다는 점이다. 이와같이 금융자율화에 의해 강화된 변동성에 더하여, 2차 주택저당 대출시장은 경기 순환을 더욱 악화시킬 가능성이 높다. 경기 침체 기에는 자본시장의 압박으로 인해 2차 시장은 주택신용의 공급을 충분히 할 수 없다. 반면호황기에는 자본시장으로부터 너무 많은 신용이 공급되어 투기가 발생하게된다. 따라서 2차 시장은 반경기적 메커니즘이 아니라, 경기 순환을 확대재생산하는 메커니즘을 가진다.

두 번째로 2차 저당대출 제도의 도입은 빈부격차를 완화하지 못할 것이다. 저당대출을 시장에 종속시키는 것은 결국 저소득층이 신용을 공여 받는 자격을 박탈하는 것을 의미하기 때문이다. 2차저당대출 시장의 중요한 결과 중의하나가 대출심사의 표준화(standardization)이다. 상업은행들은 주택금융을 공급하기 전에 채무자의 신용을 검증하기 원한다. 이러한 검증은 연 소득의 수배가

---

159) 미국 S&L의 문제는 2차저당시장의 발전에 직접 원인을 가진 것이 아니라고 해도, 미국식 주택금융제도 자체가 시장중심적으로 발전하는 과정의 산물로서 보아야 할 것이다. 즉 1970년대 이전까지 미국 금융제도는 1930년대의 스티글글래스 법에 의해 매우 규제된 상태에서 발전하게 되며, 주택금융 역시 주택보급이라는 차원에서 정부가 매우 적극적으로 지원하는 방향에서 이루어졌다. 그 결과 미국의 자가 주택의 보급율은 급속히 증가하게 된다. 그러나 1970년대의 세계적 경제위기와 국제화폐제도를 규정했던 브레튼우즈 체제의 붕괴로 말미암아 미국 금융제도는 급속히 글로벌화의 길을 걷게 되며, 그 결과 S&L의 문제의 원천이 된 탈간접금융화(disintermediation) 현상이 나타나게 된 것이다(안현효, 1999). 반면 우리나라의 경우를 보면 반대의 상황이 나타난다. 흥미롭게도 1997년 경제 위기시의 주택은행의 경험은 통제된 주택금융시장의 안정성을 보여주고 있다. 금융 위기에도 불구하고 주택은행은 상대적으로 건전했다. BIS 비율은 1997년 10.29%로서, 당시 절반의 한국내 상업은행들의 BIS 비율이 8% 이하였던 것을 고려하면 상당히 건전한 수준을 유지했고, 부실채권의 비율역시 1998년 1월 1.7%로서, 기타 은행들의 평균 6%를 훨씬 하회하는 수준이었다. 이러한 안정성은 주택은행이 약 30년동안 정부의 통제하에 있었기 때문에 달성된 것이다.

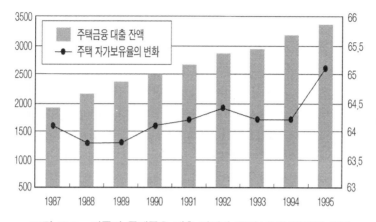

<그림 12-5> 미국의 주택금융 대출 잔액과 주택 자가보유율의 변화

* 출전: US Census Bureau/ Sourcebook of the International Union of Housing Finance(1995)

되는 주택금융의 규모로 인해 금융시장에서 기계적으로 검증되기가 쉽다. 금융시장은 잠재적 채무자의 주택의 구매력 등을 기준으로 삼게 되며, 이자율 위험, 부도 위험, 유동성 위험 등 금융위험이 낮은 채무자를 선호하게 될 것이다. 따라서 신용에 대한 공평한 접근 가능성이라는 새로운 문제가 제기된다.

시장 중심적 주택금융 체제의 마지막 문제로는 시장 원리의 관철로 인해 주택 면에서 복지수준이 낮은 가계에 대한 공적 지출이 줄어든다는 것이다. 자유주의자들은 일반적으로 공적 개입의 수준을 금융산업의 건전성을 보증하고, 사회보장의 최소한의 수준으로 제한시키고 싶어 한다. 즉 그들에 따르면 경제적 효율성을 증대시키는 것으로 정부의 개입은 제한되어야 한다는 것이다. 유럽 여러 나라들의 최근의 경험에 따르면 시장원리의 도입은 공적 지출 자체를 줄이기보다는 공적 지출의 방향을 다르게 한다(Dymski and Isenberg, 1999). 점점 정부지출이 사회보장을 위해서가 아니라 자본시장의 안정성을 위해 지출되는 경우가 많아지고 있다. 도시의 회사화 또는 도시개발의 많은 경우 일종의 제로섬 게임이 되는 수가 많았다. 즉 복지지출은 여전히 유지되나, 사회주택정책은 빠지는 것이다. 대부분의 경우 이러한 제로섬 게임의 최대 피해자는 저소득층이 된다(Kleinmann, 1996: 163).[160]

---

160) 이러한 새로운 유형의 도시 기업화(urban entrepreneurialism)에서 "주택정책의 직업

3) 세계화와 시장 중심의 주택금융 정책으로의 이행

우리가 앞에서 살펴본 대로 종전의 정부 주도적 주택금융 정책의 문제점이나, 현재의 시장중심적 주택금융 정책의 우월성이 현재의 이행을 설명하지 못한다면 무엇이 이를 설명할 수 있는가? 필자는 한국 경제의 세계화 경향을 강요하는 세계적 압력에서 찾아야 한다고 생각한다. 이러한 압력은 비록 1995년에 한국이 OECD 가입을 결정함으로써 급류를 타긴 했지만 최근 20년 동안 한국 경제에 지속적으로 작용해왔다. 이러한 현상이 중요한 이유는 주택금융은 금융산업 일반의 한 부분이기 때문이다. 따라서 금융산업이 변화한다면 (만약 정책적 조정이 없다는 전제하에서는) 주택금융도 따라서 자연히 변화하게 된다. 즉 우리나라의 주택금융의 시장중심적 변화는 주택부문의 문제나 필요에 의해서가 아니라 금융 체제 일반의 문제 혹은 필요에 의해 변화했다는 것이다.

금융 부문의 변화는 정치경제적 과정으로 볼 수 있는데, 이는 다시 글로벌자본주의의 상황 하에서 강제된 것이다. 이러한 상황으로는 세 가지를 들 수 있다. 첫째는 축적 위기에 빠진 재벌이 글로벌자본주의에서 축적의 재원을 발견했다는 점이다. 둘째는 다국적 글로벌 금융기업들이 한국의 국가 주도적 체제를 시장 중심적 체제로 전환시키려 했다는 점이다. 셋째는 한국 정부가 과거 경제 발전 과정의 말기에 나타난 경제적 성과의 퇴락에 직면하여 탈규제 정책을 폈다는 것이다.

이러한 변화에서 중요한 설명 변수는 한국 경제의 내적 축적 위기다. 지난 30여 년간 한국 경제는 빠른 성장을 해왔는데, 그 중요한 두 축으로서 재벌과 노동이 정부 주도의 발전 전략을 더 이상 받아들이지 않게 된 것이다. 1965년 이래 약 25년간 급속히 성장했던 한국 경제는 1980년대 들어 한계에 부딪히게 된다. 이러한 축적은 단순히 말해, 두 가지 요소의 조합이었다. 첫째는 자본 동원의 측면으로서 전세와 같은 강제저축, 정책금융을 통한 내자 동원과 차관을 통한 외자 동원을 통해 가능한 급속히 대규모 자본을 동원했다는 것이다. 이는 결국 재벌의 형성으로 나타났다. 재벌은 이와 같은 과정 속에서 성장했기

창출적 효과나 거시 주택정책의 측면은 무시되고, 자본투자를 유인하는 주택정책의 중요성이 더욱 강조되고 있다"(Kleinman, 1996, p.160).

때문에 처음부터 국가주도적 산업화 전략에 순응적이었다. 두 번째의 요소는 높은 잉여가치율이었다. 일정한 노동비용 하에서 더 많은 생산을 이루기 위해서는 결국 저임금 노동자를 대량 확보하는 수밖에 없었다. 그러나 산업화 자체는 스스로 자체의 모순을 누적시켰다. 산업화는 재벌을 성장시켜 재벌이 스스로 자립화하여 더 이상 정부의 가이드라인을 수용하지 않고 오히려 정부 정책에 영향력을 행사하도록 하였으며, 또 노동계급을 발전시켜 더 이상 정부의 억압적 노동정책에 순응하지 않도록 했던 것이다. 1980년대가 되면 이러한 현상이 너무 뚜렷하여 누구도 국가주도적 산업화가 더 이상 유효하리라고 믿지 않게 되었다. 그러나 이러한 모순은 기존의 국가주도적 산업화의 반성과 변화를 요구하는 것이지, 그 자체가 자유주의적 해결책으로 귀결되는 필연성을 가지고 있는 것은 아니었다(이병천, 1998; E.M. Kim, 1997).

이러한 한계 상황에서 자유주의적 방향을 탈출구로 모색하게 한 계기는 두 가지 방향에서 출현한 세계화의 압력이었다. 첫째는 자립화 발전 전략을 모색하던 재벌이 야심적 투자 전략(세계경영을 외쳤던 대우, 세계일류만이 살아남는다고 외쳤던 삼성 등)을 실천함에 있어 필요한 재원확보를 위해 개방과 탈규제를 정부에 요구한 것이다. 왜냐하면 해외에 낮은 비용의 자본이 넘쳐나고 있었기 때문이다. 두 번째로는 글로벌 시장 전략을 추진하던 해외 기업들이 1990년대 중반 세계 11위의 시장으로 성숙한 한국경제를 가장 수익성이 높은 투자처로 보고 개방을 요구하기 시작한 것이다. 국내외 두 부문 모두가 개방과 탈규제에 동일한 이해관계를 가지게 되었던 것이다. [161]

이와 같이 우리나라 금융제도의 탈규제는 20여 년간을 거친 긴 과정으로 파악해야 한다. 이 점을 고려할 때 한국의 주택금융 제도 역시 금융제도의 변화를 서서히 따라가는 과정이었던 것이다. 1980년대에 정부의 주택금융 이자율 제한이 철폐되고, 주택금융 이자율은 서서히 상승하였다. 1990년대 금융시장 개방은 정부의 주택금융에 대한 통제력을 제거했다. 1990년대 후반의

---

161) 그렇지만 1997년 위기를 전후로 하여 두 부문의 입장은 미묘한 차이가 있다. 우선 개방과 탈규제는 1994년부터 지속된 경향이지만, 위기 이전에는 재벌이 주로 요구하였는데, 실제의 개방과 탈규제는 외관상 나타난 것과는 달리 지지부진하였다. 반면 위기 이후에는 동적 관성이 부여되어 매우 가속화되었으며 해외 기업들의 요구가 더욱 크게 작용하는 양상을 띤다.

2차 주택저당대출 시장의 형성은 이러한 장기적 경향의 계속이다. 한 마디로 주택금융에서 시장중심적 체제로의 이행은 주택 부문 자체에서 유래하는 것이 아니라, 한국의 금융 제도 및 경제 통제 방식의 변화에서 유래하는 것이다.

4. 결론

우리는 앞에서 한국의 주택금융의 변화는 기존 주택금융 체제의 성과가 낮아서도 아니고, 새로운 주택금융 체제가 우월하다는 점에서 유래한 것이 아니라는 점을 밝히려고 노력했다. 오히려 그 변화를 글로벌자본주의 시대에서 한국 경제가 변화하는 과정의 산물로서 파악해야 한다. 그러나 이러한 변화는 구조적 필연성으로 파악할 것이 아니다. 왜냐하면 글로벌자본주의의 등장과 발전 자체가 단순히 경제적 과정이 아니라 정치경제적 과정의 결과이기 때문이다. 따라서 주택금융에 한정한다고 해도 우리나라 주택금융의 이행은 정치경제적 과정의 산물로 파악해야 한다.

주택금융에서 시장 중심적 체제로의 변화는 1980년 이래의 글로벌자본주의의 자유주의적 시장질서로의 이행과 맞닿아 있다. 선진 자본주의국들에서 2차 세계 대전 이후부터 1970년대 중반까지의 시기는 거시적 미시적 경제정책을 통한 정부의 조절과, 기업이 노동자의 임금 및 기타 근로조건을 보장하는 것이 특징이었다. 이러한 노동과 자본의 '타협'의 하나가 유지 가능한 주택의 원활한 공급이었다. 우리나라에서는 자본주의 황금기는 늦게 왔고 정부 개입은 더욱 강했다. 정부는 자본축적과 주택 공급을 포함한 생활수준의 향상에 명시적이든 암시적이든 책임을 졌다. 그러나 이러한 체제는 1980년대 초반부터 세계적 차원에서 변동하기 시작했다. 우리나라에서도 그 변동의 압력은 이 시기부터 시작하였지만, 그러한 방향으로의 완전한 이행에는 시간이 걸렸다. 궁극적으로는 1997년 아시아 위기가 그 분기점이 된다. 시장화로의 이와 같은 점진적(위기 전), 급진적(위기 후) 변화는 결국 30여 년간의 급속한 경제개발이 가진 축적 모순의 반작용이다. 금융 구조 전반과 주택금융 자체의 변화에 결정적 계기를 제공한 것은 바로 내적 축적 모순과 글로벌 환경의 변화라고 할 수 있다.

따라서 우리나라의 주택금융의 탈규제는 전반적 경제적 탈규제의 한 부분을 이룬다. 이러한 변화의 추동력은 우리나라의 주택 수요의 충족 문제거나, 주택금융의 부족문제가 아니었다. 국가 주도 하의 주택정책과 주택금융 질서는 일정한 한계를 가진 것이었으나, 시장에 기반을 둔 체제보다 훨씬 더 효율적으로 그 본연의 임무를 했다고 주장할 수도 있는 것이다. 더욱이 국가 주도 하의 주택정책과 주택금융 질서가 가졌던 주택신용의 양과 금융위험의 해소라는 과제는 시장 중심적 정책에 의해 해결되지 못할 뿐더러 분배의 문제, 과잉변동성과 같은 새로운 문제들을 발생시킬 것이다. 결국 이 글의 논의는 기존의 국가 주도적 주택금융 체제와 새로운 시장 의존적 주택금융 체제의 난점을 해결할 수 있는 새로운 대안을 모색할 필요성을 제기한다.

5. 탐구학습

1) 최근 한국의 주택경기의 동향을 분석하라.

2) 주택금융 전문가의 인터뷰를 통해 한국에서 시장기반적 주택금융의 발전의 전망을 조사하라.

3) 현 정부의 주택정책 및 부동산정책을 조사하고, 그 문제점을 지적하라.

제13장

중소기업
중소기업문제와 산업지역

벤처캐피탈 육성이라든가 대학에서 시도하는 사이언스 팍(Science Park), 지방자치단체에서 시도하는 산업지역(Industrial District)과 같이 소기업을 활성화시키는 정책에 대한 논의가 한국에서 시작된 지 10년이 넘었다. 그러나 이러한 시도가 현재까지 한국의 경제구조에 적극적 영향을 미치고 있다는 보고는 아직 나오고 있지 않다. 이 장은 1997년 말 경제위기를 겪으면서 불기 시작한 소기업 창업의 열풍을 고려하면서, 디지털 경제에서 소기업의 활력을 어떻게 끌어낼 것인가에 관한 논의를 소개한다. 우선 디지털 경제에서 소기업의 역할을 금융산업과 정보산업을 중심으로 살펴보고 디지털 시대에 나타나는 소기업의 활력에 대해서 논의한다. 다음으로 첨단 소기업과 벤처자본의 의미와 역사를 살펴보고, 소기업 단지의 대표적 성공 사례인 실리콘밸리에 관한 논의를 소개한다.

1. 문제제기

디지털 자본주의가 대기업에게 유리한지, 아니면 중소기업에 유리한지, 좀 더 깊이 나아가면 기업조직이 위계(位階)적이어야 할지, 아니면 보다 독립적이면서 네트워크에 의존해야 할지 등의 문제가 경제학에서도 산업조직론에서 쟁점적 주제다. 2절은 우리나라에서 1997년 이후 중·소기업 정책의 일환으로 제기된 벤처·벤처투자 열풍을 진단하고 미국의 경우와 비교 분석한다. 3절에서는 중·소기업이 활성화할 수 있는 여건으로서 중·소기업 금융의 중요성을 미국의 사례를 중심으로 살펴본다. 4절에서는 중소기업 중심의 지역산업단지를 지역균형발전의 주요한 방법으로 보고 지역산업단지 조성의 성공사례를 실리콘벨리를 통해서 살펴보려고 한다.

2. 벤처·벤처 자본

1) 한국의 벤처자본

우리나라에는 미국과 같이 자생적 벤처자본이 있었던 것은 아니다. 1990년대 들어와서 정책적으로 소기업 육성정책을 펴는 과정에서 벤처자본을 같이 육성하는 과정이 있었을 뿐이다. 따라서 한국의 벤처자본에 대한 정의는 금융기관으로 파악하는 관점이 강하다. 예를 들면 "벤처자본은 벤처기업에 자본수익을 목적으로 투자되는 자본이며, 벤처금융회사는 벤처기업에 자금과 경영지원을 통해 자본이득을 얻는 금융기관"이라거나, "전통적 금융기관으로부터는 자금공급을 기대하기 어려운 벤처기업에 대해 위험을 같이 하면서 경영관리와 자본참여 등을 통해 이들 기업을 육성하여 더 많은 자본이득을 추구하는 금융산업"이라는 정의가 그러하다(이덕훈 등, 1996; 홍순영, 1997; 허남수, 1998).

이러한 현상은 제도적으로 벤처자본을 육성하는 과정에서도 드러난다. 최초의 벤처 자본은 1974년의 한국기술진흥주식회사(K-TAC)이고, 1981년 한국기술개발주식회사(KTDC: 현재의 KTB)가 이에 관한 특별법에 의해 설립되었다. 또 1982년 한국개발투자주식회사(KDIO), 1984년 한국기술금융주식회사(KTFC)가 설립되었는데 모두 국가기관이 주도하여 설립하였다. 민간의 벤처 자본 육성을 위해서는 정부가 1986년 「중소기업창업지원법」을 제정하여 중소기업 창업투자회사(창투사로 알려진)를 설립토록 함으로써 시작하였다. 1997년 창투사는 60개사였는데 IMF를 지나면서 조금 늘어나서 1998년 7월에는 67개사가 활동하고 있다. 반면 국가기관이 설립한 네 개의 벤처 자본에 대해서는 1986년 「신기술사업지원에관한법률」에 의해 K-TAC, KTFC, KDIC는 「신기술금융사」로 분류되었고, 1992년 「한국기술개발주식회사법」을 「한국종합기술

금융회사법」으로 바꿈으로써 현재의 KTB가 설립되었다.

따라서 현재 신기술사업금융회사로 분류되는 회사들은 모두 4개이며, 이외에 민간 벤처 자본은 60여 개가 된다. 그러나 이러한 정책적 노력에도 불구하고 우리나라의 벤처 자본은 활성화되어 있지 못하다는 것이 일반적 결론이다. 정부가 관리하는 벤처 자본은 비교적 안정적으로 운영되고 있으나 민간 벤처 자본의 수익성은 상당히 저조하다.

2) 벤처자본에 대한 통념과 실제

한국 경제는 1960년부터 고도성장기를 통과한 이래로 대기업 중심의 경제체제를 구축해왔다. 산업화 이래 중·소기업을 육성하기 위한 논의와 노력이 진행되었지만 큰 성과는 없었다고 할 수 있다. 예컨대 1970년대는 중소기업 계열화 정책이 추진되어 자동차산업과 같은 경우 부품산업이 수직계열화를 이루고 있는 정도가 성과라면 성과라고 볼 수 있다. 하지만 이런 경우에도 중소기업이 국제경쟁력을 갖추지도 못했고, 또 우리나라 경제의 제3섹터로서 고용창출, 경기완화 역할을 하지도 못했다. 이런 와중에 소기업 육성의 수단으로서 벤처 자본에 대한 관심이 급증하였고 1997년 경제위기를 지나면서 벤처기업과 벤처 자본에 대한 논의가 대중화되었다.

그러나 벤처자본에 대한 대중적 관념에는 사실과 다른 것이 많다. 그 중 몇 가지만 보자.

- 벤처자본은 "인내심이 강하고, 진취적"인 자본이어서 새로운 창업기업이나 성장기업을 찾아 종종 10년 이상씩 장기 투자를 행한다.
- 모든 벤처자본은 비슷하다.
- 벤처자본의 투자과정은 매우 조직적이고 잘 정의되어 있다.

과연 이러한 벤처자본에 대한 인상들이 올바른 것인가? 하바드 경영대학원의 Bygrave & Timmons(1992)는 이러한 통념은 실제의 벤처자본에 대한 묘사와 많이 다르다고 한다.

우선 신생 벤처기업은 기존의 기업에 비해 상상할 수 없는 재정적 곤란을 겪게 된다. 1972년부터 10년간 미국의 157개 신생 벤처 회사에 대한 조사에 의하면 소형 신생 벤처들은 평균 초기 30개월간 계속 경상적자를 보고, 75개월이 지나야 투자이득이 발생하여 주식 배당이 실시된다는 것이다. 특히 매출이익 예상이 큰 첨단 산업의 벤처는 막대한 현금을 필요로 한다.

1980년대 중반 전형적인 소프트웨어 기업의 경우 매년 5-6백만 달러를 소비하는데, 이 돈들은 주로 생산, 거래선 개발, 광고 등에 지출되며, 종국에는 모두 없어지는 돈이다. 대개의 신생 벤처는 이러한 막대한 자금소요를 견디지 못해 이익이 나오는 지점에 도달하기 전에 도산하는 것이다.

1946년 최초의 공식적인 벤처자본회사인 ARD를 창설한 조지 도리어트(Georges Doriot)와 아서 록 같은 사람들은 이러한 상황을 이해하고 DEC, Apple같은 회사에 투자하여 매우 큰 돈을 벌었지만, 이러한 '끈기 있는' 자본은 오늘날에는 더 이상 보편적 현상은 아니다. 이와 같은 끈기 있는, 장기투자의 벤처자본은 이제 '고전적' 벤처자본이 되고 말았다. 학자들은 대개의 분기점을 1980년대로 보고 있다.

두 번째의 통념은 모든 벤처자본이 비슷하다는 점이다. 어떤 점에서 비슷하다는 말인가? "벤처자본은 항상 첨단의 슈퍼스타를 추구한다", "모든 벤처자본가들은 5년 내에 5천만 달러의 매출을 기록하는 신생의 첨단기업들에 특화되어 있다" 등의 통념들이다. 이런 통념들은 바로 고전적인 벤처기업의 성공에서 유래했다. 그러나 고수익의 산업에서 기업을 세우고, 4-7년 만에 기업공개(I.P.O.)를 하며 투자수익을 10배 혹은 그 이상 얻는다는 그림들은, 현재에 있어서는 이른바 '상업적 벤처자본(merchant capital)'에 의해 점차 희석되고 있다.

일례로 Venture Capital Journal의 연구에 의하면 1969년부터 1985년 사이에 벤처자본에 의해 수행된 383개의 투자 중 오직 6.8%만이 10배 이상의 투자수익을 올렸을 뿐이고, 60%이상이 투자 원금을 상실했거나 저축예금률에 밑도는 수익을 얻었다. 이제 더 이상 벤처자본은 단순히 벤처자본인 것이 아니라 「위험한 벤처자본」으로 불려야 할 정도이다.

그리하여 현재의 벤처자본은 초기 창업기업에 투자하고 몇 년씩 인내하고, 창업기업의 경영을 도와주고 기업공개를 통해서 이익을 공유하는 것이 아니라, 기업공개를 포함하여(가장 성공할 경우), LBO(Leberaged Buyout: 타인 자본으로 회사를 매수하여 일시적 경영 정상화 이후 회사를 다시 매각하는 전략), MBO(Managerial Buyout: 경영권 인수를 주된 목적으로 하여 회사를 인수하는 전략), 기성의 벤처기업에 대한 투자 등을 모두 수행하는 상업자본적 특성을 갖게 되었다는 것이다. 그리하여 이제 벤처자본에 대한 단순한 정의는 곤란한 상태라고 할 수 있다.

세 번째의 통념은 벤처자본이 매우 잘 조직되어 있다는 환상이다. 잘 훈련된 MBA출신들이 고도의 처리 프로그램과 시나리오로 벤처기업을 모색하고 투자 수익을 올린다는 그림이 그렇다.

그러나 실제의 벤처투자는 많은 시행착오로 얼룩져 있다. 벤처기업의 주요 산업부문은 새롭고 기존에 없는 부분이기 때문에 새로운 시도가 새로운 시장을 개척할지는 아무도 모르는 상태에서 기업가 정신으로 혁신을 시도하고 이의 결과로서 투자자, 기업, 종업원 기타 관련자의 부를 획득하려는 것이다. 1960년대에는 반도체, 1970년대에는 마이크로프로세서에 기반을 둔 벤처기업들, 1980년대에는 생명공학과 셀룰러 폰 통신사업 등이 그러하다.

1961년에 아서 록과 그의 파트너인 데이비스는 제너럴 파트너제도라는 것을 창안했다. 이 제도는 1970년대를 거쳐서 일반화되기 시작했는데 그 구조는 다음과 같다.

투자자는 제너럴 파트너(General Partner)와 리미티드 파트너(Limited Partners)로 나뉘는데, 전자는 투자처를 찾고, 투자 유도와 투자 종결을 책임지고, 투자 결과를 모니터하고 가치를 추가하며, 추가적인 투자를 선도하는 등 투자에 대한 전적인 책임을 지며 후자는 순수한 투자자로 구성된다. 전자의 경우 투자액은 전체 투자액의 1%정도만 하고 대신 20%정도의 지분을 가진다. 제너럴 파트너는 경우에 따라 투자금액의 2-3%정도를 매년 생활비 및 각종 활동비로 사용할 수도 있다. 그리고 IPO나 합병 등을 통해 투자가 종결될 때 취득되는 자본이득을 8:2(리미티드 대 제너럴)의 비율로 나눈다. 하지만 실제의 사례로서 그 구체적 비율과 활동비의 내용은 경우마다 매우 다르다는 것이 알려져 있다. 뿐만 아니라 그러한 파트너 제도는 현재까지 알려진 바로는 가장 효과적인 협력방법이고 미국 내의 세법 상 유리한 점도 있고, 쉽게 해산할 수 있다는 등의 장점을 가지지만, 다른 한편으로는 종종 사업 실패시에 법적 분규를 야기하는 단점이 있기도 하다. 따라서 이러한 조직 형태 자체는 매우 유연하며, 다양하고 하나로 통일되어 있지 않다고 보아야 한다. <그림 13-1>은 벤처자본의 벤처 기업과의 연결과정을 묘사한 것이다.

그러나 이러한 벤처자본에 대한 "현실주의적" 묘사는 벤처자본이 미국경제에 미친 역할을 과소평가하자는 것은 아니다. 벤처자본이 없었다면 오늘날

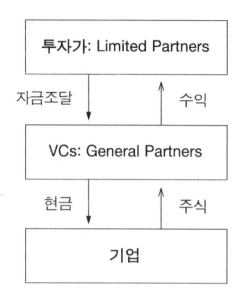

<그림 13-1> 벤처 자본과 벤처 기업의 결합 과정
* 출전: Gompers & Lerner (1999), The Venture Capital Cycles, MIT Press, p.9 또
Bygrave & Timmons(1992), Venture Capital at the Crossroads, p.14

우리가 사용하고 있는 모든 테크놀로지의 기반이 되는 기술을 발전시킨 미국의 모험적 첨단 소기업도 역시 없었을 것이고, 결국 우리의 기술은 매우 후퇴했을 것이다.

3) 소기업의 활성화 방안은?

이러한 문제를 전제할 때 IMF 이후 최근 전개된 벤처기업, 지식산업 육성정책은 그 방향이 틀린 것은 아니었다. 하지만 중·소기업 정책으로서 중소기업 문제의 분석을 전제하고 추진 된 것이 아니라 이벤트 성의 정책추진으로 이후 많은 부작용을 남긴 채 중단되어 있다. 그 문제는 우리나라의 중·소기업 문제를 벤처라는 유형으로 단일화한 것에 있다. 우리나라와 미국의 중·소기업 환경은 다음과 같은 차이를 가진다.

첫째, 미국과 달리 신생기업에 자본을 공급해주는 사회적 장치가 발달되어 있지 않다(자본시장 및 은행산업의 미발달). 뿐만 아니라 그럴 전망이 그렇게 크지 않다. 최근 코스닥 시장 등을 통해 소기업을 위한 자본시장을 육성시키고 있지만 높은 변동성으로 인하여 소기의 성과를 올리지 못하고 있는 실정이다.

둘째, 이른바 정보산업과 같은 유연한 첨단산업도 필요하지만 물량, 규모에 기반을 둔 중화학공업 역시 여전히 한국경제의 현 수준에서는 필요하다.

셋째, 근본적으로는 산업의 발전단계가 중위 수준이라던가, 경제의 규모가 작다던가, 결과적으로 해외시장의 의존도가 크다는 등의 조건도 고려해야 할 것이다.

이러한 조건하에서 어떻게 21세기 형 소기업을 한국 사회에 정착시킬 수 있을까? 이하에서는 소기업에 자본을 동원해주는 금융장치로서 커뮤니티은행과 벤처자본의 경우를 살펴보고, 소기업 지역네트워크의 사례로서의 실리콘밸리 등을 통해 여기서 지적한 소기업 활성화의 조건들을 보다 깊이 검토해보기로 하자.

3. 미국 경제에서 소기업의 성장 환경 - 커뮤니티 은행의 기여

1) 미국 은행 산업에서의 소규모 은행

일반적으로 미국, 영국의 금융시장과 일본, 독일의 금융시장은 두개의 대비되는 금융시장으로 구분되고 있다. 이른바 은행 의존적 금융(bank-based financial system)과 자본시장 의존적 금융(capital market-based financial system)이라는 규정이 그것이다. 자본시장 의존적 금융에서는 기업의 자금조달 구조에서 은행 융자에 의존하는 비율이 낮다. 기업이 필요한 자본의 많은 부분을 주식시장(설비), 채권시장 또는 상업어음시장(운전자금, 단기자금)에서 충당하고 장기설비 자금의 은행 융자 비율이 낮기 때문이다.

그러나 미국에서도 소기업에 한해서는 은행의 융자 비율이 높다는 점은 종종 간과된다. 이는 기업이 자본시장에서 자본을 공급받기 위해서는 막대한 거래비용을 지급해야 하는 것과 관련된다. 자본시장에서의 자본 동원에는 막대한 거래비용이 요구되므로 동원되는 자본의 양이 커야만 그 비용을 감당할 수 있다. 이 경우 소기업들은 이러한 자금조달의 비용을 감당하기 어렵다.

현재 우리가 보는 미국의 금융조직은 1970년대 이후 스태그플레이션을 거치면서 형성된 것이다. 1930년대 대공황부터 최근까지는 은행과 비 은행금융조직(투자은행 등)의 구분이 매우 엄격히 유지되는(이를 전업(專業)구조라고 부른다) 이른바 뉴딜형 금융조직이었다. 162)

그러나 70년대 세계적 경제위기를 거치면서 나타난 대규모 합병과정을 통해서 기존의 전업구조가 서서히 붕괴하고, 은행이 주식시장, 채권 시장에 개입할 수 있게 되었다. 또한 투자은행 역시 은행기능을 함께 수행하면서, 자본시장이 급격히 발달하게 되었다.

이러한 구조의 전환은 이른바 '경영자 자본주의'(managerial capitalism)가 '주식소유자 자본주의'(shareholders' capitalism)로 전환되는 것과 시기가 일치한다. 주식소유자 자본주의에서는 기업의 자본유입과 성과배분이 주식소유자를 중심으로 진행된다. 이 때 장기적 전망으로 투자하는 기업은 현재가치가 주식가치보다 높으므로 (배당은 작다) 합병의 대상이 된다. 합병운동이 지속되면 기업의 경영방침은 단기 실적 위주로 변화하며, 규모보다는 효율을 추구하지 않을 수 없다. 이것이 현재 미국식 기업의 본질이다. 163)

---

162) 금융 기관 중 예금기관은 은행조직으로서 기업에 대한 '융자'를 위주로 하는 간접금융기관이며, 투자은행 등은 기업에 대한 '투자'를 위주로 하는 직접금융기관이다. 1933년 글래스-스티걸 법을 기초로 하는 뉴딜형 금융조직 하에서 은행은 예금/대출(간접금융)에만, 투자은행은 증권투자(직접금융)에만 전문화하는 전업구조를 갖추고 있었다. 그리하여 은행은 자산과 부채의 운용에서 저축과 대출에 의존하는 경영방식을 유지하였다.

163) 경영자 자본주의(managerial capitalism)는 경제사학자 챈들러가 한 말로, 자본주의가 발전함에 따라 소유자보다 경영자가 기업 경영에 더 많은 권한을 가지게 된 현상을 지칭한다. 이는 20世紀 初半부터 1960年代까지, 소유와 경영의 분리를 전제하여 발생하였다. 이에 따라 기업가의 기능(소유와 경영) 중 경영을 전문화하는 전문경영인이 등장하였다. 그러나 1970년대를 거치면서 주주위주 경영이 정착되기 시작하여 주식소유자 자본주의(shareholders' capitalism)이 등장하게 된다. 경제규모가 증가하고, 주식의 소유분산이 가속화되어 기관투자가나 금융중개기관들의 역할이 증대함에 따라 자본공급기능보다 투자기능이 중요해지면서 금융시스템의 경쟁력은 제고되었으나 과도한 주주이익추구로 기업경쟁력이 저하되는 부작용도 발생하였다.

금융구조가 자본시장 위주로 변화하는 과정은 곧 은행의 경영방식이 이에 의존하는 것으로 변화하는 과정이었다. 즉 자산의 운용방식이 기존의 대부 위주에서 자본시장에 대한 투자(예를 들면 저축예금구좌, 당좌예금구좌와 별도로 개설되는 MMF 구좌)로 전환된 것이다.[164] 이것이 뉴딜형 은행전략과 구분되는 글로벌 시대의 새로운 은행전략이다. 이 경우 은행은 비(非)은행 금융기관과 구분되지 않으며 다른 기업과 마찬가지로 합병의 물결에 휩싸이게 되었던 것이다. 그리하여 현재 미국의 중간 규모 은행은 합병을 통해 점차 대형화하는 추세를 보여준다.

이러한 추세에도 불구하고 한국과 비교하여 커뮤니티 은행(community bank)이라고 불리는 소형은행들은 압도적으로 많다. <표 13-1>는 미국의 캘리포니아 주의 은행을 자산 규모에 따라 분류해 본 것이다. 여기에서는 자산 규모가 1억 달러 이하의 소규모 은행이 무려 34%나 점하고 있음을 알 수 있다.

<표 13-1> 캘리포니아 지역 은행의 자산 규모별 분포 (단위 백만달러)

자산규모	over 2,000	2,000-1,000	1,000-500	500-100	less 100	total
수(%)	12 (4.0)	21 (7.0)	27 (9.1)	136 (45.6)	102 (34.2)	298 (100.0)

* 출전: FDIC(/www.fdic.gov), 1999
* 참고: 캘리포니아의 400 여개의 은행 중 지난 5년간 지속적으로 운영되지 않았던 102개의 은행을 제외하고 계산된 것임.

미국에서는 한국과 달리, 소규모 은행이 무척 많다는 특징이 발견된다. 이러한 특징은 은행 제도가 최근의 세계경제의 글로벌화 경향에도 불구하고 나라마다 또 역사적으로 얼마나 다를 수 있는지를 보여주는 사례가 될 것이다. 일례로 캘리포니아 지역에도 은행은 400여 개가 있으며 이중 12개만 자산 규모가 20억 달러가 넘는 대형은행이다.

이와 같이 미국의 은행제도는 일부의 대형은행과, 나머지의 소규모 커뮤니티 은행의 이중 구조를 보여주고 있다. 대형은행들은 60년대 말의 부채매니지

---

164) MMF(Money Market Fund)란 고객의 돈을 모아 금리가 높은 CP, CD, 콜 등 단기 금융상품에 투자하여 이 수익을 되돌려주는 실적 배당상품이다. 미국의 최대 증권사인 메릴린치가 1971년에 개발하여 금리자율화가 유행한 1980년대에 활성화되었다. 대체로 이자율보다 높은 수익률을 보장한다.

먼트(debt management: 자본시장에서 자본을 동원하여 역시 자본시장에 투자해서 수익을 올리거나 대기업에 대출해줌으로써 수익을 올린다) 전략에서부터 시작하여 수수료 기반의 전략(fee-based strategy: 이전에는 개인수표 거래 등에 수수료를 부과하지 않았으나 현재는 수수료를 부과한다)과 중산층, 부유층 중심의 소매금융(upskill retail financing)으로 특화해가는 반면, 소형은행들은 대형은행의 서비스로부터 소외된 지역금융(niche marketing)으로 특화하는 경향을 보여준다.

2) 정보산업에서의 소규모 기업의 기여

미국에서 정보기술 산업(IT industry)은 비록 거시 경제에서 차지하는 상대적 비중은 작지만 (GDP의 8%) 국민 경제에 미치는 영향은 막대하다. 정보산업이 산업조직에 질적으로 어떤 영향을 주고 있는가? 몇 가지 제기되는 현상들은 아래와 같다.

첫째, 대량생산에서 소규모 유연생산으로 나아가는 데 영향을 미친다.

둘째, 수직적 통합과 위계적, 기능적 관리에 의존한 대기업의 경영, 생산, 마케팅 방식에 위기를 초래하고 소기업에 새로운 활력을 부여한다.

셋째, 소규모 기업의 다중방향적 네트워크가 발달하면서, 다른 한편 대기업에 의한 하청계열화도 나타난다.

넷째, 대규모기업의 경우 (기존의 카르텔과는 구분되는) 전략적 제휴가 빈번해진다.

다섯째, 수평적 통합(합병)과 글로벌 기업 네트워크가 발달한다.

물론 이러한 현상이 정보화 경향에 의해 전적으로 결정된다고 볼 수는 없고, 불확실한 기업환경에 대처하는 과정이 정보기술과 접목됨으로써 이러한 경향을 낳고 있다고 볼 수 있다.

결국 이 과정은 직무자동화, 업무 삭제, 관리인력의 슬림화 등을 통해 노동과정과 고용관행의 대 혁신으로 나타나며 정보기술과 접목됨으로써 더욱 가속화되고 역전되기 힘든 경향으로 자리 매김하고 있다.

이제 정보산업은 한편으로는 (1) 전자상거래, 컨텐츠산업, 소프트웨어(영상,

전자오락 포함) 산업, 통신, 컴퓨터 등과 같이 정보통신 부문에서 직접 부가가치를 산출하는 부문이면서, 다른 한편으로는 (2) 기존의 전통적 산업분야에 접목됨으로써 간접적 부가가치를 산출하는 부문이기도 하다. 전자는 IT 산업, 후자는 IT 다(多)사용 산업으로 분류된다.

IT 관련 산업의 범위가 확대됨으로써 정보관련 산업의 규모, 수익률, 전망을 수량적으로 제시하는 것은 매우 어려운데 여기서는 규모 증가를 보여주는 하나의 사례를 제시하기로 한다. <표 13-2>은 재화를 취급하는 산업에 비해 정보를 취급하는 산업분야의 고용이 지속적으로 늘고 있는 것을 보여준다.

<표 13-2> 미국 산업별 고용통계

	1920	1930	1940	1950	1960	1970	1980	1990
재화취급	73.3	69	67.4	69.3	65.8	61.1	57.3	52.6
정보취급	26.7	31	32.5	30.6	34	38.9	42.7	47.4

* 재화 취급 산업 mining, construction, manufacturing, transportation, wholesale/retail trade
* 정보 취급 산업: communication; finance, insurance, and real estate(FIRE); services; government
* 출전: Manuel Castells(1996), p.296

정보산업의 산업구조는 대기업 중심 혹은 소기업 중심이라는 도식에 의해 설명될 수는 없다. 다만 소기업과 대기업이 각자의 장점이 발휘되는 분야로 집중된다고 말할 수 있을 것이다. 예를 들면 대기업의 경우 수평적 통합을 통한 표준화 주도, 하드웨어 등 대규모 투자를 필요로 하는 분야에 집중하는 반면, 소기업의 경우 생산물 자체가 불확실한 소프트웨어, 대규모 투자는 불필요하면서도 유연한 생산이 요구되는 인터넷 비즈니스에 집중되는 것 등이다.

흥미로운 것은 바로 이렇게 정의된 정보산업이 금융산업과 긴밀히 관련되어 있다는 점이다. 즉 정보산업-주식시장-금융산업의 연관고리가 형성되어 있다. 이러한 연관고리는 정보산업과 금융산업의 두 축이 서로 상승작용을 하면서 미국의 지배적인 주도산업이 되는 과정을 만들어 준다.

3) 소기업의 활력

외관상 미국의 산업구조는 대규모 독점체제이다. 눈에 띄는 대부분의 산업이 그렇다. 하지만 사실상 대규모 기업은 현재 극도의 합병(및 전략적 제휴)과 정에 노출되어 있다. 대규모 기업은 합병을 통해 더욱 대규모화하는 특이한 진화과정을 밟고 있는 것으로 보여진다.

그러나 이러한 합병과정은 자본주의의 전체 역사 속에서 고찰하면 전세계적인 유효수요의 부족에 대한 자본재편성과 시장독점 과정에 다름 아니다. 이전에는 수요부족과 치열한 경쟁은 도산을 초래했지만 지금은 도산과 합병의 경계가 불분명한 상태로 바뀌었다.

그러나 외관상 잘 드러나는 대기업간의 제휴나 합병 등에 가려 잘 보이지 않는 소기업의 활력을 살펴볼 필요가 있다. 즉 그 수와 활력에 있어서 소규모 기업의 기여 역시 매우 막대하다는 점이다. 1990년대 이후 매년 미국에서만 70만-100만 개 이상의 소기업이 새로 생겨나고 있고 최근의 가정집 창업 (Home-based Business 창업)까지 합치면 1997년의 미국 내 소기업 창업은 100만 개를 훨씬 넘어선다. 반면 우리나라의 전체 중소기업 수는 약 10만 개에 불과한 실정이다.

또한 미국인 7명중 1명이 자영업에 종사하고 첨단소기업의 창업여건이 현저히 좋아졌다. 특히 미국 고용에 미치는 긍정적 효과는 대기업의 부정적 효과를 압도함으로써 안정적 고용을 창출할 수 있었다(<표 13-3>). 이러한 현상 역시 이른바 자본주의 황금기에는 나타나지 않았던 최근 20-30년간의 현상이다.

따라서 금융산업 또한 대규모 은행과 커뮤니티 은행으로 양분되듯이 산업조직 또한 양분되는 양상을 발견하게 된다. 그리고 이러한 양분현상은 상당히 오래 지속될 것으로 보인다. 그러한 양극화 경향을 장기화하게 하는 원인으로는 아래와 같이 몇 가지를 들 수 있다.

<표13-3> 기업규모에 따른 순직업 증가

Size of Firms in 1992	Job Created
Total	11,182
1-4 employee	5,810
5-19 employee	2,274
20-99 employee	1,417
100-499 employee	2,326
<500 employee	11,827
500+ employee	-645

* 기간 : 1992-1996 단위:천명 www.sba.gov

첫째 기술적 원인으로 정보사회로의 진전에 따른 輕薄短小산업의 부상을 들 수 있다. 둘째 금융적 원인도 있다. 앞에서 살펴본 소형은행들이 소규모 기업에 대한 금융을 전담하고 있기 때문이다. 소기업들은 은행에서 직접 대출(간접금융:intermediary)을 받아 자금을 동원한다. 미국에서 은행들은 미국 정부(소기업청:Small Business Administration)에서 보증하는 소기업대출을 하도록 되어 있고 이 대출을 얼마나 많이 하느냐가 은행 평가의 한 요소로 되어 있다. 따라서 소규모 커뮤니티 은행들은 소비자 신용 외에도 소기업에 대한 사업대출(business loans)을 통해 많은 영업 이익을 내고 있다.

소규모 은행들이 미국경제에서 소기업이 생존할 수 있는 금융적 기반이라면, 하이테크 소기업의 자금동원에서 나타나는 또 다른 특징은 금융산업이 벤처 자본(Venture capitals)을 통해 하이테크산업과 긴밀히 연관되어 있다는 것이다. 원래 미국은 직접금융이 매우 발달한 나라이다. 따라서 하이테크 산업은 주식시장을 통해 자금을 공급받고 주식가격의 상승에 의해 투자수익을 보상받는 체제로 나타나게 되는데 이러한 하이테크 산업의 성장 형태는 주식시장의 민감한 반응과 잠재력을 고려하지 않고서는 가능하지 않다.

이와 같이 미국의 금융/첨단 산업은 대기업/소기업이 공존하는 체제로 구성되어 있다. 특히 신생 산업 영역에서 소기업의 역할이 두드러지기 때문에 활력 있는 소기업이 없다면 디지털 자본주의 시대에 적응하기는 매우 어려울 것이다. 그러나 소기업이 창업하여 중견 회사로 되기는 매우 어렵다. 바로 이 문제로 인하여 소기업의 창업과정에 자본을 공급하고 경영을 지원하는 창업지원회사의 중요성이 제기되는 것이다.

4) 기업의 라이프 사이클과 소기업 생존의 환경

소기업의 활성화 문제를 이해하기 위해서는 자본주의 환경에서 소기업이 가지는 특수성을 먼저 이해해야 한다. 여기서는 소기업이 어떻게 탄생해서, 성장, 죽음에 이르게 되는가를 간략히 살펴보고 소기업 활성화 정책에 대해 논의하기로 한다.

대개 기업은 창업과정에서 하나의 인정받는 중견기업이 되기까지 여러 단계의 질적 도약기를 거치게 된다. 창업과정에서 중요한 것은 기업가의 아이디어이다. 기업가는 자신의 경험과 영감을 통해 이러 저러한 사업이 될 것 같다는 느낌을 갖고 이를 수량화하여 손익 계산을 해보며, 구체적으로 어떻게 사업을 전개할까라는 구상을 갖게 된다.

이 과정에서 기업가는 자신의 여러 네트워크를 동원하여 사업의 성공가능성, 동업자를 찾는다. 여기에 필요한 자본은 대개 기업가의 자기 자본이거나, 아니면 엔젤자본의 도움을 얻게 된다. 이를 종자돈(seed money)라고 하며 이로 인해 이 단계를 seed stage라고도 부른다. 미국이든, 한국이든, 이 경우에 연고가 전혀 없는 엔젤자본의 도움을 얻는 경우는 극히 어려운 것으로 알려져 있다.

창업 후 일정 규모의 시간이 지나고 손익 분기를 넘기면 소기업은 다시 한번 고비를 맞게 된다. 왜냐하면 과거의 성공이 미래의 장애가 되는 때가 되기 때문이다. 이를 start-up stage라고 부른다. 창업주는 기업을 보다 확장하지 않으면 경쟁에 직면하여 망할 수도 있다는 것을 안다. 하지만 동시에 창업주는 확장에 필요한 자금을 동원할 능력이 없다. 뿐만 아니라 창업주는 창업 당시의 성공의 신화에 눈이 멀어 이에 기초한 경영방식만 고집하는데 이는 대개 아마추어적 경영방식인 경우가 많다.

더욱이 일정 시기가 지나면 조직의 관리가 문제되는데 이는 창업주의 능력 밖의 문제이다. 따라서 경험 많은 전문 경영인을 필요로 하기도 하는 것이다. 이때 미국에서는 대개 기업의 매매시장이 발달되어 있기 때문에 이른바 벤처자본가(venture capitalists: VCs)가 개입할 수 있다. 벤처자본가는 창업주로부터 주식을 사거나, 추가 투자를 하여 자본투입(capital injection)을 하는데 성공적 벤처자본가는 단순히 자본만 공급하는 것이 아니라, 그 기업에 부족한 경영 노하우, 기술 지원도 하는 것으로 알려져 있다. 이 과정에서 이전의 창업주는 주식을 매각한 차액을 받고 퇴진하고 전문 경영인이 영입되는 수도 있다. 이 단계는 수차례의 자금모집을 하는 단계로서 자금 모집의 각 단계를 round 라고 한다.

세 번째의 단계는 벤처자본가의 투자가 성공으로 끝나 주식을 상장하는 단계이다. 주식을 상장할 수 있는 회사는 이제 더 이상 소기업이라고 불리지 않는다. 첨단 소기업이 등장하기 전 만해도 주식상장은 중견 중소기업도 생각 하지 못하는 일이었지만, 나스닥과 같은 장외시장의 발달로 이제는 첨단 소기업의 경우 기업 공개(Public Offering)를 쉽게 할 수 있다. 이러한 기업 공개는 창업 기업으로서는 최초의 공개이므로 I.P.O.(Initial Public Offering)라고 한다. 미국의 자료에 의하면 상장에 이르기까지 창업 후 평균 6년의 시기가 걸린다고 한다(한국에서는 그 3배인 18년이 소요된다). 기업 공개과정 벤처자본가는 투자의 10배에서 100배에 이르는 자본이득을 얻는다.

공개 후에는 대규모의 자본이득이 발생하였으므로 대개의 일반 기업과 큰 차이를 보이지 않는다. 일반적 기업의 과제에 직면하여 얼마나 규모가 크질 것인지가 결정되는 것이다. 이 과정은 또한 벤처자본가의 입장에서는 투자를 회수하는 단계(exit)이기도 하다. 경우에 따라서는 공개 후 도덕적 해이 현상을 방지하기 위해 일부의 벤처자본가는 공개 기업의 이사로 직위를 유지하여 경영에 개입하기도 한다. 하지만 모든 창업 기업이 공개에 성공하는 것은 아니다. 일부의 기업은 공개를 하지 못하고 다른 기업에 합병되는 경우도 있다.

이제 하이텍 소기업이 아닌 일반 소기업의 경우를 생각해보자. 일반 소기업은 세 번째의 단계가 없다. 왜냐하면 성장가능성이 일정하게 한계 지워져 있기 때문이다. 이 경우에는 두 번째 단계에서의 자본공급이 주식이 아니라 대출에 의해 이루어진다. 미국에는 약 1만개의 은행이 있는데 이중 90%는 소형은행이므로 소형은행이 소규모 사업자에게 대부를 해주게 된다.

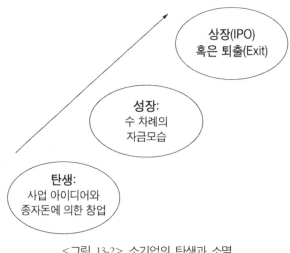

<그림 13-2> 소기업의 탄생과 소멸

<그림 13-2>는 소기업의 라이프 사이클을 묘사한 것이다. 기업의 생성에서부터의 라이프사이클을 살펴볼 때 한국의 경제환경은 이러한 소기업 생존에 얼마나 불리한가를 알 수 있다. 우리나라에는 소기업이 창업하여 일정한 성장

이후에 창업자 이득을 회수할 수 있는 장치가 마련되지 못하였고 따라서 이러한 이득을 노리고 창업 기업에 자금 지원을 하는 벤처자본가들도 생겨나지 못하였다. 또한 소기업에 융자를 하는 은행과 같은 금융구조를 가지지 못하였다. 결국 이러한 조건하에서 한국의 경제발전은 소기업이 아니라, 정부의 정책에 의해 육성된 대기업에 기초하였던 것이다.

4. 벤처자본과 벤처기업

1) 벤처(기업)과 벤처자본

창업기업의 입장에서 제일 중요한 것은 자금이다. 창업기업들은 은행, 보험회사, 투자회사 등의 은행권 및 자본시장으로부터 공식금융을 지원받는 것이 지극히 어렵다. 창업기업에게 투자하는 기관들은 벤처자본, 엔젤자본, 외국투자가, 기관투자가 등이 있다. 엔젤의 경우 비교적 도움을 받기는 쉽지만 제도화되어 있지 않는 부유한 가족이나 개인이므로 활성화 시키는 데는 한계가 있다. 반면 기관투자가의 경우 초기의 신생 소형기업에 대해서는 많은 관심을 기울이지 않는다. 그러므로 중요한 것은 초기 신생 기업에 집중적으로 투자하는 벤처자본의 역할이다. 이제 창업기관으로서의 벤처자본에 대해 알아보자.

벤처자본에 대해 논의하기 전에 벤처자본이 투자하는 기업에 대해 먼저 정의할 필요가 있다. 벤처기업에 대해서 다양한 용어들이 각 국별로 달리 사용된다. 벤처기업에 대한 용어는 현재 우리나라에서도 그 개념이 명확하지 않은 형편인데 미국에서는 기술집약적 신생기업(New Technology-based Firm : NTBF)이라고 부르거나, 신생벤처(New Venture: 미국에서는 Venture Business라는 용어를 사용하지 않는다)라는 용어를 사용한다. venture라는 용어 자체가 위험을 의미하는 단어인데 이 단어가 고수익, 고위험 기업을 의미하는 것으로도 전환되어 사용되고 있는 것이다. 반면 '고위험, 고수익' 사업에는 Venture Project라는 용어를 사용하고 있다.

일본에서는 벤처비즈니스(Venture Business : VB)라는 일본식 영어 표현을 사용하고 있다. 우리나라에서는 과거에는 모험기업이라는 용어를 사용했으나, 우리나라 사람들에게 모험기업은 너무 위험하다는 선입감이 강해, 요즈음에는 언론을 중심으로 벤처기업이라는 용어로 통일하여 사용하고 있다.

벤처기업에 투자하는 회사, 개인이 벤처자본이고 벤처자본가이다. 1990년 유럽벤처자본협의회(EVCA)의 정의에 따르면 벤처자본이란 "생산물, 기술, 사업개념, 사업서비스에 있어 중요한 성장 잠재력이 있는 무명의 창업기업이나, 중/소기업에게 주식 및 준 주식 투자를 주로 행하는 조직이나 개인"을 말한다. 그들의 주된 투자 목적은 위험을 감수함으로써 장기자본이득을 추구하는 것이며, 피투자자에 대한 적극적인 경영 지원을 할 수 있다. 결국 벤처 자본은 자본과 컨설팅이 결합하여 투자기업을 감시하고 경영자석 입장에서 지원하는 관계를 가지는 것이다. 또 다른 정의로는 연구개발과 기술적으로 강점이 있는 회사에 투자하는 자금이라는 정의도 있으며, 주식 시장에 미등록된 창업한지 얼마되지 않는 기업에 투자하는 특수한 형태의 자금이라는 정의도 있다.

위의 정의는 벤처자본의 고전적 행태를 묘사한다. 그러나 실제의 벤처자본은 이러한 정의에 잘 들어맞지 않는다. 유럽벤처자본 중 80% 정도는 창업기업이나 무명의 중소기업에 대한 투자가 아니라 기업매수, 재구조화, 확장을 위한 자본융자에 집중하고 있다고 한다.

위의 정의에 들어맞는 벤처자본은 미국의 초기 벤처자본 들일 것이다. 이러한 초기의 '고전적' 벤처 자본은 미국에서도 점차 감소하고 있다. 전자의 의미로서의 벤처 자본은 산업 자본적 속성을 많이 지니고 있다. 이러한 전자적 의미의 벤처자본자는 이미 해당 분야의 창업가인 경우가 많고 창업기업가의 사정을 잘 이해하는 경우가 많으며 '참을성 있는 자본'으로서 기능하였다.

하지만 후자의 벤처자본은 투자 은행 등 비은행금융기관의 자본을 이용하여 투자를 수행하며 장기간의 투자가 아니라 어느 정도 성장한 창업기업들, 즉 기업공개(I.P.O.)를 목전에 두고 있는 창업기업에 투자하여 가능한 빠른 시기에 자금 회수를 행하는 벤처 자본들이다. 이러한 벤처 자본은 금융자본적 속성이 강하다고 하겠다. 벤처기업 성장의 초기 시기인 우리나라에서는 전자적 벤처 자본을 육성할 필요가 시급하다고 보여진다.

<그림 13-3>은 벤처자본과 벤처기업 간의 관계를 나타낸 것이다. <그림 13-3>에서 나타난 바와 같이 벤처자본은 다양한 경로를 통해 벤처기업에 자금을 투자한다. 1996년의 미국 데이터에 의하면 벤처자본의 자금 중개 전체 중에서 연금기금의 비율은 45%, 보험과 은행이 6%, 대학과 재단이 20%, 개인이 7%, 기업이 18%, 외국인투자가 4%를 차지하고 있다. 그리고 실리콘밸리에는

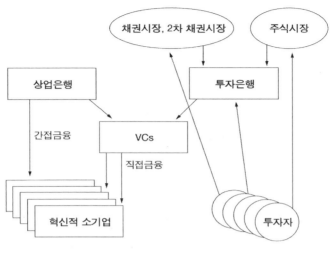

<그림 13-3> 벤처 기업과 벤처 자본의 관계

현재 200여 개의 벤처자본이 활동하고 있다.

2) 벤처자본의 역사 - 미국

벤처기업이 미국의 경제에 끼친 영향은 논쟁할 수 없는 사실이다. 이러한 벤처기업의 성장에는 벤처자본의 역할이 컸다. 벤처자본은 이차대전 이후 미국에서 유래하였지만 처음부터 괄목한 성장을 한 것은 아니다.

몇 가지의 예를 들어보자. 1957년 ARD(American Research & Development)라는 벤처자본이 MIT 졸업생들이 세운 신생기업 DEC(Degital Equipment Corporation)에 그 기업의 주식 77%인 7만 달러를 투자했다. 그러나 1971년에 실시된 퍼스날컴퓨터 메이커인 DEC에 대한 주식 투자는 무려 3억 5천5백만 달러에 달했다. 1975년 아서록(Arthur Rock)이라는 유명한 벤처자본가가 애플컴퓨터(Apple Computer)에 투자한 금액은 1.5백만 달러인데, 이 회사가 1978년 상장되고 나서 1억1천만 달러의 가치로 평가받게 되었다. 국제적 속달 우편 회사인 페더럴익스프레스(Federal Express) 역시 벤처자본의 투자를 받았는데 초기 29개월 동안 매달 백만 달러의 손실을 보고 있었다. 하지만 이 회사가 상장될 때는 25만

달러의 투자는 10억 2천만 달러의 투자로 평가받았다. 이와 같이 벤처기업과 벤처자본의 성공은 성공의 사례로서는 눈부시다고 할 수 있다.

이러한 전설적인 '슈퍼스타' 벤처기업들은 과연 미국 경제에 어떤 영향을 미쳤는가? 단순히 몇몇의 특수한 성공사례에 불과한가? 아니면 보다 보편적 현상이라고 보아야 할 것인가? 이를 두 가지 측면에서 살펴보자. 첫째는 우리의 생활에서 잘 알고 있는 하이테크 소비재를 생산하는 기업들의 대다수가 벤처기업이고, 둘째는 이들이 미국의 거시 경제에 끼친 영향이라는 측면이다.

첫째, 미국의 벤처기업은 신기술·신산업을 개발하고 창출함으로서 미국산업의 기술력과 경쟁력 제고를 선도하였다. 지난 5년간 실리콘밸리 벤처기업의 R&D 투자증가율은 33%로 포춘 500대 기업의 3배, 종업원당 R&D 지출액은 42,000달러로 포춘 500대 기업의 4배였다. 뿐만 아니라 주로 우리 생활에 큰 변화를 가져 온 것은 컴퓨터와 네트워크라고 할 수 있는데 이 분야의 모든 생산물은 벤처기업의 발명품이다. 컴퓨터 산업은 켄 올슨(Ken Olsen)의 DEC에서 시작하게 된다. 이후 테드 호프(Ted Hoff)가 DEC의 PDP-8이라는 연산처리 장치에 영감을 받아 인텔(Intel) 마이크로 프로세서를 개발함으로써 퍼스널 컴퓨터의 시대가 열렸다. 또 스티브 잡스와 스티브 워즈니악에 의해 개발된 애플 컴퓨터는 퍼스널 컴퓨터의 대중화시대를 열었다. 우리가 잘 아는 IBM 컴퓨터는 빌게이츠의 마이크로소프트사의 도스와 윈도즈를 운영체제로 하고 있으며 로터스 1-2-3이라는 소프트웨어는 사무실 자동화를 이끌었다. 하드디스크 드라이브는 Seagate Technology라는 회사에 의해 소형화가 이루어졌고 CAD/CAM과 같은 프로그램은 Computervision, Sun Microsystems, Apollo라는 회사에 의해 개발되었다. 앞으로 21세기의 통신에서 굉장히 중요한 역할을 하게 될 Ethernet이라고 불리는 LAN(Local Area Network) 프로토콜은 3Com의 창시자인 밥 메트칼프(Bob Metcalfe)에 의해 개발되었다. 위와 같은 생산물을 만든 회사들은 모두 벤처기업들이다.

컴퓨터와 네트워크의 발전은 바로 '디지털 자본주의'라는 현상을 이끈다. 물론 전자는 새로운 발명이고 후자는 이전의 전화라는 통신 수단에 기반하고 있어 다소 전통적인 것이지만, 전자의 발전으로 인해 컴퓨터와 네트워크(통신) 사이의 간극이 점차 없어지고 있는 것이다. 이러한 산업의 진화는 그 산업 자체 뿐 아니라 생산, 회계, 광고, 금융, 교육 과정의 모든 과정을 변화시키고 있다.

이외에 우리에게 잘 알려져 있지 않은 벤처기업은 미국의 경우, 와트슨의 DNA 발견에 이은, 생명공학(biotechnology)과 군수산업, 항공산업 등에 광범위하게 퍼져 있다. 이러한 벤처기업은 이른바 첨단분야라고 불리는 영역에 주로 포진하였지만 최근 들어서 보다 전통적 산업 영역으로 진출하는 경향도 보이고 있다.

두 번째로 이러한 벤처기업들이 미국 경제에 미친 거시경제적 영향을 보자. 1,650개의 벤처자본의 지원을 받은 벤처기업에 대한 서베이 조사에 의하면 235개의 기업이 평균 1.9년 존재했으며 1985년부터 1989년까지 36,000개의 직업을 새로이 창출했다. 1회사당 평균 153명을 고용한 것으로 드러났으며 수출은 평균 3.3백만 달러, R&D 지출은 3.1백만 달러, 세금은 72만 달러를 지불한 것으로 되어 있다.

이러한 기록은 미국의 대기업이나, 소기업의 성과와 비교하여 월등하게 우월한 성과라고 할 수 있다. 이들은 미국의 최고 500대 대기업과 비교하여 상대적으로 저렴한 임금을 받으면서도, 보다 높은 학력을 보유하고 있고, 보다 적은 사무직원을 보유하고 있다. 수출실적에 있어서는 최고 500대 기업과 비교하여 주식 당 수출액을 비교한 결과 4배가 많았다. 즉 고부가가치와 고성장이 특징인 벤처기업이 미국 GDP 증가를 견인하였는데, 1991~95년 사이에 미국 GDP 증가분 중 4.2%를 차지하였다. 같은 기간 미국 벤처기업의 평균성장률은 38%로 독일기업의 4.9%, 일본기업의 1.6%, 포춘 500대 기업의 3.5%를 능가하였다. 이와 같이 벤처기업은 미국 경제에 여러 가지 측면에서 중요한 영향을 미쳤다고 할 수 있다.

한편 벤처자본은 어떻게 성장하게 되었는가? 벤처자본의 기원은 미국에서 부유한 가족과 개인이 창업기업에 투자했던 1920년대와 30년대까지 거슬러 올라간다. 우리가 잘 아는 제록스사가 이 시대에 벤처자본에 의해 성장한 벤처기업에 속한다. 하지만 대개의 논자들은 1946년 ARD의 창설을 벤처자본의 기원으로 하는데 주저하지 않는다. 왜냐하면 ARD는 최초의 벤처자본기업이기 때문이다.

원래 이 회사의 아이디어는 이후에 보스턴 연방준비은행 장이 된 랄프 플랜더스(Ralph E. Flanders)에서 나왔다. 그는 당시에 신생기업들이 은행, 보험회사, 투자회사 등의 공식금융에서 돈을 빌릴 수 없는 현실을 안타까워해서 이러한 기관들이 창업기업에 투자할 수 있도록 관련 투자법을 바꾸자는 제안을 했다.

당시에는 록펠러 등 일부의 부유한 가족들만이 창업기업에 투자를 하고 있었다.

이 아이디어는 하바드 경영대학원 교수인 조지 도리어트(General Georges Doriot)에게 받아들여져서, 2차 대전 중 MIT에서 개발된 여러 군수관련 기술들을 상업용으로 전환하는 사업에 정부지원 없이 순수 민간 자본을 유치하여 투자하기로 결정했다. 처음 5백만 달러의 폐쇄형 투자회사로서 시작하였지만 그것은 매우 어려운 일이었다. 아무도 분명하게 이해하지 못하는 사업 프로젝트에, 사업의 목표가 창업회사를 돕는 것이라는 점, 사업의 수도자가 풀타임의 전문가도 아니고 대학의 교수이며, 도대체 언제쯤 얼마나 벌 것인지도 애매한 사업이기 때문이었다.

ARD의 최초 투자는 보스턴 Route 128(미국의 기술 고속도로라고 불리우는)에 산재한 MIT 출신의 졸업생들로 구성된 High Voltage Engineering Corporation(HVE)이었다. 이후에 ARD는 6개의 신생 벤처기업과 2개의 기존 벤처기업에 투자했으나 이들은 계속 적자를 보고 있었다. ARD의 주식은 처음에 주당 25달러였으나, 1951년에는 주당 19달러로 떨어졌다.

결정적 사건은 1957년에 DEC에 투자함으로써 발생했다. DEC의 놀라운 성공은 이후의 벤처자본의 역사를 뒤바꾸어 놓는 결정적 사건이었다. ARD는 단 7만달러로 DEC 주식의 77%를 보유하게 되었는데 이는 1971년에 5000%의 가치로 증가한다. 이러한 놀라운 성공으로 인해 벤처자본의 범위는 급격히 증가하게 되었다. 어떻게 해서 ARD가 DEC에 투자했는가는 잘 알려져 있지 않은데, 하나의 비화에 의하면 ARD의 도리어트는 MIT의 네 명의 졸업생으로 구성된 DEC에 대해 처음에 관심을 가지고 있지 않았다는 것이다. 도리어트는 단지 콩글턴(Congleton)이라는 자신의 직원으로 하여금 그 직원이 성공적 신생기업을 골라 투자하는 것이 얼마나 어려운지를 알게 하려고 DEC의 투자를 방관하였다는 것이다. 콩글턴은 이 성공 이후 자신의 벤처자본회사를 만들었는데 그 성공으로 미루어보건대 결코 신생기업에 투자하는 것의 어려움을 배우지 못했을 것으로 보인다.

1972년 ARD는 DEC 주식을 주당 813달러, 총 355백만 달러를 받고 팔았다. 이후 ARD의 총수익률(Rate of Return)은 14.7%로서 DEC에서 기인한 수익률을 빼면 7.4%에 불과하다. 이는 하나의 슈퍼스타가 벤처자본에 얼마나 큰 기여를 하는지를 보여준다. ARD의 투자방법은 바로 고전적 벤처자본의 투자로 분류될 수 있다. 왜냐하면 ARD는 순수하게 주식에만 투자했고, 장기간 투자했으며, 단기에는 기업가와 손실을 같이 공유했기 때문이다.

이 역사에서 두 번째의 분수령은 1958년에 소기업투자법(SBIC Act, Small Business Investment Companies Act)의 제정을 통해 연방정부 차원에서 중소벤처 기업에 투자하는 벤처자본에 대한 지원책이 나온 것이다. 미국 소기업청(SBA, Small Business Administration)에 의해 주도되어, 정부면허를 받은 민간의 벤처자 본은 민간 투자 1달러당 정부가 지원하는 저리의 4달러를 빌릴 수 있게 되었다.

이리하여 양적으로는 소기업투자회사가 급증하였지만 정부의 지원책의 속 성상 소기업투자회사들은 많은 부채를 지게 되었고 이는 다시 현금을 매우 많이 요구하는 신규의 벤처에 투자하는 ARD같은 투자회사를 위축시키는 양상 을 띠게 된다. 그리하여 마치 1980년대의 저축투자조합(Savings & Loans Associations) 위기와 마찬가지로 고부채의 불량한 투자회사들이 급증하게 되었 다. 1978년쯤 되자 전체 벤처자본 중 이러한 벤처자본은 단지 21%에 불과하게 되었다.

1968-69년은 벤처자본의 역사상 초기의 과열을 보여준 시기였다. 이 시기에 DEC의 성공으로 인해 너나 할 것 없이 모두 벤처자본에 돈을 부어넣었고, 소기업투자회사들이 맹렬한 속도로 증가했다. 그러나 이후 벤처자본 비즈니스 는 침체기에 접어든다. 1970년에서 1977년은 벤처자본이 거의 아사한 시기이 다.

그러나 1978년 이후부터 벤처자본에 대한 법적 지원이 시작되어 이는 1980 년대의 벤처자본 붐을 야기한 계기가 되었다. 1979년에는 460백만 달러만이 375기업에 투자되었는데, 1987년에는 39억4천만 달러가 1729개의 회사에 투자 되었다. 심지어 SBIC 산업도 회생하여 1980년대 후반쯤에는 450기업으로 증가 했다(Gompers & Lerner, 1999: 7).

하지만 1980년대 후반부터 벤처자본은 또 다시 불황기에 접어들었다. 또한 SBIC 산업 역시 그리하여, 약 1/3의 회사들이 청산절차를 밟게 되었다. 유수한 벤처자본 회사의 파트너의 표현에 의하면 "이러한 불황은 처음도 아니고 영원 히 지속될 것도 아니다. 하지만 앞으로 아마 1975-76년 시기의 호황을 다시 맞이하기는 매우 어려울 것이다." 하지만 이러한 어두운 예상에 대해 컴팩 컴퓨터와 로터스에 투자했던 유력한 벤처자본가 벤 로슨(Ben Rosen)과 다른 벤처 투자자들은 다르게 보았다. 가장 어려운 문제는 "돈이 아니라, 회사를 세울 줄 아는 사람(즉 기업가와 투자자)들이다."

1990년대 중반 이후는 벤처 자본이 본격적으로 개화되어 역사상 유례없는 벤처 투자의 시기가 도래되었다. 최근의 급성장으로 인해 경험 있는 벤처 자본 가들은 이 부문의 장래 전망에 대해 걱정하기 시작했다. 역사는 과잉의 벤처 투자는 엄격한 심사의 이완, 벤처 투자의 프리미엄 증대 등의 과정을 거쳐 벤처 투자 기회의 소진으로 나타남을 보여주었기 때문이다. 이와 반대의 전망 도 있다. 즉 1990년대 후반 벤처 투자의 열풍은 급속히 늘어난 기술 혁신의 반영이며, 벤처 자본과 함께 이의 하부구조라고 할 수 있는 변호사, 회계사, 헤드헌터 회사 등과 함께 벤처 투자 기법이 증대됨에 따라 벤처 투자 과정이 효율화되었기 때문에 벤처 투자의 급증이 투자의 냉각을 불러오지 않을 것이 며 앞으로도 더욱 발전할 수 있으리라는 견해이다.

5. 소기업 지역네트워크: 실리콘밸리

1) 네트워크적 접근의 모범례로서 실리콘밸리

지금까지 소기업의 생성과정과 생존환경, 또 소기업에 중요한 기반으로서 벤처자본에 대하여 알아보았다. 그러나 소기업은 하나의 단위로서 생존하기는 매우 어렵다. 따라서 소기업이 성공하는 경우 대개 소기업끼리 서로 모여 네트 워크를 형성하는 경우가 많다. 그러한 네트워크는 어떻게 형성되며 그 네트워 크의 이점은 무엇인가?

1990년대 접어들면서 '조직행동이론'을 중심으로 네트워크에 대한 관심 이 증가하게 되면서 소기업 산업지구(실리콘밸리와 같은)가 지역 경제학에서 새로운 조명을 받게 되었다. 이러한 쟁점은 "위계 대 시장"이라는 대립점을 회피하는 제3의 길로서 「네트워크」의 중요성을 부각하는 의미가 있다. 말하 자면 한편으로는 기존의 국가주의적, 케인즈주의적 경제정책과 시장중심적 자유주의적 경제정책의 대립을 회피하려는 이론적 관심과 다른 한편으로는 광범위하게 발생하고 있는 수평적 연계, 지방집약적 소기업들의 독특한 산업 조직을 설명하기 위한 것이라고 볼 수 있다. 전자의 경우 쟁점은 국가(國家) 대 시장(市場)이 될 것이며, 후자의 경우 쟁점은 대규모 조직의 위계(位階) 대시장(市場)이 될 것이다.

네트워크적 접근은 산업지구의 기업간 관계에 주목함으로써 이 네트워크에서 발생하는 이득을 통해 산업지구의 번영을 설명하려고 한다. 특히 네트워크를 기업의 내적 환경으로 인식하므로 문제되는 것은 그러한 네트워크의 역사적 생성, 제도적 형성의 특수성이다. 네트워크적 특성을 가진 산업지구가 주목받게 된 것은 실리콘밸리가 처음이 아니다. 북부 이태리의 산업지역(industrial district)을 비롯하여 독일, 일본, 대만 등에도 유사조직이 발견되었다. 실리콘밸리가 이러한 사례로서 주목받은 것은 극히 최근의 일이다.

그러나 실리콘밸리는 미국에서 소기업의 지역 집중지역(cluster)으로서 지금까지는 유일한 성공사례이다. 더우기 주된 산업이 전자, 항공, 의료 등 첨단 고부가가치 산업이기 때문에 주목받고 있으며, 독특한 자금조달방식, 성공에 대한 높은 보수로 인해 1960년대에 조성된 이후 지금까지 지속적 성장을 보여주고 있다. 특히 동일한 첨단 산업지역인 보스턴 중심의 동부의 대기업 산업지역을 능가하는 성과를 보여주고 있다.

실리콘밸리는 1960년대 성장하기 시작했는데 이는 벤처 자본의 태동과 시기를 같이 한다. 1960년대에는 반도체산업을 통해 트랜지스터 등을 중심으로 한 동부 지역의 첨단산업을 역전한 바 있으며, 1970년대에는 동부 보스턴을 중심으로 하는 루트 128 지역이 미니컴퓨터의 생산을 선도하여, 일시적으로 뒤처졌으나, 실리콘밸리는 곧 워크스테이션과 개인용 컴퓨터로 전환하여 서부 지역의 첨단 산업 발전을 이끌었다. 1980년대 이르자 실리콘밸리의 활성은 변화하는 환경에의 유연한 적응력에 있다고 일반적으로 믿어지게 되었다. 1980년대 후반 일시적 침체를 겪은 후 1990년대 실리콘밸리는 생명공학(biotechnology)에 대대적 투자를 수행함으로써 새로운 첨단산업을 선도하는 역할을 여전히 수행하고 있다.

이 지역의 높은 경제적 성과를 보기 위해 세 가지의 지표만을 검토하기로 하자. 첫째는 노동자의 생산성이고, 둘째는 벤처자본의 투자이며, 마지막으로 지역사회에의 기여다. 이 지역의 노동 생산성은 특별히 높다. 컴퓨터/통신 분야는 1999년 노동자당 부가가치가 $289,000 이며, 반도체/장비 분야에서는 두 번째로 높은 수준인 노동자당 부가가치가 $240,800, 소프트웨어는 $166,900, 혁신 서비스 분야는 $139,000이다. 생명공학을 제외하고 실리콘밸리의 모든 산업 분야에서 노동자 1인당 부가가치(생산성)는 미국 평균보다 높다.

두 번째로 벤처자본의 투자를 보면, 벤처자본은 1999년 61억 달러를 기록했는데 이는 1998년의 두 배다. 이러한 급격한 증가 추세는 1994년 이래 계속되고 있는데, 지난 5년간 (1994-1999), 벤처자본 투자는 6배 이상 증가했다. 이 지역의 벤처자본 투자는 미국 전역의 1/3을 상회한다. 투자 중에서 소프트웨어와 인터넷 기업이 가장 많은 부분인 33%를 받았으며, 통신 회사들이 28%, 반도체와 칩 제도업자들은 2%만 차지했다.

마지막으로 실리콘밸리가 지역경제에 미친 영향을 보자. 미 상무성의 자료에 의하면 실리콘밸리는 1998년 캘리포니아 수출의 35%를 차지했는데, 이는 실리콘밸리의 인구가 주 전체의 1/12밖에 안 된다는 것을 감안하면 매우 큰

<그림 13-4> 실리콘밸리

기여라고 할 수 있다. 실리콘밸리의 이러한 성과는 벤처 소기업의 네크워크의 성과로도 간주될 수 있다. 실리콘밸리의 성공에 힘입어 현재는 유사한 첨단 소기업 업종이 실리콘밸리 뿐 아니라, 로스엔젤레스, 애틀랜타, 시애틀, 솔트레이크 시티 등 미국의 다른 지역으로 점차 광범위하게 퍼져나가는 양상을 보여주고 있다. 그러나 실리콘밸리 지역에서 나타나는 소기업 네트워크가 다른 지역에 쉽게 이식될 수 있는가는 현재 논쟁중이다. 165)

165) 실리콘밸리라는 명칭은 저널리스트인 Don C. Hoefler가 1971년 Electronic News지에 Silicon Valley, U.S.A.라는 명칭을 사용함으로써 시작되었다. 지명상에 실리콘밸리라는 것은 존재하지 않으나 이 명칭은 미국의 첨단산업단지를 상징하는 표현으로 부상되었고, 캘리포니아 주(州) 내 산타클라라 카운티와 산 마테오, 알라미다, 산타크루즈 등의 인근지역을 지칭한다. 실리콘밸리 지역의 주요 기업들로는 선 마이크로시스템스, 코너 페리페랄스, 사이프레스 세미콘닥터, 휴렛패커드, 인텔 등이 있고 이 기업들은 대개 반도체와 컴퓨터 신생기업들이다. 이 지역의 총면적은 1,500 평방 마일이며, 총 인구는 2백5십만, 이 지역이 공급하는 직업은 모두 1백3십만에 이른다. 인구 분포

2) 실리콘밸리의 동학

원래 미국의 첨단산업은 (1) 산학협동을 통해, (2) 군수산업에 대한 국가 지원을 통해 (3) 벤처자본의 지원을 받고 성장했다는 특징이 있다. 대표적 사례가 미 동부의 MIT를 중심으로 한 첨단산업지역인 루트 128이다. 보스턴 중심의 이 지역은 여기서 다루는 그러한 네트워크 구조를 가진 것은 아니나 미국의 첨단산업 발전의 전형적 경로를 보여준다. 왜냐하면 중요한 사업체들은 대학의 인재들이 창업하는 형식으로 발생하였고 국가의 구매 및 연구지원에 힘입어 크게 성장하였으며, 같은 시기에 벤처자본이 시작되었기 때문이다.

Saxenian(1994; 1990)에 따르면 실리콘밸리 성공의 비밀은 (1) 비공식 네트워크, (2) 노동시장의 이동성, (3) 법률적 관행, (4) 모험 자본의 역할이라는 네 가지의 특징으로 모아진다<그림 13-5참조>. 이러한 네 가지 특징은 동부에도 존재하지만 그 양상이 다소 다르며 이것이 바로 동부와 서부 산업지역의 격차를 야기했다는 것이다.

이 점들을 하나씩 살펴보자. 실리콘밸리의 비공식 네트워크에 대한 논의는 비교적 잘 알려져 있다. 실리콘밸리의 비공식 네트워크의 기원은 대학(스탠포드 대학)과 기업(페어차일드)에 두고 있다. 교육기관의 산학협동분위기는 이러한 사정에 연유한다(스탠포드 대학의 Honors Cooperative Program과 캘리포니아 주립대학과 지역 전문대학의 인력 양성기능). 이 두 기관의 졸업생과 동기들이 지속적으로 창업함으로써 이 일대의 독특한 네트워크를 만들었다는 것이다. 초기의 형성과정이 지나고 나서 현 단계의 사회적, 직업적 네트워크는 (1) 기술정보의 교환, (2) 시장정보의 교환, (3) 직업정보의 교환을 야기하는 중요한 매개체 역할을 하고 있다.

원래 미국에서 노동시장의 이동성은 강하나 이 지역의 이동성은 피고용인이 창업자로 전환한다는 이동성이 주목할 만하고 이동성이 금지되는 것이 아니라 하나의 관행으로 남았다는 점이 중요하다.

를 보면 49%가 백인, 24% 가 히스패닉, 23%가 아시안, 4%가 흑인이다. 실리콘밸리 지역의 인구의 세계화는 매우 높아, 인구의 32%가 외국에서 태어났다. 또 지역 내 인구의 85%가 최소한 고등학교를 졸업했으며, 37%는 최소한 학사학위를 가지고 있다(실리콘밸리에 대한 기본적인 사항은 www.jointventure.org를 참조)

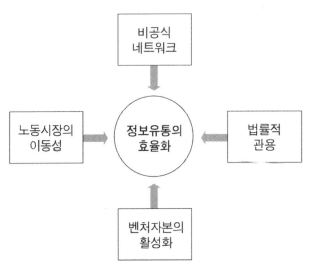

<그림 13-5> 실리콘밸리의 성공 요인

"그러한 노동시장 정보는 실리콘밸리에서 매우 중요했다. 여기서 기술자들은 기업 사이를 자주 이동하였으며 이 이동성은 사회적으로 용인되었을 뿐 아니라 심지어는 사회적 규준(관습:norm)이 되었다. 실리콘밸리에서 선호되는 직업경력은 소규모 회사에 또는 신설회사에 참여하였다는 것이다. 기성의 대규모 회사에 대비한 소규모의 혁신적 회사의 우위는 그 지역 기술자들 사이에 거부할 수 없는 사실이 되었다... 회사를 자주 옮기지 않은 사람들은 왜 그래야 했는가를 설명하기에 바쁘다. 반면 자주 옮긴 사람들은 자신의 행동을 정당화할 필요를 느끼지 못한다. 이동성은 여기서 규준인 것이다." (Saxenian, 1994: 35)

이 지역의 노동자들은 HP, Sun Microsystems와 같은 지역내의 유수한 기업을 떠나서 새로운 기업을 창업하거나 다른 창업기업에 고용되는 것을 결코 수치로 여기지 않으며, 또 비록 창업 후 실패하더라도 얼마든지 재취업할 수많은 직업이 있기 때문에 모험이 쉽게 이루어진다.

이러한 상황에서 실리콘밸리의 기술자들은 산업의 개별 기업에 대해서보다는, 서로 서로와 선진 기술의 대의(즉 동종업에 종사하는 사람들의 네트워크)에 더욱 강한 집착을 보이게 되었다. 또한 매우 급격한 노동의 이동은 인적 교류를 통한 기술 확산이라는 결과를 초래했다. 마지막으로 이 지역에 많은 인력이 필요하게 되자, 이민법 상의 조항을 바꾸어서라도 세계에서 우수한 인재에게 문호를 개방하였다는 것이다. 현재 실리콘밸리에는 약 1/3의 인구가 아시안으로 구성되어 있을 정도로 이 지역의 개방과 세계화 수준은 높다.

세 번째로 지적되는 것은 실리콘밸리에서 독특하게 적용되는 법률적 관행(지적소유권, 라이센싱, 상법)이다. 원래 미국에서는 고용 계약 시에 기업에서 취득한 기술, 노하우는 다른 곳에서 적용하지 못하도록 하는 엄격한 규정이 있으며, 지적 소유권 등에 대해서도 매우 민감하게 반응한다.

하지만 캘리포니아 지역에서는 특이하게 이러한 관행들이 보다 실용적으로 적용되었다는 것이다. 특히 노동의 이동성이 빈번하여 어제의 기업주가 오늘의 피고용인이 되고, 어제의 경쟁회사 피고용인이 오늘 내 회사의 피고용인이 될 수 있기 때문에 피고용인의 기술교류에 대해서 포기하거나 관용하는 사회적 분위기가 있고, 이 역시 지역 내 기술의 전파효과를 높였다는 것이다.

이러한 메커니즘은 경쟁양식의 특유성에도 기인한다. 즉 실리콘밸리의 패러독스는 경쟁은 끊임없는 혁신을 요구했는데, 이는 다시 기업간의 협력을 필요로 했다는 것이다. 개인적 창의력과 기술적 우위만이 가장 최고로 보상받을 수 있었고, 이러한 것은 정보, 기술, 경험에 의존하고 있지만, 이 역시 실리콘밸리의 사회적, 전문적 네트워크에 내재하는 것이었다. 그러한 협력의 방식으로는 cross-licensing, second-sourcing arrangement, joint venture 등이 있다. 이 역시 기술 확산에 기여했다.

네 번째 지적되는 특징은 이 지역에 활성화된 벤처자본가들이다. 여기서의 벤처자본은 동부의 벤처자본과는 달리 성공한 모험기업가들이 변신한 경우가 많다. 따라서 모험금융자본가들의 경우 성공 가능한 기술을 선별할 능력이 있고 그 스스로 경영과정의 어려움을 겪었기 때문에 경영과정에 개입하여 창업기업의 성공을 돕는다는 것이다. 이로 인해 벤처자본가는 기술적, 경영적 지원을 수행했다.

벤처자본가의 행태는 모험을 통해 성공을 노리는 실리콘밸리의 문화와 관련이 있다. 이 지역의 창업기업들이 다른 지역에 비해 특별히 낮은 실패율을 보이는 것은 아니다. 사업실패는 이 지역에서 매우 일반적이다. 어떤 보고에 따르면 1960년대에 시작한 250개의 기업 중에 1988년 기준으로 50%가 파산했으며, 32%가 인수 합병되었고, 18%만 생존했다고 한다. 그러나 다른 점은 실패의 용인과 위험의 감수라는 점에 있다는 것이다.

벤처자본은 실리콘밸리 첨단 소기업들의 중요한 자금원천이 되고 있는데, 이러한 벤처자본의 금융은 미국의 금융행태를 특징 지우는 소원한 금융(arm's length financing: 인적 관계, 정보 등을 이용한 결정이 아니라 시스템과 객관적 자료를 이용한 결정에 입각한 금융을 말하며 이 경우 은행과 기업의 관계는 엄격히 분리되어 있다)으로 규정할 수가 없다. 왜냐하면 벤처자본은 단순한 자본만 공급하는 것이 아니라 내부 정보를 가지고, 프로젝트의 기술적 속성에 대해 전문가적 평가를 내리고, 주주로시 경영에 개입하고, 자본의 공급 이후 추가적 자본공급에 대해서도 유인을 가지기 때문이다. 이를 관계금융이라고도 부른다.

물론 실리콘밸리 지역의 소기업이 성공하여 IPO(Initail Public Offer) 과정을 거치게 되면 이 기업은 추가적 자본공급을 자본시장에서 조달할 수 있게 되므로 관계금융의 양상을 잃게 될 것이다. 실리콘밸리의 벤처자본은 "자본시장 의존적 금융이라는 미국적 금융환경에서 발생한 관계적 금융질서"라고 볼 수 있으며 바로 이러한 속성으로 인해 미국 금융시장의 불안정성 문제를 회피할 수 있었던 것이다. 미국 전체 벤처자본의 30%가 이 지역에 몰려 있는데, 이는 벤처자본 자체가 실리콘밸리적 산물임을 보여준다.

위의 논의가 우리에게 가지는 함의는 실리콘밸리는 소기업 네트워크의 효율을 보여주는 사례이며, 미국 경제가 일반적으로 알려진 것과는 달리 대기업에 의해서만 구조 지워져 있지 않다는 것을 보여준다는 점이다. 다른 한편으로는 소원한 관계(arm's length relation)라는 미국적 특징이 실리콘밸리에서는 많이 회석된다는 점이다. 이러한 특징들은 실리콘밸리에 대한 네트워크적 해석을 가능하게 하는 부분이다.

3) 실리콘밸리의 함의

지금까지 우리는 실리콘밸리를 소규모 기업 집단의 미국적 변종이라는 시각에서 해석했다. 이러한 해석은 실리콘밸리를 신고전파적 완전경쟁이 지배하는 사회라는 자유시장적 해석(G. Gilder)와 위기에 처한 실리콘밸리의 중소기업을 구하기 위해서는 중앙정부의 개입과 지원이 필요하다고 주장하는 정부개입론자(C. Ferguson)의 견해와 구별되는 지역 내 사회적, 전문적, 상업적 관계들의 밀도 높은 네트워크의 결과로서 해석하려는 분석틀이라고 할 수 있다.

그러나 이 해석에도 반론이 존재한다. 대표적인 비판은 실리콘밸리 내의 네트워크의 소규모 첨단기업들은 규모, 자원, 장기적 전망 등의 문제에서 취약성을 극복하지 못할 것이라는 해석이다(Florida & Kenny, 1999). 이러한 해석에 따르면 실리콘밸리의 노동자의 높은 이동성 역시 노동자들이 극도의 초인적(超人的) 노동강도 속에서 완전히 '탈진'(burn out)하여 다른 부문으로 이동하는 것으로 해석된다.

반면 지역적 네트워크의 이점을 강조하는 견해(Saxenian, 1994)에 의하면 노동의 과잉이동성은 노동자가 기업에 충성하는 것이 아니라 네트워크에 충성한 결과로 해석된다. 플로리다/케니(1990)의 반론에 의하면 실리콘밸리는 그 파급효과 면에서 일종의 섬과 같이 고립되어 미국의 중요 산업에 큰 영향을 못 주고 있다. 그러나 이러한 비판은 첨단 소기업이 모든 산업 업종에 지배적일 것이라는 전제하에서만 타당하다. 첨단 소기업이 모든 산업에 지배적이 되거나 디지털 경제가 산업 경제의 모든 측면을 완전히 대체할 것으로 이해하는 대신, 중층적 관계를 구성할 것으로 이해한다면 실리콘밸리의 성공은 성공 그 자체로 소기업 활성화에 크게 기여하는 것으로 보아도 무방할 것이다.

지금까지의 논의로부터 나타나는 교훈을 요약해보자.

첫째, 소기업 네트워크의 효과는 기술 및 정보의 신속하고 효율적인 확산에 있다. 기술, 시장, 직업 정보의 교류활성화가 유연성을 더욱 강화시키고 이것이 실리콘밸리라는 산업지역의 적응력 강화로 나타난다. 그러나 이러한 효과의 발생이 경쟁을 통해 나타난다는 것은 주목할 만하다. 소기업으로의 분절로 인해 나타나는 것이 아니라 분절된 소기업의 연관에 의해 나타나는 효과인 것이다. 즉 실리콘밸리의 효과는 소기업이기 때문이 아니라 소기업임에도 불구하고 그 네트워크가 개방되어 있기 때문에 나타난다. 이는 소기업의 분절로부터 나타나는 부(-)의 효과를 차단하는 제도적 문화적 특징이 없이는 존재하기 어려울 것이다.

그러한 특징들로는 법률적 관용(카피라이터가 아닌 카피레프트적 속성. 자유주의적 관용), 비공식 네트워크, 고용관계에서의 관용(寬容) 등을 들 수 있다. 이러한 속성은 과연 진정 미국적인 것일까? 그리고 앞으로도 이러한 관용의 정신이 계속 유지될 수 있을까?

다른 문제로는 자발적 조직이기 때문에 갖게 되는 비계획성의 문제이다.

실리콘밸리의 경제규모가 이제는 대규모화했기 때문에 소기업 네트워크의 비공식적 활성만으로는 이 체제를 유지시키기가 어려울 수도 있다. 예를 들면 지역으로의 집중은 지역의 하부구조의 비용을 비싸게 만들며 이는 결국 실리콘밸리의 유인력을 저하시키게 될 것이다. 그러나 지역에 사는 주민의 입장에서는 실리콘밸리에 인구가 유입되어 복잡한 도시문제를 야기 시키는 것을 원치 않는다. 이러한 이해의 충돌을 과연 효과적으로 통제할 수 있을까. 이해의 충돌은 결국 관용의 축소를 낳을 것이기도 하다.

둘째, 이론적, 정책적 의미의 문제가 있다. 섹스니언은 개입주의(top-down intervention)나 자유방임주의(laissez-faire approach)에 대조되는 지역 정책의 필요성을 주장한다. 그녀는 사이언스 팍의 높은 실패율은 이런 사실의 미(未)인식에 기인한다고 본다. 이런 관점에서 10여 년간 활동하고 있는 비영리조직인 Silicon Vally: Joint Venture(www.jointventure.com)라는 자발적 시민 조직의 가능성을 매우 적극적으로 평가한다. 이는 피오르/세이블의 유연전문화론과 맥을 같이 하는 것으로서 기존의 케인즈적 경제정책(-70년대)과 자유주의적 경제정책(80-90년대)와 구분되는 새로운 경제정책이라는 제3의 대안을 염두에 두고 있는 것으로 보인다. 과연 어떻게 구체화될 수 있을까, 또는 구체적으로 실리콘밸리에서 일어나고 있는 제3의 대안적 움직임은 어떤가라는 것도 하나의 과제가 될 수 있다.

세째, 실리콘밸리는 전형적 미국의 기업조직, 금융조직과는 구분되는 고유한 특징을 가지고 있다는 점이다. 역설적으로 아시아나 다른 산업지역에서 나타나는 네트워크적 특징이 있다. 그러므로 이는 관계적 질서의 우위를 보여주는 사례로서 파악될 수 있고 결국 자본시장적 접근의 맹점을 보여주는 사례가 될 수 있다. 또한 이 글의 논의에서는 벤처자본이 단순히 극대 이익을 노리는 높은 투기적 자본이라는 것은 잘못된 이해라는 점도 알 수 있다. 실리콘밸리의 벤처자본은 금융자본적 속성보다 산업자본적 속성을 더욱 강하게 띠고 있다.

넷째, 새로운 경쟁력으로서의 소기업 네트워크의 문제이다. 실리콘밸리에서 소기업 네트워크는 협조의 산물이 아니라 경쟁의 산물이다. 그러나 그러한 경쟁 역시 네트워크의 협조를 통한 이득이 없이는 유지될 수가 없다는 것이 실리콘밸리에 대한 관찰의 결과이다. 특히 네트워크 내에서 정보의 교류가 경쟁을 통해 보장되어 있다는 것이 이 산업지역과 다른 산업지역의 차이인 것으로 보인다. 최소한 일정한 산업분야(컴퓨터 관련, 전자산업, 첨단의료 등)

에 대해서는 소기업 네트워크의 효율성이 입증되는 것이다.

실리콘밸리의 산업조직적 측면과 금융조직적 측면에서부터 유래하는 이점은 정보와 기술의 확산 속도가 빠르다는 점에 있다고 요약할 수 있다. 그렇다면 어떻게 해서 정보, 기술의 확산이 빠를 수 있었을까? 다시 말하면 네트워크 조직의 효율성은 어디서 유래하는 것일까? 단순히 네트워크라는 특징만으로는 회사조직 같은 위계적 네트워크와도 구분되지 않으며, 동양적 네트워크와도 구분할 수 없다. 그렇다고 실리콘밸리에서 관찰되는 네트워크가 시장과 동의의인 것은 더욱 아니다.

최근의 연구는 이 네트워크에 내재한 신뢰(trust) 또는 사회자본(social capital)적 측면을 강조한다. 이 신뢰의 요소는 위계적 네트워크, 동양적 네트워크에서도 발견할 수 있는 공통점이면서 시장에 대비되는 네트워크의 효율성을 보여줄 수 있는 중요한 잣대가 될 것이다.

그러나 단순히 신뢰의 현상 자체만으로는 네트워크가 정보의 효율적 흐름망으로 기능하는 것을 보증하지 않으며 여러 종류의 네트워크에 내재한 신뢰의 차이를 구별할 수 없다. 특히 이러한 네트워크가 서유럽의 일각(특히 이탈리아)에서 발견되는 중세에 기원을 가지는 장인적 네트워크의 연속으로서의 네트워크라면 실리콘밸리에서는 적용할 수 없는 개념이 될 것이다. 왜냐하면 이탈리아 등에서 발견되는 네트워크 내의 신뢰는 폐쇄적이고, 시민적 참여를 전제하는 것인 반면, 실리콘밸리에서 발견되는 네트워크는 개방적이고, 이윤 잣대에 의해 운영되고 있기 때문이다. 이익과 성과라는 잣대야말로 실리콘밸리의 정서를 지배하는 유일한 원리라고 할 수 있다.

실리콘밸리의 특유한 장점은 이윤과 성과라는 잣대가 서로간의 완전한 전쟁의 상태로 결과하지 않고, 협력하면서 경쟁하는 이른바 코피티션(copetition)의 상태를 유지한다는 점에 있을 것이다. 이것이 실리콘밸리의 비밀이며 이 비밀이 이식될 때만이 실리콘밸리는 다른 나라, 다른 지역에도 출현할 수 있을 것이다.

지금까지의 논의를 바탕으로 소기업이 활성화되기 위한 전제조건을 요약해보자.

첫째, 소기업이 활성화되기 위해서는 선진부문으로부터 기술 등의 정보 전파가 중요하다.

둘째, 이를 위해 대규모 조직이 아니라 소규모 조직의 개방형 네트워크가 더욱 큰 역할을 할 것이다.

셋째, 소기업 네트워크가 발전하기 위해서는 벤처자본, 소규모 은행과 같은 소기업을 위한 적절한 자본동원 체제가 필요하며 이러한 자본동원 체제는 경영, 기술 지원과 함께 하는 산업자본적 속성을 지닐 때 더욱 효율적이다.

넷째, 소기업 네트워크의 효율적 운영에는 사회적 신뢰(trust) 또는 사회자본(social capital)의 역할이 결정적이다.

6. 탐구학습

1) 토론 주제: 무라타 비즈니스 센터(미국, 펜실베니아, 카알라일 시)는 비즈니스 인큐베이터 센터이다. 여기에서의 아래 대화를 들어보고 기업가정신에 대한 자신의 견해를 말해보자.

릭 페이스(맥 라디오 닷 컴 부사장) : 나는 라디오 산업에 7년 근무했다. 그 회사는 조그만 중소기업이었지만 이 분야의 세계적 대기업에 합병되었다. 합병은 좋은 조건이 이루어졌다. 하지만 2년 후에 다운사이징의 대상이 되어 권고사직하게 되었다. 그리고 다른 회사에 취직했지만 어느 날 아침에 일어나서 회사에 가고 싶지 않았다. 아니 일어나고 싶지 않았다. 갑자기 이 모든 노력이 모두 남을 위해 일하는 것이라는 것을 깨닫게 된 것이다. 그래서 창업을 하게 되었다. 나는 자유가 필요했다. 이제 창업하고 나서는 완전한 자유를 누리게 되었고 가족과도 훨씬 더 좋은 유대를 갖게 되었다.

마샤 데이비스(센터소장) : 미국은 기업가정신의 산물이다. 기업가 정신은 기업 뿐 아니라 정부, 대학 등 모든 곳에 필요하다.

조셉 : 과연 대기업과 같은 규모의 경제가 필요한 조직에서 기업가 정신만 가져도 될 것인가?

블블 : 자유가 좋다지만, 과연 빨간불에 지나갈 수 있는 자유가 있는가? 사람이란 제도 속에 제한되어 있는 것이 아닌가. 제도의 개선 없이 기업가정신만으

로 어떻게 경제를 활성화할 수 있을까?

마샤 데이비스 : 물론 제도 없이 기업가정신이 살아갈 수 없을 것이다. 우리에게 필요한 것은 지적재산권(이것 때문에 동아시아 나라들에 진출할 수가 없다)의 보장, 세제 혜택(24시간 일하고서 50%를 정부에 바칠 수는 없을 것이다), 예측 가능성을 보장하는 계약이 필요하다. 그것이 제도인 것이다.

윌리암 핸선(핸선사 사장) : 우리는 아메리카 드림을 재창조한다고 생각한다. 예전의 개척시대의 프론티어 정신과 같은 것이다. 기업가정신은 아메리카 드림과 같은 것이다. 이 사회는 이민자로 구성된 사회다. 이민자들은 기업가 정신을 가지고 있다. 이 정신은 제도의 발전과 서로 영향을 주고 받으면서 병행한다. 우리에게는 인종도, 나이도, 학력도 아무런 차별을 주지 않는다.

해리 : 기업가 정신의 정확한 정의가 무엇인가? 기업가 정신을 경제하려는 의지라고 생각한다면 그것은 동아시아 등 다른 나라에서도 쉽게 발견할 수 있는 것이다. 또한 기업가 정신을 창조하고자 하는 욕망이라고 한다면 그것은 미국사회에만 있는 것은 아니다. 미국 사회의 특수성과 관련된 기업가 정신의 실체가 무엇인가?

2) 국내의 대학의 창업보육센터를 방문하여 목표, 문제점, 성과 등을 조사하고 한국의 중소기업 문제를 해결하는데 창업보육센터 및 벤처산업은 얼마나 기여할 수 있을지를 살펴보라.

3) 미국과 한국의 중소기업 지원제도를 비교하라

4) 최근 우리나라 정부의 지역균형발전전략을 알아보고, 그 성공가능성에 대해 논의하라.

제14장

정보통신산업
산업컨버전스인가 서비스컨버전스인가*

종래의 컨버전스 이슈는 기업간 인수합병을 중심으로 하는 산업 컨버전스 개념에 집중되었으나 이는 통신산업 분야에서 광범위하게 전개되고 있는 컨버전스 현상을 설명하기에는 지나치게 협소한 개념이다. 따라서 우리나라 통신산업에서 나타나고 있는 컨버전스 현상을 설명하기 위해서는 산업 컨버전스보다 더욱 넓은 개념으로 컨버전스를 이해할 필요가 있다.

이 장은 네트워크 컨버전스, 산업 컨버전스, 서비스 컨버전스, 규제적 컨버전스의 네 가지 수준에서 다양하게 사용되는 컨버전스 개념 중 네트워크와 서비스의 컨버전스에 초점을 맞추어 우리나라 유, 무선 인터넷의 성공을 분석한다. 또한 네트워크 컨버전스와 서비스 컨버전스의 매트릭스에 네트워크 효과를 초래하는 사용자기반(installed base)이라는 개념을 추가하여 3차원적인 해석을 수행함으로써 유, 무선 인터넷을 컨버전스 성공의 사례로 해석하였다.

1. 문제제기

컨버전스는 전화, 방송, 텔레비전, 사진, 출판, 전자화폐 등의 서비스가 통합되는 경향으로, 다양한 네트워크들의 기능과 서비스가 서로 중복되는 경향으로, 가정과 사무실의 전자 정보 기기들의 기능이 서로 중복되며 호환되는 현상

---

* 본 장은 안태호(KTF), 좌정우(제주대)와의 공동연구 결과를 반영한 것이다

으로 나타나고 있다. 즉 미디어, 통신, 정보 등이 각각의 네트워크와 업체를 통해 다양한 단말기로 소비자에게 전달되었던 시대에서 통합된 망과 통합된 형태의 단말로 서비스 되는 현상으로 나타난다.

이러한 컨버전스 경향은 1980년대 이래 방송과 통신산업의 합병과정을 통해 산업 컨버전스라는 형태로 구현되었다. 이는 네트워크 컨버전스와 서비스의 컨버전스가 산업의 합병을 통하여 현실화 할 것이라는 전망 하에서 추진된 것이다. 더욱이 통신, 방송의 기술적 컨버전스는 규제완화를 초래하였고 규제완화는 다시 거대 기업에 수직적 통합의 유인을 제공하였다.

그리하여 방송, 통신의 거대 기업은 디지털 컨버전스에 의해 초래된 새로운 사업기회를 선취하기 위해 서로 다른 영역으로의 진출을 꾀할 뿐 아니라(수평적 통합), 자기 산업 내에서 전체 가치사슬을 내부화(수직적 통합)하기 시작하였다. 즉 1980년대와 1990년대 통신, 방송 산업에서 발생한 합병의 열풍은 디지털 컨버전스의 구현 방식이 기업간 인수, 합병이라는 전제 하에서 추진된 것이다.

이와 같이 외국의 경우에 디지털 컨버전스에의 대응은 주로 산업 내 또는 산업간의 수직, 수평적 통합이라는 형태를 띠고 나타났음을 알 수 있다. 디지털 컨버전스라는 기술적 진보가 동일한 네트워크로 다양한 컨텐츠를 동시에 서비스할 수 있는 기술적 가능성을 제공하기 때문에, 이는 분명히 산업 컨버전스를 야기할 수 있는 가능성임에는 틀림없다. 즉 산업 컨버전스를 시도한다면 이종산업 간 통합을 통한 시너지 효과가 나타날 수 있는 것이다. 수요측면에서는 소비자기반이 확대됨으로써 네트워크 외부성이 발생하게 되고, 공급측면에서는 동일한 네트워크를 공용 사용함으로써 비용의 절감이 가능해진다. 이른바 규모를 키움으로써 발생하는 이득, 즉 규모의 경제(economies of scale)의 효과가 나타난다.

하지만 산업 컨버전스를 인수와 합병과정을 통해 달성하는 것은 산업 부문 내부의 고유한 위험 역시 통합하여 총위험이 증가할 수 있다는 문제를 가진다. 거대 기업의 합병 시도가 시장에서 환영 받지 못한 것은 바로 이러한 위험(주로 새로운 시장의 출현가능성과 관련한 불확실성에서 기인하는 위험이다)에 대해 시장이 확신을 갖지 못했기 때문이다.

방송 산업 주도의 컨버전스는, 방송 산업 내에서는 수직적 통합을 강화시킨 반면, 다른 분야 예컨대 인터넷 산업으로의 수평통합 시도는 그다지 성공적인

것이 못된다고 평가받고 있다. 167)

또한 통신 산업의 산업 컨버전스 시도 역시 시장에서는 좋은 반응을 받지 못하였는데, 인수합병이라는 수단을 통해 장거리-지역 전화사업망, 케이블 네트워크, 컨텐츠 등을 수평, 수직 통합하려는 시도는 주가 하락으로 인해 다시 기업분할의 결과를 낳았던 것이다. 168)

이러한 경험은 디지털 컨버전스 경향에는 단순히 인수합병을 통한 거대화와 물리적 통합이라는 산업 컨버전스의 문제만으로는 해결할 수 없는 복잡한 이슈가 내재하고 있다는 점을 우리에게 암시해주고 있다. 즉 컨버전스 이슈를 기업간 인수합병을 중심으로 하는 산업 컨버전스로만 이해하는 것은 디지털컨버전스에 대한 협소한 이해라는 것이다.

이 장은 이러한 문제의식 하에 컨버전스 개념을 네트워크 컨버전스, 서비스 컨버전스를 포함한 광의의 개념으로 이해하여, 유, 무선인터넷 산업의 발전을 해석해보고자 한다. 그리하여 초고속 인터넷과 무선인터넷의 출현과 발전이 디지털 경제에서 컨버전스 경향을 성공적으로 적용시킨 것임을 보이고, 이러한 성공적 적용에는 네트워크와 서비스 컨버전스 외의 네트워크 효과를 야기하는 사용자기반의 확대라는 수요측 요인이 공통적으로 크게 작용하였음을 보이고자 한다.

---

167) 예를 들어 디즈니사는 인터넷 기업 Go.com의 적자를 견디지 못해 온라인 사업으로의 독자적 진출을 결국 포기하였으며, 바이아콤사는 인터넷 산업분야로 진출하는 것을 꺼리고 있다. 결국 방송 산업의 컨버전스는 다른 분야의 진출이 있긴 하나, 여전히 컨텐츠 산업으로의 공통점을 지니고 있다는 점에서 일정한 한계를 가지고 있다. 더욱이 위 기업들의 기업금융지표를 보면 동일업종 평균과 비해 하향하거나, 비슷한 실적을 보임으로써 인수합병을 통한 산업 컨버전스의 시도가 큰 성공을 보인 것으로 판단되지는 않는다(Eshraghian, 2001).

168) 예를 들어 1990년대 미국의 지역전화사업자인 월드콤사는 장거리사업자 MCI를 인수하고 이어 장기리전화사업자인 Sprint를 인수하려 하였으나 인수 실패로 인한 주식가격의 폭락으로 월드콤그룹과 MCI그룹으로 분사하였으며, ATT는 1996년 이후 역시 CATV회사인 TCI, MediaOne을 인수하였으나 주식시장의 냉랭한 반응으로 2000년 4개의 사업분야로 분사하였다(홍길표 외, 2001).

2. 컨버전스의 개념에 대한 기존 논의

1) 컨버전스 개념의 네 가지 차원과 그 기술적 기초

컨버전스라는 용어는 광범위하고 다양하게 사용되고 있어 개념적인 혼동과 불확실성을 야기하고 있다. 컨버전스가 의미 있는 용어로 나타난 것은 1978년 Nigroponte(MIT Media Lab)가 컴퓨터와 인쇄, 방송의 결합을 언급한(Brand, 1987) 1970년대 후반이 최초이다. Nigroponte는 당시 통신과의 연관성에 대하여 언급하지 못했지만, 이후의 다른 학자들은 컴퓨터와 통신의 중첩현상을 묘사하기 위해 "compunications"라는 조어를 만들기도 했다. 이러한 논의는 <그림 14-1>에서와 같이 1980년대와 90년대로 진입하면서 Digital Economy로 미국의 신경제를 규정하려는 경제학자들에 의해 3Cs(Communication, Contents or Information, Computer)가 인터넷을 통해 수렴한다는 논의로 모아졌다(U.S. Department of Commerce, 1998).

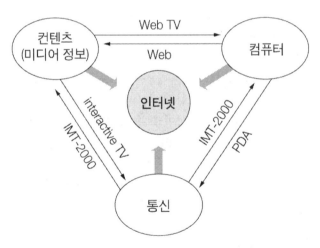

<그림 14-1> 컨텐츠, 통신, 컴퓨터 산업의 인터넷을 통한 수렴

역사적으로 방송은 일방향적이면서 대중을 상대로 하는 서비스인 반면, 통신은 쌍방향적이면서, 개별성이 보장되는 서비스라는 점에서 전통적으로는 다른 산업과 서비스로 분류되었다. 하지만 미디어의 디지털화 기술과 인터넷망의 확산으로 말미암아, 방송과 통신의 경계가 흐려졌으며, 1990년대 이후

방송과 통신의 합병 사례가 나타나게 되었다(윤창번 외, 1999). 또한, 통신과 방송의 네트워크-서비스-산업면에서 컨버전스 현상은 통신과 방송이 전형적인 자연독점 산업, 전략적 기간산업이므로 중대한 규제상의 문제를 야기하였다.

그 후 컨버전스의 문제는 다양한 영역, 다양한 차원의 개념으로 자리잡게 되었는데, 대체로 기술 및 네트워크 차원, 기업 및 산업 차원, 서비스와 시장의 차원, 규제 및 제도적 차원이라는 4가지로 분류되었다(EC, 1996; 1997). 이러한 다양한 차원의 수렴의 배후에는 디지털화(digitalization)와 인터넷(개방형 네트워크)이 있다.

디지털화는 디지털 미디어를 처리하는 컴퓨터의 등장으로 시작하였지만, 컴퓨터가 상호 연결되기 전까지는 그러한 디지털 미디어가 전송되어 통신의 영역으로 진입할 수 없었으며, 네트워크화는 이미 방송과 통신을 통해 달성되고 있었으나 모든 데이터가 디지털의 형태로 일원화하기 전까지는 서로 다른 산업이자 서비스로서 이해되었던 것이다. 이러한 디지털과 네트워크의 결합, 즉 컴퓨터와 인터넷의 결합이 다양한 컨버전스의 동인이라고 할 수 있다(김기태 외, 2001). 이 점에서 이러한 컨버전스는 본질적으로 디지털 컨버전스라고 부를 수도 있을 것이다.

디지털 컨버전스는 디지털화와 네트워크화의 결합이므로, 이를 가능하게 하는 기술적 기초가 필요하다. 그러한 기술적 요소는 처리, 저장, 전송이라는 세 가지 영역에서의 혁신인데, 디지털 데이터의 처리와 관련한 것은 컴퓨터의 소형화와 고성능을 가능하게 하는 마이크로프로세서(칩) 기술의 발전(무어의 법칙, Billion Transistor Chip)이며, 저장기술의 발전은 영상, 소리, 사진, 문자와 같은 다양한 형태의 아날로그 데이터를 동일한 형태의 디지털 데이터로 전환시켰을 때 나타나는 데이터 처리용량의 문제를 해결해 줄 것이다. 또한 광대역 기술의 발전은 대용량 디지털 데이터의 고속 이동을 보장할 것이다. 이러한 세 가지 요소는 기술적 발전에 의존한다.

하지만 디지털 컨버전스는 단순히 기술 혁신만을 그 구성요소로 하는 것은 아니다. 디지털 미디어가 서로 결합하기 위해서는 사회적 합의가 필요했다. 이는 ISDN, Ethernet, SONET, TCP/IP, ATM 표준 등과 같이 이종 네트워크 간 호환을 가능케 해주는 조정과 표준의 문제라고 할 수 있다.

이러한 두 가지 요소는 앞에서 언급한 네 가지 영역의 컨버전스 현상을 가능케 하는 두 가치 차원(기술적 차원과 사회경제적 차원)이라 할 수 있다

(Mueller, 1997). 이를 우리는 디지털 컨버전스라고 부르기로 한다. 디지털 컨버전스는 다양한 컨버전스 현상의 기술적, 사회적 기초라고 볼 수 있을 것이다.

2) 산업 컨버전스에 대한 논의

그러나 이러한 컨버전스 현상은 해결해야 할 쟁점을 가지고 있다. 즉 과연 컨버전스의 현상이 사회/경제적 차원으로 확산되고 있는가라는 점이다. 디지털 컨버전스의 현실적 확산이라 함은 앞에서 언급한 것과 같이 서비스가 하나의 네트워크로 통합되거나, 하나의 단말기로 통합되거나, 또는 하나의 산업으로 통합되는 것을 의미한다. 그러나 실제로 살펴보면 통합의 경향과 함께 다양화의 경향도 발견된다. 즉 디지털 컨버전스는 네트워크, 서비스, 산업의 통합과 아울러, 네트워크, 서비스, 산업에 더욱 더 다양한 변화도 초래하였다.

특히, 이러한 다양성은 서비스 면에서 나타나는데, 네트워크 컨버전스는 유, 무선 통신사업자들이 백본망을 공유하는 것과 같이 실제로 네트워크의 통합이 발생할 수도 있으나, 또한 동일한 네트워크를 이용하여 다양한 서비스를 추가할 수도 있기 때문이다.

예를 들면 기존의 음성 통신망에 데이터 통신을 가능하게 하는 ADSL서비스의 경우와 같이 동일한 네트워크를 다른 용도로 이용하는 것도 가능할 것이다. 이와 같이 디지털 컨버전스는 네트워크 컨버전스가 네트워크의 통합을 통해 서비스의 통합도 가능할 뿐 아니라 새로운 서비스의 창출도 가능함을 보여주고 있다. 따라서 네트워크 컨버전스와 서비스 컨버전스는 서비스의 통합화 경향이라고 단언할 수 없는 복잡한 양상을 보여준다. 이러한 복잡한 양상은 네트워크와 서비스를 모두 고려하는 네트워크-서비스 매트릭스(Han, et. al. 2002)를 이용하면 보다 일목요연하게 이해할 수 있을 것이다.

위 논문에 의하면 네트워크면에서 볼 때 고유한 네트워크를 이용한 고유한 서비스의 범위를 넘어서서 다양한 서비스를 하나의 네트워크에서 수행할 수 있다. 또한 서비스면에서 보면 하나의 서비스가 이전에는 그 서비스에 고유한 네트워크 하에서 수행되었지만, 다양한 네트워크를 타고 수행될 수 있다. 이는 분명히 디지털 컨버전스에서 언급한 현상이라고 할 수 있다. 그러나 이 네트워크-서비스 매트릭스에서 알 수 있는 것은 실상 네트워크 면에서 발생한 컨버전스와 서비스 면에서 발생한 컨버전스를 통합한다면 그것은 곧 다양한 새로운 서비스의 출현이라는 현상이다<그림 14-2>. 이로써 우리는 컨버전스는 다양성을 그 내용으로 한다는 것을 알 수 있다.

Service＼Network	Broadcasting Service	Voice Service	Data Service
Cable Network	Cable TV Service	Internet Phone	Cable Modem Service
PSTN	Web Casting	Wired Telephone Service	ADSL
Mobile Network	T-Commerce	Wireless Telephone Service	Mobile Internet
PSDN	Web Casting	Internet Phone Service	Dedicated Data Service

<그림 14-2> 네트워크-서비스 매트릭스의 예

* 출전: Han, et. al. 2002의 그림3, 4를 조합

이는 산업 컨버전스를 논의하는데 중요한 시사점을 준다. 디지털 컨버전스는 네트워크 컨버전스, 서비스 컨버전스의 수준 각각에서는 수렴현상을 보이지만, 각 컨버전스를 결합시켜 보면 다양성의 현상을 야기하고 이는 산업 컨버전스의 차원에서는 주도권 경쟁의 심화 및 난립 현상으로 나타날 것이라고 예측되어진다. 이 점은 네트워크 컨버전스와 서비스 컨버전스에 디지털 데이터의 생성과정인 컨텐츠 생산자/공급자를 포함하여 고려해보면 보다 분명해진다. 이 경우 소비자는 네트워크의 컨버전스로 인해 3*3=9개의 서비스 가능성을 갖게 되는 것이다<그림14-3>.

그러나 이 9개의 서비스는 모두 수용 가능한 것이 아니며, 어떤 컨텐츠 공급자도 모든 서비스를 시행할 수 있는 가능성을 가지고 있어 결국 시장 선점을 둘러싼 치열한 경쟁이 발생하게 된다.

그러한 주도권 경쟁의 한 결과가 1980년대 이후부터 통신-방송 산업에서 발생한 인수합병의 열풍이다. 그러나 인수합병 과정은 디지털 컨버전스가 야기한 하나의 현상에 불과하다. 요컨대 디지털 컨버전스는 산업차원에서는 하

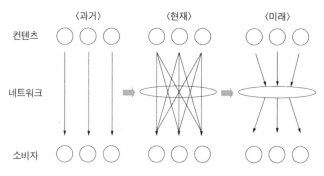

<그림 14-3> 컨텐츠를 포함한 서비스-네트워크 컨버전스

나의 수렴경향을 기계적으로 야기하는 것은 아니며, 오히려 산업환경(ecology)으로서 작용한다는 인식이 필요하다. 이러한 새로운 산업환경은 이른바 파라다임 전환을 요구하고 있으며 새로운 기회와 새로운 위험을 발생시킨다.

따라서 컨버전스는 인수합병을 통한 산업간 컨버전스 보다 광의로 이해될 필요가 있다. Yoffie(1997)에 따르면 디지털 컨버전스는 이미 수직적으로 통합된 통신, 컴퓨터, 방송이 모두 다시 통합되는 것이 아니라 가치사슬의 경로에 따라 각 가치사슬의 단위로 다양한 산업영역이 통합된다.

<그림14-4>는 디지털 컨버전스의 이상적인 결과를 묘사한다. 컨텐츠-패키징-캐리지-소프트웨어-장비(단말기)는 컴퓨터 산업에서 시작한 가치사슬의 단계별 분절화가 컴퓨터, 가전, 통신, 방송, 금융 등으로 확산되면서 동시에 같은 가치사슬 단위끼리는 통합되는 현상을 묘사하고 있다. 물론 이러한 그림은 실제로 현실에서 나타나고 있는 과정을 묘사한 것이 아니라 그 경향성을 묘사한다고 보아야 할 것이다. 실제로 각 가치사슬 단위마다 산업구조의 형태는 조금씩 틀릴 수가 있다. Collis, Bane & Bradley(1997)에 의하면 디즈니(영화), 와싱턴포스트(뉴스) 등과 같은 컨텐츠 산업의 기업규모는 상대적으로 독립적이면서 소규모인 반면, 다양한 기술적 솔루션을 제공하거나 다양한 컨텐츠를 통합(포탈)하여 제공하는 패키징 산업은 소수의 대규모 기업(AOL과 같은)과 다수의 소규모 기업으로 나뉘어 경쟁하게 될 것이다. 한편 데이터 전송 즉 네트워크와 관련된 캐리지(또는 Transmission) 산업은 과점형태의 시장과 과잉설비로 낮은 수익성을 올릴 것으로 예측하고 있다. 소프트웨어(또는Manipulation) 산업 분야에는 전송망과 관련되는 소프트웨어로서 ISDN, ADSL, ATM 등의 표준설정에

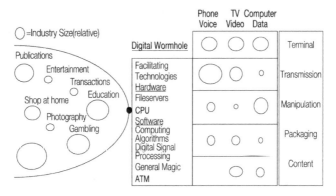

<그림 14-4> 가치사슬에 따른 산업구조의 컨버전스: Content,
Packaging, Transmission, Manipulation and Terminal,
* 출전, Collis, Bane and Bradley, 1997, p.164)

연관되는 분야가 있으며, 운영체계 등과 같은 전통적인 소프트웨어 분야, 그리
고 칩과 하드디스크와 같은 저장과 처리와 관련된 하드웨어 분야가 있을 수
있는데, 이 분야에서의 산업집중 역시 상당히 높게 나타날 수 있다. 그러나
전송망과 관련된 소프트웨어 분야는 통신과 컴퓨터 산업이 서로 주도권 쟁탈
전을 벌이고 있는 분야이며, 운영체계 등의 소프트웨어 분야 역시 표준 경쟁이
치열한 반면, 하드웨어 분야만이 경쟁적인 양상을 띠고 있다. 마지막으로 터미
널의 영역은 서비스 컨버전스의 영향으로 다양한 선택가능성이 있는 반면,
소비자의 선호 다양성에 의해 매우 다양한 대안이 경쟁하고 있다.

위의 논의는 우리에게 산업 컨버전스 경향에 대한 두 가지 의미를 준다.
첫째, 우리는 디지털 컨버전스는 하나의 경향으로 산업 컨버전스의 잠재적
가능성을 보여줄 뿐이라고 해석해야 하며, 이러한 경향적 잠재성이 현실화하
기 위해서는 컴퓨터 산업의 가치사슬과 유사한 가치사슬을 따라 산업구조의
재편이 일어나야 한다는 것이다. 하지만 그 가치사슬 내부에서의 산업 구조
역시 단순히 거대기업의 합병으로 나타나는 것이 아니라, 보다 다양한 과정을
거칠 것이라는 추측이 가능하다. 둘째, 컨버전스는 하나의 기술이 다른 기술을
병합하는 문제가 아니라, 그것은 다양한 기술들이 존재하는 중요한 기반환경
(에콜로지)이라는 것이다. 이는 디지털 컨버전스가 산업적으로 나타날 때에는
컨텐츠-패키징-캐리지-소프트웨어-터미널과 같은 가치사슬의 단계 속에서 발
생하지만, 그 내부 역시 하나의 기술만을 가능케 하는 것이 아니라 다양한

기술의 출현을 야기한다는 점을 암시한다. 따라서 디지털 컨버전스는 산업적으로 통합이라는 경향을 무조건 낳는 것이 아니라 산업구조의 새로운 동학을 야기하게 하는 기반환경이 된다는 것이다.

산업 컨버전스의 전개과정에 대한 앞의 논의로부터 디지털 컨버전스를 보다 적극적으로 활용할 수 있는 기업전략의 측면을 보기 위해서는 인수, 합병과 같은 기업 지배구조의 전략적 전개 뿐 아니라 미시적 기업전략을 좀더 심도 깊게 연구할 필요가 제기된다. 우리나라의 유, 무선 인터넷의 사례는 산업 컨버전스가 아니라 네트워크와 서비스를 중심으로 한 컨버전스라는 점에서 인수합병을 위주로 하는 산업 컨버전스와 구별된다. 실제로 KT, SKT 등 국내의 유, 무선 통신사업자는 ATT와 같은 글로벌 통신사업자와는 달리 인수합병과 같은 산업컨버전스 보다는 다양한 형태의 제휴전략을 통해 시장 확대를 꾀해왔다 (홍길표 외, 2001).

3. 통신 산업 기반의 디지털 컨버전스 : 우리나라의 초고속 및 무선 인터넷의 사례

앞의 논의는 디지털 컨버전스가 서비스의 컨버전스, 산업/기업의 컨버전스로 이어지는 것은 기계적으로 가능한 것이 아니며, 그 과정에서 다양화의 경로를 겪을 수 있는 가능성이 있음을 암시한다. 그렇다면 우리는 인수합병과 같은 기업의 지배구조(governance)의 문제를 넘어서서 보다 미시적 문제, 즉 비즈니스와 정책의 기획, 관리, 운영의 영역으로 좀더 들어가 볼 필요가 있다.

우선 디지털 컨버전스가 야기한 에콜로지를 분석해보자. 디지털 컨버전스의 배경이 자료의 디지털화와 인터넷을 이용한 네트워크라는 것은 앞에서 지적되었다. 인터넷은 서비스가 시작한 1992년 이후 8년 만에 전 세계적으로 2.4억명의 사용자를 확보하여 폭발적으로 성장하였으며 2004년에는 6.7억 명에 이를 것으로 예상된다(ARC Group, 2000). 동시에 인터넷의 접속수단, 즉 단말기는 점차 다양화하여 기존의 PC일변도에서 2003년에는 53.5%가 이동통신단말기, 34.5%만이 PC로 구성될 것으로 예측된다(Dataquest, 1999). 특히 사용자수에 있어서는 무선인터넷 사용자가 2004년에는 7.5억만 명으로 예상되어 초고속인터넷 사용자를 초과할 것으로 보고 있다. 또한 이동통신 이용자 중의 무선인터

넷 이용자의 수 역시 급증하고 있다. 즉 1999년에는 7.4%에 불과하였지만, 2004
년에는 60.8%로 늘어날 것으로 예상된다(ARC Group, 1999). 또한 2004년경에는
거의 모든 무선통신단말기가 무선인터넷이 가능한 단말기로 교체될 것으로
예상된다. 인터넷의 등장으로 갑자기 통신, 컴퓨팅, 여러 종류의 오락산업이
하나의 매개로 통합되었던 것이다(Yoffie, 1997: 12)

하지만 인터넷은 네트워크의 일종이긴 하나, 통신의 속성에 더욱 가까운
네트워크다. 통신과 방송이 모두 네트워크라는 점에서는 동일하나 어떤 점에
서는 그 속성이 매우 이질적일 수 있다. 즉 방송은 일방향이고, 통신은 쌍방향이
라는 점에서 비록 데이터가 모두 디지털화한다고 하여도 그 가치는 크게 차이
날 수밖에 없다. 즉 "비트는 모두 같은 비트이나, 통신서비스는 비트 이상의
그 무엇이다"(Owen, 1999: 195).

인터넷은 통신과 방송 중에서 통신에 본질적으로 가까운 속성을 가지고
있어 바로 이 통신의 가치를 이어 받는다. 통신의 가치란, 네트워크 외부효과와
직접 연결된다. [169] 따라서 네트워크의 차원에서는 통신이 방송보다 주도권을
쥘 수 있는 여지가 더욱 많다고 할 수 있다. 이러한 예측은 미국에서는 잘
드러나지 않은 반면, 우리나라에서는 상당히 적절한 것으로 나타났다. 우리나
라에서는 방송사보다도 통신회사가 변화에 더욱 적극적이었던 점(산업적 측
면), 정책적으로 통신산업을 적극 지원했다는 점(산업정책적 측면)이 주요한
이유였겠지만, 우연히도 우리나라 통신산업의 적극적 전략은 우리가 앞에서
논의한 디지털 컨버전스가 야기한 경향과 잘 맞아떨어졌던 것이다.

1) ADSL기반의 초고속인터넷

유선 인터넷 기반은 나라마다 다르다. 예를 들어 미국은 서비스 지역이 넓고,

---

169) 네트워크 외부효과(Network effect or network externalities)란 사용자기반이 확대될수록
제품의 가치가 증가하는 현상을 말한다. 예를 들어 팩스 한대는 소비자에게 아무런
가치가 없겠지만, 팩스가 여러 사용자에게 사용되면 될수록 소비자의 가치는 그 사용
자의 수에 비례하여 증가하게 될 것이다. 이는 제품의 생산비용과 무관하게 수요측면
에서 발생하는 규모의 경제라고 할 수 있는데, 시장 메커니즘에 반영이 되지 않기
때문에 외부성이라고 부르는 것이다(Katz & Shapiro, 1985; 1994).

낡은 전화회선이 많은 반면 케이블 TV망이 1억 명 이상 수용 가능할 정도로 각 지역에 광범위하게 설치되어 있어, 케이블모뎀을 이용한 초고속서비스가 전화선을 이용한 DSL보다 더욱 각광받고 있다(The Insight Research Corporation, 2002). 반면 우리나라에서는 그 반대로 케이블망은 종합유선과 중계유선으로 구분되어 있어 차이가 많은 반면, 전화회선은 비교적 원활한 상태를 유지하고 있어 ADSL 서비스가 활성화 되었다. 또한 일본과 비교한다면 일본은 초고속인 터넷이 아시아에서 6위 정도에 불과한데, 이는 일본의 높은 접속비용 때문인 것으로 설명되고 있다. 이와 같은 국가간의 다른 환경은 결국 무선인터넷과 같은 새로운 서비스의 성장과정에도 큰 영향을 미칠 것이며, 결국 디지털 컨버 전스의 형태를 다르게 만들 것으로 생각된다.

우리나라의 초고속인터넷 보급률은 2000년 400만 명, 2001년 800만 명이 가입하여 인터넷 침투율(penetration rate)이 38%에 이르는 세계1위의 보급률을 보이고 있다. 매년 8.2% 성장하여 2006년에는 1200만 명이 가입할 것으로 예상 된다(정보통신산업연구원, 2001). 이중에서 ADSL의 비중은 57%로, 2006년에는 60%로 증가할 것으로 예상되고 있다. 그리하여 광대역 인터넷 접속서비스에 서 ADSL:Cable model:Home LAN의 비율은 6:3:1의 비율로 안정화 될 것이다.

초고속인터넷 접속 서비스의 이러한 성공 원인으로서 네 가지를 들 수 있다.

첫째, 지역적 집중이다. 2000년 말 인구의 46.3%, 즉 2,100만 명이 수도권에 밀집되어 있고, 가구의 절반이 아파트에 살고 있으므로 경제적 효율성이 극대 화될 수 있었던 것이다.

둘째, 정부가 인터넷 접속비의 저가정책을 유도하였다. 초고속인터넷 통신 망의 정액제 구조는 세계적으로 비교할 때 같은 품질에서는 가격이 낮거나, 같은 가격에서 높은 품질을 보여주고 있다(KISDI, 2002: 50; 51)

셋째, 초고속인터넷 네트워크 회사들의 공격적 마케팅이다.

넷째, 인터넷 PC 보급 등으로 전국적인 PC 보급이 정부에 의해 강력히 시행 되었던 것을 들 수 있다(KISDI, 2002: 47-48).

현재 초고속인터넷 시장은 KT(구 한국통신)가 시장을 선도하고 하나로통신, 두루넷이 이에 도전하고 있는 양상인데, 두루넷이 98년 7월 케이블망을 이용한 초고속접속서비스 실시에서 시작하여 2000년 상반기까지는 ADSL(하나로통 신), 케이블모뎀(두루넷)이 시장을 각축하고 있었으나 1999년 12월 KT가 ADSL 서비스를 시작하면서 기존의 전국망을 이용한 네트워크 인프라(비용절감), 강력한 자체 영업력, 자본동원력, 브랜드 인지도 등으로 시장을 석권하였다. KT의 시장점유율은 2001년 현재 천체 광대영통신망 시장의 47%이다. 결과적으로 초고속통신망의 시장구조는 KT 47.4%, 하나로 28.2%, 두루넷 17.5%의 과점형태이고, 나머지 군소 사업자는 수익성 악화로 자본을 철수하거나 구조조정 중인 상태이다.

KT는 다른 사업자에 비해 전국적 자체망을 보유하고 있다는 장점을 가지고 있었다. 이는 비용면에서 큰 장점으로 작용하며, 지배사업자로 나설 수 있는 조건이 된다. KT는 이러한 비용적 장점을 십분 활용하여, ADSL 사업을 유선통화 매출 감소를 대체할 수있는 새로운 사업기회로 여겼다. 즉 기존의 PSTN의 음성서비스 네트워크에 데이터서비스 네트워크를 포함하는 기술적 컨버전스를 서비스 컨버전스로 실현시키는 전략을 수행한 것이다.

음성서비스 매출감소에 직면하여 구조조정을 통한 수익성 회복을 목표로 하는 대신, 매출 증대를 목표로 하여 ADSL 시장의 초기 선점을 노렸다. 이는 유선통신산업의 기술 혁신으로 남게 된 잉여기술인력을 영업인력으로 전환시키는 정책에 의해 구체화되었다. 이는 유선망 사업자가 네트워크 컨버전스와 서비스 컨버전스를 성공적으로 결합시킨 사례가 된다.[170]

이는 앞 절에서 논의한 컨버전스의 경향 중 네트워크 부문의 우위를 기반으로 하여 서비스를 성공적으로 컨버전스 한 것으로 볼 수 있다. 즉 네트워크 부문에서 표준설정과 소비자 마케팅을 강화함으로써 기존 전화망에 포섭된 사용자기반의 활용을 통해 네트워크 효과를 극대화하였던 것이다. 여기에 정부의 인터넷 PC 보급 정책을 통해 네트워크 뿐 아니라 단말기의 확대보급으로 최종 사용자 기반(installed base)을 더욱 확대할 수 있었다. 즉 네트워크 컨버전스와 서비스 컨버전스가 실현되는 조건은 최종 사용자의 수요를 극대화시키는 정책이었다.

---

170) 미국 전화통신 회사인ATT의 경우 광대역 인터넷 접속서비스를 제공하기에는 기존 전화선이 낙후되어 케이블 네트워크 회사를 인수하여 산업 컨버전스를 시도하였으나 이는 상당한 비용을 수반함이 드러났다. KT의 경우에는 기존 전화망을 이용한 ADSL 기술을 통해 광대역 인터넷 접속서비스를 제공하였다는 점에서 외국 특히 미국에서의 통신산업 주도의 산업적 컨버전스와의 차이를 볼 수 있다.

2) 무선 인터넷 (또는 모발 인터넷) 사례 171)

한편 이동통신산업의 현황을 보자. 매체로서의 이동통신 시장은 급성장하여
유선전화와 비교하면 2001년 말 1천4백만 가구에서 가구당 유선 전화는 1.1회
선인데 반해 이동전화는 1.9회선으로 이동전화의 보급률이 더욱 높아지고 있
다. 한편 이동전화와 PC의 보급률을 비교하면 1998년에 단말기 보급대수가
2.9억대로 PC의 보급대수에 근접하였으며 2003년 이후에는 PC의 보급대수를
크게 상회할 예정이다. 다른 한편 주요 선진국의 이동전화 보급률은 2000년
6.3억 명으로 포화되어 가입자 유치를 위한 요금인하경쟁이 심화되고, 이에
따라 1인당 매출액(ARPU)이 1996년 116달러에서 2000년 58달러로 급감하였고,
이는 2007년에 37달러로까지 떨어질 것으로 예상되고 있다(Strategies Group,
1999/2000).

이에 대한 대응으로 이동통신회사들은 무선인터넷의 활성화를 통해 다른
수입원을 확보하려는 시도를 시작하였다. 무선인터넷의 이동통신 산업 내 매
출은 1999년 1%에 불과하였지만, 2002년에는 7-15%, 2005-2010년에는 50%이
상까지 오르리라고 예상하고 있다. 우리나라에서도 사정은 유사하다. 국내 이
동전화보급률은 60%에 달하여 신규가입은 감소하면서 음성통화의 성장 둔화
를 예상하고, 이에 대한 대응으로 무선인터넷 사업을 정력적으로 추진하기
시작하였다.

이와 같이 무선인터넷은 이동통신사업자들의 경쟁으로 인해 통신요금이
하락하고 ARPU가 저하함에 따라 새로운 수입원을 창출하려는 노력의 산물임
과 동시에 인터넷, TV, PC, 전화, 비디오를 합친 차세대 이동통신인 IMT-2000으
로 효율적으로 넘어가기 위한 관문으로서 시작되었다. 즉 공급자 주도적인
사업의 시작인 것이다. 하지만 이러한 시도는 결과적으로 디지털 컨버전스

---

171) 무선인터넷은 음성/데이터/영상 정보를 무선으로 송수신 하는 서비스로 정의할
수 있는데, 다양한 매체(이동전화, 무선호출, 주파수공용통신TRS, 무선데이터통신망,
광대역무선가입자망(B-WILL), 무선 LAN, 블루투스 등)를 통해 가능하다. 하지만 여기
서는 이 중에서도 이동전화를 이용한 무선인터넷, 즉 협의의 무선인터넷을 중심으로
논의할 것이다. 무선랜 등 다른 형태의 무선인터넷 서비스는 또 다른 논의를 필요로
할 것이다.

하에서 새로운 사업 재편성과 기회/위험을 제공하는 것으로 나타나고 있다. 앞에서의 초고속인터넷 서비스는 전통적 음성통신시장의 포화에 직면한 유선통신사업자가 인터넷접속서비스를 제공하는 서비스 컨버전스라면, 무선인터넷은 무선으로 새로운 사업영역을 개척한 무선통신사업자가 무선음성통신 시장의 포화에 직면하여 이를 타개하기 위해 인터넷과 이동통신을 결합한 서비스 컨버전스다.

그러나 무선인터넷은 기존의 초고속인터넷에 비해 아래의 차이점을 가지고 있다. 첫째, 무선인터넷의 기술적 특성으로서 인터페이스에서 작은 화면과 불편한 입출력장치, 낮은 속도 등이 약점이나, 높은 휴대성, 이동성이 장점이다. 둘째, 비즈니스적 특성으로서 제공 정보의 형태가 제한되는 약점이 있으나, 수동적인 판매 및 홍보가 아닌 이동성을 활용한 적극적인 판매 및 홍보가 가능한 잠재력을 가지고 있다. 또한 초고속인터넷은 표준 기술이 확립되어 진입장벽이 다소 낮지만 무선인터넷은 서비스 방식이 복잡하고, 가치사슬이 다양하며, 표준의 미확립으로 인한 높은 진입장벽을 가지고 있다. 셋째, 사용자 특성으로서 장기간 이용하는 유선인터넷에 비해 짧게 여러 번 접속하는 이용형태를 가지고 있으며, 과금에 대해 저항을 가진 유선인터넷과 달리 서비스에 대한 지불의사가 있다는 차이를 가진다(무선인터넷편찬위원회, 2001). 그리하여 무선인터넷은 이동성(mobility), 위치기반(localization), 고객차별성(customization), 개인성(personality), 편리성(convenience)의 장점을 가지고 있어, 유선인터넷의 편재성, 접근성, 보안성, 편리성의 장점과 차별화된다(박진현 외, 2001).

이러한 차이로 인해 무선인터넷은 유선인터넷과 유사한 비즈니스 모델을 가지기 어려우며, 유선통신 회사와는 구별되는 전략이 필요하다. 그러한 구별성은 마케팅 또는 네트워크의 구성에서 나타나는 것이 아니라 오히려 컨텐츠의 개발 및 배열 등에서 나타났다. 즉 초고속인터넷 사업을 추진함에 있어서는 KT가 네트워크의 규모의 경제를 활용하기 위해 전개한 대규모의 투자, 시장확보, 저가(정액제)정책은 초고속인터넷의 사용자들이 가진 시장특성과 비교적 일치한다. 하지만 무선인터넷은 기본적으로 통신사업의 연장으로 파악되지, 인터넷 사업의 연장으로 파악되지는 않는다. 즉 서비스의 속성상 '무선'인터넷이지, 무선 '인터넷'은 아니었던 것이다.

이러한 특수성을 반영하여 초기의 무선인터넷은 초고속인터넷이 유선통화시장에서 가지는 비중만큼 큰 비중을 차지하지는 못하였다. 우리나라에서 2001

년 2월말 무선인터넷 통화료 수익은 1,012억원으로 전체 무선 음성통화료 수익의 1.1%에 불과하였다(김국진, 2002). 이는 이동통신과 인터넷이 결합하면 무선인터넷이 폭발적으로 증가하리라는 일반적 예측과는 다소 상이한 결과이다(신동일, 2001).

유선인터넷이 유선통신에 기여하는 정도에는 미치지는 못하지만, 그럼에도 불구하고 무선인터넷은 최근 상당한 정도로 성장하여 2002년 말 기준으로 Data ARPU/Total ARPU가 10%대에 이르는 높은 성과를 이루었다. 전 세계적으로 이동통신 기업들은 예상과 달리 무선인터넷 매출 비중이 급격히 늘어나진 않았지만, 우리나라만은 비교적 급속한 발전을 계속하고 있는 것이다. <표 14-1>은 우리나라에서 이동전화 가입자수에 비해 상대적으로 높은 무선인터넷 가입자수(단말 보급률)를 보여주고 있다. 여기에서 현재 우리나라 이동통신사들이 어떻게 이러한 과제를 수행하고 있는지를 살펴볼 필요가 있다.

<표 14-1> 무선인터넷 가입자 수 현황

구 분	이동전화 가입자수	무선인터넷가입자수 (WAP/ME단말보급대수)	무선인터넷 단말보급율(%)
합 계	32,417,240	26,335,771	81.2
SK텔레콤	17,365,752	13,607,389	78.4
KTF	10,277,333	8,861,687	84.3
LG텔레콤	4,775,155	3,508,562	73.5

* 출전 : MIC 유무선가입자현황 2003.1

이러한 성과의 차이는 기존의 음성서비스 중심의 단말기의 컨셉을 그대로 유지하여 사용자 기반을 포기하지 않고 유지한 것에 크게 기인한다. 즉 무선인터넷 사용자들은 기존의 음성서비스의 부가서비스로서 무선인터넷을 활용하였기 때문에 인터넷으로 인식하기보다는 무선통신의 한 종류로서 인식하였던 것이다. 이동통신사업자들은 무선인터넷 사업이 전혀 새로운 사업으로 사용자에게 다가가지 않기 위해 휴대 단말에 가장 적합한 무선인터넷 서비스를 발굴하여 사용자에게 접근하였다. 이를 위하여 무선 통신 사업자들은 가치 사슬에 따른 서비스 공급체계를 개방하여 기존의 사용자 기반의 확대에 주력하였다.

그러나 이러한 전략은 처음에는 큰 호응을 받지 못하였다. 그 이유는 초기 무선인터넷 비즈니스 모델이 가진 폐쇄성과 관련된다. 이러한 폐쇄성은 통신 산업 네트워크가 가진 폐쇄성과 같은 성질의 것이라고 할 수 있다. 초기의 무선인터넷 비즈니스 모델은 <그림 14-5>과 같았다. 즉 이동통신사업자(Carrier)가 SP(Service Provider), BSP(Business Service Provider)의 역할을 모두 수행하며 다수의 CP(Contents Provider)를 상대하였던 것이다. 서비스 제공을 위해 이동통신사업자가 무선데이터 네트워크 및 과금시스템을 구축한 것은 물론이고 SP가 구축해야 할 웹서버, 이메일서버, 채팅서버 등의 각종 서비스 서버를 자신의 비용으로 구축하였으며, 한편으로 BSP가 제공하는 브라우저 역시 한 개였던 것이다.

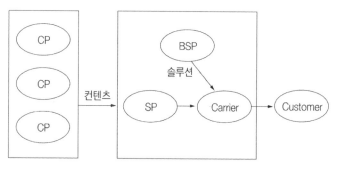

<그림 14-5> 무선인터넷의 가치사슬
* 출전 : 강성민 외, 2001, p.40

국내의 무선인터넷 사업은 초기에 폐쇄적인 네트워크 이용이라는 통신산업의 속성을 고수함으로써 브라우저 단말을 소지한 고객의 무선인터넷 사용률이 30%라는 저조한 이용률, 이에 따른 CP의 수익률 저하 등 일종의 위기상황에까지 빠졌다.

그러나 이후 수직통합적 비즈니스 모델에서 벗어나 한 개의 BSP에서 벗어나서 미들웨어 급에 해당하는 Brew, WAP, JAVA, GVM 등 다양한 BSP에게 브라우징의 기회가 부여되었고, 이에 따라 CP의 종류도 더욱 다양화함으로써 가치사슬의 상당한 부분을 개방하여 경쟁체제로 운영함으로써 통신산업의 개방성을 강화하는 윈윈 전략을 추구하여, 고객중심, 시장중심 전략 추구를 가능하게 하였던 것이다. 이 역시 무선인터넷이 기존의 무선통신의 사용자기반을 활용하기 위해 인터넷의 개방성을 도입하면서도 최종 사용자 단말기(핸드셋)의 개넘을 조심스럽게 유지하고 있음을 보여준다.

3) 컨버전스 개념의 재규정

이상의 두 가지 사례는 컨버전스 경향을 보다 정확히 이해하기 위한 단초를 제공한다고 보여진다. Han et. al. (2002)에 따르면 컨버전스는 네트워크와 서비스 매트릭스 속에서 더욱 잘 이해될 수 있다. 이 장에서는 이러한 관점을 더욱 진전시켜 성공적인 컨버전스를 위해서는 네트워크와 서비스 매트릭스 외에 사용자 기반(installed base)이라는 수요적 차원을 고려해야 함을 주장한다.

네트워크와 서비스 2차원 매트릭스 조합은 네트워크로 제공 가능한 서비스 영역을 기술적 관점에서 보여주지만, 어떤 컨버전스가 진정 시장에서 성공할 수 있을지를 보여주지 못한다. 이러한 성공의 여부를 결정짓는 요소는 바로 소비자의 수요 차원, 다시 말하여 사용자 기반인 것이다. 사용자 기반을 조심스럽게 활용하거나, 아니면 적극적인 정책을 통해 사용자 기반을 창출하는 것이 성공적인 컨버전스의 전제임을 두 사례는 보여준다.

즉, 국내에서 초고속 인터넷의 성공은 PC 보급률 증가와 더불어 기존의 전화선을 이용하던 저속 모뎀 사용자를 기반으로 하여 성장하였다. 또한, 무선인터넷의 성공은 단문서비스(SMS : Short Massage Service)에서 출발하였다. 단문서비스는 기존의 Pager 가입자와 휴대폰 보급과 더불어 휴대폰의 단문서비스가 기존의 Pager 서비스를 대체함으로써 쉽게 시장에 진입할 수 있었다. 또한, 무선인터넷을 지원하는 브라우저 폰의 보급률 증가와 더불어 사용자가 휴대폰을 개인화 장치로 인식함에 따라 이를 이용한 서비스(벨소리, 그림, 문자서비스 등)가 초기 무선인터넷 시장을 창출하였다.

무선인터넷의 성공은 다른 사용자 통신단말 장치와 달리 매년 신규 휴대폰으로 교체율이 40%로 높은 데 기인한다. 높은 휴대폰 교체율은 카메라, VOD, M-commerce, LBS 등 다기능 칼라 휴대폰의 보급을 쉽게 하고 있다. 이와 같은 사용자 기반을 바탕으로 이동통신사업자는 cdma2000 1x, EVDO 네트워크 등 고속 무선인터넷 환경을 구축하여 이동 멀티미디어 서비스 컨텐츠를 제공하고 있다. 앞으로 고기능 휴대폰은 "물질의 공간에 전자공간을 심어 기능을 고도화하는 유비쿼터스 공간(또는 세상)(하원규 외, 2002)"에서 물질공간을 제어하는 사용자 통신장치로 사용될 것이다.

이와 같은 대규모의 사용자 기반은 수요측의 규모의 경제라고 할 수 있는 네트워크 효과를 초래하여 통신산업이 수반하는 대량의 투자를 회수할 수 있게 해준다. <그림 14-6>은 컨버전스를 네트워크와 서비스 컨텐츠 이외에 사용자 기반이라는 기준을 포함한 컨버전스 경향을 나타내고 있다. 그림에서 보듯이 네트워크 컨버전스는 커버리지와 투자비, 서비스 (컨텐츠)는 정보의 가치(원/bit), 사용자 기반은 사용자의 통신장비 보급률로 구분할 수 있다.

　　<그림 14-6>은 네트워크, 서비스(컨텐츠)와 사용자 단말을 3차원으로 표시한 것이다. 3차원 구의 반경은 네트워크 서비스 커버리지를 기준으로 표시하였다. 반경의 원점은 고정된 유선 네트워크에서 밖으로 위성까지 나타내었다.

　　그림에서 x축에 가까울수록 가입자 수가 많은 네트워크, z축에 가까울수록 핵심 서비스 컨텐츠, y축에 가까울수록 사용자 단말수가 많은 사용자 기반을 나타내었다. 첫번째 구는 유선 네트워크로 xDSL 가입자가 PC로 인터넷을 사용하고 두번째 구는 무선접속 네트워크로 노트북이나 PDA로 인터넷을 사용하고, 세번째 구는 이동통신과 방송 네트워크로 CDMA 가입자는 휴대폰으로 단문서

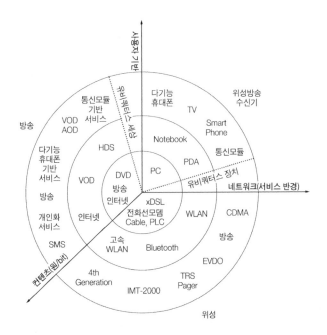

<그림 14-6> 사용자 기반이라는 요소를 포함한 3차원적인 컨버전스 경향

비스와 벨소리, 그림 서비스 등의 개인화서비스를 사용하고 방송 네트워크에서는 TV로 방송 서비스를 사용하고 있다. 그림에서와 같은 유비쿼터스 공간에서 사용자 기반은 물질공간에 내장된(임베디드) 통신장치와 이를 제어하기 위한 사용자 단말로 구성될 것이다. 사용자가 휴대폰을 통신장치 보다는 개인화 장치로 인식함에 따라 유비쿼터스 공간에서 다기능 휴대폰으로 사용자 기반이 구축될 가능성이 높다.

4. 결론 : 새로운 과제

이 장에서는 컨버전스의 경향을 네트워크 컨버전스, 서비스 컨버전스, 산업 컨버전스, 규제적 컨버전스의 네 분야로 분류하고 그 기술적, 사회경제적 기초를 디지털화와 인터넷(개방 네트워크)으로 설명하였다. 이러한 디지털 컨버전스 개념에 기초하여 컨버전스의 양상을 비교함으로써 컨버전스란 네트워크 및 서비스 컨버전스가 초래하는 다양한 사업 기회를 효과적으로 전유하는 문제이며, 단순히 인수합병을 통해 수직, 수평 통합하는 문제가 아니라는 점을 제시하고자 하였다. 그리하여 우리나라의 초고속인터넷 서비스와 무선인터넷 서비스의 성공은 네트워크 컨버전스와 서비스 컨버전스의 결합물임과 동시에 사용자 기반을 중시함으로써 성공하였다고 분석하였다. 본 논문의 분석은 두 가지 사례의 성공에만 초점을 맞춘 것이다. 하지만 동일한 분석은 위 사례의 향후 전망에도 중요한 시사점을 주는 것으로 생각된다.

초고속인터넷과 무선인터넷은 공히 PC와 휴대폰 보급률이라는 측면에서 시장포화 및 매출부진이라는 난점에 직면할 가능성을 가지고 있다. 초고속통신망은 2006년을 기점으로 시장 포화현상에 직면할 가능성이 높다. 또한 무선인터넷역시 향후 성장모델을 새로이 정립해야 하는 과제를 안고 있다. 이를 위해서는 통신 산업의 장점을 십분 발휘할 수 있는 컨버전스의 모델을 구축해야 할 것이다.

둘째, 표준형성과 최종 수요자에 적합한 단말기의 보급을 통한 네트워크 효과와 경쟁을 통한 다양성의 창출을 효과적으로 결합할 수 있어야 한다. 향후의 수익모델 역시 전체가치사슬 흐름에서 컨텐츠, 패키징 부문과 어떠한 관계를 정립하여 사용자 기반을 확대할 것인가에 달려있다. 이러한 컨버전스는 상당 부분 새로운 시장을 개척하려는 창의성에 의존한다. 따라서 컨텐츠, 애플리케이션, 솔루션, 패키징의 분야는 다수의 창의적 벤처들이 활동할 수 있는 무대로 만들고, 이 시장을 어떻게 연관시킬 것인가를 고민할 필요가 있다. 만약 그러한 산업구조 상의 환경을 만든다면 네트워크(캐리지) 부문의 새로운 부가가치 기회는 비단 컨텐츠(신지나, 이보상, 2002)에만 한정되는 것은 아닐 것이다. 통신산업이 융합시켜야 하는 대상은 컨텐츠뿐 아니라 다양한 비통신부분도 가능하다. 그것은 방송 뿐 아니라 가전, 교통산업, 교육, 금융과의 컨버전스일 수도 있다. 문제는 네트워크 공급회사가 이러한 다양한 컨버전스의 기회를 다양한 전략을 통해서 제휴해 낼 수 있느냐에 달려있을 것이다.

초고속인터넷과 무선인터넷의 급속한 보급과 성공이라는 한국의 특수성을 고려할 때 이미 제1차 컨버전스를 통해 경쟁력을 갖춘 통신산업의 이니셔티브 하에서 디지털 컨버전스는 가장 효과적으로 이용될 수 있다. 이의 방안으로 컨버전스 개념을 통신과 방송의 문제 뿐 아니라 통신을 중심으로 한 비통신부문과의 결합으로 확대할 필요성이 있다. 이로써 우리나라는 기존의 초고속인터넷과 이동통신의 성공을 뛰어 넘는 새로운 성공적 컨버전스의 가능성을 현실화할 수 있을 것이다. 현재의 확대된 사용자 기반을 바탕으로 한 새로운 비즈니스 모델의 창조 및 발전이 필요하다. 서비스(컨텐츠) 컨버전스는 사용자의 입장에서 정보의 가치를 최대화하고 네트워크 컨버전스는 서비스(컨텐츠) 제공비용을 최적화할 수 있는 속도와 커버리지를 바탕으로 진행되어야 할 것이다. 또한, 유비쿼터스 공간은 네트워크 컨버전스를 바탕으로 다양한 임베디드 시스템을 포함한 물질공간을 제어하는 사용자 단말의 통합이 요구된다.

5. 탐구학습

1) 컨버전스와 관련한 현재의 논의는 방송·통신 융합이론이다. 현재 우리나라에서 이 문제가 어떻게 논의되고 있는지를 살펴보고, 미국의 방송·통신 융합의 역사와 비교하여 그 성공가능성을 논의하라.

2) 컨버전스의 정의를 어떻게 내리는가에 따라, 우리의 산업정책에 어떤 시사점이 달라질지를 논의하라.

참고문헌

제1장

김경모 1999, 「중등학교 사회과에서의 경제윤리교육모형 정립에 관한 연구」, ≪시민교육연구≫, 제29집 (1999.9) pp.17-42.

_____. 2004, 「경제교육의 이해와 실천을 위한 틀」, ≪경제교육연구≫, 제11편 1호 (2004.6), pp.109-136

전숙자. 2002, 『사회과교육의 통합적 구성과 교수-학습 설계』, 교육과학사

조영달. 1991, 「한국 경제사회의 변혁과 경제교육의 지향」, ≪사회와 교육≫, 제15권, pp.35-52

_____. 1991b, 「논쟁적 경제문제의 해결을 위한 시민경제교육의 개선과 관한 연구: 합리적 이익추구의 경제교육 모형의 탐색」, ≪사회와 교육≫, 15집, 한국사회과교육학회, pp.293-315

진영은. 2002, 『교육과정-이론과 실제』, 학지사

차경수. 1996, 『현대 사회의 사회과 교육』, 학문사

최병모 외. 2004, 「세계화와 지식기반경제시대에서의 학생들의 시장경제인식 및 의식의 현 상황과 문제점 및 개선방안」, ≪경제교육연구≫, 제11편 1호 (2004.6), pp.83-108

최병모, 박형준, 김경모, 황상주. 2004, 「학교 경제교육의 교수·학습 모형 및 방법에 관한 반성적 고찰」, ≪경제교육연구≫, 11집, 1호 (2004.6), pp.137-168.

Banks, J. A. 1990, *Teaching strategies for the social studies*, 4th ed. New York: Longman

Beyer, B. K. 1979, *Teaching Thinking in Social Studies,* 한면희 외 역, 교육과학사, 1987

Bloom, B.S.L. Englehard, M.D., Furst, E.J. Hill, W.H. & Krathwohl, D.R. (eds.), 1956, *Taxanomy of educational objectives.* New York: David Makay

Bruner, J.S. 1960, *The process of education,* Cambridge, Mass: Harvard University Press

Dewey, John. 1916, *Democracy and Education*, New York: Macmillan Oublishing Co. Inc, 이홍우 역, 『민주주의와 교육』, 서울과학사, 1987

Engle, S.H. & A. S. Ochoa. 1988, *Education for democratic citizenship*, New York: Teachers College, Columbia University

Hunt, M.P & L.E. Metcalf. 1955, 1968, *Teaching High School Social Studies*, New York: Harper and Row Publishers

NCEE. 2003, *Capstone's Exemplary Lessons for High School Economics - Teacher's Guide*

Newman, F. M. 1991, "Promoting higher order thinking in social studies: Overview of a study of sixteen high school departments, Theory and research in social education", Vol. XIX, No. 4, Fall: 324-340

Oliver, D. W. & Newmann, F. M. 1967, *Public Issues Series (Harvard School Studeis Project)*. columbus, OH: Xerox Corp.

Stiglitz, J. 1997, *Economics, W.W. Norton & Company*, 이병천 외 역, 『스티글리츠 경제학』, 한울, 2003

Woolver, R. & K. P. Scott. 1988, *Active learning in social studies*, Glenview, IL: Scott, Foresman and Company

Tyler, R. W. 1949, *Basic Principles of Curriculum and Instruction*, Chicago: University of Chicago, 진영은 역, 1996, 『교육과정과 수업지도의 기본 원리』, 양서원

제2장

김경모. 1999, 「중등학교 사회과에서의 경제윤리교육모형 정립에 관한 연구」, ≪시민교육연구≫, 제29집 (1999.9) pp.17-42.

대한상공회의소. 2003, 『청소년경제교육의 문제점과 개선방안』, 정책건의자료

박순성. 2003a, 「스미스의 정치경제학과 자유주의」, 이근식 외 (2003), 『자유주의의 원류』, 철학과 현실사

_____. 2003b, 『아담스미스와 자유주의』, 풀빛

최병모, 박형준, 김경모, 황상주. 2004, 「학교 경제교육의 교수·학습 모형 및 방법에 관한 반성적 고찰」, ≪경제교육연구≫, 11집, 1호. (2004.6), pp.137-168.

Aristotel. 1980, *The Nicomachean Ethics*, I, 1-1, 5 (Ross의 영역본), 1980

Backhouse, R. E. 1994, *Economists and the Economy*,

Gilpin, R. 2001, *Global Political Economy*, Princeton University Press, 고현욱 외 역, 『세계정치경제론』, 인간사랑

Hirshman, A. O. 1977, *The passions and the interests : political arguments for capitalism before its triumph*, Princeton : Princeton University Press

Rich, Arthur. 1984, *Wirtschaftsethik: Grundlagen in theologischer Perspective* 강원돈 역, 『경제윤리1』, 한국신학연구소

Sen, A. 1987, *On Ethics and Economics*, Blackwell Publishers:U.K.

Smith, A. 1759, *The Theory of Moral Sentiments*, reprinted A. L. Macfie & D.D. Raphael (eds.) Oxford: Oxford University Press, 박세일·민경국 공역, 『도덕감성론』 서울, 비봉출판사, 1996

_____. 1776, *An Inquiry into the Nature and Causes of the Wealth of Nations*, reprinted R. H. Campbell and A. S. Skinner (eds.) Oxford: Clarendon Press, 김수행 역, 1992, 『국부론』, 동아출판사

Stigler, G. J. 1975, "Smith's Travels on the Ship of State", in Skinner and Wilson, (eds.) *Essays on Adam Smith*, Oxford: Clarendon Press, 1975

Tocqueville, Alexis de. 1832, *Democracy in America*, 임효선·박지동 역, 『미국의 민주주의 I, II』, 한길사.

Weber, M. 1946, *The protestant ethic and the spirit of capitalism*, translated by Talcott Parsons with an introduction by Anthony GiddensLondon ; New York : Routledge, 2001

제3장

강태중. 2002, 「고등학교 평준화 정책에 대한 논의의 검토」, 교육인적자원정책위원회 발표자료

강태중·성기선. 2001, 「평준화 정책과 지적 수월성의 관계에 대한 실증적 검토」, KEDI 교육정책포럼 발표자료

교육인적자원부. 2004, 『2004 교육예산』

김광억, 김대일, 서의종, 이창용. 2004, "Changes in the Entrance Exam: Who gets admitted to Seoul National University?" *Social Science Research Institute*, Seoul National University

김종엽. 2003, 「한국사회에서의 교육 불평등」, ≪경제와사회≫, no.59

김천기. 2002, 「평준화의 왜곡과 자립형 사립고의 문제에 대한 비판적 고찰」, 『교육사회학연구』, 제12권 3호, pp.55-73

김태일. 1998, 「고교평준화 정책의 학업 성취 효과 분석」, ≪한국정책학회≫, 제7권 제3호

김태종, 이명희, 이영, 이주호. 2004, "Empirical Analysis on the Effectiveness of the High School Equalization Policy", *Center for Education Policy Research and Initiatives*, KDI School of Public Policy and Management

노응원. 1999, 「한국 과열 과외교육의 메커니즘과 대책」, ≪경제발전연구≫, vol.5, no.1

성기선. 2002, "The Analysis of the Relationship between High School Equalization Policy and the General Low-achievement Phenomonon of the Students", ≪교육사회학연구≫, Vol. 12, No. 3

이두휴. 1999, 「교육경쟁의 정치경제학적 분석」. ≪교육사회학연구≫, 제9권 1호, pp.159-176

이주호. 2002, 「고교평준화정책의 개선방향」, *The Korean Society for the Economics and Finance of Education*, vol.11, no.1

이주호, 유상덕, 박상수. 2002, 「학교교육개혁의 청사진-현장의 자율과 책무 제고를 위한 정책·제도의 개혁」, 교육개혁포럼 주체 심포지엄

이주호·우천식. 2002, 「한국교육의 실패와 개혁」, ≪KDI 정책연구≫ 제20권 1·2호

이주호·홍성창. 2001, 「학교대 과외; 한국교육의 선택과 형평」, ≪경제학연구≫ 제49집 1호, pp.37-56

전상진. 2003, 「고용조직의 선발구조변화와 교육체계의 대응」, ≪사회과학연구≫ 11집

조우현, 이대근. 1997, 「한국의 교육체제에 대한 경제적 평가과 정책과제」, 『한국경제구조개혁과제』, 서울사회경제연구소, Seoul: Korea

한국교육개발원. 1985, 『고등학교 평준화 정책의 개선방향』,

_____. 2000, 『자립형 사립고등학교 제도도입에 관한 공청회』

Bell, D. 1973, *The Coming of Post-Industrial Society*, New York: Basic Books

Berg, I. 1970, *Education and Jobs: the great training robbery*, New York: Praeger

Brown, Philip. 2003, "The Opportunity Trap: Education and Employment in a Global Economy", *Working Paper Series*, no.32, Cardiff University

Castells, M. 1996, *The Rise of the Network Society*, Oxford: Blackwell

Chun Sangchin. 2003, "Modernization and Globalization of Educational Competition: Overcoming the High School Equalization Policy", *Korea Journal*, vol.43, no.4

Dore, R. 1997, *The Diploma Disease: Education, Qualification and Development*, London: Institute of Education,

Kerr, C. et. al. 1973, *Industrialism and Industrial Man*, Harmondsworth: Penguin

Lee Ju-Ho. 2004, "The School Equalization Policy of Korea: Past Failures and proposed Measure for Reform", *Korea Journal*, vol.44, no.1

Reich, R. 1991, *The Work of Nations: a blueprint for the future*, London: Simon & Schutter

| 제4장 |

정운찬. 1995, 『금융개혁론』, 학현사

Aglietta, M. & A. Orlean. 1982, *La violence de la monnaie*, Paris, Presses Universitaires de France.

Arestis, P. "Post-Keynesian Theory of Money, Credit and Finance", in Arestis, P. ed.(1988), *Post-Keynesian Monetary Economics*, Edward Elgar

Chick, V. 1992, *On Money, Method and Keynes*, Martin's Press

Clark, S. 1988, *Keynesianism, Monetarism and the Crisis of the State*, Edward Elgar

Dumenil, G. 1977, *Marx et Keynes face a la crise*, Economica

Eichner, A.S. 1973, "A Theory of the Determination of the Mark-up Under Oligopoly", *Economic Journal*, 83.

Evans, P. 1995, "States and Industrial Transformation" in Goddard, C.R. et. al. (2003), *International Political Economy 2nd edition*, Lynne Rienner Publishers: CO, pp.119-138.

Foley, D. 1986, *Understanding capital*, Harvard University Press

Gilpin, R. 1987, *The Political Economy of International Relations*, Princeton Univ. Press, 1987, 고현욱 외 역, 1990, 『국제관계의 정치경제학』, 인간사랑

Hamilton, A. 1791, "Report on Manufactures" in Goddard, C.R. et. al. (2003), *International Political Economy 2nd edition*, Lynne Rienner Publishers: CO, pp.85-98

Heilbroner, R. L. 1985, *The Nature and Logic of Capitalism*, New York: W. W. Norton

Helleiner, E. 1994, *State and the Reermergence of Global Finance: From Bretton Woods to the 1990s*, Cornell University Press, Ithaca & London

Horsefield, J. 1969, *The International Monetary Fund*, 1945~1965, Vol, 1~3, Washington, D.C. : IMF

Howard, M. C. & King, J. E. 1989, *The History of Marxian Economics*, Macmillan

Keynes, J. M. 1980, *Collective Works*, Vol. 26, Activities, 1940-1944

_____. 1936, *The General Theory of Employment, Interest and Money*, 조순 역, 『일반이론』, 비봉출판사

Kregel, J.A. 1980, "arx, Keynes, and social change" in Growth, *Profits and Property*, Nell, E. J., Cambridge University Press

Kuhn, T. S. 1962, The Structure of Scientific Revolution, Chicago: University of Chicago Press

Lavoie, M. 1985, "La these de la monnaie endogene face a la non-validation des credits", in *Economie et Societe*, XIX, no 8

Lindsey, B. 2000, "The Invisible Hand vs. the Dead Hand" in Goddard, C.R. et. al. (2003), *International Political Economy 2nd edition*, Lynne Rienner Publishers: CO, pp.59-70

Marglin S. A. & Schor J. B. ed. 1990, *The Golden Age of Capitalism*, Clarendon Press

Minsky, H. P. 1975, *John Maynard Keynes*, Columbia University Press.

Polany, K. 1944, *Great Transformation*, Boston: Beacon Press

_____. 1957, *Trade and Markets in the Early Empires*, Glencoe, III: Free Press

Rodrik, D., 2000, "How Far Will International Intergration Go?", «The Journal of Economic Perspectives», Vol 14, No. 1 (Winter, 2000), pp.177-186

Puggie, J. 1982, "International Regimes, Transations, and the Change: Embedded Liberalism in the Postwar Economic Order", *International Organization*, Vol. 36, No. 2, pp.379-415

_____., 2002, *Key note address at the conference on the Global Governance: Towards a New Grand Compromise?*, University of Toronto, 29 May 2002

_____., 1997, *Globalization and the Embedded Liberalism Compromise*, Max Planck Institute Working Paper, 1997

Went, R. 2000, "Globalization under Fire", in Goddard, C.R. et. al. (2003), *International Political Economy* 2nd edition, Lynne Rienner Publishers: CO, pp.191-213

제5장

에쇼히데키. 2002, 『경제발전론』, 박종수 역, 진영사: 서울.

염홍철. 1998, 『다시 읽는 종속이론』, 한울, 1998.

허준식. 1998, 「신제도학파의 이론적 기반에 대한 검토」, ≪사회경제평론≫ 제11호, pp.43-61.

Adelman, I. 2001, "Fallacies in Development Theory and Their Implications for Policy" in G.M. Meier & J.E. Stiglitz (eds.), *Frontiers of Development Economics: The Future in Perspective*, Oxford University Press, 2001.

Ahn, Hyeon-Hyo. 1998, "Speculation in the Financial System as a 'Dissipative Structure'," *Seoul Journal of Economics*, Vol. 11, No. 3, pp.295-319.

Akyuz, Y. & A. Cornford. 1999, "Capital Flows to Developing Countries, and the Reform of the International Financial System," *UNCTAD Discussion Paper*, No. 143. Geneva, UNCTAD, November.

Arndt, H.W. 1985, "The Origin of Structuralism," *World Development*, Vol. 13, No.2, pp.151-159.

Baker, D., G. Epstein & R.Pollin. 1998 "Introduction," in D. Baker, G. Epstein & R. Pollin, 1998, *Globalization and Progressive Economic Policy*, Cambridge University Press.

Baum, G. 1996, *Karl Polanyi on Ethics and Economics*, Montreal & Kingston: MaGill-Queens

University Press.

Berger, S. & R. Boyer. (eds) 1996, *National Diversity & Global Capitalism*, Cornell University Press.

Chandhoke, N. 2001, "The 'Civil' and the 'Political' in Civil Society," *Democratization*, Vol. 8, No. 2(Summer, 2001), pp.1-24.

Chang, H-J. 2002a, "Breaking the Mould - An Institutionalist Political Economy Alternative to the Neo-Liberal Theory of the Market and the State," *Cambridge Journal of Economics*, 2002.

_____. 2002b, *Kicking Away the Ladder: Development Strategy in Historical Perspective*, Anthem Press, London.

Chenery, H.B. 1975, "The Structuralist Approach to Development Policy," *American Economic Review*, Vol. 65, No. 2 May, pp.310-316.

Cohen, J. & A. Arato. 1992, *Civil Society and Political Theory*, Cambridge, MA: The MIT Press.

Crotty, J. 1994, "Are Keynesian Uncertainty and Macrotheory Compatible? Conventional Decision Making, Institutional Structures and Conditional Stability in Keynesian Macromodels," in G. Dymski and R. Pollin eds. *New Perspectives in Monetary Macreconomics*, Michigan: Michigan University Press.

Dymski, G. 1993, "Keynesian Uncertainty and Asymemetric Information: Complementary or Contradictory?," *Journal of Post Keynesian Economics*, Vol. 16, No. 1, 1993 Fall, pp.49-54.

Evans, P. 1995, *Embedded Autonomy: State and Industrial Transformation*, Prinston University Press.

_____. ed. 1996, *Development strategies Across the Public-Private Divide*, World Development, 24:6.

_____. et. al. 1985, *Bringing the State Back In*, Cambridge University Press.

Fine, B. & Rose, P. 2001, "Education and the post-Washington consensus" in B. Fine et. al.(2001), *Neither Washington nor Post-Washington Consensus: Challenging Development Policy in the Twenty-First Century*, London: Routledge.

Fine, B. 2001, *Social Capital versus Social Theory: Political Economy and Social Science at the Turn of the Millennium*, London and New York: Routledge.

_____. 2001a, "Neither the Washington nor the post-Washington consensus: An Introduction," in Fine, B. C. Lapavitsas & J. Pincus (eds.), *Development Policy in the Twenty-first Century: Beyound the post-Washington Consensus*, Routledge, London, 2001.

Giddens, A. 1984, *The Constitution of Society: Outline of the Theory of Structuration*, Berkley: University of California Press.

Gill, S. 1990, *American Hegemony and the Trilateral Commission*, Cambridge: Cambridge University Press.

Glyn, A. 1998, "Internal and external constraints on egalitarian policies," in D. Baker, Epstein G. & R. Pollin, 1998, *Globalization and Progressive Economic Policy*, Cambridge University Press.

Habermas, J. 1962, *Structurwandel der Offentlichkeit: Undtersuchungen zu einer Kategorie der burgelichen Gesellschaft*, Neuwied: Luchterhand; *The Structural Transformation of Public Sphere: An Inquiry into a Category of Bourgeois Society*, trans. Thomas Berger, Cambridge, Mass.: MIT Press, 1989.

Harriss, J. 2002, *Depoliticizing Development: The World Bank and Social Capital*, Anthem Press, London.

Keynes, J. M. 1936, *The General Theory of Employment, Interest and Money*.

Marx, K. 1971, *A Contribution to the Critique of Political Economy*, ed. M. Dobb, trans. S. Ryazanskaya, London: Lawrence & Wishart, 1971.

Meier, G.M. 2001, "The Old Generation of Development Economists and the New," in in G.M. Meier & J.E. Stiglitz (eds.), *Frontiers of Development Economics: The Future in Perspective*, Oxford University Press, 2001.

Polanyi, K. 1957, *The Great Transformation*, Boston, Beacon Press.

Reinert, E. S. 1999, "The Role of the State in Economic Growth," *Journal of Economic Studies*, 1999, Vol. 26, no. 4/5; pp.268-326.

Stanfied, J.R. 1986, *The Economic Though of Karl Polanyi*, London: Macmillan, 원용찬 역, 『칼폴라니의 경제사상』, 한울, 1997.

Stiglitz, J. 1986, "The New Development Economics". *World Development*, Vol. 14, No. 2; pp.257-265.

_____. 1998a, "More Instruments and Broader Goals: Moving Toward the Post-Washington Consensus: The 1998 WIDER Annual Lecture, Helsinki" in H-J Chang (ed.), *The Rebel Within*, Anthem Press, London, 2001.

_____.1998b, "The Role of International Financial Institutions in the Current Global Economy," in H-J Chang (ed.), *The Rebel Within*, Anthem Press, London, 2001.

_____. 2002, *Globalization and its Discontents*, London: Allen Lane.

Toye, J. 1987, *Dilemmas of Development*, Oxford: Blackwell.

Williamson, J. 1989 "What Washington Means by Policy Reform," in John Williamson, ed., *Latin American Adjustment: How Much Has Happened? Washington D.C.: Institute for International Economics*.

_____. 2000, "What should the World Bank Think about the Washington Consensus?" *The World Bank Research Observer*, vol 15, no. 2(August 2000), pp.251-64.

Williamson, O.E. 1975, *Markets and Hierarchies: Analysis and Anti-Trust Implications*, New York: The Free Press.

Wolfson, M. H. 1996, "A Post Keynesian theory of credit rationing," *Journal of Post Keynesian Economics*, Vol. 18, No. 3, 1996 Spring, pp.443-450.

World Bank. 1993, *The East Asian Miracle: Economic Growth and Public Policy*, World Bank Policy Research Unit: Oxford University Press.

_____. 1997, *Expanding the Measure of Wealth: Indicators of Environmentally Sustainable Development*, Washington: World Bank.

제6장

Aglietta & Orlean. 1982, *La violence de la monnaie*, PUF.

Aglietta, M. 1988, *L'ambivalence de l'argent, Revue Francaise d'Economique*, vol3, no 3.

Aida, S. et. al. 1985, *The Science and Praxis of Complexity*, The United Nations University

Arestis, P. & M. Sawyer. 1994, *The Elgar Companion to Radical Political economy*, Edward Elgar.

Arthur, B. W. 1996, "Increasing Returns and the New World of Business", *Harvard Business Review*, pp.100-109, 김웅철 역, 『복잡계경제학I』, 평범사

Bailey, K D. 1996, 이용필 역, 『사회엔트로피이론』, 신유, 1996

Blanchard, O. J. & Fisher, S. 1989, *Lectures on Macroeconomics*, The MIT Press

Brockway, G. P. 1983, "On Speculation : A Footnote to Keynes", *Journal of Post-Keynesian Economics*, 4, summer, pp.515-522

Cartelier, J. 1985, "Théorie de la valeur ou hétérodoxie monétaire : les termes d'un choix", *Economie appliquée*, XXXVIII, n1

Chick, V. 1987, "Speculation, the Rate of Interest and the Rate of Profit", *Journal of Post-Keynesian Economics*, 10(1), Fall, pp.124-132

Galbraith, J. K. 1990, *A Short History of Financial Euphoria*, Whittle Books

Georgescu-Roegen, N. 1976, *Energy and Economic Myths*; Boulding, K. 1992, *Toward a new economics : critical essays on ecology, distribution and other themes*, Edward Elgar,

Gouverneur, J. 1978, *Cotemporary Capitalism and Marxist Economics*, 1983

Jantsch, E. 1980, *The Self-Organizing Universe-Scientifid and Human Implications of the Emerging Paradigm of Evolution*, 홍동선 역, 『자기조직하는 우주』

Kalecki, M. 1971, *Selected Essays On The Dynamics of The Capitalist Economy*, Cambridge University Press

Keynes, J. M. 1936, *The General Theory of Employment, Interest and Money*, 조순 역, 『일반이론』, 비봉출판사

Kindleberger, C. P. 1978, *Manias, Panics and Crashes : A History of Financial Crises*, New York, Basic Books

Krugman, P. 1996, "A country is not a company", Harvard Business Review, Jan~Feb, pp.40-51, 김극수 역, 『복잡계경제학II』, 평범사

Minsky, H. P. 1986, *Stabilizing an Unstable Economy*, Yale University Press,

Mohun, S. (ed.) 1994, *Debates in Value*, St. Martins Press,

Orlean, A. 1986, "Minétisme et anticipations rationnelles : une perspective keynésienne", *Recherches Economiques de Louvain*, vol. 52, no 1, mars

_____. 1989, "Mimitic Cotagion and Speculative Bubbles", *Theory and Decision*, vol, 27,

Prigogine, I. and I. Stengers. 1979, *Order out of Chaos*, New York: Bantam Books, 신국조 역, 『혼동으로부터의 질서』, 고려원미디어, 1993

Reuten & Williams. 1989, *Value-form and State : the tendencies of accumulation and the determination of economic policy in capitalist society*, Routledge,

Wolfson, M. H. 1996, *Irving Fisher's debt-deflations theory*, Cambridge Journal of Economics, 1996, vol 20,

시오자와 요시노리. 1997, 『복잡계경제학입문』, 임채성 외 역, 왜 복잡계경제학인가, 푸른길

제7장

강남훈. 2000, 「디지털혁명과 신경제의 축적구조」, 『디지털혁명과 자본주의의 전망』, 한울아카데미.

김종한. 2000, 「디지털경제 하에서 정치경제학의 주요 쟁점」, ≪사회경제평론≫, 제15호, 풀빛, pp.139-178

류동민. 2000, 「디지털 네트워크경제의 특성에 대한 정치경제학적 분석」, 제21회 사회경제학회 발표문

시오자와 요시노리. 1997, 『복잡계경제학입문』, 임채성 외 역, 『왜 복잡계경제학

인가』, 푸른길

허준석. 1998, 「신제도경제학의 이론적 기반에 대한 검토: 효율성 대 권력을 중심으로」, ≪사회경제평론≫ 제11호, 풀빛, pp.43-61

현정석, 현진석. 2000, 「첨단기술시장에서 네트워크 외부성과 전환비용의 구조모형: 소비자관점」, 한국경영학회, ≪경영학연구≫, 제29권, 제1호, pp.63-87

홍성욱. 1999, 『생산력과 문화로서의 과학기술』, 문학과지성사

Arthur, B. W. 1994, *Increasing Returns and Path Dependence in the Economy*, Ann Arbor: The University of Michigan Press

_____. 1996, "Increasing Returns and the New World of Business", *Harvard Business Review*, pp.100-109, 김웅철 역, 『복잡계경제학』, 평범사

Bahami, H. & S. Evans. 2000, "Flexible Recycling and High-Technology Entrepreneurship" in Kenny, M. (eds.) *Understanding Silicon Valley*, Stanford University Press

Blanchard, O.J. & Fisher, S. 1989, *Lectures on Macroeconomics*, The MIT Press

Conner, K. R. & R. P. Rumelt. 1991, "Software Piracy: An Analysis of Protection Strategies", *Management Science*, 37(2), pp.125-39

Dickson, P.R. 1995, Review of "ncreasing Returns and Path Dependence in the Economy", by W. B. Arthur, *Journal of Marketing*, Vol 59(July): pp.97-99

Dybvyg, P. H. & C.S. Spatt. 1983, "Adoption Externalties as Public Goods", *Journal of Public Economies*, 20, pp.231-247

Economides, N. & C. Himmelberg. 1995, "Critical Mass and Network Evolution in Telecommunications", in Gerard Block, ed., *Toward a competitive Telecommunications Industry: Selected Papers from the 1994 Telecommunications Policy Research Conference*, University of Maryland, College Park, MD, July 1995, pp.31-42

_____. 1996, "The Economics of Networks", *International Journal of Industrial Organization*, Vol 14, no. 2. pp.669-671

Farrell, J. & G. Saloner. 1985, "Standardization, Compatibility, and Innovation", *Rand Journal of Economics*, Spring 1985, 16, pp.70-83

_____. 1986, "Installed Base and Compatibility: Innovation, Product Preannouncements, and Predation", *American Economic Review*, December 1986, 76, pp.940-955

_____. 1988, "Coordination Through Committees and Markets", *Rand Jounal of Economics*, 19(2), pp.235-252

Hodgson, G. 1988, *Economics and Institutions: A Manifesto for Modern Institutional Economics*, University of Pennsylvania Press

Katz, M. L. & C. Shapiro. 1985, "Network Externalities, Competition, and Compatibility",

American Economic Review, Vol 75, No. 3, pp.424-440

_____. 1986, "Technology Adoption in the Presence of Network Externalities", *Journal of Political Economy*, 94, 4, pp.822-841

_____. 1992, "Product Introduction with Network Externalities", *Journal of Industrial Economics*, March 1992, 40, pp.55-84

_____. 1994, "Systems Competition and Network Effects", *Journal of Economic Perspectives*, Vol 8, No. 2, pp.93-115

Kelly, K. 1998, *New Rules for the New Economy*, Viking

Lemley, M. A. & D. McGowan. 1998, "Legal Implications of Network Economic Effects", *California Law Review.*

Liebowitz, S. J. & S. E. Margolis. 1994, "Network Externality: An Uncommon Tragedy", *Journal of Economic Perspectives*, Vol 8, No. 2, pp.133-147

Mackie-Mason, J. K. & Varian, H. R. "The Economic FAQs about the Internet", *Journal of Economic Perspectives*, Sumer, 1994 a, 8, pp.75-96

Nelson, Richard R. and Sidney G. Winter. 1982, *An Evolutionary Theory of Economic Change*. Cambridge, MA: Harvard University Press.

Orlean, A. 1989, "Mimetic Contagion and Speculative Bubbles", *Theory and Decision*, Vol 27.

Purohit, D. 1994, "What Should You Do When Your Competitors Send In The Clones?", *MKTG Sci* 1994 Fall, 13(4), pp.392-402

Porter, M. E. 1990, *The Competitive Advantage of Nations*, NY The Free Press

Shapiro, C. & H. Varian. 1999, *Information Rules: s strategic guide to the network economy*, Harvard Business School Press, 임세훈 역, 1999, 『정보법칙을 알면 닷컴이 보인다』, 미디어퓨전.

Sharkey, W. W. 1994, "Reviews the book *Increasing Returns and Efficiency*", by Martine Quinzii., *Journal of Economic Literature*, Jun94, Vol. 32 Issue 2, pp.689-72

Tirole, J. 1993, *The Theory of Industrial Organization*, The MIT Press

제8장

권오승. 2001, 『경제법』, 법문사

김종현. 1993-1994, 「현대기업의 발전에 관한 비교사적 연구」, ≪경제논집≫ 32호 제4권; 33호 제1권

김희수 외5명. 2000, 「정보통신 기술혁신에 대응한 공정경쟁정책 연구」, ≪정보통

신정책연구원》, 12, 2000

이희영. 1991, 「미국독점금지정책의 역사적 발전」, 성균관대학교 경제학 박사학위 논문

홍성욱. 1999, 『생산력과 문화로서의 과학기술』, 문학과지성사

Averch, H. and L. Johnson. 1962, "Behavior of the Firm Under Regulatory Constraint", *American Economic Review*, Dec. 1962

Bain, J. S. 1959, *Industrial Organization*, 2nd, ed. New York: John Willey and sons, 1968

Baumol, W. J., J. C. Panzar, and R. D. Willig. 1982, *Contestable Markets and the Theory of Industry Structure*, San Diego: Harcourt Brace Jovanovich

Bork, Robert. 1998, "The Most Misunderstood Antitrust Case", *Wall Street Journal*, 1998

Cusumano, Michael A. & David B. Yoffie. 2000, "Competing on Internet Time - Lessons from netscape and its battle with Microsoft.", *Touchstone Rockerfeller Center*, 2000.

David M. Hart. *Antitrust and Technological Innovation in the U.S. Ideas, Institutions, Decisions and Impacts, 1890 ~2000.*

DPG Briefing. 2001, *Views on antitrust for the new economy*, April

Economides, N. 2001, "The Microsoft Antitrust Case", *Journal of Industry, Competition and Trade: From Theory to Policy*, August 2001 (www.stern.nyu.edu/networks)

Fang Chen. *Antitrust in High-Technology Industries-What can we learn from Microsoft case?*

Feldman, R. C. 1999, "Defensive Leveraging in Antitrust", *Georgetown Law Journal*, Vol. 87, No. 6, 1999, June, pp.2079-2115

Fisher, F. M. & D. L. Rubinfeld. 2000, "U.S. v. Microsoft - An Economic Analysis", *Journal of Reprints of Antitrust Law and Economics*, April 13, 2000

_____. 2000, "United States v Microsoft: An Economic Analysis", *UC Berkley School of Law Working Paper*

Franklin M. Fisher. 2000, "The IBM and Microsoft Cases : What's the Difference?", AER. 90. MAY

FTC. 1997, *Background Note of Application of Competition Policy to High Tech Markets*, OECD/GD(97)44.

Gates, Sean P. "Standards, Innovation and Antitrust: Integration innovation concerns into analysis of Collaborative standard setting."

Hall, C and Hall, R. 2000, "Toward a Quantification of the Effects of Microsoft's Conduct", AER.

Klein, J. I. 1998, "The Importance of Antitrust Enforcement in the New Economy", *Address before the NY State Bar Association, Antitrust Law Section Program*, January 29, 1998

Liebowitz, Stan J. & Stephen E. Margolis. 1999, *Winners, losers & Microsoft : competition and antitrust in high technology Oakland*, Calif. : Independent Institute,

MacKie-Mason, J. K., S. Borenstein, and J. S. Netz. 1995, "Antitrust Policy in Aftermarkets", *Antitrust Law Journal* 63. 1995

Microsoft Corperation. 2000, *Proposed Findings of Law*, (US vMicrosoft), 2000.

Moore, T. G. 1983, "The Effectiveness of Regulation of Electric Utility Prices", *Southern Economic Journal* 36 (April, 1970), pp.365-75

Peltzman, S. 1991, "The Handbook of Industrial Organization: A Review Article", *Journal of Political Economy*, Vol. 99, no. 1, 201-217

Posner, R. A. 1976, *Antitrust Law: An Economic Perspective*, University of Chicago Press

_____. 1974, "Theories of Economic Regulation", *Bell Journal of Economics and Management Science* 5 (Autumm 1974), pp.335-58

Posner, R. A. 2000, "Antitrust in the New Economy", *Tech Law Journal*, 2000 (http://www.techlawjournal.com/atr/2000009l4posner,asp)

Purohit, D. 1994, "What should You Do When Your Comepetitors Send in the Clones?", *MKTG Sci* 1994 Fall, 13, 4, 392-402

Rubinfeld, D. 1998, "Comprtition, Innovation, and Antitrust Enforcement in Dynamic Network Industries", *Address given at the Software Publishers Association*, 1998.

_____. 1998, "Antitrust Enforcement in Dynamic Network Industries", *Antitrust Bulletin*, 1998.

Schmalensee, R. 2000, "Antitrust Issues in Schumpeterian Industries", *AER,2000*.

Shapiro, C. 1999, "Competition Policy in the Information Economy", mimeo, 1999.

_____. 1996, "Antitrust in Network Industries", U.S.Department of Justice, 1996 (http://www.usdoj.gov/atr/public/speeches/shapir.mar,txt)

Stigler, G. J. 1968, *The Organization of Industry*, Homewood Ill.: Richard D. Irwin

Viscusi, W. K., J. M. Vernon, and J. E. Harrington Jr. 2000, *Economics of Regulation and Antitrust*, 3rd Edition, MIT Press: Cambridge, Mass

Whinston, Michael D. 1990, "Tying, Foreclosure, and Exclusion", *AER, 80*, September 1990.

| 일차 자료 |

Proposed Final Judgement (2002. 11. 2)
Appeals Court Decision in the Microsoft Antitrust Case (2001. 6. 28)
Transcript of Oral Arguments at the Court of Appeals (2001. 2. 26)
Brief for Appellees United States and the State Plaintiffs - Final Version

Microsoft's Appeal Brief

Microsoft's Jurisdictional Statement to the Supreme Court of the United States

Court Stays Final Judgment, Sends Microsoft Case to Supreme Court

Appeals Court Sets Schedule to Hear Microsoft's Motion to Stay Business Restrictions Pending Appeal

Motion of Appellant Microsoft Corporation for a Stay of the Judgment Pending Appeal (for DOJ)

Motion For a Stay Of The Judgment Pending Appeal (for States)

Final Judgment (2000.4.3)

Memorandum and Order on the Court's Final Judgment

Proposed Final Judgment

Findings of Fact.

Findings of Law

Latest Microsoft Positions and Filings (from microsoft.com)

Latest US DOJ Positions and Filings (from usdoj.gov)

제9장

Brinkley, A. 1993, *The Unfinished Nation: A Concise History of the American People*, 황혜성 역, 『미국인의 역사』 1권, 비봉출판사

Chang, Ha-Joon. 2003, *Globalization, Economic Development and the Role of the State*, Zed Books: London and New York

Cohen, J. 2000, *Politics and Economic Policy in the United States*, Houghton Mifflin Company, Boston: New York

Hamilton, A. 1791, "Report on Manufactures" in Goddard, C.R. et. al. (2003), *International Political Economy 2nd edition*, Lynne Rienner Publishers: CO, pp.59-70, pp.85-98

Mankiw, N.Gregory. 2004, *Chair of Bush's Council of Economic Advisors*,

McCan, R. L. 1981, *An Outline of the American Economy*, US Information Agency

Stiglitz, J. 2002, "The Roaring Nineties", *The Atlantic Monthly*, Oct

제10장

Adelman, I. 2001, "Fallacies in Development Theory and Their Implications for Policy in G.M. Meier & J.E. Stiglitz (eds.)", *Frontiers of Development Economics: The Future in Perspective*, Oxford University Press, 2001

Akyuz, Y. & A. Cornford. 1999, "Capital Flows to Developing Countries, and the Reform of the International Financial System", *UNCTAD Discussion Paper*, No. 143. Geneva, UNCTAD, November

Amsden, A. 1989, *Asia's Next Giant: South Korea and Late Industrialization*, New York & Oxford: Oxford University Press

Baker, D., G. Epstein & R.Pollin. 1998, "Introduction," in D. Baker, G. Epstein & R. Pollin, 1998, *Globalization and Progressive Economic Policy*, Cambridge University Press

Berger, S. & R. Boyer (eds.) 1996, *National Diversity & Global Capitalism*, Cornell University Press

Caves, R. E. 1996, *Multinational Enterprise and Economic Analysis*, 2nd Edition, Cambridge: Cambridge University Press

Chang, H-J. 2001, "Intellectual Property Rights and Economic Development: Historical Lessions and Emerging Issues", *Journal of Human Development*, Vol. 2, No. 2, pp.

_____. 2002a, "Breaking the Mould - An Institutionalist Political Economy Alternative to the Neo-Liberal Theory of the Market and the State", *Cambridge Journal of Economics*, 2002

_____. 2002b, *Kicking Away the Ladder: Development Strategy in Historical Perspective*, Anthem Press, London

Cosh, A. D., A. Huges, & A. Singh. 1992, "Openness, Financial Innovation, Changing Patterns of Ownership, and the Structure of Financial Markets", in T. Banuri & J. Schor (eds.), *Financial Openness and National Autonomy*, WIDER, Oxford, Clarendon Press

Crotty, J. and G. Epstein. 1996, "In Defence of Capital Control", in *Socialist Register* 1996, London; Merlin Press, pp.118-149

Crotty, J., G. Epstein, & P. Kelly. 1998, "Multinational corporations in the neo-liberal regime", in D. Baker, G. Epstein, R. Pollin, *Globalization and Progressive Economic Policy*, 1998, Cambridge University Press

Deyo, F.C. ed. 1987, *The Political Economy of the New Asian Industrialism*, Ithaka & London: Cornell University Press

Dymski, G. 1993, "Keynesian Uncertainty and Asymemetric Information: Complementary or Contradictory?", *Journal of Post Keynesian Economics*, Vol. 16, No. 1, 1993 Fall, pp.49-54

Evans, P. et. al. 1985, *Bringing the State Back In*, Cambridge University Press

_____. 1995, *Embedded Autonomy: State and Industrial Transformation*, Prinston University Press

Felix, D. 1998, "Asia and the crisis of financial globalization" in D. Baker, G. Epstein, R. Pollin, *Globalization and Progressive Economic Policy*, 1998, Cambridge University Press

Fine, B. 2001, *Social Capital versus Social Theory : Political Economy and Social Science at the Turn of the Millennium*, London and New York: Routledge

_____. 2001a, "Neither the Washington nor the post-Washington consensus:An Introduction", in Fine, B. C. Lapavitsas & J. Pincus (eds.), *Development Policy in the Twenty-first Century:Beyoung the post-Washington Consensus*, Routledge, London, 2001

Glyn, A. 1998, "Internal and external constraints on egalitarian policies", in D. Baker, Epstein G. & R. Pollin, 1998, *Globalization and Progressive Economic Policy*, Cambridge University Press

Haggard, S. 1990, *Pathways from the Periphery: The Politics of Growth in the Newly Industrialiszing Countries*, Ithaka & London: Cornell University Press

Harriss, J. 2002, *Depoliticizing Development: The World Bank and Social Capital*, Anthem Press, London

Helleiner, E. 1994, *States and the Reemergence of Global Finance: From Breton Woods to the 1990s*, Cornell University Press

Ho, P. Sai-wing. 1998, "Multinational Trade Negotiations and the Changing Prospects for Third World Development: Assessing from a Southern Perspectives", *Journal of Economic Issues*, vol. XXXII, No. 2, June, pp.375-383

IMF. 1999, *Report of the Managing Director to the Interim Committee on Progress in Strengthening the Architecture of the International Financial System*, Washington DC. September. 24. (www.imf.org)

Khor, M. 2000, *Globalization and the South,* Third Word Network, Penang, Malaysia

_____. 2001, *Rethinking IPRs and the TRIPs agreement*, Third World Network, Penang, Malaysia

_____. 2002, *Intellectual Property, Biodiversity and Sustainable Development,* Third World Network; Penang, Malaysia

Lal Das, B. 2002, *The New Work Program of the WTO*, Third World Network, Penang, Malaysia

Meier, G.M. 2001, "The Old Generation of Development Economists and the New", in in G.M. Meier & J.E. Stiglitz (eds.), *Frontiers of Development Economics: The Future in Perspective*, Oxford University Press, 2001

Pieper, U & L. Taylor. 1998, "The revival of the liberal creed: the IMF, the World Bank, and inequality in a globalized world", in D. Baker, G. Epstein, R. Pollin, *Globalization and Progressive Economic Policy*, 1998, Cambridge University Press

Polanyi, K. 1957, *The Great Transformation*, Boston, Beacon Press

_____. 2002, 홍기빈 역, 『전세계적 자본주의인가 지역적 계획경제인가』, 책세상

Reinert, E. S. 1999, "The Role of the State in Economic Growth", *Journal of Economic Studies*, 1999, Vol. 26, no. 4/5; pp.268-326

Rodrik, D. 1999, *The New Global Economy and Developing Countries: Making Openness Work*. Washington DC, Overseas Development Council.

Stiglitz, J. 1986, "The New Development Economics", *World Development*, Vol. 14, No. 2; pp.257-265

_____. 1998a, "More Instruments and Broader Goals: Moving Toward the Post-Washington Consensus: The 1998 WIDER Annual Lecture, Helsinki" in H-J Chang (ed.), *The Rebel Within*, Anthem Press, London, 2001

_____. 1998b, "The Role of International Financail Institutions in the Current Global Economy", in H-J Chang (ed.), *The Rebel Within*, Anthem Press, London, 2001

Toye, J. 1987, *Dilemmas of Development*, Oxford: Blackwell

Tussie, D. 1993, "The Uruguay Round and the Trading System in the Balance: Dilemmas for developing Countries", in M. R. Agosin and D. Tussie (eds). *Trade and growth: New Dilemmas in Trade Policy*, New York: St. Mattins's Press, 1993

UNCTAD. 1998, 1999, *Trade and Development Report*, New York and Geneva, United Nations (www.unctad.org)

_____. 1990, *The New Code environment. UNCTC Current Studies Series A*, No. 16. New York, United States

UNDP. 1992, 1996, *Human Development Report*, New York and Geneva, United Nations

_____. 2003, *Making Global Trade Work For People*

Wade, R. 1990, *Governing the Market: Economic Theory and the Role of Government in East Asian Industrialization*, Princeton: Princeton University Press

Williamson, J. 1989 "What Washington Means by Policy Reform", in John Williamson, ed., *Latin American Adjustment: How Much Has Happened?* Washington D.C.: Institute for International Economics

_____. 2000, "What should the World Bank Think about the Washington Consensus?", *The World Bank Research Observer*, vol 15, no. 2 (August 2000), pp.251-64

Williamson, O.E. 1975, *Markets and Hierarchies: Analysis and Anti-Trust Implications*, New York: The Free Press

Wolfson, M. H. 1996, "A Post Keynesian theory of credit rationing", *Journal of Post Keynesian Economics*, Vol. 18, No. 3, 1996 Spring, pp.443-450

World Bank. 1993, *The East Asian Miracle*, New York, Oxford University Press

_____. 2000, *World Development Report 2000/2001*, Washington, DC: World Bank

Yilmaz, A. 2000, *The Debate on the International Financial Architecture: Reforming the Refomers*, Third World Network; Penang, Malaysia

제11장

강남훈. 2000, 「디지털혁명과 신경제의 축적구조」, 경상대사회과학연구소 편, 『디지털혁명과 자본주의의 전망』, 한울

박경로. 1993, 「1930년 말 미국은행공황에 관한 연구」, ≪경제사학≫, 제17호 경제사학회

신장섭. 1999, 『한국경제 제3의 길』, 중앙 M&B

안현효. 1998, 「1980년대 미국에서 나타난 금융탈규제의 논쟁」, ≪경제논집≫, 37권 1호, 서울대학교경제연구소

이덕훈 외. 1998, 「우리나라 금융산업의 발전 구도」, 한국개발연구원

이찬근. 1998, 『투기자본과 미국의 패권』, 연구사, 1998

유철규. 1997, 「한국의 금융자유화와 금융개혁의 성격」, 조원희 편, 『한국경제의 위기와 개혁과제』, 풀빛

이병천. 2000, 「세계자본주의의 패권모델로서의 미국자본주의」, ≪사회경제평론≫, 15호, 풀빛

전창환. 1999, 「금융글로벌라이제이션과 세기말 자본주의」, ≪사회경제평론≫, 12호, 풀빛

정운찬. 1995, 『중앙은행론』, 법문사

좌승희. 1998, 「한국 경제의 재도약을 위한 정책과제」, ≪경제학연구≫, 제46집, 제1호

조복현. 2000, 「금융건전성 감독과 자본시장 활성화, 그리고 경제의 안정과 성장」, 윤진호 외 편, 『구조조정의 정치경제학과 21세기 한국 경제』, 풀빛

조영철. 2000, 「미국의 기업지배구조」, 조영철, 전창환 편, 『미국식 자본주의와 사회민주적 대안』, 당대

Aglietta, M. 1995, Macroeconomie Financiere, Decoverte, 전창환 역, 금융제도와 거시경제, 1998, 문원출판사

Ahn, H.H. and Hong, J.P. 2000, *The Evolution of Korean Ethnic Banks in California*, 지역사회

Aoki, M and Hughes, P. (eds) 1994, *The Japanese Main Bank System: Its Relevance for Developing and Transforming Economics*, Oxford: Oxford University Press

Baduri, T. & J. Shore et. al. 1992, *Financial Openness and National Autonomy: Opportunities and Constraints*, Oxford University Press

Caskey, J. and Peterson, A. 1994, "Who Has a Bank Account and Who doesn't: 1977 and 1989", *Eastern Economic Journal* 20(1)

Chandler, Jr. A. D. 1990, *Scale and Scope: The Dynamics of Industrial Capitalism*, Cambridge: Harvard University Press

Coleman, J. 2000, "Social Capital in the Creation of Human Capital", in *Social Capital: A Multifacet Perspective*, Dsagupta, P. & I. Serageldin (eds), Washington, D.C.: World Bank

Cosh, A. D. & A. Hughes, A. Singh. 1992, "Openness, Financial Innovation, Changing Patterns of Ownership, and the Structure of Financial Markets" in T. Banuri, J. Schor (eds.) (1992), *Financial Openness and National Autonomy*, Wider, Oxford, Clarendon Press

Crotty, J. & D. Goldstein. 1993, "Do U.S. Financial Markets Allocate Credit Efficiently? The Case of Corporate Restructuring in the 1980s" in G.A. Dymski and R. Pollin (eds.) (1993), *Trnasforming the U.S. Financial System*, M.E. Sharpe. Inc

D'Arista, J. W. & T. Schlesinger. 1993, "Parallel Banking System", in G.A. Dymski, G. Epstein, R. Pollin (eds.) 1993, *Transforming the U.S. Finanicial System*, M.E. Sharpe. Inc

Dymski, G, A. 1993, "How to Rebuild the U.S. Financial Structure: Level the Playing Field and Renew the Social Contract", in G.A. Dymski, G. Epstein, R. Pollin (eds.) (1993), *Transforming the U.S. Finanicial System*, M.E. Sharpe. Inc

_____. 1999, *The Bank Merger Wave: The Economic Causes and Social Consequences of Financial Consolidation*, Armonk, NY: M.E. Sharpe, Inc.

Edward, F. 1996, *The New Finance: Regulation and Financial Stability*, Washington, D.C.: AEI Press

Fama, E. 1991, "Efficient Capital Markets: II", *Jounal of Finance*, 46. 5,

Gaute, T. 2000, *Social Capital and Economic Development, Rationality and Society,* Nov. 2000, Vol 12, Issue 4

Golter, J. W. 1998, "Banks and Mutual Funds", *Banking Review*, Vol. 8 No. 3 1996, February

Helleiner, E 1994, *States and the Reemergence of Global Finance: From Bretton Woods to the*

1990s, Cornell University Press

Jensen, M. C. 1978, "Some Anomalous Evidence Regarding Market Efficiency", *Journal of Financial Economics*, 6,

_____. 1986, "Agency Costs of Free Cash Flow, Corporate Finance, and Takeovers", *American Economic Review*, 76.2

_____. 1988, "Takeover: Their Causes and Consequences", *The Journal of Economic Perspectives*, 2.1.

Lazonick W. & M. O'Sullivan. 2000, "Maximizing shareholder value: a new ideoogy for corporate governance", *Economy and Society*, No. 1, Feb

Levine, R. 1997, "Financial Development and Economic Growth: Views and Agenda", *Journal of Economic Literature*, vol 35, June

MacEwan, A. & W.K. Tabb. 1989, *Instability and Change in the World Economy*, Monthly Review Press

Maddison, A. 1995, *Monitoring the World Economy, 1820-1992*, Paris: OECD

Minsky, H.P. 1986, *Stabilizing an Unstable Economy*, New Haven and London: Yale University Press

Nohria, N. and R. G. Eccles (eds.) 1992, *Networks and Organizations*, Boston: Harvard Business School Press

O'Sullivan, M. 2000, "Corporate Governance and Globalization", *Annal of the American Academy of Political & Social Science*, July 2000, Vol. 570

OECD(2001), *Financial Market Trends*, 2001, No. 78

Pollin, R. 2000, "Anatomy of Clintonomics", *New Left Review*, May/June

Pringle, R. 1992, "Financial Markets versus Government", in Baduri, T. & Shore, J. (1992), *Financial Openness and National Autonomy: Opportunities and Constraints*, Oxford University Press

Putman, R. D. 1994, "The Prosperous community: social capital and public life", *Firm Connections* 2(2), 5, pp.11-12

Scherer, F.M. 1988, "Corporate Takeover: The Efficiency Arguments", *Journal of Economic Perspectives*, 2.1 Winter

Seidman, I.W. 1996, "Lessons of the 80s: What does the Evidence Show?", www.fdic.gov

Shleifer, A. and L. Summers. 1990, "The Noise Trader Approach to Finance", *Journal of Economic Perspectives*, 4.2

Shleifer, A. and R.W. Vishny. 1988, "Value Maximization and the Acquisition Process", *Journal of Economic Perspectives*, 12.1.

Stiglitz, Joseph, E. 1992, "Banks versus Markets as Mechanism for Allocating and

Coordinating Investment", in Roumasset J. A. and Barr, S. (ed.) *The Economics of Cooperation: East Asian development and the Case for Pro-market Intervention*, Boulder, 1992

U.S. Treasury. 1991, *Modernizing the Financial System: Reconmmendations for Safer More Competitive Banks*, Washington D.C.

Wolfson, M.H.. 1993, "The Evolution of the Financial System and the Possibility for Reform", in G.A. Dymski, G. Epstein, R. Pollin (eds.) (1993), *Transforming the U.S. Finanicial System*, M.E. Sharpe. Inc.

제12장

국토개발연구원. 1992, 『주택금융제도 개선에 관한 연구』, 국토개발연구원

김정호 외. 1990, 『전환기의 주택정책 방향 모색』, 국토개발연구원

신기섭. 2000, 「주택금융 환경변화와 민간주택금융 발전방향」, 《주택연구》, 제7권 제2호, 한국주택학회

안현효. 1999, 「1980년대 미국에서 나타난 금융탈규제의 논쟁」, 《경제논집》, 제37권 제1호, 서울대학교 경제연구소

윤주현. 1998, 「금융위기 하에서의 주택금융의 현안과 주택부문 대응방향」, 《주택금융》, 가을호, vol. 213, 주택은행

이규방. 1990, 「주택금융의 확대와 주택대출의 효율적 배분」, 《주택금융》, 5월호, 주택은행

이병천. 1998, 「한국의 발전국가 자본주의」, 제18회 한사경 학술대회, 한국사회경제학회

이중희, 조상형. 1995, 『주택은행 민영화 이후 주택금융 체제에 관한 연구』, 주택은행

이중희, 허정수. 1993, 『전세금의 제도금융화 방안』, 주택은행

주택은행. 1996, 『주택통계 편람』

Aoki. et. al. 1994, *The Japanese Main Bank System*, Oxford University Press

Balchin, P., et. Al., 1996, *Housing Policy in Europe*, Routledge

Ball, M., Harloe, J. & Martens, M. 1988, *Housing and Social Change in Europe and the USA*, London and NewYork, Routledge

Berry. 1996, "Housing Demand and Housing Outcomes in Australia: Past Development and Future Possibilities", in Chung, Hee-Soo and Dong-Sung Lee (eds.) *Globalization and Housing Industry*, Korea Housing Institute, Seoul, Korea, (1996

Cho, Man. 1997, "Market-Oriented Housing Finance System: Recent Trends in the U.S.

and Their Implications for Korea", A Paper Presented at the International Symposium on the New Direction of Housing Finance in the 21st Century, July 8, Seoul, Korea

Chung, Hee-Soo & Dong-Sung Lee. 1996, "Rental Housing Market in Korea : Evolution and Perspectives", in Chung, Hee-Soo and Dong-Sung Lee (eds.) *Globalization and Housing Industry*, Korea Housing Institute, Seoul, Korea, 1996

Chung, Hee-soo and Dong-sung Lee (eds.) 1996, *Globalization and Housing Industry*, Korea Housing Institute, Seoul, Korea

Cosh, A., A. Hughes, and A. Singh. 1992, "Openness, Financial Innovation, Changing Patterns of Ownership, and the Structure of Financial Market", in Banuri, T & J. Schor (eds.), *Financial Openness and National Autonomy*, 1992, Wider, Clarendon Press Oxford

Dymski, Gary & Dorene, Isenberg. 1999, "Financial Globalization and Housing Policy, from Golden Age to Global Age Insecurity", in *Globalization and Full Employment*, P. Davidson & J. Kregel (ed.), Ashagate: Edward Elgar

_____. 2000, "The Dual Transformation of U.S. Housing Finance and American Households: Trends and Challenges", in the same volume of this book.

Helleiner, E. 1994, *States and the Reemergence of Global Finance: From Breton Woods to the 1990s*, Cornell University Press

Kang, Moon-Soo. 1993, "Housing Finance System in the 1990s", in Puschra, Werner and Kwan-young Kim (ed.), *Housing Policy in the 1990s: European Experiences and Alternatives for Korea*, 1993

Kim, Kyung-Hwan. 1990, "An Analysis of Inefficiency Due to Inadequate Mortgage Financing: The Case of Seoul", Korea, *Journal of Urban Economics* 28 (November 1990) : 371-390

Kim, Chung-Ho and Kim, Kyung-Hwan. 1997, "Political Economy of Government Policy on Real Estate in Korea: Torn Between Deregulation and Anti-speculation", Paper presented at the Asian Real Estate Society Conference, Hong Kong, October 1997

Kim, Eun Mee. 1997, *Big Business, Strong State: Collusion and Conflict in South Korean Development, 1960-1990*. Albany, NY, State University of New York Press.

Kim, Kyung-Hwan. 1997, "Housing Finance in Korea: Recent Developments and Future Prospects", *Housing Finance International*, December 1997

_____. 1990, "Housing finance and housing related taxes in Korea", paper presented at the international conference on Korean housing policy, November 1990. Seoul

Kim, Soo-Haeng. 2000, *Peculiar Publicness of Housing in South Korea*, mimeo

Kim, Woo-Jin. 1997, *Economic Growth, Low Income, and Housing in South Korea*. London: Macmillan Press.

Kleinman, Mark. 1996, Housing, *Welfare and the State in Europe*. Cheltenham: Edward Elgar.

Lee, Joong-Hee. 1997, "Privatization of the Housing and Commercial Bank and Future Directions for Housing Finance in Korea", A Paper Presented at the International Symposium on the New Direction of the Housing Finance in the 21st Century, July 8, Seoul, Korea,

Lee, Jung-Hee & Sohan Lee. 1998, "Restructuring of the Housing Finance System and Broadening Linkage with the Capital Market: The Korean Experience", IFC Workshop in Collaboration with IBRD/ADB New Directions in Housing Finance

Lim. Gill-Chin. 1996, "Housing for People: New Directions for the Future", in Chung, Hee-soo and Dong-sung Lee (eds.) 1996. *Globalization and Housing Industry*, Korea Housing Institute, Seoul, Korea

Pollin, Robert. 1993, "Public Credit Allocation through the Federal Reserve: Why It is Needed, How It should be Done", in Dymski, Gray, Epstein, Gerald and Pollin, Robert, eds. 1993, *Transforming the U.S. Financial System*, Armonk: M.E. Sharpe

_____. 1995, "Financial Structure and Egalitarian Economic Policy", *New Left Review*, 214, pp.26-61

Puschra, Werner and Kwan-young Kim (ed.). 1993, *Housing Policy in the 1990s: European Experiences and Alternatives for Korea*,

Renaud, Bertrand. 1997, "Financial Liberalization and the Privatization of Housing Finance Institutions", A Paper Presented at the International Symposium on the New Direction of the Housing Finance in the 21st Century, July 8, Seoul, Korea

World Bank. 1985, *Korea: Housing Finance System*, October

Yoon, Il-Seong. 1994, *Housing in a Newly Inustrialized Economy: The Case of South Korea*, Brookfield VT: Avebury Publishing Co.

제13장

양신규·류동민. 2000, 「신경제와 벤처현상의 이해」, ≪경제와 사회≫, 47호 (가을)

이덕훈 등. 1996, 『창업지원금융제도의 발전방안』, KDI

홍순영. 1997, 「우리나라 벤처금융의 활성화 방안」, 중소기업연구원

허남수. 1998, 「우리나라 벤처캐피탈의 변동추이와 발전방향」, 한국중소기업회지

전창환. 2000, 「세기말 미국자본주의」, 아세아문제연구소 연구시리즈 2000-02

조영철. 2000, 「모델의 기업지배구조와 노사관계」, 아세아문제연구소 연구시리즈 2000-02

Aglietta, M. 1998, "Capitalism at the turn of the century: Regulation theory and the challenge of social change", *New Left Review*, No. 232(Nov./Dec.)

_____. 2000a, "Shareholder value and corporate governance: A comment and some tricky questions", *Economy & Society*, Vol.29, No.1, pp.146~59

Albert, M. 1991, *Capitalisme contre Capitalisme*, Editions de Seuil, 김이랑 역(1993), 『자본주의 대 자본주의』, 서울 : 소학사

Barry, C., Muscarella, C., Peavy, J. & Vetsuypens, M.R. 1990, "The role of venture capital in the creation of public companies: Evidence from the going-public process", *Journal of Financial Economics*, Vol.27, pp.447~71

Berlin, M. 1998, "That thing venture capitalists do", *Business Review, Federal Reserve Bank of Philadelphia*, January

Bessler, W. Kean, F.R. & Sherman, H.C. 1998, "Going public : A corporate governance perspective", in Hopt et. al. (eds.)

Binswanger, M. 1999, *Stock Markets, Speculative Bubbles and Economic Growth*, Edward Elgar, Cheltenham

Blair, M. 1995, *Ownership and Control: Rethinking Corporate Governance for the Twenty-First Century*, The Brookings Institution, Washington D.C.

Blommestein, H. 1998, "Impact of institutional investors on financial markets", in *Institutional Investors in the New Financial Landscape*, OECD, Paris, pp.29~68

Boyer, R. 2000, "Is a finance-led growth regime a viable alternative to Fordism?: A preliminary analysis", *Economy and Society*, Vol.29, No.1, pp.111~45

Bygrave, W. D. & Timmons, J. A. 1992, *Venture Capital at the Crossroads*, Harvard Business School Press, Boston, M.A.

Clowes, M. J. 2000, *The Money Flood : How Pension Funds Revolutionized Investing*, New York ; Chichester, John Wiley & Sons

Deeg, R. 1999, *Finance Capitalism Unveiled: Banks and the German Political Economy*, The University of Michigan Press, Ann Arbor

Florida & Kenny. 1999, "Silicon Valley and Route 128 won't Save Us", *California Management Review*, Vol. 33, No. 1

Freeman, R. 2000, "Single peaked v.s. diversified capitalism : the relation between economic institutions and outcomes", *NBER Working Paper*, No.7556.

Gilson, R. J. & Black, B. S. 1998, "Venture capital and the structure of capital markets",

Journal of Financial Economics, Vol.47, pp.243~77

_____. 1999, "Does venture capital require an active stock market?",
Columbia Law School Working Paper No.166

Gompers, P. A. 1994, "The rise and fall of venture capital", *Business and Economic History*,
Vol.23(Winter), pp.1~26

_____. 1995, "Optimal investment, monitoring, and the staging of Capital", *Journal
of Financial Economics*, Vol.42, pp.133~56

_____. 1998, "An examination of convertible securities in venture capital investments",
Harvard Business School Working Paper

Gompers, P.A. & Lerner, J. 1999a, *The Venture Capital Cycles*, MIT Press

_____. 1999b, "What drives venture capital fundraising?", *NBER
Working Papers*, No.6906

Hopt, K.J., Kanda, H., Roe, M.J., Wymeersch, E. & Prigge, S. (eds.) 1998, *Comparative
Corporate Governance: The State of the Art and Emerging Research*, Oxford University
Press, Oxford

Kaplan, S.N. & Strömberg, P. 2000, "Financial contracting theory meets the real world:
An empirical analysis of venture capital contracts", *NBER Working paper*, No.7660

Kortum, S. & Lerner, J. 2000, "Assessing the contribution of venture capital to innovation",
The Rand Journal of Economics, Vol.31, No.4, pp.674~92

Lazonick, W. 1998, "Organizational learning and international competition", in Michie, J.
R, & Smith, J.G. (eds.)

Lazonick, W. & O'Sullivan, M. 1996, "Organization, finance and international
competition", *Industrial and Corporate Change*, Vol. 5, pp.1~50.

_____. 1997, "Corporate governance and employment : Is
prosperity sustainable in the United States' investment in innovation", *Jerome Levy
Economics Institute Public Policy Brief*

_____. 2000, "Maximizing shareholder value : A new ideology for
corporate governance", *Economy & Society*, Vol.29, No.1, pp.13~35.

Lerner, J. 1996, "The government as venture capitalist: The long run impact of the SBIR
program", *NBER Working Papers* No.5753

Liebeskind, J.P. 2000, "Ownership, incentives, and control in new biotechnology firms",
in Blair, M. & Kochan, T. (eds.) *The New Relationship : Human Capital in the American
Corporation*, Washington D.C. : Brookings Institution Press

NVCA. 1999, "What is venture capital: The venture capital industry", by Internet
(http://www.nvca.org/)

OECD. 1998, *Institutional Investors* : Statistical Yearbook, Paris

O'Sullivan, M. 1997, "Corporate governance and innovation in Europe: A review of the issues", *Working Paper*

_____. 1998, "Sustainable prosperity, corporate governance and innovation in Europe", in Michie, J. R & Smith, J.G. (eds.), *Globalization, growth, and governance : creating an innovative economy*, Oxford : Oxford University Press pp.180~203

_____. 2000, *Contests for Corporate Control: Corporate Governance and Economic Performance in the United States and Germany*, Oxford : Oxford University Press

Poterba, J. 1989, "Venture capital and capital gain taxation", in Summers, L.(ed.) *Tax Policy and the Economy*, MIT Press, Cambridge

Sahlman, W.A. 1990, "The structure and governance of venture capital organization", *Journal of Financial Economics*, Vol.37, pp.473~521

Sias, R.W. 1996, "Volatility and the institutional investor", *Financial Analysts Journal*, March/April, pp.13~20

Saxenian, A. 1994, *Regional Advantage*, Harvard Business Press

_____. 1990, *Regional Networks and Resurgence of Silicon Valley*, California Management Review, Vol. 33, No. 1.

U.S. Small Business Administration. 1997, *The State of Small Business: A Report of the President*, Washington D.C.

Useem, M. 1996, *Investor Capitalism : How Money Managers are Changing the Face of Corporate America*, Basic Books, New York

Williams, K. 2000, "From shareholder value to present-day capitalism", *Economy & Society*, Vol.29, No.1, pp.1~12

Zider, B. 1998, "How venture capital works", *Harvard Business Review*, Nov.-Dec., pp.131~39

제14장

강성민 외. 2001, 「무선인터넷 기술동향 및 전망」, ≪통신시장≫ 2001 3-4, 35호, pp.29-43.

김국진. 2002, 「T-Commerce와M-Commerce의 현황과 정책방향」, ≪정보통신정책≫ 14권 1호, 293호, pp.1-24.

김기태 외. 2001, 『디지털경제, 디지털경영』, 사회평론사.

무선인터넷백서편찬위원회. 2001, 『무선인터넷백서 2001』, 소프트뱅크미디어.

박영민, 이종관. 2001, 「네트워크융합의 진전에 따른 정책적 시사점」, ≪정보통신 정책≫ 제13권 12호, 281호, pp.1-19.

박진현 외. 2001, 「무선인터넷서비스시장의 국내외 동향과 시사점」, ≪정보통신정 책≫ 13권 3호, 272호, pp.23-43

신동일. 「무선인터넷 사업과 전망」, ≪통신시장≫ 2001 3-4, 35호, 2001, pp.68-79

신지나, 이보상. 2002, 「광대역기반 엔터테인먼트 산업 동향 및 전망」, ≪통신시장 ≫ 2002 5-6, 42호, pp.19-33

윤창번 외. 1999, 「방송통신융합에 대비한 방송발전방안 수립」, KISDI.

윤충한 외. 2001, 「초고속인터넷 서비스 시장의 특성 및 발전방향」, 성보통신성책연 구원.

이종관. 2002, 「광대역 기반 엔터테인먼트 네트워크의 발전방향」, ≪통신시장≫ 2002 5-6, 42호, pp.52-69.

정보통신정책연구원. 2001, 『정보통신산업동향: 정보통신서비스 편』

하원규 외. 2002, 『유비쿼터스 IT 혁명과 제 3공간』, 전자신문사,

홍길표 외. 2001, 「통신산업과 인터넷산업의 융합에 대응하는 주요 통신사업자들의 전략적 패턴」, Telecommunications Review, 11권 3호, pp.391-406.

ARC Group. 1999, Wireless Internet Applications, Technology & Player Strategies

_____. 2000, Content & Applications: Worldwide Market Analysis & Strategic Outlook 2000-2005

Brand, Steward. 1987, The Media Lab: Inventing the Future at MIT, New York: Viking Press

Collis, D. J., P. W. Bane & S. P. Bradley. 1997, "Winners and Losers: Industry Structure in the Convergence World of Telecommunications, Computing, and Entertainment", in Yoffie, D. B, ed. Competing in the Age of Digital Convergence, Harvard Business School, Boston; Massachusetts

Dataquest. 1999, Wireless Data : Ready for Take Off, 3. 15

EC. 1996, Public Policy Issues Arising from Telecommunications and Audiovisual Convergence, London: KPMG

EC. 1997, Green Paper on the Convergence of the Telecommunications, Media and Information Technology Sectors, and the Implications for Regulation

Eshraghian, P. 2001, Digital Convergence: Comparative corporate strategies for consolidating content and distribution channels amongst multinational media abd communications firms, MBA 10, The Judge Institute of Management Studies, University of Cambridge

Grindley, Peter. 1995, Standards, Strategy, and Policy: Cases and Stories, Oxford: Oxford University Press

Han, Sang-Pil, Jae-Hyeon Ahn & Ann Skudlark. 2002, "Convergence phenomenon and

Service- Network matrix", The 14th Biennial Conference of International Telecommunication Society

Katz, M.L. & C. Shapiro. 1985, "Network Externalities, Competition, and Compatibility", *American Economic Review*, Vol.75, No.3, pp.424-440.

_____. 1994, "Systems Competition and Network Effects", *Journal of Economic Perspectives*, Vol. 8, No. 2, pp.93-115

KISDI. 2002, *IT Industry Outlook of Korea 2002*, KISDI

Muller, Miller. 1997, *Universal Service: Competition, Interconnection and Monopoly in the Making of the American Telephone System*, Cambridge, MA and Washington, D.C.: MIT Press/AEI Series on Telecommunications Deregulation

Owen, B. M. 1999, *The Internet Challenge to Television*, Havard University Press, Cambridge: Massachussetts

Strategis Group. 1999/2000, *World Cellular/PCS & 3G*, Markets, 2000. 7

The Insight Research Corporation. 2002, *Broadband Access: DSL vs. Cable Modems 2002-2007*, 3

U.S. Department of Commerce. 1998, "The Emerging Digital Economy", in http://www.ecommerce.gov

Yoffie, D. B. 1997, "Introduction: CHESS and Competing in the Age of Digital Convergence", in Yoffie, D. B, ed. *Competing in the Age of Digital Convergence*, Harvard Business School, Boston; Massachusetts

■ 안현효

1965년 출생

서울대학교 경제학과 졸업.

서울대학교 대학원 경제학석사(1991)

서울대학교 대학원 경제학박사(1996)

매사추세츠주립대학교(앰어스트) 경제학과 방문학자

캘리포니아주립대학교(리버사이드) 경제학과 방문학자

탐라대학교 국제학부 조교수

현 이화여자대학교 사회생활학과 조교수

한울아카데미 702

글로벌 시대 이슈 중심의 경제교육

ⓒ 안현효, 2004

지은이 | 안현효
펴낸이 | 김종수
펴낸곳 | 도서출판 한울

편집책임 | 안광은

초판 1쇄 인쇄 | 2004년 10월 25일
초판 1쇄 발행 | 2004년 10월 30일

주소 | 413-832 파주시 교하읍 문발리 507-2(본사)
       121-801 서울시 마포구 공덕동 105-90 서울빌딩 3층(서울 사무소)
전화 | 영업 02-326-0095, 편집 02-336-6183
팩스 | 02-333-7543
홈페이지 | www.hanulbooks.co.kr
등록 | 1980년 3월 13일, 제406-2003-051호

Printed in Korea.
ISBN 89-460-3320-7 93320

* 가격은 겉표지에 표시되어 있습니다.